24시간
**고양이 육아
대백과**

한 그루의 나무가 모여 푸른 숲을 이루듯이
청림의 책들은 삶을 풍요롭게 합니다.

질병, 심리, 생활, 입양, 노령묘 케어법까지 모두 알려주는

24시간
고양이 육아
대백과

김효진 지음

"우리 고양이, 어떻게 하면 건강하고
행복하게 잘 살 수 있을까?"

청림Life

PROLOGUE

건강하고 행복한 고양이,
현명하고 똑똑한 고양이 육아

고양이의 사랑스러움이 범우주적으로 알려지면서, 고양이와 한 가족이 되는 사람들이 폭발적으로 많아지고 있습니다. 하지만 고양이는 육식동물이기 때문에 사람과는 태생부터 다릅니다. 따라서 마음 가는 대로만 기르다가는, 생각지 못한 문제가 발생할 수 있어요. 예를 들어 아기 고양이에게 참치캔만 먹였다가 뼈에 이상이 생겨서 병원에 내원하는 경우처럼 말입니다.

비록 사람과 잘 지내고 있다고 해도, 고양이는 화장실 모래 변경 등 사소한 것 하나에도 주의를 기울이고 세심하게 배려해야 하는 동물입니다. 고양이가 아플 때도 집사가 여러 가지 징후들을 잘 관찰하지 않으면, 모르고 지나치기 십상이지요. 또한 어릴 때 몇 가지 행동 교육을 미리 해두어야 나중에 고양이가 아플 때 관리해주는 일이 한결 수월해집니다.

이러한 일은 조금만 더 일찍 알았더라면 쉽게 해결할 수 있는 문제들입니다. 하지만 시간이 지난 후에는 너무 늦었거나, 고양이를 변화시키기 어려운 경우가 많습니다.

병원에 오시는 집사분들과 진료실에서 상담을 진행하곤 하지만, 전반적인 이야기를 모두 해드리기에는 여러모로 부족합니다. 시간적 여유도 부족할 뿐더러, 말로 설명하기에는 한계가 많았지요. 이런 고민

을 할 때, 본 책의 에디터를 보호자로 만나게 되었습니다. 오랜 시간 수의사와 보호자로 함께한 후 책 출판을 제의 받았을 때, 진료실에서의 상담으로는 한계가 있는 이야기를 풀어낼 수 있는 좋은 기회라고 생각이 되었습니다. 이런 기회를 준 김소정 에디터에게 감사를 표합니다.

또한 본 책에 사진이나 사연이 실린 고양이 슈, 초코, 냥이, 고중기, 하트, 강이, 순이, 뚱이, 몽이, 건이, 용이, 나미, 쵸파, 상디, 루피, 루시, 수, 참치, 이쁜이 등과 구조 냥이들, 그리고 해당 고양이들의 보호자분들께 고개 숙여 감사드립니다.

더불어 이 책을 집필할 수 있도록 도움을 주신 병원 식구들에게도 고맙다는 인사를 전하고 싶습니다.

서두가 길었지만 수의사와 집사의 입장에서 최대한 자세하고 새로운 내용을 담으려 하였습니다. 수의사로서 질병에 대한 보다 세세한 내용을 담으려고 노력하였고, 독자 입장에서 찾아보기 쉽도록 목차를 세세히 만들었습니다. 부디 고양이와 함께하는 삶에 좋은 가이드가 되기를 바랍니다.

김효진

이 책을 이제는 하늘 나라로 간 냥이에게 바칩니다.

차례

프롤로그 ⋯ 004

PART 1
고양이와 가족이 될 준비

CHAPTER 1
나도 집사가 될 수 있을까?

01. 우리 집은 고양이 입양에 적절한 환경일까요? ⋯ **022**
작은 집에서 고양이 키우기 | 피해야 할 주거 환경 | 우리 집, 법적으로 문제는 없을까?

02. 어느 정도의 경제적 여유가 필요할까요? ⋯ **025**
조금씩, 꾸준한 경제적 지출이 필요 | 고양이에게 꼭 필요한 육아용품 구입하기 | 미리 알아두어야 할 의료비

03. 집사의 시간적 여유, 얼마나 필요할까요? ⋯ **028**
고양이는 외로움을 안 탄다고? | 고양이를 위한 시간을 남겨두기

04. 집사가 고양이 털 알레르기가 있다면 어쩌죠? ⋯ **030**
집사의 털 알레르기 | 그래도 고양이가 좋은데 방법이 없을까?

05. 고양이와 아기, 임산부가 함께 살아도 괜찮을까요? ⋯ **032**
정말 톡소플라즈마에 감염될까? | 고양이가 아기를 해치지 않을까?

06. 어린이가 있는 집에서 고양이 입양해도 될까요? ⋯ **035**
아이와 고양이는 좋은 친구 | 고양이가 숨을 수 있는 공간을 만들어주기 | 아이에게 고양이를 돌보는 방법을 알려주기 | 부모님이 옆에서 도와주기

07. 둘째 고양이 입양, 다묘 가정을 꾸리고 싶어요 ⋯ **037**
둘째가 생겼을 때, 첫째는? | 첫째의 건강 상태를 미리 체크하기 | 둘째도 건강검진이 필요 | 다묘 가정의 육아용품, 어떻게 준비해야 할까? | 둘째 입양 첫 날, 집사가 해야 할 일 | '천천히, 조금씩'이 성공 포인트! | 다묘 가정도 같은 방법으로 소개해주세요
[집사학교] 둘째 입양, 다묘 가정을 만드는 집사의 노하우 총정리 ⋯ **043**

08. 강아지를 키우는 집에서 고양이 입양해도 될까요? ⋯ **045**
강아지 습성과 상황에 따른 고양이 입양 방법 | 고양이 은신처 마련해주기 | 고양이와 강아지 친해지는 순서
[집사학교] 개는 왜 고양이 똥을 먹나요? ⋯ **049**

09. 작은 동물을 키우는 집에서 고양이 입양해도 될까요? ⋯ **050**
고양이는 작은 동물을 우습게 본다? | 작은 동물들과 고양이는 서로 살짝 가려주기

10. 입양 전, 봉사활동이나 탁묘를 경험해보세요 ⋯ **052**
길냥이에게 관심 갖기 | 탁묘하기

CHAPTER 2
어떤 고양이가 나랑 어울릴까?

01. 길냥이가 우리 집에 들어왔어요 ··· **056**
주인이 있는지 확인하기 | 집이 없는 고양이인지 확인하기 | 보호시설에 신고하거나 보호자 찾기 | 입양 결정은 나중에 | 건강 검진, 예방접종 하는 방법과 시기 | 입양하자마자 고양이가 아플 때

[집사학교] 길냥이가 우리 집에서 아기를 낳았어요 ··· 059

02. 고양이를 구조해요 ··· **061**
다치거나 아픈 성묘 구조하기 | 아기 고양이 구조하기 | 구조 직후 해야 할 일 | 아기 고양이 나이 추정과 돌보는 방법

03. 지인을 통해 가정 분양을 받고 싶어요 ··· **065**
가정을 직접 방문하기 | 적절한 입양 시점

04. 동물 구조 센터나 보호 단체를 통해 분양 받고 싶어요 ··· **067**
안락사를 막기 | 보호 단체에서 입양할 때의 장점 | 입양 전 지속적으로 봉사활동을 하기

05. 애견숍, 인터넷에서 분양 받을 때 주의해요 ··· **069**
애견숍 분양 시 기억해야 할 것 | 애견숍, 어떻게 분양이 이루어질까? | 인터넷 분양 시 기억해야 할 것

06. 고양이 종류와 특징을 알아보아요 ··· **071**
몸매만 보고 알아보기 | 종류별 특성 알아보기 | 품종에 따라 잘 발생하는 질환

CHAPTER 3
고양이를 위해 무엇을 준비할까?

01. 고양이 육아용품을 준비해요 ··· **082**
고양이를 데려오기 전에 반드시 준비해야 하는 용품 | 고양이를 계속 키울 때 반드시 필요한 용품 | 있으면 더 고양이에게 좋은 용품들

02. 고양이를 위한 안전한 공간을 만들어요 ··· **087**
고양이에게 안전한 환경 만들기 | 우리 집 구조 점검하기 | 정리정돈하기 | 전선 정리하기

03. 고양이를 위한 기본 공간은 어떻게 배치할까요? ··· **090**
은신처 만들어주기 | 밥그릇, 물그릇 위치 | 화장실 위치 | 세로 놀이 공간 만들어주기

04. 입양 후 첫 대면은 어떻게 하면 되나요? ··· **092**
가장 젠틀한 집사의 자세 | 낯가림이 없는 고양이라면?

PART 2
고양이 기르기의 정석

CHAPTER 1
사료나 처방식 등을 건강하게 잘 먹이는 방법

01. 바른 식습관을 만드는 규칙을 정하세요 ··· **098**

우리 고양이 건강을 지키는 식습관 규칙의 포인트 | 개 사료, 고양이에게 절대 금지 | 식사 간격 조정 | 자율급식할 때 주의사항 | 제한급식할 때 주의사항

02. 사료는 어떻게 주나요? … 102
입양 직후 급여 시 반드시 지켜야 할 것 | 아기 고양이, 무엇을 어떻게 먹여야 할까? | 간식 캔과 습식 사료의 차이점 | 사료를 교체할 때

03. 연령에 따라 사료를 주는 방법이 다른가요? … 105
아기, 청소년기에 필요한 사료 | 성묘에게 필요한 사료 | 노령묘에게 필요한 사료 | 노령묘는 아기 고양이 사료 금지

04. 사료의 종류와 특성에 대해 알아보아요 … 108
고양이 사료 등급별 특징 | 사료의 원재료, 제대로 알기 | 건 사료 VS 습식 사료
[집사학교] 습식 사료에 대해 자세하게 알아봅시다 … 112

05. 좋아하는 사료를 찾거나 바꾸는 방법을 알아보아요 … 114
고양이가 좋아하는 사료 찾는 법 | 사료를 교체하는 방법 | 새로운 사료에 익숙해지는 과정

06. 날씬하고 건강하게 몸매를 관리해요 … 117
고양이 입장에서 나쁜 식습관은 무엇일까? | 적절한 체중으로 조절하기 | 건강하게 간식 먹이기 | 사람이 먹는 음식은 금지

07. 아픈 고양이를 위한 처방식을 살펴보아요 … 120
처방식, 언제 먹여야 좋을까? | 어떻게 먹여야 건강해질까? | 질병에 따른 처방 사료의 종류

08. 연령별·상황별 급여량을 계산해요 … 126
고양이에게 필요한 에너지의 양 측정하기 | 하루에 먹여야 할 사료량 계산하기 | 고양이의 상황에 따라 급여량 정하기 | 간식 급여 원칙 지키기
[집사학교] 고양이의 이상적인 체형은 무엇인가요? … 131

CHAPTER 2
영양제, 보조제, 물 먹이는 방법

01. 고양이에게는 물이 정말 중요해요 … 136
얼마나 마셔야 좋을까? | 물 많이 마시게 하는 방법 | 고양이가 물을 마시면 칭찬해주기 | 분수, 정수기 이용하기
[집사학교] 고양이 물 마시기에 대한 집사들의 대표적인 궁금증 … 140

02. 행복하고 건강하게 간식을 주세요 … 141
언제 주면 좋을까? | 양은 얼마나 줘야 할까?

03. 상황별, 질환별로 필요한 보조제, 영양제를 알아보아요 … 143
재채기를 하거나 눈을 찡긋거릴 때 | 오줌을 잘 싸지 못하거나 혈뇨를 볼 때 | 신부전, 오줌양이 늘어났을 때 | 간 건강이 나빠졌을 때 | 어릴 때나 허약해졌을 때, 수술 후에 좋은 영양제 | 나이가 많은 노령묘에게 좋은 영양제 | 고양이에게 꼭 필요한 오메가3 영양제 | 피부와 털을 아름답게 가꿔주는 피모 영양제 | 유산균

CHAPTER 3
고양이가 겪는 다양한 식이 문제 살펴보기

01. 식욕 저하, 편식, 과식을 해요 … 150

식욕이 계속 떨어질 때 | 잘 먹는데 살이 자꾸 빠질 때 | 자꾸 토하거나 설사를 할 때 | 간식만 먹으려고 하거나 편식할 때 | 비닐, 끈 등 이상한 것들을 계속 먹을 때 | 캣그라스 제대로 활용하기

[집사학교] 털실, 끈, 비닐 등은 반드시 숨기세요 … 155

[집사학교] 고양이가 먹으면 안 되는 음식 … 156

02. 다이어트가 필요해요 … 159

건강한 다이어트 계획하기 | 고양이 다이어트 비법 | 고양이 다이어트의 포인트 | 고양이가 배고파서 칭얼댈 때 대처법 | 다이어트의 위험신호 파악하기

CHAPTER 4
깨끗하고 아름답게 외모 가꾸기

01. 빗질과 목욕은 어떻게 하나요? … 166

건강을 지키는 빗질 | 빗질하는 방법 | 단모종도 빗질해야 할까? | 목욕 시키기 | 목욕 후 털 말리기 | 얼마나 자주 목욕시켜야 할까? | 고양이가 목욕을 너무 싫어한다면? | 샴푸는 어떤 것을 쓸까?

02. 눈과 귀는 어떻게 관리하나요? … 172

눈 주변 닦아주는 방법 | 목욕 후, 눈 상태를 확인하기 | 고양이 귀 구조 살펴보기 | 귀 청소하는 방법 | 귀가 계속 더럽고 가려워한다면?

03. 양치를 시켜주세요 … 175

고양이를 위한 양치 교육 | 치석 제거 스켈링

04. 쾌적하게 화장실을 관리해요 … 178

화장실 선택하기 | 화장실 개수 | 화장실의 위치 선정하기 | 화장실 모래 선택하고 교체하기 | 고양이에게 화장실 사용법 알려주기 | 집사가 알아야 할 화장실 청소법 | 화장실, 모래 바꿔주기 | 화장실이 마음에 들지 않을 때 고양이의 행동과 해결책 | 이상 배뇨 VS 스프레이

05. 발톱을 깎아주세요 … 185

발톱 깎는 자세와 요령 | 발톱 깎아주다가 피가 난 경우

[집사학교] 고양이가 좋아하는 스크래처 사용법 … 187

CHAPTER 5
고양이의 삶의 질을 높여주는 웰빙 라이프

01. 고양이 전용 가구, 캣타워가 있어요 … 192

부족한 운동량 채우기 | 분쟁 해소, 은신처 기능 | 캣타워, 캣워크 설치법

02. 헤어볼을 관리해요 … 194

헤어볼의 정체는 무엇일까? | 건강을 위해 헤어볼 관리하기 | 헤어볼 예방법 | 고양이가 헤어볼을 자주 구토한다면?

03. 캣닢과 캣그라스를 이용해요 … 197

고양이는 왜 캣닢을 좋아할까? | 캣닢, 언제 주면 효과가 좋을까? | 캣닢은 안전할까? | 캣닢을 좋아하지 않는 고양이 | 마따따비란 무엇일까? | 캣그라스 활용법

[집사학교] 냄새를 맡을 때 왜 고양이는 이상한 표정을 지을까요? … 200

04. 고양이와 산책해도 되나요? … 201
고양이를 산책에 길들이는 방법 | 산책길에 있는 다른 동물 조심하기 | 산책을 좋아하는 고양이와 싫어하는 고양이

05. 고양이와 여행 가도 되나요? … 203
여행 준비물 | 자가용으로 여행할 때 | 장거리 여행인 경우 | 고속버스, 기차, 비행기 등으로 여행할 때 | 대중교통으로 이동 시 법적인 절차 | 해외여행 시 법적인 절차

PART 3
병원에 가기 전, 꼭 알아야 할 것들

CHAPTER 1
병원을 무서워하는 고양이 안정시키기

01. 외출할 때는 이동장을 이용하세요 … 212
이동장 이용하기 | 고양이에게 적절한 이동장 | 이동장에 친숙해지는 6단계 훈련법

02. 병원에는 어떻게 데려가야 할까요? … 217
내 고양이에게 딱 맞는 동물병원 찾는 법 | 병원에 가기 전에 준비할 점 | 병원에 도착했을 때 행동요령

CHAPTER 2
병원에서 받아야 할 검사의 종류

01. 건강검진과 예방접종을 알아보아요 … 222
아기 고양이 건강검진 | 집에 다른 고양이가 있을 때 받아야 할 검사 | 성묘를 입양할 때 받아야 할 검사들 | 예방접종의 시기와 방법 | 예방접종의 종류와 특징 | 고양이 예방접종 위치 알아보기 | 접종을 했을 때 발생할 수 있는 부작용 | 광견병 백신, 꼭 맞춰야 할까?

02. 중성화 수술이 궁금해요 … 230
고양이 발정 | 질병을 예방하기 위한 중성화 | 여자 고양이의 중성화 수술 | 남자 고양이의 중성화 수술 | 중성화, 우리 고양이에게 좋을까? | 적절한 중성화 시기

CHAPTER 3
집에서 할 수 있는 간호법

01. 고양이 약 먹이기에도 노하우가 있어요 … 238
철저한 준비가 필요 | 주사기로 가루약 먹이기 | 맛있는 음식에 섞어 먹이기 | 약용 캡슐에 넣어서 먹이기 | 손으로 알약 먹이는 방법 | 알약 보조제를 이용하는 방법 | 투약기로 알약 먹이기 | 고양이 전용 물약 먹이기

02. 소독제나 연고, 안약은 어떻게 하나요? … 243
소독제와 연고 바르는 방법 | 약 발라줄 때 주의사항 | 눈에 안약 넣는 방법

03. 넥 칼라와 환묘복을 만들어요 … **245**

넥 칼라가 필요할 때 | 넥 칼라를 싫어하는 고양이들의 습성 | 넥 칼라의 종류와 특성 |
넥 칼라 대신 환묘복을 사용하기 | 환묘복 만들기

PART 4
고양이 질병 증상별 진료실

CHAPTER 1
호흡기와 심장

01. 고양이의 호흡 이상을 알아보아요 … **254**

고양이 숨소리 파악하기 | 호흡수로 진단하기 | 이럴 땐 응급상황 | 호흡 이상의 원인

[집사학교] 고양이의 건강한 호흡을 체크하는 7단계 방법 … **256**

02. 칙칙! 고양이가 재채기를 해요 … **257**

재채기와 기침 구별하기 | 재채기의 원인 | 쉬지 않고 재채기를 할 때 | 나이 든 고양이가 재채기를 할 때

03. 고양이 상부 호흡기 증후군을 알아보아요 … **260**

고양이 상부 호흡기 증후군이란? | 상부 호흡기 증후군의 증상 | 반복적으로 재발 | 고양이가 임신을 계획하고 있다면 특히 주의
| 병원에서는 어떤 검사를 받아야 할까? | 고양이 상황별로 치료하는 방법 | 예방하고 관리해주는 방법

04. 기침을 자꾸 해요 … **265**

기침의 원인들 | 고양이 천식 증상 | 천식에 악영향을 주는 우리 집 환경 체크하기 | 병원에서 받아야 할 검사 | 치료하기

05. 훌쩍훌쩍, 콧물이 나요 … **269**

맑은 콧물이 나온다면? | 누런 콧물이 나온다면? | 짙은 갈색의 분비물, 코딱지가 나올 때

06. 고양이 심장병을 알아보아요 … **271**

심장병 증상 | 심장병, 비근대성 심근병증 | 원인은 무엇일까? | 어떤 증상을 보일까? | 뒷다리가 마비된 경우 | 심해질 경우 | 고양이 심장병 진단을 위한 검사

07. 고양이 심장사상충을 관리해요 … **276**

심장사상충 | 심장사상충 감염, 개와 고양이의 차이 | 고양이의 심장사상충 성충 치료 | 고양이의 심장사상충 감염 진단하기 | 예방약 투여 전 검사 | 심장사상충 예방약은 위험할까? | 심장사상충 예방

[집사학교] 심장사상충에 대한 집사들의 궁금증 … **280**

CHAPTER 2
비뇨생식기

01. 비뇨생식기 질환의 증상을 체크해요 … **284**

비뇨기, 생식기 구조 알아보기 | 주로 발견되는 증상들

02. 화장실에 자주 가거나 오줌을 못 싸요(하부 요로기 증후군) … **287**

하부 요로기 증후군의 증상 | 특발성 방광염 | 세균성 방광염 | 결석 | 결석, 어떻게 없앨 수 있을까? | 결석 종류에 따른 치료법

결석의 재발을 막는 방법 | 계속 오줌을 못 싸면 응급상황

03. 오줌양이 변했어요(신부전증) … 295
신부전 | 급성 신부전 | 만성 신부전 | 신부전의 원인 | 급성 신부전 치료와 관리 | 만성 신부전 치료와 관리
[집사학교] 페르시안 계열이 조심해야 할 다낭포성 신장 질환 … 300

04. 생식기에서 분비물이 나와요(자궁축농증) … 301
자궁축농증의 증상 | 자궁충농증을 치료하는 방법 | 중성화로 미리 예방하기
[집사학교] 스프레이와 배뇨 곤란, 차이점 알아보기 … 303

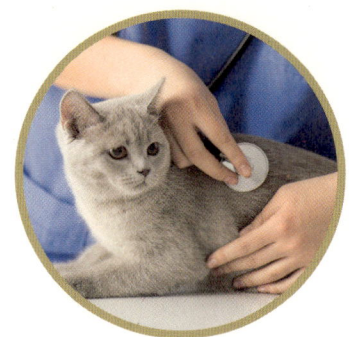

CHAPTER 3 소화기

01. 밥을 먹으면 바로 토해요 … 306
이유는 무엇일까? | 어떻게 치료할까?

02. 자주 구토해요 … 308
구토 내용물 확인하기 | 구토의 빈도수 확인하기 | 심한 구토는 지방간증을 유발 | 만성 구토 | 만성 구토 시 확인사항 | 만성 구토의 원인 | 만성 구토 치료법

03. 변이 무르고 설사를 해요 … 312
우리 고양이 변 상태 체크하기 | 고양이가 설사할 때 관리법 | 설사의 원인들

04. 고양이 변비 … 314
고양이 변비의 원인과 치료법 | 반복된 변비, 거대결장을 주의하기 | 고양이 장 건강, 집사가 지켜주기 | 병원에 가야 할 경우

05. 지방간증에 대해 알아보아요 … 317
지방간증의 원인 | 지방간증의 증상과 치료 | 지방간증을 치료하는 방법 | 심각해지기 전에 지방간증 치료하기
[집사학교] 변의 형태를 보고 건강 상태 체크하기 … 321

CHAPTER 4 피부

01. 탈모와 곰팡이성 피부병이 생겼어요 … 324
정상적인 탈모 | 곰팡이 감염으로 인한 탈모 | 곰팡이 감염으로 인한 탈모 검사하기 | 곰팡이성 피부병 재발을 막는 집 안 환경 만들기 | 감염에 의한 탈모 | 전신 증상에 의한 탈모

02. 고양이가 계속 핥아서 털이 빠져요 … 328
스스로 핥아서 생기는 탈모의 특징 | 왜 털이 빠질 정도로 핥는 걸까?

03. 아토피가 생겼어요 … 330
아토피 증상 | 아토피를 유발하는 원인들 | 아토피의 치료 | 면역 질환과 구분하기

04. 입 주변에 뭐가 났어요 … 333
호산구성 반 | 증상과 치료법

05. 고양이에게도 여드름이 생겨요 … 335
고양이 턱드름, 이유가 뭘까요? | 특히 조심해야 하는 동글납작한 두형을 가진 고양이 | 고양이 여드름, 집사가 케어해주기 | 꼬리에 난 여드름

06. 귀에 염증이 생겼어요 … 338

외이염 주의하기 | 분양 직후의 어린 고양이, 귓속 살피기 | 귀 염증, 어떻게 치료해야 할까?

07. 피부에 멍울이 잡혀요 … 340
피부 멍울, 원인은 무엇일까? | 멍울이 종양이라면? | 고양이 피부에서 발견되는 종양들 | 유선염

CHAPTER 5
각종 전염성 질환

01. 소화기 기생충에 감염되었어요 … 346
어떤 증상이 있을까? | 변으로 검사하기 | 기생충 박멸을 위한 위생관리법

02. 톡소플라즈마 감염증을 알아보아요 … 348
톡소플라즈마, 사람에게 감염이 될까? | 임산부와 고양이가 함께 살 때 주의할 점

03. 범백혈구 감소증은 고양이의 가장 대표적인 급성 전염병이에요 … 350
고양이 범백혈구 감소증 | 어떤 증상이 있을까? | 어떻게 검사하고 치료해야 할까? | 백신 접종이 필수

04. 고양이 백혈병 바이러스는 무엇인가요? … 352
무시무시한 병인 백혈병 바이러스 | 어떤 증상을 보일까? | 백신 전 검사하기 | 백혈병의 관리 및 예방 | 다른 고양이에게 감염될 가능성 | 고양이 면역 결핍 바이러스

05. 고양이 전염성 복막염은 불치병이에요 … 355
고양이 전염성 복막염 감염증의 증상 | 원인은 무엇일까? | 어떻게 진단해야 할까? | 흉, 복수가 찼다고 해서 무조건 복막염일까? | 치료는 어떻게 해야 할까? | 미리 예방하는 것이 중요 | 특히 다묘가정에서 주의하기

[집사학교] 고양이 전염병 질환, 쉽게 복습해요! … 359

CHAPTER 6   눈

01. 아이가 눈을 못 뜨고, 염증이 심해요(신생기 안염) … 364
신생기 안염 | 어떻게 치료해야 할까?

02. 눈을 게슴츠레 뜨고 재채기를 해요 … 366
원인은 무엇일까? | 넥 칼라 채워주기 | 병원에서 받는 검사

03. 눈을 깜빡이고 눈물이 흘러요(눈 표면에 까만 점이 생겼어요) … 368
눈꺼풀 연축 증상 | 각막궤양 | 각막궤양 치료법 | 눈이 아플 때 집사가 먼저 해야 할 일 | 각막궤양을 관리하지 않으면 수술이 필요 | 각막 표면에 생긴 까만 점

04. 눈 색깔이 변하고 혼탁해졌어요 … 371
홍채 색깔의 변화 | 혼탁해진 눈 | 포도막염

05. 녹내장, 눈이 점점 커져요 … 373
녹내장이란? | 안압을 측정하여 진단하기

06. 눈꺼풀에 분비물이 많거나 염증이 생겼어요 … 374
염증이 잘 생기는 납작한 얼굴의 고양이들 | 고양이의 다래끼

[집사학교] 고양이 눈 구조에 대해 더 알아보아요 … 376

CHAPTER 7 치아

01. 혓바닥에 염증이 생겼어요 … 380
혀나 잇몸이 아플 때 | 구내염에 걸렸을 때 입 속 모양 | 구내염의 원인 | 어떻게 치료할까?

02. 혀나 잇몸이 붉게 부었어요 … 382
침을 흘리거나 밥을 잘 못 먹을 때 | 림프구성 형질구성 치은염 | 병원에서의 치료 | 고양이 잇몸 건강, 평생 관리하기

03. 이빨이 부러졌어요 … 384
1살 미만, 유치갈이 | 다 큰 고양이의 경우 | 왜 이빨이 부러졌을까 | 어떻게 치료할까?

04. 치아가 녹은 것 같아요 … 386
이빨이 아파서 잘 못 씹는 경우 | 올바른 치과 검사 방법 | 고양이를 위한 선택, 발치

05. 스켈링 등 치석 관리법을 알아보아요 … 388
고양이의 치석 | 치석, 스케일링으로 제거하기 | 병원에서 스케일링하는 과정 미리 보기 | 스케일링 받기 전 주의사항 | 치석을 없애는 고양이 양치질 노하우

06. 입술 주름 사이로 피부염이 생겼어요 … 391
치아 상태를 확인하기 | 피부병일 가능성

CHAPTER 8 전신 증상

01. 전체적인 건강 상태를 체크하세요 … 394
기운이 없고 점점 말라갈 경우 | 고양이는 아픔을 숨기는 동물 | 고양이를 세심하게 관찰하기

02. 식욕은 좋지만 살이 자꾸 빠져요 … 396
갑상선 기능 항진증의 원인 | 어떤 증상이 있을까? | 어떻게 치료할까? | 반드시 초기에 치료를 받기

03. 당뇨, 오줌양과 물 마시는 양이 늘었어요 … 398
고양이 당뇨의 대표적 증상 | 요 검사, 혈당 측정이 필요 | 집에서 인슐린 주사 맞는 방법 | 당뇨 치료 중 집사가 특별히 체크할 사항들 | 당뇨 치료 시 주의해야 할 점 | 운동, 식이관리를 병행하기

04. 배가 자꾸 부풀어요 … 402
우리 고양이는 비만일까? | 병원에 가야 하는 복부 팽만

05. 고양이 신경계 질환을 알아보아요 … 404
신경계 질환이란? | 경련을 할 경우 | 다리에 힘이 빠지거나 뻣뻣해질 경우 | 의지와는 상관없이 고개, 눈동자가 움직일 경우 | 갑자기 성격이 변하고, 이상 행동을 할 경우 | 신경계 질환은 어떻게 진단할까? | 신경계 치료는 어떻게 하나요?

CHAPTER 9
갑자기 다쳤을 때 응급처치

01. 눈을 다쳤어요 … 410
고양이가 눈을 비비지 못하게 하는 경우 | 집에서 넥 칼라 만들어주기 | 눈에 모래나 이물질이 들어간 경우 | 눈에 외상을 입었을 때

02. 코피가 나요 … 413

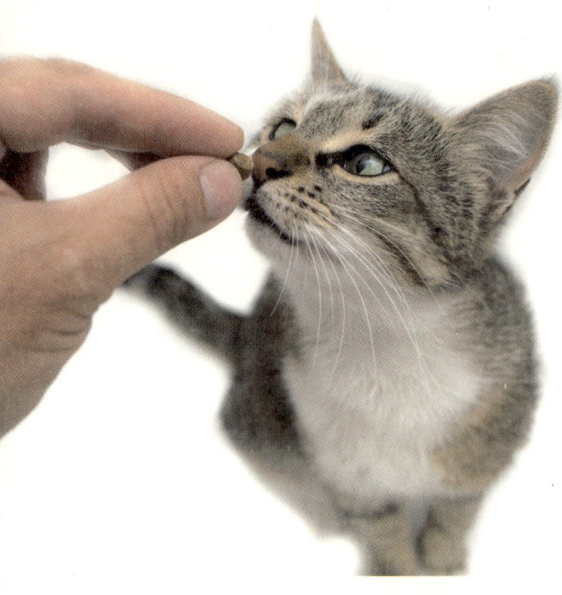

상황에 따른 코피의 원인 알아보기 | 고양이 코피, 어떻게 치료할까?

03. 피부가 찢어지거나 다쳤어요 … 415
털을 자르다가 고양이가 다친 경우 | 집에서 소독하고 치료하는 방법

04. 발톱이 부러졌어요 … 417
발톱이 부러지지 않도록 예방하는 법 | 상처 유형별 응급처치하는 법

05. 다리를 절어요 … 419
발을 땅에 딛지 못하고 들고 다닐 때 | 발을 땅에 잘 딛지만 절뚝거릴 때 | 다리를 아예 못 쓸 때

06. 먹어서는 안 되는 것을 먹었어요 … 422
어떤 것을 얼마나 먹었는지 파악하기 | 이물질을 먹고 구토할 때 처치법 | 병원에 데려가면 어떤 처치를 받을까? | 삼킨 음식 종류에 따른 증상과 치료법

07. 사지를 뻣뻣하게 뻗고 경련을 일으켜요 … 424
경련을 일으킬 때 증상 | 집사가 바로 해줄 수 있는 응급처치법 | 혀를 깨물거나 혀가 말려 들어갈 때 | 경련을 일으키다 구토하는 경우 | 눈을 지그시 눌러주기 | 뜨겁지 않게 체온 유지

08. 화상을 입었어요 … 426
집 안의 가전제품 조심하기 | 화상을 입었을 때 바로 해야 할 응급처치법

PART 5
고양이 마음과 생각을 이해하는 법

CHAPTER 1
우리 고양이 지금 무슨 생각을 할까?

01. 눈으로 심리 상태를 파악해요 … 432
동공의 모양으로 심리 파악하기 | 눈의 움직임으로 생각 읽기 | 고양이가 집사를 보며 눈을 깜빡일 때 심리

02. 귀의 움직임으로 심리를 파악해요 … 435
소리가 나는 쪽으로 귀를 움직일 때 | 귀를 앞쪽으로 쫑긋하게 세울 때 | 귀를 완전히 뒤쪽으로 눕혔을 때 | 귀가 위로 서 있을 때 | 귀가 아래로 내려가 '마징가 귀'가 되었을 때 | 귀의 모양으로 알아보는 고양이 심리 상태
[집사학교] 수염과 표정으로도 기분을 알 수 있어요 … 438

03. 꼬리 모양으로 마음을 알 수 있어요 … 440
꼬리를 위쪽으로 세울 때 | 꼬리를 부풀릴 때 | 꼬리가 완만한 수평 모양일 때 | 꼬리가 아래로 내려갈 때 | 꼬리가 거꾸로 꺾인 듯한 모양일 때 | 꼬리를 좌우로 움직이는 경우 | 그 외의 꼬리 모양 변화 알아보기

04. 고양이 자세를 보면 생각이 보여요 … 444
평온한 상태일 때 자세는 어떨까? | 점점 몸을 웅크릴 때 | 갑자기 몸을 부풀릴 때

05. 고양이 감정이 잘 드러나는 3가지 행동을 살펴보아요 … 446

집사에게 다가와 머리를 쿡 박을 때 | 고양이의 귀여운 행동, 꾹꾹이 | 옆구리 비비기

06. 고양이의 다양한 울음소리를 알아보아요 … 448
야옹 | 웅얼대는 소리 | 그르릉그르릉 | 으르릉 | 하악! | 이를 가는 듯한 소리 | 발정기에 우는 '콜링' | 고양이의 언어를 이해한다는 것

CHAPTER 2
함께 살기 위한 기본 교육

01. 우리 고양이에게 교육이 꼭 필요할까요? … 454
어느 정도까지 교육을 시켜야 할까? | 고양이의 삶의 질을 높여줄 교육 | 고양이에게 꼭 필요한 교육 알아보기 | 고양이에게 기본 단어 가르치기

02. 고양이 교육의 기본 원칙은 무엇인가요? … 457
첫째, 일관성 가지기 | 둘째, 단순한 명령어를 사용하기 | 셋째, 칭찬하고 포상해주기 | 넷째, 교육은 어릴 때부터 시작하기
[집사학교] 고양이 조기 교육의 중요성 … 460

03. 위험한 곳에 접근하지 못하도록 훈련시켜요 … 461
고양이에게 위험한 장소

04. 스킨십, 안아주기를 교육해요 … 464
'안아주기 교육'은 모든 훈련의 기본 | 고양이를 어떻게 안아주는 것이 좋을까? | 성묘가 스킨십을 싫어할 때 해결법 | 응용 동작1 : 발톱 깎기 | 응용 동작2 : 귀 청소하기 | 응용 동작3 : 양치질하기

05. 각종 스트레스 상황에 적응해요 … 468
작은 변화에도 스트레스 받는 고양이 | 소리 자극에 익숙해지는 방법 | 집에 방문하는 사람을 두려워하지 않는 방법 | 집에 방문하는 손님에 익숙해지는 방법 | 도움이 되는 '손님 상황극' | 고양이가 손님을 피해 은신처에 계속 숨어 있다면? | 손님과 고양이가 친해지는 방법

06. 고양이를 춤추게 하는 최고의 칭찬법은 무엇인가요? … 472
다정한 목소리로 칭찬하기 | 고양이가 좋아하는 부위 쓰다듬기 | 만지면 고양이가 질색하는 부위 | 간식으로 포상하기
[집사학교] 칭찬할 때 효과적인 클리커 훈련 … 475

07. 고양이와 놀아주세요 … 476
고양이의 본능을 존중해주기 | 놀이 시간 정하기 | 장난감 선택하는 방법 | 어떻게 놀아줄까? | 가장 피해야 할 놀이 방식 | 놀이 중 고양이가 집사 손을 깨문다면? | 혼자 있을 때도 놀 수 있도록 하는 방법

CHAPTER 3
우리 고양이, 문제 행동 고치기

01. 고양이의 나쁜 행동, 이유가 뭘까요? … 482
고양이의 불만을 해결하기 | 불만을 대체할 수 있는 방법 찾기 | 행동 문제가 아니라 질병일 가능성

02. 고양이 공격성에 대해 알아보아요 … 484
고양이 공격성 종류 알아보기 | 사회화가 안 되었을 때 공격성 | 놀이 시간에 나타나는 놀이 공격성 | 공포로 인한 공격성 | 통증에 의한 공격성 | "내 거야!" 영역 공격성과 포식 공격성 | 사냥에 실패했을 때 생기는 대상 전환 공격성 | 싸움과 놀이를 구분하는 방법 | 집사가 고양이 싸움을 해결하는 방법

03. 화장실이 아닌 곳에 오줌, 똥을 쌀 때 어떻게 하나요? … **490**
화장실 습관, 집사가 반드시 확인해야 할 것들 | 배뇨와 스프레이 구분하기 | 몸이 아파서 잘못된 배뇨, 배변을 하는 것은 아닐까? | 화장실 소재가 마음에 안 드는 것은 아닐까? | 자신이 좋아하는 소재에 배설하는 고양이 | 고양이가 싫어하는 화장실 위치는 어디일까? | 자신이 선호하는 위치에 계속 배설하는 고양이 | 화장실 교육, 꾸중 금지

04. 발톱을 아무데서나 갈아요 … **496**
고양이가 좋아하는 스크래처 찾기 | 놀이를 통한 스크래처 사용법

05. 우리 고양이가 우울해보여요 … **498**
고양이 우울증 증상 | 다양한 환경 자극 | '환경 풍부화' 시 주의할 점 | 약물로 우울증을 치료하는 방법

[집사학교] 우리 고양이, 사회성이 없어서 걱정이에요 … 502

PART 6
노령묘 돌보기

CHAPTER 1
나이 든 고양이를 위한 생활 수칙

01. 몇 살부터 노령묘일까요? … **508**
노령묘의 기준 | 나이가 들면 고양이에게 생기는 변화 | 신체 능력 저하 | 조금만 아파도 조심하기

02. 노령묘 건강을 체크하세요 … **511**
집사가 알아야 할 노령묘 필수 체크리스트 | 밥 먹는 양 체크하기 | 물 마시는 양, 소변량 체크하기 | 체중 변화 체크하기 | 신체 변화, 컨디션 체크하기

03. 노령묘를 위한 편안한 집 안 환경을 만들어요 … **514**
할머니, 할아버지 고양이를 위한 배려 | 노령묘에게 스트레스 상황은 무엇일까? | 우리 고양이를 위한 집 안 환경 바꾸기 | 고양이에게 집사가 보답을 할 수 있는 시간 | 고양이에게 필요한 자극, 환경 풍부화

CHAPTER 2
노령묘 건강 관리법

01. 나이 든 고양이의 질병을 알아보아요 … **520**
노령묘 질환 | 다양한 질병의 위험성 | 높은 곳에 잘 올라가지 못하는 노령묘 | 입 냄새가 심하고 치아가 안 좋은 노령묘 | 눈 색깔이 탁해지고 시력이 나빠진 노령묘 | 몸이 마르고 성격도 까칠해진 노령묘 | 노령묘일수록 관찰하고 또 관찰하기

02. 나이 든 고양이를 위한 건강검진을 하세요 … **523**
열 살이 넘는 고양이가 받을 수 있는 건강검진 | 혈구 및 혈청 화학 검사 | 영상 검사 | 혈압 체크하기 | 호르몬 검사 | 눈 건강 확인하기

03. 고양이도 치매에 걸려요 … **525**
고양이 인지 장애 증후군 | 치매가 아닌 질병 가능성 | 고양이 치매를 개선하는 원칙

PART 1

고양이와 가족이 될 준비

나도 집사가 될 수 있을까?

최근 여러 매체를 통해 고양이의 매력이 널리 알려지면서 고양이를 입양하는 분들이 부쩍 많아졌습니다. 더불어 길냥이에 대한 인식도 개선되면서 고양이를 구조한 후 입양하는 경우도 드물지 않습니다. 하지만 한 번 입양하면 15년 이상 함께 해야 하기 때문에 입양 전 철저한 준비가 필요합니다. 이번 장에서는 고양이를 입양하기 전에 어떤 점을 고려해야 하고, 준비해야 하는지 알아보겠습니다. 또한 이미 고양이를 키우는 집에서 새로운 고양이를 입양할 때는 무엇을 준비해야 할지에 대해서도 알아봅시다.

01 우리 집은 고양이 입양에 적절한 환경일까요?

선생님이 도와줄게요

- 네, 대체로 적절합니다. 사실 대부분의 고양이는 수평운동 외에 상하 운동만으로도 운동량을 채울 수 있기 때문에 집의 면적이나 구조가 입양에 큰 걸림돌이 되지는 않습니다. 따라서 원룸이나 작은 집에서 도 충분히 입양이 가능해요. 지금부터 환경에 따른 고양이 육아법을 자세하게 알려줄게요!

🐾 작은 집에서 고양이 키우기

집이 작은 경우에는 확실히 고양이의 운동량이 줄어들 수 있기 때문에 집사가 신경을 써주어야 합니다. 캣타워나 캣워크 등을 설치해주면 좋지만, 불가능하다면 일상 소품이나 가구 등을 활용해 집의 수직공간을 고양이가 이용할 수 있도록 꾸며줄 수 있습니다. 정해진 시간마다 매일 15분 이상 고양이와 활발하게 놀아주면 운동량을 늘릴 수 있어 좋습니다. 운동이 부족해서 통통해진다면 식이 에도 주의를 기울여야 합니다.

다양한 형태의 캣타워(왼쪽)와 캣워크(오른쪽). 집안 구조에 따라 넓게, 혹은 좁게 활용 가능해요.

🐾 피해야 할 주거 환경

• 절대로 고양이가 빠져나갈 틈을 주지 마세요!

이전에 한 집사 분이 병원에서 임시보호 중이던 고양이를 입양했는데, 하루 만에 고양이가 방충망 틈새로 탈출해버렸다고 해요. 결국 고양이를 찾지 못했습니다. 아주 작은 틈새라도 방심하면 안 돼요. 작은 틈새로도 고양이는 도망갈 수 있으니, 입양을 고려하고 있다면 미리 집 안의 틈새를 차단해야 합니다. 입양 초기에 예민한 상태에서는 집을 탈출해서 도망가다가 교통사고 등의 큰 사고를 당할 수도 있습니다.

문을 많이 열어 놓는 환경이라면 펜스 등을 설치할 수 있는데, 고양이의 점프력은 실로 놀라우므로(모든 냥이가 그런 것은 아닙니다만!) '문 전체를 막을 수 있는 펜스'를 선택합니다. 특히 문 바로 옆에 수납장 등이 있는 경우에는 이를 밟고 점프할 수 있으니, 도움닫기 할 수 있는 물건은 반드시 치워주어야 합니다.

> **고양이를 처음 데려올 때 이런 환경은 안 돼요!**
> - 고양이가 빠져나갈 수 있는 구멍이 많은 집 (방충망 틈새, 환기구 등)
> - 문을 많이 열어놓아야 하는 환경
> - 공사장 등 인근이 많이 시끄러운 곳
> - 창문이 없는 환경

🐾 우리 집, 법적으로 문제는 없을까?

사실 이러한 거주 환경에 따른 문제만큼 중요하게 생각해야 할 점이 있습니다. 바로 법적인 문제입니다. 사실 고양이를 포함한 반려동물을 거주지에서 키울 수 없도록 하는 법률적 규정은 없습니다! 다만 아파트나 빌라 등에서 자체적인 관리 기준을 가지고 있을 수 있어요. 이런 규정이 법적 구속력을 가지지는 않지만, 전·월세 주거자들은 이런 점을 무시할 수 없습니다. 따라서 이 부분에 대해서는 미리 주거지의 규정을 확인하고 양해를 구하는 것이 좋겠습니다.

개의 경우에는 분리불안이 심해서, 주인이 외출하면 하루 종일 큰 소리로 짖는 경우가 많아요. 이런 문제 때문에 개를 키우기 전에는 미리 동네주민들의 동의를 구하기도 하지만, 고양이는 소음으로 인한 문제가 많지 않습니다.

다만 발정기의 고양이는 시끄럽게 밤새 울 수 있어서, 적절한 시기에 중성화 수술을 시행하여 발정 스트레스를 줄여주면 좋습니다. 우리 집이 아닌 경우(전셋집, 월셋집 등), 가구가 빌트인 되어 있거나 벽지 상태에 따라 배상을 해야 하는 경우라면 스크래치로 인한 벽지, 가구 등의 훼손을 주의해야 합니다. 즉 입양 초기부터 꾸준히 고양이 행동 훈련을 병행하는 것이 필요하지요.

Q. 고양이가 소파, 가구를 계속 긁어요!

고양이에게 스크래처를 선물해주세요. 적절한 크기, 모양, 재질의 스크래처는 고양이의 '긁는 본능'을 위해 꼭 필요합니다. 스크래처 고르는 방법은 496쪽을 참고해주세요!

02 어느 정도의 경제적 여유가 필요할까요?

선생님이 도와줄게요

- 아기가 태어나면 필요한 용품들이 많지요? 기저귀, 분유, 옷, 침대, 병원 검진비 등 아이의 건강을 위해 여러 분야에 돈이 들어가게 됩니다.
- 고양이도 마찬가지예요. 사료, 모래, 화장실, 간식 등등 필요한 육아용품이 한 두 개가 아닙니다. 또 정기적으로 병원에서 백신 접종, 건강검진도 받아야 해요. 고양이에게 들어가는 총 육아 비용은 얼마 정도 될까요? 이번 시간에는 집사에게 필요한 경제적 여유에 대해 알아봅시다.

🐾 조금씩, 꾸준한 경제적 지출이 필요

　고양이와 함께 살 때 육아 비용은 얼마나 필요할까요? 육아 비용은 실제로 집사들이 고양이를 입양하기 전 고민하는 가장 큰 부분 중 하나입니다.

　사실 고양이가 캣타워의 브랜드를 따지거나, 우리 집 평수에 관심을 가지는 일은 없습니다. 따라서 고양이와 함께 살기 위해서 큰돈이 필요한 것은 아닙니다. 하지만 고양이는 갑자기 아플 수도 있고, 꾸준히 사료와 모래를 필요로 합니다. 따라서 비록 큰돈은 아니더라도 지출이 꾸준하게 발생할 거예요. 집사가 되기로 마음을 먹었다면 어느 정도의 지출은 감수해야겠지요.

이것은 어디에 쓰는 물건이냥?

🐾 고양이에게 꼭 필요한 육아용품 구입하기

고양이에게 꼭 필요한 용품에는 사료, 밥그릇과 물그릇, 화장실과 화장실 모래, 모래를 치워줄 수 있는 삽, 스크래처, 빗, 발톱깎이 등이 있습니다. 일부는 집사가 직접 만들어줄 수 있기 때문에, 사료 등 최소한의 초기 비용은 5만 원 수준입니다. 사료나 모래는 매달 꾸준히 드는 비용임을 유념해야 합니다.

총 육아 비용은 집사의 선택에 따라 매우 큰 차이가 생깁니다. 고양이 화장실만 해도, 집사가 박스로 만든 화장실부터 최근 TV에서 소개된 80만 원이 넘는 자동화장실까지 다양한 종류가 있습니다.

🐾 미리 알아두어야 할 의료비

의료비 역시 검진 수준, 선택 백신의 유무, 중성화 시 남아 여아의 차이 등에 따라 최소 20~30만 원부터 많게는 수배 이상의 의료비가 발생할 수 있습니다. 하지만 더욱 큰 부담은 생각지 않게 고양이가 아픈 경우입니다. 아기 고양이를 입양했는데 초기 바이러스성 장염에 걸릴 수도 있고, 비닐이

깔끔한 화장실이 필요하다냥~

고양이를 데리고 병원이나 바깥에 나가려면 이동장이 꼭 필요해요.

나 실을 먹어서 치료가 필요할 때도 있어요. 이런 경우 의도치 않게 큰 비용이 발생할 수 있습니다.

이러한 이유들로 고양이를 입양할 때, 경제적으로 풍족할 필요까지는 없지만, '최소한의 경제적 비용'을 지불할 각오는 되어 있어야 합니다. 집사에게는 심적으로도, 경제적으로도 많은 책임이 따른다는 사실을 잊지 마세요!

03 집사의 시간적 여유, 얼마나 필요할까요?

선생님이 도와줄게요

고양이는 독립적인 성향 때문에 혼자 사는 사람이 선택하기에 비교적 좋은 반려동물입니다. 하지만 큰 소리로 짖거나, 집 안을 난장판으로 만들지 않는다고 해서 고양이가 혼자 있을 때 외로움을 타지 않는 것은 아닙니다. 그럼 고양이와 얼마만큼의 시간을 함께 해야 하는지 알아볼까요?

🐾 고양이는 외로움을 안 탄다고?

몇 년 전, 집사인 친구가 저에게 고민상담을 한 적이 있습니다. 반려묘인 '슈'가 요즘 부쩍 이상한 행동을 한다면서요. 집사가 화장대에 앉아 화장을 하기 시작하면 슈가 자꾸만 집사의 머리를 헝클어뜨린다는 것이었습니다. 슈는 나이도 많은 고양이인지라, 친구는 슈의 이상 행동을 몹시 걱정하고 있었어요.

그런데 사실 당시 친구의 환경에는 큰 변화가 있었습니다. 이전에는 프리랜서로 많은 시간을 고양이와 같이 보냈지만, 얼마 전 정기적으로 회사에 출근을 하게 된 것이죠. 때문에 집사가 화장을 시작하면, 고양이가 '아, 엄마가 밖에 나가려고 하는구나!'라고 생각하게 된 거예요. 그래서 고양이는 자기가 오랜 시간 동안 혼자 남는 것이 싫어서, 집사에게 '가지 말고, 나랑 있자~' 하며 자신의 의사를 표현한 셈입니다!

엄마, 가지 마라냥~

화장대 앞에 앉아 있는 슈

🐾 고양이를 위한 시간을 남겨두기

사실 고양이는 혼자 남겨지는 것을 싫어한답니다. 아주 조용하고 소심하게 표현해서 크게 티가 나지 않을 뿐이에요. 따라서 나의 반려인 고양이를 입양하기 전에는 반드시 최소한의 시간적 여유를 체크해보는 것이 좋습니다.

집사가 되고 싶다면, 생활패턴부터 점검하세요!

점검 항목	체크
고양이가 혼자서 보내는 시간이 매일 어느 정도 될지 미리 확인해보자.	🐱
우리 집에서 적어도 한 사람은 매일 집에 들어와 고양이를 돌볼 수 있는가?	
하루 중 일정 시간을 할애해서 고양이를 돌봐줄 수 있는가?	
일 년에 이틀 이상 집을 비우는 일이 몇 번이나 있는가?	

고양이는 여전히 혼자 사는 사람이 키우기에 상대적으로 좋은 동물입니다. 하지만 집사뿐 아니라, 함께 살고 있는 고양이도 외롭지 않도록 노력해야 합니다. 어리고 활발한 고양이라면 친구를 입양하는 것도 좋은 방법입니다. 퇴근 후 피곤하더라도 일정 시간을 할애해서 고양이와 함께 시간을 보내려는 노력을 해주세요.

04 집사가 고양이 털 알레르기가 있다면 어쩌죠?

선생님이 도와줄게요

- 고양이를 너무 좋아하는데, 알레르기 때문에 입양하지 못하는 분들이 많습니다. 또는 그토록 바라고 바랐던 고양이를 입양했으나, 가족의 알레르기 때문에 파양을 해야 하는 경우도 있죠. 따라서 덜컥 입양하기 전에 먼저 나와 가족들에게 건강상의 문제는 없는지 체크해보아야 합니다.

🐾 집사의 털 알레르기

사실 저도 고양이 털 알레르기가 있습니다. 하지만 수의사가 직업이기도 하거니와, 고양이와 함께 사는 것이 너무 좋아서 약을 먹으면서 참고 있어요. 하지만 모두가 약을 먹으면서 고양이를 키울 수 있는 건 아닙니다. 고양이 털에 오랜 시간 노출되면, 알레르기 자극에 대한 반응이 강화되어 증상이 심해질 수 있기 때문이에요. 한편 단모종에게만 알레르기가 나타나는 사람처럼 특정 고양이들에게만 반응하는 경우도 있으니 참고하기 바랍니다.

고양이 입양 전 고려해야 하는 집사의 건강 문제
- 비염, 피부 자극과 같은 알레르기 질환 (가장 흔함)
- 천식과 같은 호흡기 질환

고양이는 털이 많이 빠지는 동물이에요.

🐾 그래도 고양이가 좋은데 방법이 없을까?

고양이를 키워본 적이 없는 사람이라면 병원을 방문해서 미리 고양이 털에 대한 '알레르기 인자'를 가지고 있는지 검사를 받아보는 것도 좋은 방법입니다.

또는 입양 전에 다른 방법으로 고양이와 접촉해보는 것도 좋습니다. 길냥이에게 밥을 주면서 접촉을 하거나(만지기 어려울 수도 있어요!), 동물 봉사단체 등을 통해 자원봉사를 하면서 고양이를 먼저 만나볼 수도 있겠지요. 또한 입양 당사자는 멀쩡하지만 다른 가족들에게 알레르기 증상이 나타날 수도 있으니, 반드시 위와 같은 방법으로 먼저 확인해보세요.

알레르기가 심해도 너무 심해요! 어떡하죠?

사실 알레르기가 정말 심각한 사람이라면, 집사의 건강을 위해서라도 고양이와 장기적으로 함께 사는 것이 좋지 않습니다. 집사 입장에서는 건강에도 좋지 않고, 고양이 입장에서는 파양의 위험도 크기 때문이에요. 따라서 이런 분들께는 입양을 권하지 않습니다. 그래도 고양이가 너무 좋은데 어떻게 하냐고요? 길냥이들을 보살펴주거나 동물단체에 후원하는 등 다른 방법으로 충분히 고양이들에게 사랑을 줄 수 있답니다.

길냥이 구조 등의 봉사활동을 해보세요. 사진은 병원에서 구조한 아깽이, '고중기'예요.

05. 고양이와 아기, 임산부가 함께 살아도 괜찮을까?

선생님이 도와줄게요

온갖 예쁨을 받던 우리 고양이. 하지만 집사나 가족이 임신을 하거나 집에 아기가 태어난다면? '집안 서열 1위'였던 고양이도 갑자기 애물단지로 전락하는 경우가 많습니다. 집사의 애정이 변하지 않더라도, 주위 가족들이 갑자기 고양이를 '요물' 취급하면서 파양을 강요하기도 해요. 실제로 저에게 이러한 고민을 털어놓는 집사들이 많습니다. 고양이와 아기, 임산부가 한 집에서 건강하고 행복하게 살 수 있는 방법은 무엇일까요?

정말 톡소플라즈마에 감염될까?

고양이들이 이렇게 억울한 대우를 받는 가장 큰 원인으로는 유산 및 태아의 기형을 유발할 수 있는 원충인 '톡소플라즈마 감염증'을 꼽을 수 있습니다. 고양이가 톡소플라즈마의 종숙주이기 때문에 고양이를 통한 감염 위험성이 부각되고 있어요. 하지만 실제로 고양이를 접촉해서 톡소플라즈마 감염이 발생하는 경우는 국내에 보고된 사례를 찾기 힘들 정도로 굉장히 희귀합니다!

사실 사람들이 톡소플라즈마에 감염되는 대부분의 원인은 덜 익힌 고기나 회, 흙이 덜 씻긴 채소나 날달걀 등을 먹었을 경우입니다. 우리나라는 해외와 달리 고양이나 사람의 톡소플라즈마 항체 양성률이 최근 보고에서 1% 미만 정도로 조사될 정도로 굉장히 낮습니다. 더불어 고양이가 감염된 경우에도 다시 임산부에게 감염을 일으키기 위해서는 고양이가 감염된 이후 2주 뒤부터 2주 동안이라는 짧은 기간 동안 고양이의 똥을 직접 섭식

> **TIP. 톡소플라즈에 대해 자세히 알고 싶다면**
>
> 348쪽('톡소플라즈마 감염증')에서 자세히 설명했습니다. 관련 내용을 알고 있다면 이런 것에 대해 지나치게 걱정하는 주변인들에게 이성적인 설득이 가능하고, 질병에 대해서도 충분히 대비할 수 있습니다.

해야 하기 때문에 그 가능성이 매우 낮습니다.

만약 고양이가 감염되었는지 의심된다면 병원에서 미리 검사를 하여 확인할 수 있습니다. 또한 감염된 경우라도 잘 치료될 수 있으니 너무 걱정할 필요가 없습니다.

임산부는 기본적으로 고양이 분변을 직접 치우지 않는 것이 좋습니다. 어쩔 수 없이 고양이 분변을 치워야 하는 경우라면 마스크와 일회용 장갑을 착용하세요. 고양이 역시 집사가 임신 중이라면 집 밖으로 외출하지 않아야 합니다. 하지만 고양이를 통해 톡소플라즈마에 감염될 가능성은 실제로는 매우 희박하답니다. 톡소플라즈마 감염이 걱정된다면 고양이 키우는 문제를 고민하기 보다는 날고기나 날달걀의 섭취를 훨씬 더 주의하는 편이 좋습니다.

🐾 고양이가 아기를 해치지 않을까?

한편 고양이가 갓난아기를 해치지 않을까 걱정하시는 분들도 많습니다. 실제로 고양이의 날카로운 발톱에 아기의 피부나 눈이 다칠까 걱정되는 부분이 있습니다. 때문에 임신 중에는 출산 후를 대비하여 고양이가 아기에게 친숙해질 수 있도록 시간을 들여 준비하는 것이 필요합니다. 출산 준비

를 하는 과정에서 천천히 아기 물품을 들여놓거나, 방 구조를 변경하는 식으로 말이지요. 너무 갑작스런 변화는 고양이의 불안감을 증폭시킵니다.

우리나라의 경우 출산 후 바로 집으로 데려오기보다는 대체로 조리원 등에서 얼마간 머물다가 옵니다. 만약 그렇다면 아기와 관련된 물건이나 아기 냄새가 배어 있는 물건들을 천천히 집으로 가져와서 고양이에게 소개해주는 것이 좋습니다. 이렇게 천천히 아기 냄새를 고양이에게 익숙하게 만들어주는 것이지요. 또 아기 울음소리를 녹음하여 들려주는 것도 좋은 방법입니다.

이후 아기가 집에 오게 되면 자연스럽게 소개하되, 초기에는 항상 부모님이 지켜보도록 합니다. 만약 고양이가 아기 울음소리에 지나치게 민감하게 반응하거나, 관심을 보인다면 펜스를 쳐서 아기와 분리하는 것도 좋습니다. 이후 조금씩 시간을 늘려가면서 부모님의 관찰 하에서 고양이와 아기가 만날 수 있도록 해줍니다.

임신과 출산을 앞둔 애묘인이라면 이런저런 걱정이 들 수 있겠지만, 많은 사례를 지켜본 수의사로서 고양이와 아기는 무리 없이 좋은 친구로 발전할 수 있다고 확신합니다. 대부분의 고양이는 아기를 사랑하는 동물이기 때문이죠. 조금씩 천천히 준비하면 고양이와 아기가 공존하는 화목한 가정을 만들 수 있습니다.

아기와의 첫 만남, 이것을 주의하세요!

- 갓난아기를 위해 새로운 가구를 들이거나 집 구조를 변경할 때는 고양이가 겁을 먹지 않도록 임신 전 수개월에 걸쳐 충분한 시간을 들여 천천히 도입합니다.
- 고양이에게 갓난아기를 보여주기 전에 아기의 냄새가 묻어 있는 물품을 먼저 소개해주세요.
- 갓난아기의 울음소리를 녹음해서 먼저 들려줄 수도 있습니다.
- 첫 만남 시에는 보호자가 충분히 제어할 수 있는 상황에서 서로를 짧게 소개한 뒤, 점점 시간을 늘려 갑니다.
- 고양이와 아기를 분리할 수 있도록 방묘문, 펜스 등을 미리 준비해 둡니다.
- 펜스를 사이에 두고 고양이가 아기의 소리나 냄새를 먼저 접하도록 해줍니다.

06 어린이가 있는 집에서 고양이 입양해도 될까요?

선생님이 도와줄게요

어린이가 있는 집에서는 고양이 입양을 걱정할 때가 있습니다. 혹시라도 고양이의 날카로운 발톱에 아이가 상처를 입지는 않을지, 반대로 아이가 고양이를 괴롭히지는 않을지 등등 집사들의 걱정이 이만저만이 아니지요. 하지만 결론부터 말하자면 아이와 고양이는 좋은 친구가 될 수 있습니다!

아이와 고양이는 좋은 친구

집사의 우려와는 반대로, 아이와 고양이는 좋은 친구가 될 가능성이 높습니다. 다만 둘이 좋은 친구가 되기 위해서는 시간과 노력이 필요해요.

처음 입양된 고양이는 아직 새로운 환경에 적응하지 못하고 대체로 소극적인 자세를 취하기 때문에, 먼저 어린 아이를 공격하는 경우는 흔치 않습니다. 하지만 아이가 성급하게 고양이에게 다가서는 경우, 할퀴거나 깨물 수도 있습니다. 따라서 입양 초기에는 고양이가 불안감을 가지지 않도록 은신처를 만들어주고 시간을 주는 등 배려해주어야 합니다. 또한 아이에게도 고양이를 어떻게 대하면 좋은지 알려줘야 합니다. 처음에는 지켜보고, 단계적으로 쓰다듬거나 안을 수 있도록 시간을 들여서 말이지요.

내가 너보다 나이 더 많다냥!

🐾 고양이가 숨을 수 있는 공간을 만들어주기

특히 아이에게서 고양이가 완전히 분리될 수 있는 장소를 만들어주는 것이 좋습니다. 높은 장소나, 아이가 넘을 수 없는 높이의 펜스를 쳐서 방을 분리하는 식으로요. 혹은 시각적으로도 분리되도록 가려주세요.

TIP. 아이의 이런 행동, 고양이가 싫어해요!
- 꼬리를 잡아당기는 것
- 과격하게 대하는 것

🐾 아이에게 고양이를 돌보는 방법을 알려주기

아이가 고양이에게 급하게 다가가면 고양이는 싫어할 거예요. 아이가 얌전히 앉아서 고양이의 반응을 기다리도록 도와주세요. 그렇게 부모가 아이 옆에 함께 있으면서, 고양이를 쓰다듬는 법을 알려주세요. 고양이가 충분히 진정이 되면 다시 쓰다듬어주고, 고양이도 만족하면 아이와 고양이 모두에게 칭찬을 해줍니다.

> **Q. 고양이가 입양 후에 숨어 있는데 아이가 꺼내서 놀아도 될까요?**
>
> 고양이는 아직 새로운 식구와 함께 할 마음의 준비가 되지 않았습니다. 대체로 아이들은 이럴 때 참지 못하고, 고양이를 억지로 꺼내려 해요. 그러다가 손톱에 할퀴거나 물리는 등 다치는 경우가 많지요. 이때 부모님은 고양이에게 은신처를 마련해주고, 이 일에 아이가 동참하고 멀리서 지켜볼 수 있도록 알려줍니다. '은신처 만들기(47쪽)'를 참고해주세요!

🐾 부모님이 옆에서 도와주기

처음에는 아이가 부모님 곁에서 고양이와 함께 일정 시간을 보내도록 하고, 점차 시간을 늘려가는 것이 좋습니다. 아이가 좀 더 성장하면 화장실 청소하기, 밥 주기, 간식 주기, 놀아주기 등 고양이 육아에 참여시킬 수도 있습니다. 하지만 처음부터 이런 과정을 어린아이에게 전적으로 맡기는 것은 위험해요. 놀이나 식사, 모두 고양이를 '흥분'시킬 수 있는 과정이기 때문입니다. 따라서 부모님이 먼저 고양이를 돌보는 모습을 보여준 다음, 나중에 아이가 고양이를 흥분시키지 않는 수준에서 단계적으로 고양이를 보살필 수 있도록 이끌어주세요.

특히 아이에게 "네가 원해서 데려왔으니, 네가 알아서 돌봐라."라는 식으로 하면, 아이와 고양이 모두에게 좋지 않습니다. 고양이도 적절하게 양육되지 않고, 아이도 고양이를 키우면서 나타나는 긍정적 효과를 제대로 느낄 수가 없어요. 반드시 부모님이 단계적으로 아이가 고양이 양육에 참여할 수 있도록 조절해주어야 하며, 안 좋은 행동은 고양이와 아이 모두가 하지 않도록 알려주어야 합니다. 궁극적인 고양이 입양의 책임은 성인인 부모에게 있다는 점을 잊어서는 안 됩니다.

07 둘째 고양이 입양, 다묘 가정을 꾸리고 싶어요

선생님이 도와줄게요

고양이 진료를 하면서 느낀 집사들의 재밌는 특징 중의 하나는, 한 번 고양이를 입양하고 나면 그 뒤로 '고양이라는 종 전체에 대한 애정이 급격히 커진다'는 점입니다. 길냥이에 대한 관심도 깊어지고, 아프거나 오갈 데 없는 고양이를 발견하면 둘째로 입양하는 경우도 많습니다. 고양이라는 생물이 그만큼 사랑스럽다는 뜻일 것입니다. 바람직한 현상이죠!

둘째가 생겼을 때, 첫째는?

안타깝게도 둘째를 데려옴으로써 첫째 고양이의 외로움이 해소되고, 화목한 가정이 되리라는 기대가 늘 충족되는 것은 아닙니다. 집사가 머릿속에 그린 그림과는 달리 첫째가 둘째를 받아들이지 못하거나, 서로 공격하고 싸운 후 평생 서먹한 관계로 지내는 경우도 있습니다. 사람도 그렇듯, 새로운 누군가가 나의 일상에 들어온다는 것은 고

> **입양 전, 첫째 고양이 상태 체크하기**
> - 첫째는 건강해야 합니다(지나치게 노령묘이거나, 현재 질환이 있다면 새로운 친구의 입양을 권장하지 않습니다).
> - 기본 접종이 완료되어 있어야 합니다.
> - 기존에 상부 호흡기 증후군, 하부 요로기 증후군이 있었다면 증상이 심해질 수 있습니다.
> - 무엇보다 보호자의 세심한 관찰이 필요합니다.

양이에게도 상당한 스트레스입니다.

특히 수의사로서 제가 우려되는 부분은 둘째 입양 과정에서 발생할 수 있는 '의료적인 부분'입니다. 둘째가 퍼트린 전염성 질환으로 첫째 고양이가 감염되거나, 심지어 사망하는 경우도 가끔씩 있기 때문이에요(특히 몸이 아픈 아기 고양이들이 불쌍해서 집에 데려오는 경우가 그렇습니다). 스트레스로 인해 가지고 있던(심지어 증상이 없었더라도) 질환이 심해지는 경우도 많습니다.

예를 들어 상부 호흡기 증후군이 유발되어 재채기를 하고 눈을 찡긋거리거나, 하부 요로기 증후군으로 혈뇨를 보거나, 배뇨를 못 하는 경우가 흔히 발생합니다. 고양이 백혈병 바이러스가 걸린 고양이라면(보호자가 모르고 있을 수도 있어요!) 스트레스로 인해 발병되기도 하지요. 나이 든 노령묘의 경우에는 신부전 같은 기저질환이 심화될 수도 있습니다.

> **Q. 상부 호흡기 증후군, 하부 요로기 증후군은 무엇인가요?**
>
> 고양이를 만성적으로 괴롭히는 대표적 질병입니다. 이 질환들은 한 번 앓고 나면 스트레스 상황 등에서 쉽게 재발되는 특징을 가지고 있습니다. 때문에 첫째가 이런 질환을 앓았던 적이 있다면 둘째 입양에 대비해 스트레스를 줄여주고, 물도 많이 마시도록 해주어야 합니다. 필요하다면 보조제를 미리 급여할 수도 있습니다. 각 질환에 대해서는 '고양이 질병 증상별 진료실' 편(250쪽)에서 자세히 확인할게요!

🐾 첫째의 건강 상태를 미리 체크하기

따라서 둘째 입양 전, 첫째와 둘째 모두의 건강 상태를 반드시 체크해야 합니다. 일단 첫째는 건강상 문제가 없는 상태여야 합니다. 고양이 백혈병 바이러스나 면역 결핍 바이러스에 걸려 있다면 둘째 입양은 삼가야 합니다. 상부 호흡기 증후군이나 하부 요로기 증후군을 앓았던 적이 있다면 새로운 친구를 입양한 이후 증상이 심해질 수 있으므로 각별히 주의해야 해요.

> **입양 전, 둘째 고양이 상태 체크하기**
> - 최소한의 전염성 질환은 반드시 확인해야 합니다.
> - 전염성 질환이 있다면 분리하여(입원을 시킨다거나) 치료 후 입양합니다.
> - 질환이 없는 경우에도 1주일 정도 기존의 우리 집 고양이와 분리하여, 질환의 발병 여부를 확인합니다.
> - 이러한 분리과정은 서로를 소개하기 위한 과정으로도 바람직합니다.
> - 급한 마음에 바로 접종을 시행하는 것은 좋지 않습니다.
> - 입양 후 최소 1주일 정도 기다리고, 고양이의 상태가 안정하다면 그때 접종합니다!

🐾 둘째도 건강검진이 필요

둘째의 경우 기본적으로 전염성 질환이 없는지 확인하는 것이 좋습니다. 이미 다묘 가정의 경우라면 여러 요인들이 작용할 수 있으므로, 'PCR 검사' 등을 통해 광범위한 검사를 하는 것이 좋습니다.

건강한 고양이 한 마리 정도를 기르는 가운데 입양을 하는 경우라면 키트 검사 등을 통해 최소한의 전염성 질환(고양이 범백혈구 감소증), 고양이 백혈병, 면역결핍바이러스 감염증 등)을 배제하는 것은 필수적입니다. 접종이 완료된 경우라면 가장 좋겠지만, 만약 시행해야 되는 경우에는 바로 접종을 하지는 않고, 입양 후 최소 1주 이후 고양이가 상태가 안정적일 때 하는 것이 좋습니다. 또한 최소 1주간은 첫째와 둘째를 분리하는 것이 바람직합니다.

🐾 다묘 가정의 육아용품, 어떻게 준비해야 할까?

일단 둘째를 입양하기 전에 둘째를 위한 공간을 만들어주는 것이 필요합니다. 대부분의 보호자들이 새로운 고양이를 들일 때, 원래 내 고양이의 스트레스 여부에만 치중하는 경향이 있습니다. 하지만 새로 입양된 고양이야말로 새로운 공간에 홀로 내던져진 상태로, 가장 스트레스를 받는 상태입니다. 때문에 둘째 고양이를 위한 은신처 확보가 가장 중요합니다. 방을 분리할 수 있는 경우라면 작은 방 하나를 이용하거나, 공간이 충분치 않은 경우 이동장이나 펜스 등을 이용하여 첫째 고양이와 집사를 포함한 낯선 사람으로부터 분리되고 숨을 수 있는 공간을 마련해줍니다.

두 고양이가 영역 문제로 싸우거나 스트레스 받지 않도록 물품도 최소 2개씩 준비합니다. 밥그릇, 물그릇, 화장실이 최소 2개씩은 필요합니다. 특히 화장실의 경우 고양이에게 중요한 문제로 원칙은 '고양이 수 +1'입니다. 즉, 두 마리 고양이가 있다면 3개의 화장실이 있는 것이 이상적입니다.

Q. 사회성이 좋은 첫째, 둘째와 바로 친해질까요?

첫째가 어리거나 성격이 무난하다면, 예민한 고양이보다는 관계 맺기가 더 쉽겠지요. 하지만 전염성 질환 등에 대해서는 더 주의해야 합니다. 전염성 질환은 타액이나 분변 등으로 전파되기 때문에, 사이좋게 그루밍을 해주거나 리터박스를 공유하면 질병에 전염되기가 더 쉽답니다!

화장실 자체는 굳이 돈을 들여 사지 않더라도 박스 등을 이용하여 손쉽게 준비할 수 있습니다. 공간의 문제 등으로 충분한 수의 화장실을 두기 어려운 경우, 최소 2개의 화장실을 준비합니다. 화장실, 밥그릇, 물그릇 등의 위치는 서로 다른 곳에 배치하여, 이용 시 스트레스 받지 않도록 합니다.

🐾 둘째 입양 첫 날, 집사가 해야 할 일

준비를 마친 후 둘째를 데려오게 되면 첫 날에는 둘째를 은신처에 두고, 밥과 물 화장실을 가까운 곳에 마련해줍니다. 어린 고양이라면 금방 은신처를 뛰쳐나와 집사를 찾겠지만, 좀 더 자란 경우라면 하루 이상 숨어 있을 수도 있습니다. 이런 경우 고양이 스스로 안심하고 나올 때까지 배려가 필요합니다. 밥과 물을 먹을 수 있도록 잘 챙겨줘야 합니다.

담요 아래 숨어 있다면, 담요 아래로 밥 그릇을 넣어줄 수도 있습니다. 밥을 잘 먹지 않는다면 맛있는 캔을 줄 수도 있지만(의외로 건 사료만 좋아하는 경우도 고양이도 있습니다), 너무 다양한 음식을 공급하는 경우에는 되려 설사를 유발할 수도 있으니 종류는 한두 가지 정도로 시작합니다.

둘째 고양이가 안정감을 찾는 동안 첫째 고양이는 울음소리나 냄새 등으로 둘째의 존재를 간접적으로 인식하게 됩니다. 첫째에게는 평소와 같이 대해줍니다. 둘째 고양이와 직접적으로 만나는 것은 피하되, 은신처 근처에 가볍게 접근하는 것은 허락합니다. 그 과정에서 하악거리거나 공격성을 표하는 경우는 자연스럽게 앉아서 다른 곳으로 데려온 후 놀아주어서 관심을 돌립니다. 공격성을 표하지 않는 경우에는 칭찬해주거나, 간식으로 포상해줄 수 있습니다.

🐾 '천천히, 조금씩'이 성공 포인트!

고양이들의 건강 상태가 양호하다면, 이제는 둘을 서로에게 소개해줍니다. 이때의 포인트는 '천천히, 조금씩' 소개하는 것입니다. 첫째가 어린 고양이거나 두런두런한 성격인 경우에는 쉽게 둘째를 받아들이지만, 그 이상 나이가 있거나 예민하다면 최소 1주일 이상을 할애해서 둘째를 소개하는 것이 바람직합니다.

고양이는 관계를 맺을 때 시간이 필요한 동물이에요. 고양이들끼리 친해지는 것을 '강요'하면 스트레스를 받는답니다. 다음 페이지의 '단계적 소개법'을 기억해두세요!

고양이들을 위한 단계적 소개법

1단계	일단 둘째 고양이의 냄새가 묻은 물건 등을 첫째 고양이에게 하나씩 소개합니다.
2단계	첫째가 관심을 가지는 동안 부드럽게 쓰다듬어줍니다.
3단계	하악거리거나 공격성을 표하는 경우라면 다른 곳으로 이동시킨 후 놀아주면서 관심을 돌립니다.
4단계	관심만 보이고 공격성을 표하지 않는다면 칭찬해주고, 간식을 주면서 포상해줍니다.
5단계	후각적으로 서로 익숙해지면 펜스를 사이에 두고 서로를 5~10분가량 만나도록 해줍니다.
6단계	보호자는 가운데에서 첫째를 쓰다듬어줍니다. 첫째가 공격성을 표하는 경우에는 첫째를 이동시켜서 안정시킵니다. 첫째가 가만히 있으면 역시 칭찬해 주거나 간식으로 포상합니다.
7단계	첫째, 둘째 모두 예민하다면 시간을 좀 더 늘려가면서 소개해줍니다.
8단계	서로 어느 정도 익숙해진다면, 약간 떨어진 공간에서 각자의 식기로 밥을 주는 것을 시도해보고 조금씩 놀아줄 수 있습니다.
9단계	더 익숙해지면 펜스를 치우고 서로 소개해봅니다. 집사가 가운데에서 중재하되, 만약 고양이들이 싸우면 다시 분리하고 처음부터 더 시간을 들여 소개해줍니다.
10단계	함께 밥 먹기에 성공한다면(8단계) 펜스를 치우고 서로 함께 있는 시간을 늘려주되, 최소 1주간은 집사가 시간을 할애해서 함께 있어주는 것이 좋습니다.

서로 직접 소개하기 전에는 싸울 경우를 대비해서 서로를 떼어놓을 수 있는 장치들을 준비합니다. 직접 떼어놓으려 하다가는 보호자도 크게 다칠 수 있을 뿐 아니라, 효과도 적을 수 있습니다. 따라서 싸우던 고양이들이 깜짝 놀랄 만큼 큰 소리가 나는 물건을 준비해둡니다. 예를 들어 빈 페트병에 작은 돌 몇 개를 집어넣은 것을 2개 준비해서 서로 부딪히면 좋습니다. 다만, 너무 심각하게 싸워서 이런 소리도 듣지 못할 수 있으므로 스프레이로 물을 뿌리거나, 고양이를 직접 잡을 수 있도록 두꺼운 담요도 준비해둡니다.

Q. 펜스가 없으면 어떻게 소개시키죠?

방문에 펜스를 설치하기 힘든 경우라면, 둘째를 이동장에 넣은 상태로 첫째에게 보여줄 수도 있습니다.

🐾 다묘 가정도 같은 방법으로 소개해주세요

두 마리 이상의 다묘 가정을 꾸리는 것도 비슷합니다. 여러 마리가 함께 지낼수록 스트레스 상황이 많아지기 때문에 둘째까지는 좋았던 분위기가 갑자기 급변할 수도 있어요. 따라서 첫째가 이전에 잘 적응했다 하더라도 새로운 식구를 소개할 때는 매번 시간을 들이는 것이 좋습니다. 사람이나

고양이나 첫인상이 중요합니다. 처음에 서먹한 관계가 되면 좀처럼 친하게 지내기 어려울 수도 있습니다.

고양이 수가 많다면 캣타워를 설치해주는 것도 좋습니다. 또한 앞서 둘째 입양 과정과 마찬가지로 고양이 수 이상의 은신처, 화장실, 밥그릇, 물그릇을 준비해주세요. 이때도 '고양이 수 + 1'의 원칙을 준용합니다.

둘째 입양, 다묘 가정을 만드는 집사의 노하우 총정리

이제 우리 가족이다냥~

• 새로 입양한 둘째를 위해 은신처를 마련해줍니다.

은신처는 첫째가 접근할 수 없고 둘째가 심리적으로 안정을 느낄 수 있는 곳으로 정해줍니다..

• 따로 쓸 수 있는 밥그릇, 물그릇, 화장실을 준비합니다.

첫째의 물건은 그대로 두고, 둘째의 물건은 따로 준비합니다.

• 둘째의 물건은 은신처 주위에 둡니다.

첫째가 접근할 수 없도록 둘째의 은신처 근처에 배치합니다.

• 둘째를 데려온 첫 날에는 은신처에서 충분히 숨어있도록 배려합시다.

둘째가 새로운 환경에 적응하고 안심할 때까지 기다려줍니다.

- **둘째가 익숙해지면 둘째의 물건을 조금씩 첫째에게 소개해줍니다.**
첫째, 둘째 모두에게 간식과 칭찬으로 포상을 해줍니다.

- **첫째가 둘째의 냄새에 익숙해지면, 펜스를 사이에 두고 서로 짧게 대면하게 합니다.**
둘 다 공격성을 보이지 않으면 간식과 칭찬으로 포상을 해줍니다.

- **직접 대면시키기 전에 자갈이 든 페트병, 물 뿌리개, 담요 등을 준비하세요.**
두 고양이가 싸우는 경우를 대비해 둘을 떼어놓을 수 있는 장치들이 필요합니다.

- **둘 다 공격성을 보이지 않는다면 소개하기 성공!**
직접 대면하더라도 서로 싸우지 않고 잘 지낸다면 점점 함께 하는 시간을 늘려줍니다.

08. 강아지를 키우는 집에서 고양이 입양해도 될까요?

선생님이 도와줄게요

- 고양이의 사랑스러움이 널리 알려지면서, 원래 강아지나 다른 반려동물을 키우던 가정에서 고양이를 입양하는 경우가 많아지고 있습니다.
- 기존의 동물들과 고양이가 잘 어울리려면 초기에 보호자의 노력이 절대적으로 필요합니다. 이번 장에서는 사람들이 많이 키우는 강아지와 고양이가 친해지는 방법에 대해서 공부해볼 거예요.

🐾 강아지 습성과 상황에 따른 고양이 입양 방법

개를 키우는 집에서도 '둘째 고양이 입양, 다묘 가정을 꾸리고 싶어요(37쪽)'의 기본 원칙을 적용하여 고양이를 입양하면 됩니다. 다만, 아주 활달하고 주인에 대한 '독점욕'이 강한 개의 특성을 추가적으로 이해하는 것이 필요합니다. 그럼 하나씩 알아볼까요?

• 나이가 1살 미만인 강아지

너무 활기찬 나이라 문제입니다. 새로운 친구 고양이에게 끊임없이 들이대다가(?) 눈을 다치거나, 입 주변이 찢어질 수도 있습니다. 강아지가 너무 활기차다면 어느 정도 커서 안정이 되었을 때 고양이를 입양하는 것이 더 좋습니다. 또한 강아지가 성장하는 동안, 우리 집 강아지의 특징을 더 잘 파악하게 될 수 있고, 그에 따라 맞춤 교육도 시킬 수 있어요.

 **아주 어린 아기 강아지는 어떡하죠?**

아주 어린 강아지라면 의외로 쉽게 고양이와 친구가 되기도 합니다. 하지만 이때는 전염성 질환을 서로에게 옮길 수도 있고, 고양이가 강아지를 공격할 수도 있으니 조심해야 합니다!

• 산책할 때 고양이를 보면 공격성을 띄는 강아지

입양 후 큰 사고가 발생할 수도 있으니, 이런 경우는 굳이 입양을 고려하지 않는 것이 좋습니다!

- **많이 활발한 성격의 강아지**

    역시 입양 후 서로 잘 지내기까지 고양이의 오해를 살 가능성이 높습니다. 입양을 하게 된다면 보호자가 시간을 오래 투자해서 둘 사이를 안정시켜줘야 합니다.

- **전염성 질환이 있는 강아지**

    개와 고양이가 함께 살려면, 둘 다 모두 건강해야 합니다. 기생충 감염, 곰팡이성 피부병 등은 서로에게 전염될 수 있습니다. 파보 바이러스와 같은 전염성 질환의 경우, 강아지에게서 고양이에게로 전염될 수 있어요.

- **노령견, 노령묘의 경우**

    비단 전염성 질환뿐 아니라, 개나 고양이가 노령이거나 건강 상태가 좋지 않다면 적응과정의 스트레스로 인해 기저의 질환이 촉발될 수 있습니다.

- **강아지의 교육상태 점검하기**

    강아지의 경우 "기다려." "앉아." 정도의 명령에 잘 순응하는 상태가 좋습니다. 고양이를 보는 순간 흥분해서 달려들 때 보호자가 제지할 수 있어야 합니다.

TIP. 위기 상황에서 개와 고양이는 어떻게 다른가요?

공격성을 보이거나 위기 상황에서 개는 보호자에게 의지합니다. 하지만 같은 상황에서 고양이는 보호자를 포함한 외부 환경에 대해 방어적인 태도를 취한다는 것을 잊지 마세요!

🐾 고양이 은신처 마련해주기

• 고양이가 좋아하는 은신처

고양이가 숨을 수 있는 곳을 준비해줍니다. 개가 오지 못하는 장소인 높은 곳에 마련해주거나 혹은 캣타워도 좋습니다. 이 경우 담요 등으로 가려주어서 시각적으로도 숨었다는 느낌이 들 수 있도록 배려해줍니다.

다만 빠져나갈 곳이 너무 없어서 '갇혀 있다'는 느낌이 들어서는 안 됩니다. 집사가 마련해준 은신처에서 빠져나와 다른 곳에 숨는 경우에는, 그 새로운 곳을 은신처로 살짝 꾸며줍니다.

여기서 숨어 있는 대상은 낯선 보호자 즉, 집사나 다른 고양이도 포함됩니다. 은신처에서 몰래 밥이랑 물도 먹고 화장실도 갈 수 있도록 은신처 바로 가까이에 밥그릇, 물그릇, 화장실을 설치해주세요. 이때 밥그릇, 물그릇, 화장실을 나란히 놓아서는 안 되고, 방향은 반대가 되는 것이 좋습니다. 너무 소심한 고양이는 이것마저도 접근이 어려워 은신처 내에서 볼일을 볼 수도 있기 때문이에요. 따라서 바닥에는 일회용 패드를 두둑하게 깔아두는 것이 좋습니다.

• 물품은 어디에 놓을까?

개가 올 수 없는 곳에 고양이 물품을 놓도록 합니다. 특히 밥그릇, 물그릇은 개가 올라올 수 없는 높은 곳에 둘 수 있습니다.

• 화장실은 어디에 놓을까?

고양이 화장실은 높은 곳에 설치하기 어려우므로 바닥에 둡니다. 하지만 개가 접근할 수 없도록 펜스 등을 설치하고 살짝 가려주는 것이 좋아요. 다만 너무 갇혀있는 느낌이 들면 오히려 무서워할 수도 있으니, 고양이의 반응을 살펴야 합니다. 고양이는 똥, 오줌을 편하게 배설하지 못하면 큰 스트레스를 받는 동물이기 때문이에요. 더불어 강아지가 온 집 안을 화장실 모래로 더럽히거나 고양이 똥을 먹는 것을 방지할 수도 있습니다.

🐾 고양이와 강아지 친해지는 순서

1. 고양이에게 적응 시간 주기

고양이가 은신처에서 조용히 숨어 변화에 익숙해지도록 시간을 줍니다. 이때 개와 고양이의 공간은 분리합니다. 새로 온 고

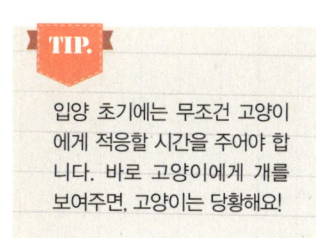

TIP.
입양 초기에는 무조건 고양이에게 적응할 시간을 주어야 합니다. 바로 고양이에게 개를 보여주면, 고양이는 당황해요!

Q. 개가 돌발행동을 하면 어떡하죠?

개가 고양이를 공격할 수도 있으므로 미리 목줄을 채워두어야 합니다. 이때 가슴줄이나 하네스는 적당하지 않아요. 개가 공격성을 드러내지 않는다면, 칭찬해주세요.

양이의 공간을 제한하되, 이 공간이 안전한 느낌이 들도록 해줍니다. 개에게는 평소와 동일하게 대해줍니다.

2. 강아지와의 처음으로 마주하기

고양이가 환경이나 보호자에게 어느 정도 익숙해지면 개와의 첫 만남을 주선합니다. 먼저 고양이는 편한 공간에 두고, 펜스 등을 가운데에 둔 채 개를 보여줍니다.

3. 서로에게 익숙해지면 거리 좁히기

이때 개의 냄새가 나는 장난감 등을 고양이에게 먼저 줄 수도 있습니다. 그러다 펜스를 사이에 둔 채 서로 닿을 수도 있을 만큼 가까이 접근했을 때 공격성을 표하지 않는다면, 둘 다 쓰다듬어주면서 칭찬해줍니다. 개에게는 간식으로 포상할 수도 있지만, 식탐이 있는 개 앞에서 고양이에게 간식을 주는 것은 싸움의 원인이 될 수도 있어요!

4. 개, 고양이 한 공간에서 생활하기

1~3까지의 과정을 모두 마치면, 개와 고양이의 분리를 끝내고 한 공간에서 생활하도록 합니다. 서로 가까워지는 데 충분한 시간(최소 1주일에서 수개월까지)이 필요해요. 특히 처음으로 분리를 해제하는 날에는 집사가 2~3일 정도 옆에서 하루 종일 지켜보아야 합니다. 이후에도 한 달 정도는 유심히 관찰해야 해요.

5. 싸움 말리기

둘이 싸울 때 제지할 수 있도록 물이 담긴 스프레이, 큰 소리를 낼 수 있는 돌이 담긴 패트병 2개 등을 준비합니다. 개를 충분히 신용할 수 없는 경우라면 초기에는 목줄을 채우고 줄을 길게 늘어뜨려 놓습니다. 싸움이 시작되면 개의 목줄을 잡고 둘을 떼어 놓습니다.

6. 개와 고양이 마음 차이 이해하기

개를 키웠던 보호자들은 개를 다루는 방식으로 고양이에게 접근할 수 있는데요, 고양이는 개에 비해서 교육에 시간이 더 오래 걸리기 때문에 개와 같은 반응을 기대하면 안 됩니다. 고양이가 공격성을 보일 때에는 안아주기 보다는 은신처로 도피해서 안정을 취하도록 해주고, 충분히 안정된 경우에 달래주는 것이 더 좋습니다.

개는 왜 고양이 똥을 먹나요?

능금이와 링고, 시로 화장실을 호시탐탐 노립니다!

제가 근무하는 병원 식구에는 고양이 시로, 말티즈 능금이, 능금이의 딸 링고가 있습니다. 대체로 서로 사이좋게 잘 지내지만, 한 가지 문제가 있습니다. 능금이와 링고가 자꾸만 시로 화장실에서 시로 똥을 찾아 먹기 때문이에요!

이런 일은 비단 우리 병원에만 한정된 것이 아니라, 개와 고양이를 같이 키우다 보면 종종 일어나는 일입니다. 왜 개들은 자꾸 고양이 똥에 관심을 가지는 걸까요?

• 고양이 똥에는 어떤 성분이 들어있을까?

개는 사람처럼 잡식동물인데 반해, 고양이는 육식동물입니다. 따라서 고양이 사료는 개의 사료보다 단백질이나 지방 함유량이 높아요. 따라서 이런 성분이 담긴 고양이 똥은 개에게는 좋은 간식처럼 여겨질 수 있습니다. 특히 육식동물의 똥은 소화과정으로 인해 특히 향취가 강하기 때문에 개를 유인하는 요소가 됩니다.

• 개, 고양이 모두에게 좋지 않아요!

개가 고양이의 변을 먹는 경우 위생적으로 문제가 될 수 있습니다. 게다가 고양이의 입장에서는 화장실에 자꾸 개가 난입하는 것이 스트레스로 작용하여 하부 요로기 증후군이나 변비가 유발될 수 있답니다. 때문에 고양이 화장실은 개가 접근하기 어려운 곳으로 선정하거나 펜스로 막아주는 것이 필요합니다.

09 작은 동물을 키우는 집에서 고양이를 입양해도 될까요?

선생님이 도와줄게요

요즘은 토끼, 햄스터 등의 작은 동물을 기르는 집에서 고양이를 입양하는 경우도 많습니다. 혹시나 고양이가 작은 동물을 해치지는 않을까 노심초사하는 집사들이 많이 있어요. 이 부분은 전적으로 집사가 책임을 지고 소형동물의 안전을 책임져야만 합니다.

🐾 고양이는 작은 동물을 우습게 본다?

저도 한때 고양이, 개, 토끼와 함께 한 집에 살았었습니다. 토끼 '토순이'는 실험실에서 안락사되기 직전에 입양했는데, 몸무게가 무려 4.7kg이나 됐었죠. 당시 우리 집에 살고 있던 고양이 '냥이'는 신부전으로 고생 중이었고 몸무게도 4.2kg 정도였습니다. 체급으로 보면 냥이에게 토순이는 호락호락한 상대는 아니었습니다. 하지만 냥이는 토순이를 전혀 겁내지 않았었어요. 이렇듯 육식동물인 고양이의 입장에서는 소형동물이 '공격의 대상'으로 보일 수 있기 때문에 조심해야 합니다.

토순이 케이지에 마음대로 들어가 있는 냥이. 덩치 차로 보면 토순이가 냥이를 압도하지요? 그래도 냥이는 토순이를 우습게 보는 경향이 있었습니다.

🐾 작은 동물들과 고양이는 서로 살짝 가려주기

　햄스터를 키우던 동료 수의사가 어느 날 탁묘를 부탁 받아 고양이를 집에 데려왔는데, 탁묘 기간 동안 햄스터가 유난히 쳇바퀴를 열심히 돌리고 분주하게 돌아다녔다고 합니다. 햄스터가 아주 활기차구나 하고 생각했는데, 고양이가 집에 돌아가자마자 햄스터는 아주 기진맥진한 상태가 되었죠. 포식자의 눈치를 보느라 자신이 건강함을 과시하였던 건데, 아주 힘들었던 모양입니다.

　보통 햄스터나 팬더 마우스 같은 소형동물의 경우, 대체로 케이지 안에 키우기 때문에 고양이와 쉽게 분리할 수 있습니다. 되도록 고양이가 잘 접근할 수 없는 곳에 케이지를 위치시키고, 시각적으로도 분리해주세요. 살짝 가려주면 더 안정을 찾을 수 있습니다.

　고양이는 앞발을 굉장히 잘 이용하는 동물입니다. 더러 입원장 안에서 손을 뻗어 입원장 문을 열고 나오는 고양이도 있죠! 방문은 기본이고, 냉장고 문이나 서랍도 잘 열어요. 때문에 보호자가 방심한 틈에 소형동물의 케이지를 열어 공격하지 못하도록 자물쇠 등을 이용하는 방법도 추천합니다.

> **TIP. 소형동물의 케이지를 설치할 때 원칙**
> - 시각, 후각적으로 고양이에게서 안전한 느낌이 드는 곳에 위치시킵니다.
> - 케이지는 절대로 고양이가 열 수 없어야 합니다.
> - 케이지 내로 고양이의 앞발이 들어갈 수 없어야 합니다.

10. 입양 전, 봉사활동이나 탁묘를 경험해보세요

선생님이 도와줄게요

- 나름대로 준비를 잘 했다고 생각하고 고양이를 입양했다가 의외의 문제에 부딪혀 파양을 하게 되는 경우도 많습니다. 이 경우 파양되는 고양이도 심적으로 힘들지만, 부득이 파양을 하게 되는 보호자도 죄책감을 갖게 되죠. 이런 상황이 오지 않도록 입양 전에 충분히 준비를 하고, 겪어보는 것이 중요합니다.

길냥이에게 관심 갖기

일단 거리의 길냥이들에게 관심을 가져보는 것도 좋습니다. 부른다고 다가오지도 않고, 애교를 부리다가도 멀리 도망가거나 할퀴기도 하는 등 개와는 전혀 다른 고양이의 성품을 직접 체험해보는 좋은 기회입니다.

또 '동물자유연대'와 같은 동물 구조 단체에 직접 봉사활동을 가는 것도 좋습니다. 통상적으로 인터넷을 통해 미리 신청을 한 후 소정의 교육을 수료한 후 봉사활동을 할 수 있습니다.

동물자유연대 홈페이지
동물 구조 봉사활동을 할 수 있고, 동물 권익에 대해 알아볼 수 있는 기관입니다 (animals.or.kr).

탁묘하기

가장 좋은 것은 고양이를 단기간이라도 집에서 보듬어보는 것입니다. 고양이 보호자가 출장이나 여행을 갈 때 장시간 맡아주는 것을 흔히 '탁묘'라 합니다. 인터넷 카페 등에 고양이 보호자가 올린 글을 보고 신청할 수 있는데, 최근에는 탁묘를 원하는 사람들이 많아져서 경쟁이 치열한 편입니다. 고양이 주인 입장에서도 고양이를 키워보지 않은 모르는 사람에게 무턱대고 맡기는 일이 쉽지는 않을 거예요. 주변에 고양이를 키우는 사람이 있다면 그 집에 놀러가서 고양이와 친해져도 보고, 보호자가 필요한 경우 고양이를 맡아주면서 직접 겪어보면 가장 좋겠습니다.

어떤 고양이가 나랑 어울릴까?

고양이를 기를 수 있는 집사의 자격을 갖추었다면 이제 어떤 고양이를 맞이할지 진지하게 고려해볼 차례입니다. 한 번 입양하면 15년에서 20년의 시간을 함께 해야 하고, 고양이의 성격도 완전히 바꾸기가 어렵습니다. 따라서 고양이의 예쁜 모습에 반해서 덜컥 입양하기보다는 가능한 나의 환경, 성격 등에 서로 잘 어울릴 수 있는 고양이를 맞이하도록 잘 알아보아야 합니다. 점프도 잘하고 앞발도 잘 쓰는 고양이의 특성상 공간을 제한하기 어려우므로 입양 후에 불만을 토로하기보다는 나와 궁합이 잘 맞는 고양이를 선택하는 것이 좋습니다.

물론 고양이가 집사를 '간택'하는 경우도 있습니다. 우리 집 마당에 매일 나타나거나, 퇴근길에 배가 고파 보여서 캔사료를 주었더니 덜컥 우리 집에 눌러앉는 경우입니다. 이런 경우 나의 선택과는 무관하게 고양이가 입주한 셈이지만, 대체로 이런 고양이들은 사회화가 잘 되어있고 보호자의 영역에 안주할 정도면 꽤나 궁합이 맞는다고 보입니다. 다만 이러한 경우에도 주의해야 할 점이 있습니다. 이번 챕터에서 좀 더 자세히 살펴보도록 하겠습니다.

01 길냥이가 우리 집에 들어왔어요

선생님이 도와줄게요

- 고양이가 먼저 나에게 다가오는 것, 바로 고양이의 '간택'입니다. 내 앞에 나타난 귀여운 고양이에게 친절을 베풀었더니 다짜고짜 우리 집에서 맘대로 살기 시작하거나, 집으로 따라 들어오는 경우입니다. 천연덕스럽게 여기가 원래 자기 집인 양 있는 모습이 아주 귀여워요. 하지만 이런 모습에 무작정 입양을 결정하지 말고, 몇 가지 사항을 고려해 주세요.

🐾 주인이 있는지 확인하기

고양이는 아주 어릴 때 사회화 기간을 가지는데, 이때 사람과의 긍정적인 접촉이 없다면 이후로도 사람에 대한 경계심을 완전히 풀기 어려운 특징을 가지고 있습니다. 때문에 아무런 격의 없이 이렇게 사람과 어울리는 고양이의 경우, 이미 사람과 긍정적인 유대관계를 가지고 있을 가능성이 있습니다. 즉, 이미 주인이 있는 외출냥이가 따라온 것일 수도 있다는 말이죠. 때문에 먼저 주인이 있지 않은지 확인해야 합니다.

주인이 있을 가능성이 높은 고양이

- 목걸이를 한 고양이.
- 양쪽 어깨 사이를 쓰다듬었을 때 3~4mm 정도의 칩이 느껴지는 고양이.
(고양이는 동물등록 대상은 현재 아니지만, 해외여행이나 잃어버릴 가능성을 염두에 두고 마이크로 칩을 이식하는 경우도 꽤 있습니다. 이런 경우 동물병원에서 칩을 확인할 수 있습니다.)
*주의사항: 이런 경우에는 고양이를 귀여워해 주되, 원래 집으로 돌아가는 것을 막아서는 안 돼요!

🐾 집이 없는 고양이인지 확인하기

한편 마실 나온 넉살 좋은 고양이인지 집이 없는 고양이인지 명확하지 않은 경우도 있습니다. 마실을 즐기는 고양이의 대부분은 하루 중 일부를 새로운 집에서 보내고, 나머지 시간에는 자기의 집으로 돌아가기 때문이에요. 이때 어디로 가는지 살펴보세요. 또는 목걸이를 만들어주고, 여기에 간단한 쪽지 등을 첨부하는 것도 좋습니다. 특히 목걸이가 있으면 위험한 일을 당할 확률도 줄어요. 즉 고양이를 위해서도 좋은 방법입니다.

🐾 보호시설에 신고하거나 보호자 찾기

시간을 두고 지켜보지 않고, 적극적으로 입양 및 구조를 고려하는 경우라면 곧바로 관할 구청이나 유기동물 보호시설에 신고해야 합니다. 이에 따라 해당 단체에서 유기동물에 대한 공고를 시행하게 되고, 공고가 시행된 후 10일이 경과되면 해당 시, 군 구 등이 동물의 소유권을 갖게 되어 개인에게 기증하거나 분양할 수 있습니다. 이 기간 동안 유인물 등을 만들어 적극적으로 고양이의 보호자를 찾는 것도 좋습니다.

좋은 마음으로 입양하거나 구조하는 경우에도 이런 과정을 제대로 거치지 않았을 때, 드물지만 원래 보호자와 법적인 다툼에 휘말릴 수 있습니다. 법적인 문제를 떠나 원치 않게 고양이를 잃어버렸다면, 가슴 아파할 보호자를 위해 고양이의 주인을 찾아주기 위한 노력이 꼭 필요합니다.

🐾 입양 결정은 나중에

주인이 없다고 판단되더라도 하루이틀 만에 입양을 결정할 필요는 없습니다. 서로에게 길들여질 시간이 필요합니다. 고양이 입장에서는 좋은 사람을 만나 즐거운 별장에 놀러 왔는데, 난데없이 감금되는 격일 수도 있으니까요. 혹은 '이제 우리 집 냥이구나.' 하고 여길 즈음, 고양이가 다시 사라지는 경우도 있습니다. 주로 봄, 가을의 발정기에 이런 현상이 많이 나타나요. 물론 교통사고를 당하거나 나쁜 사람에게 해코지를 당했을 수도 있으니, 사진을 찍어 두었다가 한 달 정도 고양이가 잘 가는 곳에 유인물을 부착하는 것을 권장합니다.

🐾 건강검진, 예방접종 하는 방법과 시기

일단 입양하기로 결정했다면 귀 진드기, 회충을 비롯한 전염성 질환이 없는지, 기본적인 건강 상태는 어떤지 병원에 가서 바로 확인하는 것이 좋습니다. 나이가 있어 보인다면 기본적인 건강검진을 받아보는 것도 좋습니다.

이후 우리 집에 고양이가 없고, 입양하기로 한 고양이가 건강해 보인다면 '이동장 훈련'을 포함하여 1주 정도의 적응기(고양이 성격에 따라 차이가 날 수 있습니다)를 거친 후 병원에서 접종을 받는 것을 권장합니다.

우리 집에서 이미 고양이를 기르고 있는 경우라면 새로운 친구로 인한 전염성 질환, 스트레스로 질환이 나타날 수도 있어요. 따라서 되도록 빨리 동물병원에서 전염성 질환 감염 여부를 폭넓게 검사해보길 바랍니다. 이후 접종을 하고 1주 정도 분리한 다음, 천천히 서로를 소개해주는 것이 두 고양이 모두를 위해 좋습니다.

입양하자마자 고양이가 아플 때

입양하자마자 아픈 경우도 제법 많습니다. 바깥 생활을 하면서 전염성 질환 등에 감염되었다가 잠복기를 거쳐 발현되는 경우이거나, 이미 아픈 고양이가 쉴 곳을 찾는 과정에서 내가 간택된 것일 수도 있습니다. 이때는 서로에게 길들여지는 시간을 건너뛰고(여기서 '길들이기'는 고양이와 집사가 친해지는 것을 의미합니다) 가급적 빨리 병원에 내원하여 치료를 받도록 합니다. 퇴원 후 서로 친해지면 되니까요.

> **입양을 결심하게 되었다면 가장 먼저 해야 할 일**
>
> 고양이에게 목걸이를 만들어주세요. 고양이가 외출을 나갔다가 해코지를 당할 수도 있고, 엉뚱하게 오해를 받아 포획을 당할 수도 있기 때문입니다.

길냥이가 우리 집에서 아기를 낳았어요

고양이 진료를 보다 보면 '우리 집에 낯선 고양이가 들어와 출산했다.'는 경우가 꽤 많습니다. 고양이를 싫어하는 사람도 임신한 고양이를 냉정하게 내쫓지 못해 보살피다, 그만 정이 들어서 한 가족이 되기도 합니다.

• 임신한 고양이가 집에 들어왔을 때

일단 임신한 고양이는 매우 예민한 상태입니다. 무작정 다가갔다가는 보호자가 크게 다칠 수도 있습니다. 처음에는 적정한 거리를 두고 관찰만 하는 것이 좋습니다. 사람이 접근했을 때 하악거리며 공격성을 보인다면, 안정감을 가질 수 있게 되도록 다가가지 않는 편이 낫습니다. 이런 고양이들은 대체로 출산 후 새끼들이 안정되면, 다른 곳으로 옮겨 갈 가능성이 높아요. 따라서 고양이에게 잠시 세를 내주었다는 기분으로 지내도 괜찮습니다.

• 임산부 냥이에게 밥 주기

사람이 사는 집 안으로 들어온 만큼 엄마 고양이가 사람을 친숙하게 느끼는 경우도 많아요. 이런 고양이라면 천천히 접근하여 음식을 줄 수도 있습니다. 이때 아무거나 마구 주면 안 돼요. 임신 중인 고양이가 탈이 나서 큰 일이 생

길냥이에게 어떤 먹이를 줘야 할까요?

사람이 마시는 우유나 염분이 많이 함유된 참치캔 등은 좋지 않습니다. 아기 고양이용 사료나 습식 사료를 주는 것이 좋습니다.

길 수도 있으므로 주의해야 합니다. 물론 이런 친구들도 시간이 지나면 새끼들을 데리고 사라지는 경우가 많지만, 멋진 고양이로 잘 성장할 테니 너무 서운해하지는 않아도 됩니다.

• 엄마 냥이가 아기 냥이를 두고 갈 때

문제는 엄마 고양이가 출산 후 새끼 고양이들을 데리고 이동하는 과정에서 약한 고양이를 두고 가거나, 아픈 아이들이 생기는 경우입니다. 특히 새끼 고양이 한 마리 정도만 남겨진 경우에는 지켜보는 사람도 매우 불안합니다. 하지만 사람이 섣부르게 개입하면 아기 고양이를 엄마 고양이에게서 영원히 분리시킬 수도 있다는 것을 유념해야 합니다. 음식을 주고 있던 중이라면 추가적으로 아기 고양이용 분유 등을 함께 주거나 체온이 떨어지지 않도록 해줄 수는 있지만, 그 이상의 간섭은 최소화해야 합니다.

• 아기 고양이를 두고 엄마 고양이가 돌아오지 않을 때

수일이 지났는데도 엄마 고양이가 돌아오지 않는다면, 또 아기 고양이가 쇠약해지고 있다면 입양을 결정합니다. 다만 며칠이 지났는데도 고양이가 통통한 경우에는, 밤마다 엄마 고양이가 사람 몰래 오고 있을 수도 있어요. 따라서 시간대를 달리하여 관찰해 보거나 관찰 카메라를 설치해서 지켜보는 것도 가능합니다. 엄마가 돌보는 동안에는 새끼에 대한 개입은 하지 않는 것이 좋습니다. 엄마 고양이가 아기를 완전히 포기했다고 생각되면 보호자의 돌봄이 필요하지만, 아주 어린 고양이를 돌보는 것은 보호자의 큰 노력이 필요합니다. 아주 어린 고양이는 건강한 편이 아니기 때문에 동물병원에서 기본적인 검진이나 상태 체크를 받는 것을 권장합니다.

> **혼자 남은 아기 길냥이 돌보기**
>
> • 기본적으로 체온을 따뜻하게 유지해 주세요.
> • 나이에 따라 음식을 잦은 주기로 공급해주세요.
> • 배뇨, 배설을 인위적으로 시켜주세요.
> • 아기 고양이를 키우는 요령은 '고양이를 구조해요' 편(61쪽)에서 확인할 수 있어요.

02 고양이를 구조해요

선생님이 도와줄게요

고양이의 간택을 당하는 일은 참으로 즐거운 일이지만, 간혹 안타까운 상황에 처한 고양이를 만날 때도 있습니다. 즉, 질병이나 사고 등으로 위험한 상태에 처한 고양이를 만난 것이지요. 만약 고양이를 구조해서 돌봐줄 결심이 섰다면, 다음과 같이 구조할 수 있습니다.

🐾 다치거나 아픈 성묘 구조하기

길냥이들에게 밥을 주다가 아이가 아픈 것을 알아차릴 수도 있고, 길을 가다가 다친 아이를 발견할 수도 있습니다. 핸들링이 잘 되거나 몸이 많이 아픈 고양이는 쉽게 동물병원으로 데려올 수 있지만, 대부분의 길고양이들은 포획되는 것을 완강히 저항합니다.

고양이가 계속 도망가면, 포획틀을 이용할 수밖에 없지만 일반인에게 추천하는 방법은 아닙니다. 포획 과정에서 되려 고양이가 심각하게 다치거나, 익숙한 장소를 떠나버리기도 하니까요. 더불어 포획을 하려는 사람이 심각하게 다치는 경우도 있습니다. 꼭 구조가 필요하다고 판단되면 인도주의적인 동물 구조 단체에 연락하거나, 구청의 지역경제과에 연락해서 구조하는 방법을 권장합니다.

반면 평소 사람을 경계하는 고양이가 쉽게 포획된다면 건강 상태가 매우 악화되어 있는 상황일 수 있습니다. 이 경우에는 즉시 동물병원에 내원하여 검진 후 치료를 시행하는 것이 좋겠습니다.

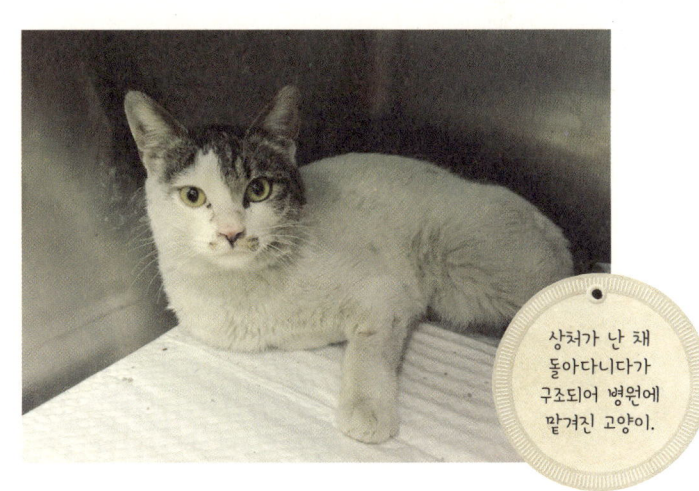

상처가 난 채 돌아다니다가 구조되어 병원에 맡겨진 고양이.

아기 고양이 구조하기

고양이 구조의 대부분은 아기 고양이에 편중되어 있는 경향이 있습니다. 혼자서 애처롭게 울고 있는 아주 작은 아기 고양이를 보게 되면 위험에 무방비로 노출되어 있는 것 같아 불안한 마음이 들게 마련입니다. 하지만 아기 고양이가 통통하고, 질병이 심각해 보이지 않는 경우에는 우선은 관찰만 해주세요.

아기 고양이에게 다가갈 때 주의할 점
- 덥석 손을 대면 안 됩니다!
- 엄마 고양이가 외출을 나갔거나, 주위에서 몰래 아기를 지켜보고 있을 수도 있어요.
- 아기 고양이에게 손을 대면 엄마로부터 버림을 받을 수도 있답니다.

며칠을 지켜보아도 엄마 고양이가 나타나지 않고, 아기 고양이의 상태가 날로 악화되거나 이미 아기 고양이의 질병 상태가 심각해 보이는 경우에는 구조를 할 수 있습니다. 하지만 아기 고양이의 구조는 큰 희생과 책임이 필요한 일이므로 남다른 각오를 해야겠지요.

구조 직후 해야 할 일

일단 구조한 경우에는 체온을 따뜻하게 유지해줍니다. 고양이가 젖어 있을 경우에는 수건 등으로 가볍게 닦아줍니다. 이후 부드러운 담요로 감싼 뒤 따뜻하게 해주세요. 전기방석, 핫팩, 드라이기 등을 이용할 수도 있는데, 절대로 직접 적용해서는 안 됩니다. 몸을 잘 가누지 못하는 아기가 저온 화상을 입을 위험이 있어요.

그러고 난 뒤에는 즉시 동물병원에 내원하여 건강 상태를 확인하고 치료를 받습니다. 이때 관리 요령 역시 자세히 배워오는 것이 좋습니다. 또한 고양이 초유라든가 분유, 젖병 등 필요한 물품을

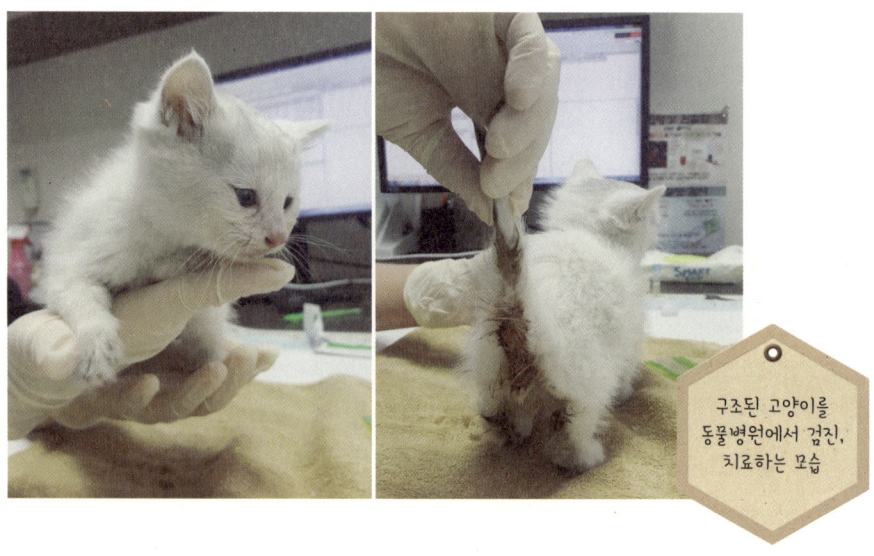

구조된 고양이를 동물병원에서 검진, 치료하는 모습

준비할 수 있습니다. 이후의 관리는 아래의 '아기 고양이 나이 추정과 돌보기' 내용을 참고합니다.

🐾 아기 고양이 나이 추정과 돌보는 방법

아기 고양이의 나이와 각 나이대의 특징, 돌보는 요령을 알아보겠습니다. 사진 모델은 저자가 근무하는 병원에 업둥이로 들어왔던 '고중기(고양이계의 송중기)'입니다.

Q. 구조 시, 아기 고양이를 목욕시키면 안 되나요?

조금 지저분하다고 목욕을 시켜서는 안 돼요. 스트레스를 줄 뿐만 아니라, 체온저하로 질병이 심화될 수 있습니다. 지저분한 부분만 물수건 등으로 닦아내고 말려서 체온을 잘 유지해주어야 합니다.

• 태어나서 생후 2주까지

- 이 시기의 아기 고양이 기르기는 매우 힘들고 어려운 일이니 각오가 필요합니다.
- 상자나 케이지 등으로 움직일 수 있는 공간을 한정해줍니다.
- 온도는 살짝 덥다 싶을 정도로 따뜻하게 유지해주되, 아기 고양이 상태를 잘 관찰해서 조절합니다.
- 아기 고양이 전용 분유를 급여해야 합니다. 사람들이 먹는 우유나 분유는 적절치 않으므로, 동물병원 등에서 고양이 초유나 분유를 구입하세요.
- 2~4시간 간격으로 급여합니다.
- 급여를 마친 이후 아기의 항문을 솜으로 살살 문질러서 오줌과 똥을 눌 수 있도록 유도해줍니다.

- 손바닥 절반 정도의 크기 (100~250g) 입니다.
- 태어나서 2주까지는 눈을 뜨지 못하고, 귀도 닫혀 있습니다.
- 귀도 오그라진 느낌입니다.
- 탯줄이 아직 붙어 있다면 태어난 지 1~2일 정도밖에 되지 않았어요.

TIP. 아기 고양이 분유 먹이는 동영상

급여 시에는 절대로 사람 아기에게 우유를 먹이듯, 고양이를 뒤집으면 안 됩니다. 배가 바닥에 닿거나 살짝 세운 상태로 급여합니다.

• 2주에서 4주

- 생후 2주까지와 비슷하게 관리하면서, 화장실 훈련을 시작합니다.
- 아직 몸집이 작기 때문에 박스를 들어가기 쉽도록 만들어준 다음, 모래를 넣어줍니다.
- 밥을 먹이고 솜으로 배변 유도를 한 다음, 모래에

- 눈을 뜨고, 귀도 열립니다.
- 제법 활동력이 생깁니다.

고양이를 올려주는 것도 좋습니다. 중간에 스스로 다른 곳에 배변하기도 하는데, 이때는 모래로 배변을 옮겨줍니다.

- 화장실은 하루에 한 번 정도 치워주되, 아기 고양이의 배변 간격을 감안하여 이전 배변이 일부 남아있도록 해줍니다.

• 4주에서 8주

- 이 시기에는 화장실도 혼자 가릴 수 있습니다. 아직 잘 못하는 것 같다면, 화장실 훈련은 이전과 같이 계속 시행해줍니다.
- 4주가 넘어가면 '이유(젖떼기)'를 시작합니다. 아기 고양이용 건 사료 불린 것이나 습식 사료를 이용합니다. 밥을 먹이기 전에 냄새를 맡거나 조금 입에 묻혀주세요. 배가 고플 때 사료를 넣어주어서 스스로 먹도록 유도합니다.
- 사료는 급여하기 전 30분 정도 따뜻한 물에 넣어 충분히 불려줍니다. 급여 전에는 반드시 보호자 손 등 위에 올려서 온도를 체크해봅니다. 너무 뜨거워도 안 되고, 차갑게 식어도 고양이가 좋아하지 않습니다.
- 사료를 스스로 먹기 시작하면 분유량을 살짝 줄여서 사료로 전환할 수 있도록 합니다.

- 이제 다리에 힘이 붙어서 재미나게 놀기 시작합니다.

TIP. 고양이는 조금씩, 자주 밥을 먹어야 해요!

고양이는 '소형동물 포식자'이기 때문에 조금씩, 자주 사료를 급여하는 것이 포인트입니다. 특히 어릴 때에는 저장된 에너지를 충분히 이용하기 힘들기 때문에 자주 급여하는 것이 좋습니다.

- 이젠 제법 고양이 티가 나지요? 고중기는 집을 뚫고 나오게 되었습니다!

• 8주 이상

- 이유를 완료해야 합니다.
- 사료는 불려주거나 습식 사료를 줍니다. 사료를 불려주는 경우에는 조금씩 '불리는 정도'를 줄여서 건 사료로 전환해볼 수 있습니다.
- 자율급식이 어려운 상황인 경우, 하루에 최소 4번은 급여해야 합니다.
- 8주령이 되면 백신을 시행합니다.

03 지인을 통해 가정 분양을 받고 싶어요

선생님이 도와줄게요

가정 분양이란 전문 브리더가 아닌 일반인이 집에서 출산한 아기 고양이를 분양하는 것을 말합니다. 여기서 말하는 가정 분양은 가족이나 지인을 통해 직접 분양하는 경우만으로 한정하도록 하겠습니다.

🐾 가정을 직접 방문하기

지인으로부터 가정 분양을 받는 경우, 가능하다면 입양 전 분양하는 가정을 방문하여 엄마 고양이와 아기 고양이들의 상태를 확인하세요. 이 과정에서 아기 고양이들과 친분을 쌓는 것도 좋습니다. 특히 아기 고양이의 사회화는 3~8주 정도에 걸쳐 일어나기 때문에 어릴 때부터 사람과 접촉하여 친근감을 조성해줍니다.

엄마 고양이, 아기 고양이의 상태를 꼭 확인하세요.

적절한 입양 시점

입양 시점은 출생 후 3개월 전후가 가장 좋습니다. 초유도 풍부히 먹고, 엄마 고양이의 돌봄을 많이 받은 아기 고양이가 건강한 것은 당연하겠죠? 또한 아기 고양이 입장에서는 엄마에게서 떨어져 새로운 환경으로 이동하는 것이 스트레스이기 때문에 충분히 준비가 된 연령에서 시행하는 것이 좋습니다. 따라서 8~10주령에서 시행하는 1차 접종 등은 입양 전 이루어지는 것이 바람직합니다.

Q. 인터넷에서도 가정 분양이 이루어지나요?

인터넷에 넘쳐나는 가정 분양의 일부는 업자들이 '가정 분양처럼 꾸며서 판매하는 경우'가 많습니다. 입양하는 사람이 이를 구분하기란 쉽지 않지요. 따라서 이런 경우는 '가정 분양'이 아니라 '인터넷 분양'으로 별도로 분리하여 생각해야 합니다!

가정 분양으로 아기 고양이를 데려올 때 체크할 것
- 이전에 먹던 사료, 냄새가 묻어 있는 용품들을 같이 얻어옵니다
- 급격한 사료 교체는 아기 고양이에게 설사를 유발할 수 있습니다.
- 아기가 새로운 환경에 잘 적응할 수 있도록 1주~1달 동안은 최대한 안정할 수 있는 환경을 꾸며줍니다.

TIP. 언제쯤 아기 고양이와 친해질까요?

사람이 기르던 어미 고양이가 낳은 아기 고양이들은 대체로 새로운 환경에 금방 적응합니다. 새로운 보호자에게도 짧은 시간 내에 친근감을 표시하는 경우도 많아요. 하지만 1주~1개월 동안은 안심하지 말고, 고양이를 특별 배려합시다.

04 동물 구조 센터나 보호 단체를 통해 분양 받고 싶어요

선생님이 도와줄게요

갑작스런 구조나 간택이 아닌 경우, 예비 집사는 심사숙고 후에 원하는 고양이를 가족으로 맞이할 수 있습니다. 이때 수의사로서 가장 권하고 싶은 방법은 동물 구조 센터나 보호 단체에서 보호 중인 고양이를 입양하는 방법입니다. 어떤 과정을 거쳐서 고양이를 입양할 수 있는지 알아봅시다.

🐾 안락사를 막기

인도주의적인 사설 단체에서는 임시 보호 기간이 지나더라도 안락사를 시행하지 않고 계속 돌보아주는 경우가 많지만, 이외의 경우에는 일정 기간이 지나면 안락사를 시행하는 경우가 대부분입니다. 이런 친구들을 입양하는 것은 또 다른 형태의 구조라고 할 수 있습니다.

TIP. 지속적으로 동물 보호에 관심을 가지세요!

우리 모두가 지속적으로 동물 문제에 관심을 가지고 보호 단체를 방문하면, 보호 중인 고양이들의 환경 및 처우 개선에 도움이 됩니다. 여러 가지 후원으로 이어지는 계기도 될 수 있어요.

🐾 보호 단체에서 입양할 때의 장점

동물 구조 센터나 보호 단체를 통해 입양하는 경우, 대체로 다 큰 고양이(성묘)를 입양하게 될 확률이 높습니다. 언뜻 보면 아기 고양이가 아주 귀엽지만, 의외로 키우는 초기에 병치레를 하거나 기본 훈련에 힘이 들 때가 많아요. 반면에 단체를 통해 성묘를 입양할 경우 대체로 입양 후의 생활을 예견할 수 있다는 장점이 있습니다.

보호 중인 동물을 입양할 수 있는 곳

- 동물자유연대 (www.animals.or.kr)
- 카라 (www.ekara.org)
- 케어 (fromcare.org)
- 서울동물복지지원센터 (cafe.naver.com/seoulanimalcare)

🐾 입양 전 지속적으로 봉사활동을 하기

마음에 드는 고양이를 선택하기 위해 입양 전 지속적인 봉사활동을 통해 여러 고양이를 만나고, 친해져 보는 것도 좋습니다. 이런 과정을 통해 예비 집사에게 알레르기가 있다든지, 현실적으로 예상되는 문제를 미리 경험해볼 수 있다는 것은 큰 장점입니다.

> **Q. 봉사활동하거나, 입양할 때 조건이 까다로워요!**
>
> 좋은 보호 단체일수록 봉사활동이나 입양 시에 까다로운 조건을 내걸기 마련입니다. 이는 내가 입양할 고양이가 좋은 환경에서 관리되고 있다는 뜻이므로 번거롭게 생각하지 말고 가족을 맞이하기 위한 '노력과 투자'로 받아들이세요.

05 애견숍, 인터넷에서 분양 받을 때 주의해요

선생님이 도와줄게요

애견숍과 인터넷을 통한 분양은 고전적인 방식이고, 아직도 가장 많은 수를 차지하고 있습니다. 하지만 저는 수의사로서 길냥이나 구조 센터의 아이들에 대한 사람들의 관심이 높아지기를 바랍니다. 애견숍, 인터넷 분양 시에는 어떤 점을 유의해야 하는지 알아봅시다.

🐾 애견숍 분양 시 기억해야 할 것

고양이를 사지 않고 입양할 수 있으면 가장 좋겠지만, 애견숍을 통해 고양이를 분양 받는 방법은 가장 손쉬울 뿐더러 내가 원하는 종류의 고양이를 직접 보고 입양할 수 있다는 장점이 있습니다. 사실 15년 이상 같이 살 친구인데 내가 원하는 종류의 고양이를 선택하는 것도 나쁘지 않은 방법입니다. 종에 따라 외모나 기질 등의 예상 가능한 특징이 있기 때문입니다. 또 입양 후 고양이가 아프거나 문제가 있는 경우 그에 대한 최소한의 보상을 받을 수 있습니다.

애견숍에서 분양 받을 때 주의사항

- 전체적인 위생상태 및 고양이들의 상태가 양호한지 확인하는 것이 좋습니다.
- 너무 어린 고양이들을 분양하고 있지는 않은지 확인합니다.
- 맘에 드는 고양이의 건강 상태를 확인 받습니다.

- 접종이나 구충 등을 시행했는지 확인하고, 계약서에 해당 내용을 확인 받습니다.
- 계약 시 입양 직후 고양이가 아플 때 어떻게 보상해줄 수 있는지 기록해야 합니다.

애견숍, 어떻게 분양이 이루어질까?

다만 애견숍에서 분양하는 고양이들은 대규모 브리더에 의해 번식된 후 경매장을 통해 들어오는 경우가 많습니다. 이런 과정에서 아직 면역력이 약한 고양이들 사이에 전염성 질환 등이 잘 퍼지고, 애견숍에 온 이후에도 좁은 공간에서 함께 있으면서 질병이 옮을 수 있습니다. 애견숍 입장에서도 분양한 고양이가 아프면 경제적으로도 손해이기 때문에 열심히 관리하겠지만, 어린 연령에 유행하는 질환들의 전염력이 강하기 때문에 완전히 막기는 어려울 것입니다.

또한 상업적 목적이 있다는 점도 염두에 두어야 합니다. 예를 들어 애견숍의 예쁜 아기 고양이는 비인도적인 임신, 출산을 반복하는 분양 공장에서 왔을 수도 있다는 점을 꼭 기억하세요.

> **TIP. 이런 고양이는 아플 수도 있어요.**
> - 눈에 눈곱이 껴있거나, 눈 주변이 젖어 있는 고양이
> - 활력은 있지만 눈을 게슴츠레 뜨거나 찡긋거리는 고양이
> - 재채기를 자주 하는 고양이
> - 코 주변이 지저분한 고양이
> - 항문 주변에 변이 묻어 있는 고양이는 설사를 하고 있을 수 있어요
> - 마르거나, 식욕이 없는 고양이
> - 잘 놀지 않고 혼자 기운 없이 있는 고양이

인터넷 분양 시 기억해야 할 것

애견숍 이야기를 전해 들은 예비 집사들은 아무래도 건강한 가정 분양 고양이를 선호하게 됩니다. 이럴 때 딱 맞춰 주변 지인의 고양이가 출산하는 일은 사실 거의 드뭅니다. 따라서 예비 집사들은 인터넷을 뒤져 가정에서 출산한 아기 고양이를 물색하는 경우가 많습니다. 인터넷으로 알아보는 경우 아기 고양이의 정보를 충분히 수집한 뒤 입양을 할 수 있다는 장점도 있습니다.

> **인터넷 분양 시 주의사항**
> - 되도록 분양하는 가정을 1번 이상 방문하여 고양이를 직접 관찰하고 입양하세요!
> - 인터넷으로 사진만 확인하고, 집 밖의 제3의 장소에서 덜렁 고양이를 받아오는 것은 추천하지 않습니다.
> - 엄마 고양이와 아기 고양이들의 건강 상태도 체크합니다('아기 고양이 건강 상태 확인하기' 참고).
> - 엄마 고양이의 모질이나 체형이 좋지 않은지도 관찰합니다.

하지만(물론 인터넷 분양 중 대다수는 진짜 가정 분양이겠지만!) 안타깝게도 이 중 '일부'는 분양업자들이 가정 분양을 위장하여 판매하는 경우일 수 있습니다. 이런 경우 아기 고양이의 건강 상태가 좋지 못한 경우가 많고, 아기 고양이가 아파서 연락을 하면 애견숍과는 달리 연락이 두절되거나, 나 몰라라 하는 식으로 대응하는 경우도 있으니, 분양 시에 주의가 필요합니다.

정말 좋은 의도로 가정 분양을 하는 가정이라면 입양 후 아기 고양이의 성장 과정을 사진으로 보내주거나 SNS를 공유하는 등 좋은 관계를 맺을 수도 있습니다. 서로 좋은 관계로 유지되는 경우, 나이가 들어 질환이 나타날 때에 서로 정보나 경험을 공유할 수도 있답니다.

06 고양이 종류와 특징을 알아보아요

선생님이 도와줄게요

오랜 시간을 함께하는 것인 만큼 고양이의 외양 조건을 따지는 것도 나쁘지는 않습니다. 결혼할 때 배우자의 외모 조건을 무시할 수 없듯이 말입니다. 다만 오직 예쁜 외모나 방송에서의 이미지만으로 덜컥 고양이를 입양해서는 안 됩니다! 한 번 입양하면 15년 이상 함께해야 한다는 사실을 반드시 명심하세요.

몸매만 보고 알아보기

다양한 고양이 종류를 알아보기 전에 고양이의 형태를 기술하는 몇 가지 명칭을 알아보겠습니다. 고양이를 관찰하다 보면 샴이나 벵갈처럼 날씬한 유형이 있는가 하면, 페르시안 고양이처럼 납작하고 동글동글한 유형도 있습니다. 이렇게 다양한 체형을 토대로 고양이를 다음과 같이 분류할 수 있습니다.

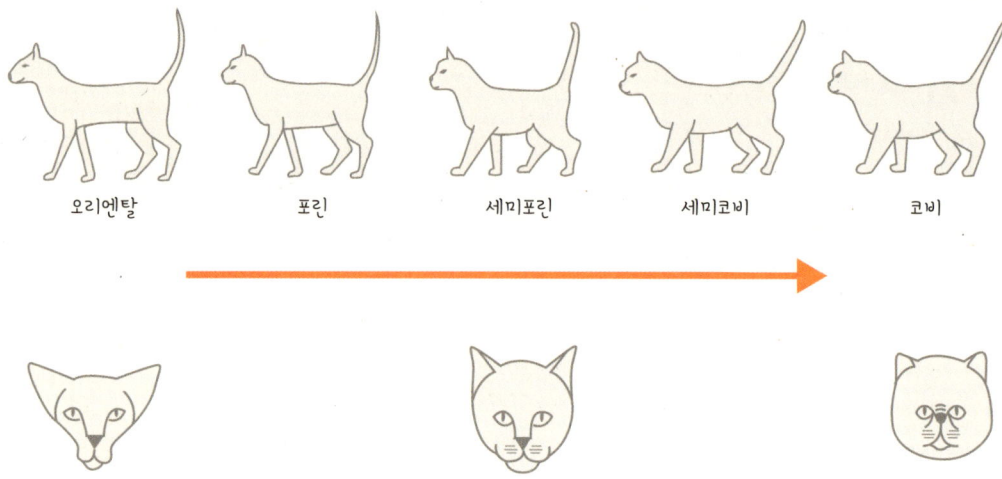

　위 표의 가장 오른쪽에 있는 코비 타입은 둥글고 납작하며 상대적으로 큰 머리를 가진 고양이입니다. 몸통 역시 동글한 체형으로 다리와 목이 짧은 편입니다. 여기에는 페르시안, 엑죠틱, 히말라얀 고양이 등이 속합니다.

　반대로 표의 왼쪽을 볼까요? 아주 세모형의 길쭉한 얼굴을 가지고 몸매도 늘씬한 고양이를 오리엔탈 타입의 고양이라고 합니다. 팔, 다리뿐 아니라 꼬리도 가늘고 긴 경우가 많습니다. 샴 고양이 등이 여기에 속하죠. 이 가운데를 세미 코비, 중간 체형, 세미 포린(foreign, 서양의 기준에서는 동양적인 것을 이국적인 것으로 간주하기 때문에 이러한 명칭이 붙는 것이죠) 등으로 나뉩니다.

　일부 순종 고양이의 경우, 특히 한국의 경우 브리딩 시스템이 좁기 때문에 종에 따라 특정 유전질환의 발현 가능성이 높을 수 있습니다. 이를 예비 집사는 잘 인지하고 있어야 합니다. 특정 질환의 가능성이 높다면 검진을 시행하고, 발현 시 조기부터 꾸준히 관리를 해주어야 오랜 시간 건강하게 함께 할 수 있습니다. 또한 유전 질환이 강화될 수 있는 근친교배를 해서는 안 됩니다.

🐾 종류별 특성 알아보기

• 코리안 숏헤어(Korean Shorthair)

특징 : 사실 '코리안 숏헤어'는 정식 명칭이 아닙니다. '짧은 털 집 고양이(Domestic shorthair)'가 가장 맞는 표현입니다. 하지만 '코숏'이라는 명칭이 대중적으로 쓰이고 있지요. 한국인에게 가장 친숙한 아이들입니다.

성격 : 품종 고양이가 아닌 만큼 다양한 성격이나 특성을 가지고 있을 수 있습니다. 다만 야외 생활을 하거나 어릴 때 사람과의 접촉이 적었다면 다소 경계심이 있을 수 있습니다.

코리안 숏헤어

아메리칸 숏헤어

• 아메리칸 숏헤어(American Shorthair)

특징 : 북 아메리카가 고향입니다. 브리티시 숏헤어에서 유래된 것으로 추정되는데, 동그란 얼굴과 몸에 회색 혹은 적갈색의 짧은 털을 가지고 있습니다. 특유의 줄무늬가 아주 예쁩니다.

성격 : 대체로 겁이 없고 명랑한 성격이라 반려묘로서 함께하기에 무난합니다.

• 브리티시 숏헤어(British Shorthair)

특징 : 영국을 기원으로 한 유래 깊은 품종입니다. 크고 동그랗고 납작한 얼굴을 가졌고, 귀는 상대적으로 작습니다. 볼살이 약간 있는 편이고, 입꼬리가 올라간 경우가 많습니다. 체형은 세미코비 타입으로 꼬리도 둥근 형태를 띕니다. 모색은 다양한데, 블루 컬러가 흔한 편입니다.

성격 : 비교적 얌전하고, 온화한 성격을 가졌답니다.

• 페르시안(Persian)

특징 : 대표적인 장모종 고양이로 오랜 역사와 다양한 모색을 인정받고 있습니다. 코비 타입의 전형으로

브리티시 숏헤어

페르시안

동글 납작한 얼굴과 체형을 가지고 있으며, 꼬리를 포함해 풍성한 털을 자랑합니다.

성격 : 활동성이 많은 편이 아니라 온순하고, 얌전하며, 목소리도 조용합니다.

엑죠틱 숏헤어(Exotic Shorthair)

특징 : 페르시안 고양이와 매우 유사한데, 털이 짧은 고양이입니다. 페르시안 고양이와 아메리칸 숏헤어를 교배하여 만들어진 종입니다.

성격 : 페르시안보다는 활발하지만 대체로 얌전하고, 조용합니다.

엑죠틱 숏헤어

히말라얀(Himalayan)

특징 : 페르시안 고양이와 샴을 교배하여 태어난 품종입니다. 얼굴형, 체형, 털 길이는 페르시안 고양이를 닮았고, 털색은 샴 특유의 패턴을 빼닮았습니다. 샴과 마찬가지로 푸른 홍채의 눈빛을 가집니다.

성격 : 대체로 얌전하고 온순하지만 페르시안 고양이보다는 활동적입니다. 한편 페르시안처럼 조용하지만, 샴의 유전자로 인해 목소리는 페르시안보다 큽니다.

히말라얀

샴(Siamese)

특징 : 태국에서 유래한 고양이입니다. 전체적으로 짧고 연한 황갈색(혹은 회백색)의 털로 덮여 있고, 얼굴 중앙, 귀 끝, 꼬리나 다리 끝에 진한 색의 포인트를 가지고 있습니다. 진한 고동색이 가장 일반적이며 이를 '씰 포인트'라고 합니다.

모색의 특징 중 하나는 어릴 때에는 포인트가 뚜렷하지 않다가 크면서 점점 진해지는 것입니다. 대략 한 살 정도 되면 모색이 분명해집니다. 눈동자의 색은 다양하지 않고, 푸른 색깔을 띱니다. 삼각형 머리에 날씬한 체형과 꼬리를 가지고 있습니다.

성격 : 애교가 많고 활발하고 활동적인 고양이이며, 수다스러운 편이고 목소리가 큽니다.

샴

• 발리니즈(Balinese)

특징 : 샴 고양이와 터키시 앙고라 고양이와의 교배를 통해 생겨난 품종입니다. 때문에 대부분의 특성은 샴 고양이와 비슷합니다. 다만 털 길이가 길고, 특히 길고 풍성한 꼬리를 가졌습니다.

성격 : 영리하고 활발하며, 활동적입니다.

발리니즈

러시안 블루

• 러시안 블루(Russian Blue)

특징 : 이름과 같이 회색을 띤 푸른 털의 단모종 고양이입니다. 짧은 털이 촘촘히 겹겹이 나 있어서 추위에 강합니다. 머리는 역삼각형이고, 몸매는 탄탄하고 날렵합니다. 눈동자 색은 짙은 초록색인데, 성장과정에서 색깔이 변화합니다. 출생 직후에는 청회색의 눈이 2개월령 즈음부터 노란색으로 바뀌고, 이후 5~6개월령에 짙은 초록색으로 변하게 됩니다.

성격 : 조용하고 온순한 품종으로, 영리하기 때문에 보호자가 원하는 바를 잘 알아차립니다. 외부인에 대해서는 다소 경계를 하는 경향을 보이기도 합니다.

• 노르웨이 숲 고양이(Norwegian forest cat)

특징 : 여러 종류의 '숲 고양이'들이 있는데 가장 널리 알려진 것이 바로 노르웨이 숲 고양이입니다. 북유럽의 추운 겨울을 견디기 위해 풍성한 이중의 털을 가지고 있습니다. 빽빽하게 속 털이 나 있고 그 위로 기름진 겉 털이 방수의 기능을 합니다. 귀 끝이 뾰족하고 긴 장식털이 있는 경우가 많습니다. 눈 끝도 살짝 올라간 형태이며 목 둘레의 털이 풍성합니다. 체형이 큰 편으로 성장하는 기간이 깁니다.

성격 : 나무타기를 좋아하는 고양이로 집 안에서 기르는 경우 캣타워 등을 설치해서 높은 곳에 오를 수 있도록 배려해 줍니다.

• 랙돌(Ragdoll)

특징 : 중대형 체형의 특유의 칼라 포인트(흰색이나 크림색 털에 귀, 꼬리, 발에 짙은 색의 포인트를 가짐)를 가진 중모

노르웨이 숲 고양이

의 고양이입니다. 파란색 눈동자를 가지고 있으며, 넓은 두상에 거꾸로 된 V형의 포인트가 있는 경우가 많습니다.

성격 : 랙돌 즉, '헝겊 인형'이라는 이름의 유래처럼, 안아 올리면 축 늘어지듯 사람에게 안깁니다. 성품 역시 성격은 온순하고 느긋하되, 사회적이어서 사람과 잘 어울립니다.

• 메인쿤(Maine Coon)

특징 : 북미 메인주에서 유래한 체격이 큰 고양이입니다. 살짝 거친 털이 특히 귀와 목 부분에 풍성합니다. 귀 끝에 장식털이 있는 경우가 많습니다. 성장까지 2~3년이 소요되고, 몸집이 큰 편입니다.

성격 : 쥐를 잡기 위한 종으로 앞발을 자유롭게 잘 사용하며, 온순하고 상냥합니다.

• 아메리칸 컬(American Curl)

특징 : 우성유전의 결과로 뒤로 뒤집혀진 귀가 특징적인 고양이입니다. 균형 잡힌 체형에 털 길이는 다양하며, 풍성한 털의 긴 꼬리를 가지고 있습니다.

성격 : 성격은 명랑하고, 사람에게 애교 있는 성격입니다.

• 아비시니안(Abyssinian)

특징 : 오렌지 브라운의 짧은 털을 가진 날렵한 체형의 고양이입니다. 마치 이집트 벽화에 나오는 고양이를 떠올리게 하며, 눈 주변의 검은 테두리를 가지고 있습니다. 머리 부위에는 M자 형의 특징적인 무늬가 있으며, 몸매는 근육질의 날씬한 체형입니다.

성격 : 활동적이고 민첩하며, 호기심이 많고 영리합니다.

• 소말리(Somali)

특징 : 소말리는 아비시니안의 외형에 털이 긴 고양이입니다. 아비시니안과 유사한 털 빛 외에 눈의 아이라인, 이마의 M자 무늬를 가지고 있습니다.

성격 : 활발한 성격이지만, 낯선 이나 환경 변화에는 민감하게 반응할 수도 있습니다.

소말리

벵갈

• 벵갈(Bengal)

특징 : 점박이나 대리석과 같은 무늬를 가진 표범을 닮은 단모종 고양이입니다.

성격 : 민첩해서 점프를 잘하고, 호기심이 많으며 활동적입니다.

• 스코티쉬 폴드(Scottish Fold)

특징 : 불완전 우성 유전자에 의해 내측으로 접힌 작은 귀가 특징인 고양이입니다. 동그란 얼굴에 접힌 작은 귀, 통통한 몸과 짧은 다리, 풍성한 꼬리를 가집니다. 접히지 않은 작은 귀를 가진 경우도 일부 있는데, 이를 '스코티쉬 스트레이트'라고 명하기도 합니다. 귀의 형태는 3~4주령이면 결정됩니다.

성격 : 조용하고, 상냥하며, 낯을 가리지 않는 성격을 가졌습니다.

스코티쉬 폴드

• 터키시 앙고라(Turkish Anagora)

특징 : 이름에서 알 수 있듯 터키에서 유래한 품종입니다. 특유의 가늘고 풍성한 털을 가지며, 매우 부드럽습니다. 대체로 흰색 털을 가지는 경우가 많지만, 현재는 다양한 털색이 인정받고 있습니다. 넓은 역삼각형의 귀가 머리 위로 곧게 서 있습니다. 눈동자는 초록이나 파랑색, 호박색 등으로 다양합니다.

성격 : 호기심이 많고 영리합니다.

터키시 앙고라

• 스핑크스 (Sphynx)

특징 : 털이 거의 없는 고양이로 주름지고 부드러운 피부에 커다란 귀가 특징입니다. 살색에 가까운 얇은 털이 소량 나 있습니다. 털이 없기 때문에 양육 시 환경 온도나 피부 관리에 주의를 기울여야 합니다.

성격 : 애교가 많고, 상냥하며 온순합니다.

🐾 품종에 따라 잘 발생하는 질환

순종 고양이의 경우 품종에 따라 잘 발생하는 질환들이 있습니다. 유전적인 결함으로 질환이 생기는 고양이도 있고, 특이한 해부학적 구조로 인해 질병에 취약한 고양이도 있습니다. 한국은 순종 캐터리(cattery)의 범위가 좁기 때문에 주로 국내에서 주로 발생하는 질환들도 있습니다.

사실 순종이라는 것은 좁은 유전적 범위 안에서 교배를 반복하는 것이기 때문에 여러가지 유전적 취약성을 유발하는 경향이 있습니다. 따라서 유전질환이 확인된 경우에는 이를 후대에 반복하지 않기 위해 번식을 시키지 않는 것이 좋습니다. 또한 품종이나 순종 여부를 중요하게 여기는 것보다는 고양이라는 종 전체의 사랑스러움을 느껴보는 것이 진정한 애묘인의 자세일 것 같습니다.

• 페르시안 고양이

페르시안 고양이는 역사가 깊은 만큼 다양한 유전 질환이 보고되어 있습니다. 가장 흔하게 나타나는 질환은 다낭포성 신장 질환입니다. 아주 어린 연령부터 신장에 낭포(물 주머니)가 발생하면서 신부전이 진행되는 질환으로, 페르시안 고양이에게는 제법 자주 발생합니다. 제가 키우던 고양이 역시 이 질환으로 아주 어릴 때부터 신부전으로 고생했었죠. 때문에 다른 고양이들과는 달리 어린 연령부터 검진을 시작할 것을 권장합니다. 특히 초음파 검사를 통해 신장의 형태를 살피는 것이 중요합니다. 이 외에도 페르시안 고양이는 납작한 생김새로 인해 눈 주변의 피부염이 잘 유발되며, 심장병의 유전적 소인을 가지고 있습니다. 이 외에도 잠복고환, 안과 질환 등이 잘 발생할 수 있습니다.

• 메인쿤, 랙돌

고양이의 유전 질환 중 가장 무서운 것 중 하나가 바로 심장 질환입니다. 특히 심장 근육이 비대해지면서 기능 저하를 유발하는 비대성 심근증이 고양이에게서 자주 발생하는데, 이 질환을 유발하는 유전적 기전이 밝혀져 있습니다. 이 중 가장 흔하게 발병하는 종이 바로 메인쿤과 랙돌입니다. 따라서 이런 종의 경우 교배나 출산을 고려 중이라면 미리 유전 검사를 시행해 볼 수 있고, 그렇지 않은 경우라도 어릴 때부터 조기에 심장 검진을 시행해 보는 것을 권장합니다. 메인쿤, 랙돌 외에도 아메리칸 숏헤어, 브리티쉬 숏헤어, 페르시안, 샴 등에서 심장질환의 유전적 소인이나 경향성이 보고되어 있습니다.

• 스코티시 폴드

귀가 접혀있는 모습과 관련이 있는 연골 이상으로 인해 관절병, 근골격계 질환이 다발합니다. 귀가 잘 접혀져 있고, 꼬리가 짧고 뭉툭할수록 질환 유발의 가능성이 높은 경향이 있습니다. 어린 연령부터 관절에 대한 검진이 필요하고, 다리를 절거나 아파하면 병원을 방문해서 확인하는 것이 좋습니다.

또한 귀가 접혀 있기 때문에 귓병이 잘 발생해서 늘 관리해 주어야 합니다. 이것은 귀가 스코티쉬 폴드와는 반대로 바깥쪽으로 접혀 있는 아메리칸 컬도 마찬가지여서 지속적인 관리가 필요합니다.

• 샴

샴은 굉장히 다양한 유전질환의 소인이 밝혀져 있습니다. 앞서 소개한 바와 같이 심장 질환에 대한 유전적 소인이 있고, 아밀로이드증과 같은 신장 질환도 잘 유발됩니다. 외에도 피부, 안과 질환, 종양 및 신경 질환에 대한 유전 소인 역시 밝혀져 있습니다. 천식과 같은 호흡기 질환도 잘 발생할 수 있기 때문에 평소 호흡수를 잘 관찰하는 것이 좋습니다.

• 아비시니안

신부전을 유발하는 아밀로이드증의 유발이 보고되어 있습니다. 때문에 조기에 신장 검진을 해보는 것을 추천합니다. 심인성 피부병(329쪽)의 유전적 소인도 보고되어 있는데, 이 질환은 여타의 원인 없이 스트레스로 인해 피부를 핥는다거나 깨무는 등의 증상이 유발되는 질환을 말합니다. 또한 심근질환(273쪽)이나 천식(266쪽)도 잘 유발되는 편입니다.

CHAPTER 3

고양이를 위해 무엇을 준비할까?

고양이를 기르기로 마음먹었다면, 이제 입양에 앞서 본격적으로 필요한 육아용품을 준비해봅시다. 이 때 집사 마음에 드는 것을 골라도 좋지만, 고양이가 잘 활용할 수 있는 용품을 고르는 것이 가장 중요합니다. 또한 고양이의 입장에서 공간을 어떻게 활용해야 좋을지에 대해서도 배워 봅시다.

01 고양이 육아용품을 준비해요

선생님이 도와줄게요

- 고양이의 발톱은 뾰족합니다. 이런 발톱을 사람 발톱깎이로 손질하면 뭉개지기 십상이죠. 또 고양이는 스크래처가 없으면 발톱을 잘 갈 수 없습니다. 이렇듯 고양이를 잘 기르기 위해서는, 또 고양이가 행복하게 살기 위해서는 다양한 육아용품들이 필요합니다. 어떤 육아용품이 필요하고, 어떤 제품들이 적당한지 이번 장에서 알아봅시다.

🐾 고양이를 데려오기 전에 반드시 준비해야 하는 용품

• 밥그릇, 물그릇

- 유리나 도자기, 세라믹, 스테인레스 재질의 그릇으로 준비하세요.
- 플라스틱 그릇은 알레르기를 유발하는 경향이 있어서 그다지 추천하지 않습니다.
- 약간 넓고, 너무 깊지 않은 형태를 추천합니다. 수염이나 장식 털에 방해가 되지 않는 크기로 선택합니다.
- 얼굴이 납작한 고양이는 깊지 않은 식기가 좋습니다.
- 고양이에 따라 선호도가 다르므로, 사용해본 후 형태나 높낮이를 변경할 수도 있습니다.

• 고양이 화장실 (litter box)

- 고양이 화장실은 '리터박스'라는 이름으로도 불립니다.
- 일반적으로는 뚜껑 없는 네모 박스 형태가 적당하지만, 소심한 성격의 고양이에게는 뚜껑으로 가릴 수 있는 화장실이 잘 맞습니다.
- 아직 어리거나, 나이가 들어서 관절염이 있는 고양이에게는 턱이 낮은 화장실을 선택합니다.
- 고양이 입장에서는 가격이 비싸다고 좋은 화장실은 아니겠지만, 요즘은 매일매일 화장실을 치워야 하는 집사의 번거로움을 줄여줄 수 있는 제품들도 많이 나와 있답니다.

• 화장실 모래

다양한 형태의 모래가 있습니다. 크게 응고형과 흡수형으로 나뉘는데 집사의 선호도에 따라 선택할 수 있습니다. 다만 이전에 사용하던 모래가 있다면 일단 그것을 계속 사용하는 것이 좋습니다. 갑자기 모래를 바꾸면 고양이가 스트레스를 받기 때문입니다.

- **응고형** : 고양이 오줌을 흡수하여 딱딱하게 굳는 형태의 모래입니다. 흔히 이렇게 오줌을 흡수하여 단단한 덩어리가 된 것을 집사 용어로 '감자'라고 표현한답니다. 자주만 치워준다면 깨끗하게 유지하기에 좋습니다. 먼지가 흩날린다는 단점이 있고, 이렇게 모래와 먼지가 튀는 것을 '사막화'라고 합니다.
- **흡수형** : 고양이 오줌을 흡수하는 제품으로 똥은 매일 치워야 하지만, 오줌은 며칠 간격으로 치울 수 있습니다. 먼지가 날리지 않는 장점도 있습니다.

> **Q. 모래를 바꾸고 싶은데 어떡하죠?**
>
> 새로운 화장실을 하나 더 설치하고(박스 등으로 간단하게 제작할 수도 있습니다), 그 곳에 새로운 모래를 넣어준 뒤 경과를 보는 것을 추천합니다.

🐾 고양이를 계속 키울 때 반드시 필요한 용품

• 눈곱빗

- 얼굴 주변의 더러운 것이나 엉킨 털을 빗기 위한 용도입니다.
- 페르시안이나 스코티쉬 폴드와 같이 얼굴이 납작해서 분비물이 많이 흐르는

아이들에게는 꼭 필요한 빗입니다.

• 슬리커

- 전체적으로 털을 빗겨주기 위한 용도입니다.
- 장모종의 경우 매일 털을 빗겨주어야 합니다. 그렇지 않으면 털이 엉켜서 그 아래로 피부병이 발생할 수 있습니다.
- 슬리커는 빠진 털을 솎아주는 역할을 해서 털이 심각하게 날리는 것을 줄일 수 있습니다.

슬리커

• 고무빗

고무빗

- 전체적으로 마사지를 하거나 빠진 털을 솎아주기 위해 사용합니다.
- 고양이들이 좋아한다는 장점도 있습니다.
- 단모종의 경우 슬리커 사용이 아플 수 있기 때문에 고무빗으로 전체적으로 빗겨줄 수도 있습니다.

• 일자빗

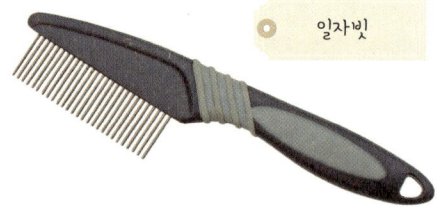
일자빗

- 장모종의 경우 털이 엉켰을 때 일자빗을 이용하여 엉킨 곳을 풀어줄 수 있습니다.

• 발톱깎이

- 고양이 발톱을 깎아주지 않으면, 길게 파고들 수 있기 때문에 1주일에 한 번 정도 깎아주어야 합니다.
- 사람용 발톱깎이를 쓰는 경우 발톱이 뭉개지기 때문에 반드시 '개·고양이용'을 사용합니다.

발톱깎이

• 스크래처

- 고양이가 스스로 발톱을 갈 수 있도록 스크래처를 준비해줍니다. 제품을 구매하지 않더라도 직접 만들어줄 수도 있습니다.
- 스크래처가 없다면 집 안 전체가 고양이의 스크래처가 됩니다. 집 안에 있는 물건들이 남아나지 않을 수 있어요!
- 물론 고양이가 스크래처를 즐겁게 사용한다고 해도, 발톱깎기로 주기적으로 발톱을 정리해주기는 해야 합니다.
- 고양이가 선호하는 스크래처는 집사의 생각과는 다를 수 있으므로 일단 기본적인 것을 준비합니다. 이후 고양이의 행동을 보면서 추가적으로 설치할 수 있어요.

TIP.
'고양이 에스테틱-스크래처 편'을 참조하여 고양이가 원하는 스크래처를 선택해봅시다.

• 귀 세정제

- 목욕을 시킨 이후에는 귀를 가볍게 세정해주어야 합니다. 눅눅해진 상태로 방치되면 귀 안에 외이염이 발생하기 쉽습니다.

• 치약, 칫솔

- 고양이는 치아나 잇몸 질환이 많은 동물이고, 구취 역시 심한 편입니다. 어릴 때부터 치약, 칫솔을 사용하는 법을 훈련시켜야 합니다.

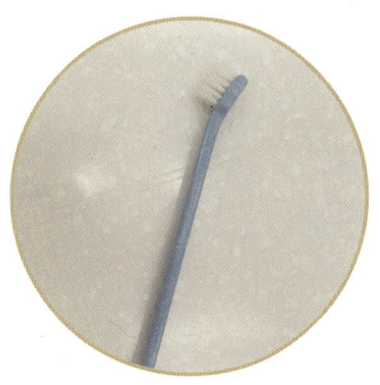

🐾 있으면 더 고양이에게 좋은 용품들

• 자동급식기

- 고양이가 혼자 집에 오래 있어야 되는 경우라면, 자동급식기를 이용하여 하루에 여러 번 사료를 급여할 수 있도록 합니다.

• 고양이 장난감

- 다양한 종류의 고양이 장난감은 고양이의 스트레스 해소 및 행동교정을 위해서도 꼭 필요합니다.

• 캣타워

- 고양이는 수직운동을 좋아하는 동물입니다. 특히 집의 공간이 좁은 경우라던가, 여러 마리 고양이를 키우는 경우 갈등 해소를 위해서도 훌륭한 도구입니다.

- 개와 함께 키우는 경우에도 훌륭한 고양이 은신처로 사용될 수 있습니다.

- 처음부터 욕심을 내서 캣타워를 구입하기보다는 고양이를 키우면서 행동 패턴을 확인한 후 적당한 것을 선택하는 것이 좋습니다.

TIP.
고양이 놀이에 대한 자세한 이야기는 '고양이와 놀아주세요' 편(476쪽)을 참고하세요!

02. 고양이를 위한 안전한 공간을 만들어요

- 고양이를 데려오기 전에 우리 집의 환경을 잘 살펴보고, 위험한 요소가 없는지 제거하는 것이 우선적으로 필요합니다. 이전에는 그냥 일상적으로 보고 넘겼던 환경들이 고양이에게 사고를 유발하는 경우가 흔하기 때문입니다. 어떤 것을 치우고, 가려주고, 접근하지 못하도록 해야 하는지 알아봅시다.

고양이에게 안전한 환경 만들기

가장 먼저 살펴봐야 할 곳은 문과 창문입니다. 예전에 병원에서 보호하던 고양이를 입양 보낸 적이 있었는데, 방충망 사이로 하루 만에 사라진 경우도 있었습니다. 입양간 집에서는 이미 고양이를 키우고 있었기 때문에 작은 틈 정도는 안심하고 있었다고 해요. 그런데 새로 온 고양이는 불안감에 그 곳으로 도망쳐버린 것이죠. 문과 창문 전체를 확인하고, 방충망이 튼튼하고 틈이 없는지 확인해야 합니다.

우리 집 구조 점검하기

그 다음 우리 집 구조에 대한 점검이 필요합니다. 집에서 고양이에게 가장 위험한 곳은 주방입니다. 칼과 같이 위험한 도구를 포함하여 식기 등이 외부에 있는 경우에는 고양이가 올라서서 떨어뜨릴 수 있으므로 모두 안 쪽으로 치워줍니다. 고양이가 들어온 이후에는 초기에 꾸준히 훈련하여 조리대 위로 올라오지 않도록 합니다. 가스레인지나 인덕션에 화상을 입는 경우도 흔하므로 고양이가 올라오지 못하게 하고, 제품에 덮개를 덮어두는 것도 좋은 방법입니다.

화장실 역시 변기라든가 샴푸 등의 화학제가 많아서 출입을 제한하는 것이 좋습니다. 역시 세제와 세탁기가 있는 세탁실 출입도 제한해줍니다. 세탁기 안은 고양이에게는 더없이 좋은 휴식처인데, 빨래감 안에 숨어 있는 고양이를 확인하지 못하고 세탁을 돌리는 불상사가 심심치 않게 발생하

이식증의 대상이 되는 물건들은 반드시 치우세요!

고 있습니다. 빨래를 하지 않는 경우에는 문을 닫아두고, 빨래 전에는 반드시 고양이가 없는지 확인해주세요. 이런 공간은 집사가 문을 여닫을 때 주의를 기울이거나, 방묘문을 설치하여 고양이의 출입 자체를 제한하는 것이 좋습니다.

화장대 위에는 고양이가 삼킬 만한 작은 물건들이 즐비합니다. 향수나 화장품의 성분들은 고양이에게 좋지 않아요. 따라서 물건을 서랍 안에 보관하거나 화장대 위에 고양이가 올라가지 못하도록 해야 합니다.

🐾 정리정돈하기

방에 대한 점검이 끝났다면 이제 정리정돈을 시작합니다. 바닥에 굴러다니는 물건은 모두 치워서 서랍 안으로 이동시킵니다. 가지고 놀 수 있는 작은 크기의 물건은 모두 치워야 하고, 특히 뜨개실이나 리본과 같은 선은 모두 치워야 합니다.

고양이 낚싯대와 같은 선형의 물건은 고양이에게 더없이 좋은 장난감이지만, 가지고 놀다가 자신도 모르게 섭취하는 경우가 많습니다. 고양이 혀의 까슬까슬한 돌기는 역방향으로 나 있기 때문에 선형의 물질을 조금 삼키게 되면 스스로 빼내기 어려워서 삼키게 되는데, 문제는 이런 선형의 이물이 고형 이물에 비해서 훨씬 광범위한 장 손상을 유발할 수 있어 위험합니다. 침대나 서랍장 아래,

냉장고나 책장 뒤 등 고양이가 들어갈 수 있는 모든 곳들을 꼼꼼히 살펴 물건들을 치워야 합니다.

전선 정리하기

마지막으로 전선을 정리해줍니다. 앞서 설명한 바와 같이 '선'은 고양이에게는 최고의 장난감이자 가장 무서운 흉기인데, 전선 역시 그 중 하나로 작용할 수 있습니다. 심지어 감전의 위험도 있습니다. 묶어서 정리하고 보호선이나 보호덮개로 감싸주면 좋습니다. 관련 제품은 인터넷으로 쉽게 구입할 수 있습니다.

03 고양이를 위한 기본 공간은 어떻게 배치할까요?

선생님이 도와줄게요

고양이를 맞이하기 위한 집 정리가 끝났다면, 이제 준비한 고양이 용품들을 배치해봅시다. 고양이와 함께 할 생활을 떠올리면서 집사가 원하는 대로 배치하면 됩니다. 다만 고양이는 사람과 같지 않으므로 다음과 같은 점들을 유의해야 합니다. 또 보호자가 보기에는 최적의 위치였지만 고양이가 탐탁해하지 않는다면, 입양 후에 배치를 바꾸어줄 수도 있습니다.

🐾 은신처 만들어주기

일단 처음 오는 고양이는 침대 밑 같은 곳에 숨어 있을 가능성이 높습니다. 아기 고양이라면 처음부터 팔짝팔짝 뛰어다니며 온 집 안을 누빌 수도 있지만, 성묘라면 하루 이상 침대 밑에 웅크리고 있을 수도 있습니다. 이를 대비해서 전용 은신처를 만들어줄 수도 있습니다(47쪽 '고양이 은신처 마련해주기' 참고).

🐾 밥그릇, 물그릇 위치

밥그릇과 물그릇 역시 고양이가 은신할 만한 공간 근처에 일단 만들어 주어서, 겁이 나는 상황에서도 살금살금 나와서 밥을 먹거나 물을 마실 수 있도록 해줍니다.

기본적으로 밥그릇과 물그릇의 위치는 조용하고 방해를 받지 않을 만한 곳으로 선정해야 합니다. 그래야 고양이가 마음 편하게 식사를 할 수 있습니다. 고양이가 적응한 이후에는 집사가 원하는 곳으로 밥그릇과 물그릇의 위치를 변경할 수도 있는데, 주의사항을 반드시 지켜주세요.

TIP. 밥그릇, 물그릇 위치를 변경할 때 주의사항

- 원래 쓰던 밥그릇, 물그릇은 그대로 둔 상태에서 새로운 그릇들을 변경하고자 하는 위치에 추가로 설치해둡니다.
- 새로운 식사 장소에 고양이가 익숙해지면 이전의 것을 천천히 치울 수 있답니다.

🐾 화장실 위치

다음으로는 화장실 위치를 선정합니다. 화장실은 기본적으로 밥그릇, 물그릇과 멀리 떨어진 위치로 정합니다. 고양이는 한 곳에 배뇨, 배변하는 동물로 야생에서 자신의 흔적을 지우기 위해 모래로 덮는 행동을 합니다. 이런 아이에게 식사 장소와 배설 장소를 함께 두는 것은 본능에 위배되는 행위이죠. 또한 배설 중에는 예민하기 때문에 화장실은 시끄럽지 않고, 방해받지 않는 공간으로 선정해줍니다. 화장실에 있을 때 예민한 친구라면 뚜껑이 있는 화장실을 마련해주고 입구를 벽 쪽을 향하도록 해주는 것도 방법입니다. 입구를 벽 쪽으로 위치시키고 벽과 화장실 사이에 매트를 깔아주면 모래가 사방으로 튀는 것을 줄여줄 수도 있습니다. 추가적으로 가림막을 설치해줄 수도 있어요. 하지만 너무 갇혀 있는 느낌을 주면 오히려 무서워할 수도 있습니다. 배변 중 습격을 받아도 도망칠 곳이 없는 셈이니까요. 즉, 화장실의 형태, 위치, 화장실 입구의 위치는 고양이의 성격을 토대로 결정합니다.

> **화장실 위치 선정 요령**
> - 밥그릇과 물그릇에서 멀리 떨어진 위치로 정합니다.
> - 조용하고 방해 받지 않는 공간으로 선정합니다.
> - 예민한 고양이라면 출입구가 벽 쪽을 보도록 화장실을 위치시킬 수 있습니다.

🐾 세로 놀이 공간 만들어주기

추가적으로 고양이를 위한 '세로 놀이 공간'을 만들어 줄 수 있습니다. 주택의 크기가 한정되어 있는 우리나라 특성상 고양이에게 수직으로 놀 수 있는 장소를 마련해주는 것이 좋습니다. 가장 좋은 것은 캣타워를 창가에 설치해주는 것이지만, 비용적인 부담이 있는 경우 책장을 이용하거나 선반을 만들어주는 것만으로도 좋습니다. 고양이는 가격에 연연해하지 않으니까요.

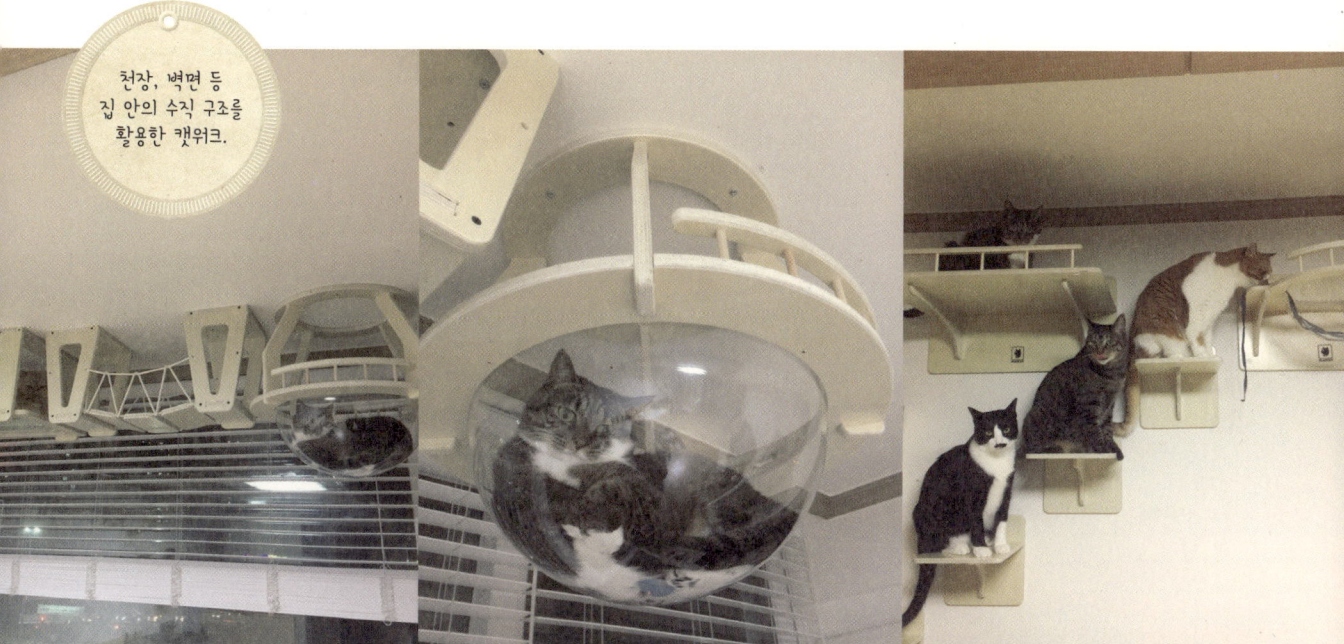

천장, 벽면 등 집 안의 수직 구조를 활용한 캣워크.

04 입양 후 첫 대면은 어떻게 하면 되나요?

선생님이 도와줄게요

지금까지 고양이를 맞이하기 위해 많은 준비를 하였습니다. 두근두근, 이제 새로운 고양이를 맞이하면, 예쁜 사진도 찍고, 함께 재미있게 놀고, 간식도 줄 생각에 가슴이 뛰지만, 일단 첫 대면 최소 1주일간은 기다림의 미덕이 필요합니다.

가장 젠틀한 집사의 자세

고양이는 나의 마음과 달리 낯선 곳에 대한 스트레스가 상당할 수 있습니다. 이럴 때 가장 젠틀한 집사의 자세는 무관심한 척 내버려두되, 세심하게 관찰하는 일입니다. 고양이가 숨어 있다가도 아이가 밥은 먹으러 나오는지, 화장실은 가는지 살펴봅니다. 집사가 설정한 식사장소나 화장실까지 가는 것이 소심한 고양이에게 너무 큰 모험이 된다면, 임시로 은신처 내에 추가 장소를 마련해 줍니다.

고양이가 용기를 내서 집을 탐방하기 시작하면 멀리서 지켜보면 됩니다. 위험한 일만 제지하고, 이외에는 자유롭게 탐색하도록 둡니다.

장소에 대해서 어느 정도 익숙해지면 이제 '집사'에게도 관심을 조금씩 표현할 거예요, 격한 애정보다는 천천히 서로 길들여질 수 있도록 하는 것이 좋습니다. 보호자는 최대한 자연스럽고 태연하게 행동하되, 시끄럽거나 고양이가 놀랄만한 일은 하지 않습니다.

낯가림이 없는 고양이라면?

물론 아주 활기찬 아기 고양이라든가 외향적인 고양이는 이런 친화 기간 없이 덥석 집사에게 관심을 보이고 놀아달라고 할 수도 있습니다. 이런 경우 친근한 스킨십을 해주고, 낚싯대와 같은 장난감으로 놀아주는 것도 좋습니다.

다만 아기 고양이의 경우 지나치게 놀고 나서 기진맥진해지지 않도록 조금씩 놀아주고, 자고 있

을 때에는 절대 깨우지 않습니다. 간식도 처음 1주일 혹은 4개월이 되기 전까지는 주지 않는 편이 좋습니다. 특히 입양 가정에 어린이가 있는 경우 이런 부분을 미리 주지시켜야 합니다(35쪽 '어린이가 있는 집에서 고양이 입양해도 될까요?' 편 참고). 일단 아기 고양이가 아프게 되면 생명이 위험할 수도 있고, 병원비로 엄청난 비용이 소요될 수 있습니다.

PART 2

고양이 기르기의 정석

사료나 처방식 등을
건강하게 잘 먹이는 방법

고양이는 육식동물입니다. 따라서 집사가 직관적으로 떠올린 메뉴를 고양이에게 먹이면, 건강한 식생활에 실패하는 경우가 많습니다. 고양이는 쥐와 같이 작은 동물을 사냥해서 잡아먹는 소형동물 포식자로, 개와는 달리 하루에도 여러 번 급여해야 합니다.

한국의 고양이들은 점점 비만해지는 추세에 있습니다. 밥은 적게 먹고, 간식만 많이 먹고 있기 때문이죠. 밥은 안 먹고 과자와 아이스크림만 먹는다면 사람도 건강할 수 없겠죠? 이미 간식에 길들어진 고양이를 정상 식이로 전환시키기란 너무나도 어려운 일입니다. 이번 장에서는 잘못된 식습관에 길들여지기 전에 정상적인 식습관을 유지할 수 있는 기본적인 방법들을 배워보겠습니다.

01 바른 식습관을 만드는 규칙을 정하세요

선생님이 도와줄게요

많은 집사들이 고양이를 입양한 이후 사료 등급이나 종류, 다양한 간식에 대해 관심을 가지게 됩니다. 하지만 실제 전체적인 급여량이나 횟수, 영양소 등을 포함한 균형 잡힌 급여 자체에 대해서는 고양이가 상당히 나이가 든 이후에야 관심을 가지는 경우가 많습니다. 하지만 이때는 이미 고양이가 뚱뚱해져 있거나 편식하는 습관에 길들여져 있는 상태입니다. 따라서 집사는 고양이 입양 초기부터 반드시 영양학에 대해 잘 알고 있어야 합니다.

🐾 우리 고양이 건강을 지키는 식습관 규칙의 포인트

고양이 입양 초기부터 집사가 영양학에 대한 충분한 지식을 가지고 식이 관리를 하는 것이 오랫동안 고양이가 건강한 삶을 살 수 있는 가장 좋은 방법입니다. 이미 살이 찐 고양이를 다이어트시키거나, 입맛을 바꾸도록 하는 일은 매우 어려우므로 영양학에 대해 미리 공부를 해두어야 합니다. 지금부터 소개하는 바른 식습관을 만드는 포인트를 꼭 기억하세요.

고양이는 육식동물입니다. 때문에 잡식동물인 사람이 휴대전화 버튼을 누르듯 직관적으로 고양이에게 식사를 급여하면, 영양적으로 매우 불균형해지는 경우가 많습니다. 일단 고양이는 육식동물이기 때문에 탄수화물은 제한적으로 급여해야 합니다.

고양이 영양학 기초 요약

- 고양이는 육식동물입니다.
- 고양이 전용 사료를 급여해야 합니다. 개 사료를 먹이면 안 돼요!
- 소형동물 포식자의 특성을 고려하여, 조금씩 자주 급여해야 합니다.
- 연령에 맞는 사료를 먹여야 합니다.
- 적절한 체형을 유지해야 합니다.
- 사료 선호도를 위해 어린 연령에 다양한 사료를 급여해 줍니다.
- 사료 교체는 천천히 점진적으로 진행해야 합니다.
- 간식을 매일 주어서는 안 됩니다.
- 사람이 주는 음식을 급여해서는 안 됩니다.

사람이 먹는 과자 같은 것에 관심을 보여서 조금씩 주거나, 개 사료 등을 주면 탄수화물 급여량이 지나치게 됩니다. 육식동물인 고양이는 탄수화물 대사가 취약하기 때문에 이러한 형태의 급여가 지속되면 질병에 걸리기 쉽습니다.

또한 이런 음식들에는 고양이에게 필요한 단백질 양도 충분하지 않거나, 고양이가 합성할 수 없는 필수 아미노산이 부족한 경우가 많습니다. 필수 아미노산과 관련해서는 가장 대표적으로 알려져 있는 것이 '타우린'이죠. 개 사료 급여 시 타우린이 부족해지고, 이에 실명이나 심장 질환이 나타나는 것으로 널리 알려져 있습니다. 또한 동물성 필수 지방산, 체내에서 합성 및 전환되지 못하는 비타민 A 등도 식사에 적당량 함유되어 있어야 합니다. 다만 이들은 고양이 체내에 축적되므로, 과량 급여 역시 위험합니다.

🐾 개 사료, 고양이에게 절대 금지

앞에서 말한 주의사항을 일일이 고려하기 어렵다면 가장 쉬운 방법이 있습니다. 바로 고양이 전용 사료를 급여하는 것이지요. 절대 개 사료를 대체해서 급여해서는 안 됩니다. 개는 잡식동물이기 때문에 탄수화물 비중이 높고, 고양이에게 필요한 단백질 및 지방의 함량은 상대적으로 부족합니다. 앞서 언급한 고양이에게 필요한 필수 영양소도 부족하게 들어있는 경우가 많습니다. 개 사료를 한두 알 먹었다고 문제가 생기는 것은 아니지만 아예 개 사료를 급여하거나, 같이 기르는 개 사료를 매일 조금씩 뺏어먹는 경우라면 실명, 심장 질환, 비만, 당뇨 등의 대사성 질환의 위험도가 현저히 높아질 수 있습니다.

식사 간격 조정

급여 간격 역시 중요합니다. 고양이는 원래 야생에서 쥐와 같은 작은 소형동물을 하루에도 여러 마리, 자주 포획해서 먹는 습성을 가졌습니다. 때문에 하루에도 자주자주 음식을 공급해 주는 것이 좋습니다.

보호자의 편의대로 하루 1번 음식을 주거나 하는 것은 맞지 않습니다. 공복이 길어졌을 때에 저장된 영양소를 간에서 대사하여 에너지로 전환하는 과정은 고양이에게 치명적일 수 있습니다. 고양이가 체형이 잘 유지되고, 여러 마리 간의 식이적 문제(한 마리가 어리거나, 노령이거나, 혹은 처방식을 먹는 경우 등)가 없다면 자율급식을 하는 것도 괜찮은 방법입니다.

반면 비만하거나 다묘 가정에서 서로 다른 사료를 급여해야 하는 경우에는 제한급식을 하되, 하루에 최소 3번 이상으로 나누어 급여하는 것이 좋습니다. 집사가 집을 비우는 시간이 길다면 자율급식기와 같은 제품을 이용할 수도 있습니다.

자율급식할 때 주의사항

개와는 달리 고양이는 자율급식이 가능한 동물입니다. 앞서 설명한 바와 같이 고양이는 원래 쥐와 같은 작은 동물을 잡아먹는 포식자이기 때문에, 소량씩 자주 먹어야 합니다. 보호자가 매번 소량씩 자주 급여하기 힘들기 때문에 건 사료 등을 일정량 급여한 후 고양이가 알아서 소량씩 먹는 것이 이상적입니다. 하지만 안심해서는 안 돼요. 자율급식할 때 오른쪽 주의사항을 반드시 지켜야 합니다.

자율급식 시 주의사항

- 사료를 수북이 부어놓은 후, 고양이가 다 먹으면 다시 채워주는 방식은 피해야 합니다.
- 하루 사료량을 정해놓고, 하루에 한 번씩 사료를 채워주세요.
- 다음 날 사료를 새로 채워줄 때에는 남은 양을 계량하여, 고양이가 하루 동안 얼마만큼 섭식했는지 확인해야 합니다.
- 고양이는 아픈 티가 잘 나지 않는 동물이기 때문에 천천히 먹는 양이 줄어드는 경우에는 꼭 병원에 내원해야 합니다.

> **TIP. 자율급식할 때는 청결에 더 신경 써주세요!**
>
> 매일 사료를 교체해 줄 때는 반드시 식기를 잘 세척하고, 다 말린 이후에 사료를 급여하세요. 이미 침이 묻은 사료가 계속 남아있는 경우, 부패되어 소화기 질환을 유발하기 쉽습니다.

남은 사료 위에 사료를 계속 덧부어주면 안 돼요.

🐾 제한급식할 때 주의사항

다묘 가정의 경우 '1묘 1그릇'이 원칙입니다!

자율급식 시 고양이가 필요량보다 많이 먹는 경우가 많습니다. 따라서 고양이가 비만하거나, 서로 다른 체형이나 건강 상태를 가진 여러 마리의 고양이를 키우는 다묘가정에서는 제한급식이 추천됩니다.

다만, 제한급식 시에는 최소 하루 3번(되도록 3번 이상)은 급여해야 하므로, 집사의 노력이 필요합니다. 하루 급여량은 급여 횟수만큼 나누어서 일정 간격으로 급여합니다. 여러 마리가 있는 경우에는 각자 그릇에 담아 먹이고, 한 마리의 식탐이 크거나 서로 사이가 나쁘다면 서로 멀찍이 떨어뜨리거나 다른 방에서 급여합니다.

집사가 출근하거나 외출한 사이 제한급여가 어려운 경우, 자동급식기 등을 이용할 수 있습니다. 하지만 영리한 고양이는 자동급식기에서 사료를 꺼내 먹기도 하고, 고장이 나기도 하기 때문에 자동급식기를 사용하는 경우에는 주간에 급여가 제대로 이루어지고 있는지 확인해야 합니다.

02 사료는 어떻게 주나요?

선생님이 도와줄게요

- 고양이는 육식동물입니다. 잡식동물인 사람이 직관적으로 고른 음식은 고양이에게 맞지 않을 확률이 높습니다. 따라서 고양이 건강에 관심이 많은 집사라면, '고양이 식사'에 대해 제대로 공부해야 합니다. 이번 챕터에서는 처음 입양한 고양이에게 음식을 주는 것에 초점을 맞추어 소개하겠습니다. 자세한 내용은 98쪽 '바른 식습관을 만드는 규칙을 정하세요'를 참고하여, 우리 고양이에게 균형 잡힌 영양, 맛있는 식사를 제공해봅시다!

🐾 입양 직후 급여 시 반드시 지켜야 할 것

분양처를 통해 고양이를 데려오는 경우, 이전에 어떤 사료를 먹였는지 꼭 확인하고 일부를 얻어오는 것이 좋습니다. 가뜩이나 환경이 바뀌어서 불안한데, 식사가 바뀌면 소화기 질환으로 이어져서 고생하는 경우가 흔하기 때문입니다. 최소 1주에서 1달 정도는 동일한 사료를 급여하고, 이 기간에는 간식도 이전에 먹던 수준에서 1가지 정도만 적용하거나 주지 않는 것이 좋을 수 있습니다. 집사가 의욕이 넘쳐 고양이에게 다양한 간식을 주면, 탈이 나는 경우가 종종 있기 때문입니다.

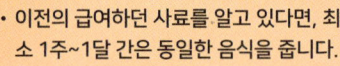

갓 입양한 고양이 식사, 이것만은 꼭 지켜주세요!

- 이전의 급여하던 사료를 알고 있다면, 최소 1주~1달 간은 동일한 음식을 줍니다.
- 초기 적응기에는 음식을 자주 바꾸거나, 다채로운 간식을 주지 않습니다.
- 음식을 교체한 이후에는 8~10주간 관찰이 필요합니다.

🐾 아기 고양이, 무엇을 어떻게 먹여야 할까?

아무런 정보도 없이 아기 길고양이를 데려왔을 때, 보호자가 선호하는 사료를 정해서 공급할 수 있습니다. 다만 사람이 먹는 우유나 참치캔을 따서 주어서는 절대로 안 됩니다. 사람이 먹는 음식들은 고양이, 특히 어린 고양이에게 적합하지 않습니다. 연령에 맞는 사료와 습식 캔을 각각 사서 제공하는 쪽이 안전합니다.

이때 주의해야 할 점은, 고양이의 사료 선호도는 상당히 어린 연령에 결정되기 때문에 건 사료나 습식 사료(캔사료) 중 한 가지만 준다면 고양이가 먹지 않을 수도 있습니다. 두 종류 모두 준비해서 제공하고, 고양이가 시간을 두고 냄새를 맡고 먹지 않는 경우 몇 시간 정도 내버려 두고 익숙해질 수 있도록 배려합니다. 그렇다고 너무 오랜 시간 습식 사료를 실온에 두면 상하므로, 소량씩 덜어주고 1~2시간이 지나면 새 것으로 바꾸어줍니다.

TIP. 어린 고양이에게 주면 절대로 안 되는 음식

- 사람이 먹는 우유, 참치캔 등
- 사람이 먹는 음식은 어른 고양이에게도 좋지 않아요!
- '고양이가 먹으면 안 되는 음식' 편 (156쪽)을 참고해주세요.

간식 캔과 습식 사료의 차이점

간식 캔과 습식 사료는 서로 다른 것임을 알아야 합니다. 간식 캔은 말 그대로 간식이기 때문에 영양적으로 균형이 잡혀 있지 않습니다. 습식 사료는 건 사료와 마찬가지로 영양적으로 밸런스가 잡혀 있는 식이로서, 캔에 담겨 있거나 소시지 모양을 하고 있습니다.

🐾 사료를 교체할 때

고양이가 우리 집 환경에 잘 적응해서 사료도 잘 먹고, 구토도 하지 않고 변 상태도 양호하다면 원하는 사료로 교체하거나 다른 사료를 시도해볼 수도 있습니다. 이때 A 사료를 먹다가 바로 B 사료로 전환하는 것보다는, 천천히 B 사료의 비율을 10%, 20% 수준으로 늘려가면서 급여하는 것이 좋습니다.

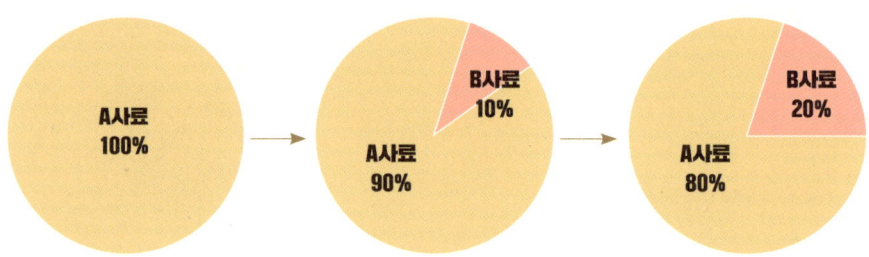

교체가 완료된 이후에도 최소 8~10주간은 구토를 하지 않는지, 변이 물러지거나 설사를 하지 않는지 관찰하고 이상이 있는 경우 기록합니다. 한 달에 2번을 초과하여 구토, 설사를 비롯한 소화기 증상을 보인다면 사료가 맞지 않는 것일 수도 있습니다. 특히 한 달 정도 적응 후 두 달째부터는 양호하다면 괜찮지만, 이런 상태가 지속된다면 소화기에 만성적인 염증이 생겨 장기적으로 큰 질환을 유발할 수도 있습니다. 이런 경우 위장관용 사료나 저 알레르기용 사료를 급여하는 것이 좋을 수 있으나, 필요 시 수의사에게 문의하여 적당한 식이 시도를 시행해볼 수 있습니다.

> **Q.** 위장관용 사료, 저 알레르기용 사료가 뭐예요?
>
> 위장관용 사료란 소화, 흡수가 잘 되고 위장에 자극이 적도록 만들어진 처방사료입니다. 사람이 구토, 설사를 할 때 '죽'을 먹는 것과 같은 이치예요. 저 알레르기용 사료는 알레르기 원인체로 작용할 수 있는 단백질을 가수분해한 사료입니다. 각각의 자세한 내용은 '아픈 고양이를 위한 처방식' 편(120쪽)에서 알아볼 수 있어요.

03. 연령에 따라 사료를 주는 방법이 다른가요?

선생님이 도와줄게요

사료를 보면 연령별로 나뉘어 있는 것을 볼 수 있습니다. 나이가 들어 성묘용으로 바꾸었더니, 고양이가 사료를 잘 먹지 않는다고 해서 계속 고영양의 어린 고양이 사료를 먹이면 어떻게 될까요? 살이 찔 뿐만 아니라 일부 영양소 과다로 질병의 발생을 촉발할 수 있습니다. 따라서 고양이도 각 연령에 따른 사료를 먹이는 것을 추천합니다.

🐾 아기, 청소년기에 필요한 사료

사료를 선택하는 경우, 연령에 맞는 사료를 먹여야 합니다. 제조사에 따라 분류는 다르지만 대체로 '아기 고양이 - 청소년기 - 성묘 - 노령묘' 정도로 구분됩니다.

아기 고양이는 성장을 위해 하루에도 많은 에너지를 필요로 합니다. 때문에 아기 고양이용 사료는 그만큼 높은 수준의 에너지를 포함하는, 즉 '부피 대비 고칼로리 사료'입니다. 또한 성장을 위한 성분, 예를 들어 칼슘이나 인과 같은 성분들이 성묘나 노령묘용 사료에 비해 풍부히 들어 있습니다.

사람 음식도 그렇듯이, 고칼로리 사료는 맛도 좋습니다. 따라서 성묘용 사료로 바꾸어주려고 하면, 밥을 잘 먹지 않고 이전 사료만 고집하는 경우가 있습니다. 하지만 아기 고양이 사료를 다 큰 고양이에게 수개월 이상 지속적으로 급여하면 대부분 비만이 됩니다. 따라서 조금씩 성묘용 사료를 섞어서 적응시키거나, (간식이 아닌) 성묘용 습식 사료 등을 섞어주는 식으로 풍미를 돋우어 적응시켜 주어야 합니다.

> **TIP. 고양이의 입맛과 건강이 서로 비례하지는 않아요!**
>
> 사람 음식과 마찬가지로, 고양이가 맛있어 한다고 해서 건강에 더 좋은 음식은 아니랍니다.

> **Q. 아기 고양이가 노령묘 사료를 먹었는데 괜찮을까요?**
>
> 아기 고양이가 노령묘가 있는 집에 새로 들어오는 경우, 식탐 때문에 노령묘 사료를 빼앗아 먹는 경우가 허다합니다. 물론 소량의 노령묘 사료를 추가로 먹는 것은 문제가 없으나, 노령묘 사료 위주로 먹는 경우 영양 결핍을 유발하여 뼈의 성장이나 대사에 이상을 일으킬 수 있으니 주의해야 합니다.

🐾 성묘에게 필요한 사료

성묘가 되면 대체로 살이 찌기 시작하고 성묘에서 흔한 질환, 예를 들어 하부 요로기 증후군 등이 쉽게 발생합니다. 성묘용 사료는 비만을 방지하기 위해 포만감을 주면서도 적절한 칼로리를 유지하고, 다발하는 질환에 대한 보조적 성분들이 포함된 사료도 있지요. 헤어볼 관리와 같은 성분이 포함되는 경우도 많습니다. 따라서 연령에 맞는 사료를 급여하는 것이 건강에 도움이 됩니다.

반면 임신한 고양이는 높은 수준의 칼로리와 영양성분이 요구되므로, 임신 후기와 출산 후 수유 중에는 아기 고양이 사료를 엄마 고양이가 함께 먹을 수 있습니다.

Q. 청년기가 시작되면 왜 살이 찔까요?

성장기가 지나면 기본적으로 성장에 사용되던 에너지가 감소되면서, 동일하게 먹으면 살이 찌게 됩니다. 여기에 중성화를 하면 대사 에너지가 감소하는 동시에, 호르몬의 영향으로 포만감 역시 살짝 줄어들기 때문에 살이 찌는 경향이 있습니다.

🐾 노령묘에게 필요한 사료

나이가 들어 노령 고양이가 되면 몸의 여러 장기들 역시 노령성 질환에 걸릴 위험성이 높아집니다. 특히 고양이에서는 신부전 등이 흔하기 때문에 노령묘 사료에는 아기 고양이 사료와는 정반대로 인 성분이 제한되는 경우가 많습니다. 반면 노화를 막기 위해 항산화 성분 등은 강조되어 있는 경우가 많습니다.

노령 고양이는 노화나 질환으로 인해 식욕이 많이 떨어지곤 하는데, 이럴 땐 습식 사료를 적극적으로 이용해서 풍미를 돋우어주는 것이 좋습니다. 습식 사료를 급여하는 경우 음수량을 늘려줄 수

연령에 따른 급여 특성

성장기	• 건실한 사료로 잘 먹여서 튼튼하게 성장시킨다. • 다양한 사료에 대한 친화도를 높여준다. • 간식은 행동 강화를 위해서만 준다.
청년기	• 살이 찌기 시작하는 시기입니다. • 적절히 사료량을 조절하여 균형 잡힌 체형을 만들어 줍니다.
장년기	• 겉으로는 멀쩡해 보여도 여러 가지 질환이 시작되는 나이입니다. • 건강검진을 권장하고, 그에 따른 처방식이나 보조제 급여가 권장됩니다.
노령기	• 이전보다 필요한 칼로리는 줄어듭니다. • 식욕도 이전보다 줄어들기 때문에, 영양관리를 위해서 노력해야 합니다. • 어릴 때에 비해서 인 성분의 양을 적게 제한하는 등 일부 영양소의 제한이 필요한 경우가 많습니다. • 신부전, 간 질환 및 만성 소화기 질환 등이 많기 때문에 검진 후 처방식 및 보조제를 급여해야 하는 경우가 많습니다.

있기 때문에 더욱 좋습니다. 잘 먹지 않는다면 손이나 스푼으로 떠먹여주거나, 갈아서 먹여 줄 수도 있습니다.

만약 아기 고양이가 노령묘가 있는 집에 새로 들어오는 경우, 둘에게 사료를 별도로 나누어주고 노령 고양이가 아기 고양이의 사료를 빼앗아 먹지 않도록 주의합니다. 또한 노령 고양이가 충분히 여유를 가지고 식사를 할 수 있도록 배려해야 합니다.

🐾 노령묘는 아기 고양이 사료 금지

입맛이 떨어진 노령묘를 위해 더 잘 먹으라고 아기 고양이용 사료를 주는 경우가 있는데, 절대 피해야 합니다. 노령 고양이에 흔한 신장 질환이나 여타의 질환에서 제한해야 하는 영양성분들이 아기 고양이 사료에는 풍부하기 때문입니다. 노령 고양이에게 가능한 습식 사료 등을 주거나, 핸드 피딩하여 급여하는 것이 좋습니다.

사료는 비슷한 음식을 꾸준히 먹는 것과 같기 때문에 고양이 건강에 끼치는 영향이 매우 큽니다. 적절한 사료의 선택은 고양이 건강에 있어 매우 중요한 문제임을 꼭 기억해주세요.

04 사료의 종류와 특성에 대해 알아보아요

선생님이 도와줄게요

고양이 사료의 종류는 어마어마합니다. 무엇을 줘야 할지 정말 고민이 되는데, 사실 정답은 없습니다. 잘 맞는 사료는 고양이마다 상당히 다릅니다. 고양이의 기호성에 맞고, 소화기나 피부 등 전반적인 건강 상태에 잘 맞는 좋은 품질의 사료가 좋은 사료입니다.

🐾 고양이 사료 등급별 특징

　새로운 사료를 고려할 때 좋은 사료를 선택하기 위해서 109쪽과 같은 '사료 등급'을 참조하는 경우가 많습니다. 그런데 사실 이러한 구분은 단계적인 사료의 등급에 따른 것은 아니랍니다. 원재료에 따른 통상적인 분류이며, 공식적으로 이를 규정하는 단체가 없기 때문에 소개하는 곳에 따라 저마다 약간의 내용 차이가 있을 수 있습니다. 워낙 이런 등급을 흔하게 적용하고 있기 때문에 간단히 소개하자면 다음과 같습니다.

- **오가닉, 유기농 (Organic)**

- 말 그대로 유기농 원료를 이용하여 만든 사료입니다.

- **홀리스틱 (Holistic)**

- 통상적으로 육류의 비율이 높고, 부산물 등을 사용하지 않습니다.
- GMO나 환경호르몬이 사용되는 식물, 곡물 등을 사용하지 않는 경우도 많습니다.

- **슈퍼 프리미엄 (Super premium)**

- 역시 사람이 먹을 수 있는 원료를 사용하되, 홀리스틱에 비해 곡류 함량이 높습니다.
- 부산물, 육분, 육골분 등은 사용하지 않는 것을 칭하는 경우가 많습니다.

- **프리미엄 (Premium)**

- 부산물, 육골분 등의 성분이 사용될 수 있습니다.

- **그로서리 (Grocery)**

- 마트에서 판매된다는 뜻으로 이름 붙여진 사료로, 원재료의 질이 떨어지는 경우가 많습니다.

🐾 사료의 원재료, 제대로 알기

　사료의 구분은 공식적인 등급이 아니라 앞서 언급한 바와 같이 원재료에 따른 구분이라고 볼 수 있습니다. 다만 원재료에 대한 상식적인 판단이 실제 고양이 건강에 미치는 영향과는 사뭇 다를 수 있습니다.

　예를 들어 '프리미엄급 사료에는 부산물이 들어가지만, 홀리스틱에는 부산물이 들어가지 않는다.'라고 하면, 홀리스틱 사료가 훨씬 좋은 것처럼 느껴집니다. '부산물'이라고 하면 사람들은 왠지 쓸 수 없는 고기 찌꺼기나 폐사한 동물의 사체 등을 떠올리기 때문입니다. 하지만 육식동물의 영양을 더 고려하면, 오히려 내장 등을 포함한 부산물이 영양학적으로 유리할 수도 있습니다. 즉, 홀리스틱이 슈퍼 프리미엄보다 무조건 좋은 사료라고 말할 수는 없습니다. 즉, '부산물의 원료가 어떤 것인지'가 중요하기 때문에, 양질의 부산물을 적정한 비율로 포함하는 것인지를 가장 중요하게 살펴야 합니다.

한편 오가닉(유기농)이라고 표시된 제품은 통상적인 분류가 아니라 공식적인 규정을 따르는 제품입니다. 보통 미국 농무성(USDA)의 규정이나 EU의 규정을 충족하고 인증을 받은 제품을 말합니다. 다만 사료 성분의 일부가 유기농일 경우 '오가닉'이라는 표현을 사용할 수 있기 때문에 '오가닉' 혹은 '유기농'이라고 적혀 있다고 해서 전체 원료가 유기농이라고 판단해서는 안 됩니다. 단, 유기농 마크가 있는 제품은 좀 더 엄격한 규정에 맞춘 제품이기 때문에 선택에 도움이 되겠지요.

한편 미국 사료관리기구(AAFCO, Association of American Feed Control Officials)라는 단체 역시 사료를 찾다보면 자주 언급됩니다. 해당 업체는 정부에서 운영하는 단체는 아니지만 미국 FDA와 유기적으로 연결되어 영양적으로 우수한 사료에 대한 가이드라인을 제시하고 있습니다. 국내 사료 업체들도 AAFCO가 제시하는 영양적 가이드를 따르는 경우가 많고, 이 경우 이를 명시하기도 합니다. 다만 AAFCO

TIP.
미국 사료관리기구 (AAFCO)의 웹사이트

talkspetfood.aafco.org
사료 각각의 원재료에 대한 가이드를 얻을 수 있어요.

역시 등급에 따른 사료에 대한 규정을 가지고 있지는 않고, 각각의 원재료에 대한 가이드를 제시하고 있습니다. 자세한 내용은 AAFCO의 웹사이트에서 확인할 수 있습니다.

건 사료 VS 습식 사료

보통 사료라고 하면 건조하고 단단한 알갱이로 이루어진 건 사료만을 떠올리지만, 실은 습식 사료도 고양이에게 급여할 수 있습니다. 육식동물인 고양이에게는 습식 사료의 단백 비율이나 상대적으로 낮은 탄수화물 비율이 잘 맞습니다. 특히 비뇨기 및 신장 질환이 많은 고양이에게 물을 많이 섭취하도록 하는 것은 매우 중요한 일인데, 수분이 70% 가량 함유된 습식 사료는 음수량을 증가시킬 수 있는 이점도 가지고 있습니다.

물론 단점도 있습니다. 기본적으로 습식 사료만으로 급여한다면 돈이 많이 듭니다. 또 습식 사료는 급여 후 오래 두면 상할 수 있기 때문에 급여 후 1시간 정도가 지나면 치워주는 것이 좋습니다. 때문에 보호자가 제한급식이 어려운 상황이라면, 습식 사료 급여에는 한계가 있습니다. 또한 건 사료는 씹을 때 물리적으로 '플라크'를 제거해주지만, 습식 사료는 그렇지 않아서 치아 관리에 신경을 더 써야 된다는 점도 고려해야 합니다. 습식 사료의 일부가 입 안에 끼여 있으면서 부패되는 경우도 흔합니다.

건 사료 역시 장점이 있습니다. 가격도 싸고, 냄새도 적으며, 자율급식도 가능하고, 치아에도 유리하지요. 따라서 상황에 맞추어 둘을 병용하는 것도 좋은 방법입니다. 예를 들어 자율급식은 건 사료로 일정량 급여하고, 보호자가 있는 시간에 일정량을 습식 사료로 급여하는 것입니다.

습식 사료에 대해 자세하게 알아봅시다

• **습식 사료와 간식 캔은 서로 다르답니다.**
겉면에 사료라고 기재된 것만 사료이고, 나머지는 영양적 균형이 고려되지 않은 간식입니다.

• **습식 사료를 먹일 때에는 훨씬 더 많은 양을 먹여야 할 수도 있습니다**
왠지 습식 사료는 살이 찔 것 같지만, 실제로는 수분이 70% 이상이기 때문에 동일한 칼로리를 급여할 때 건 사료에 비해 습식 사료의 부피가 훨씬 큽니다. 따라서 캔이나 파우치 겉면의 권장용량을 잘 확인하고 준용해서 급여하는 것이 좋습니다.

• **습식 사료의 형태는 다양합니다.**
습식 사료에는 알갱이가 있는 것, 완전히 죽과 같은 것 등 다양한 형태가 있습니다. 형태에 따라서 고양이의 기호성에도 큰 차이가 있어요.

알갱이 습식 사료

캔 습식 사료

• **보관을 잘합시다.**
습식 사료는 일단 개봉 후에는 남은 것은 잘 밀봉해서 '냉장 보관'해야 합니다. 먹고 남긴 것을 보관해서는 안 됩니다. 먹을 만큼만 덜어서 급여하고 나머지는 밀봉하거나 유리 밀폐 용기 등에 옮겨 담은 후 냉장 보관합니다. 제품에 따라 다르지만 통상적으로 3~7일 정도 보관이 가능합니다.

• 냉장고에 보관했던 습식 사료는 데워서 급여하세요.

고양이의 입맛을 위해서 냉장 보관하던 캔을 급여하기 전에 전자레인지를 이용해 살짝 데워주세요. 그럼 풍미를 돋울 수 있습니다. 고양이에게 음식의 온도는 굉장히 중요한 요소입니다. 다만 너무 뜨겁게 데워서 혀에 화상을 입지 않도록 주의해주세요. 아기 분유를 줄 때와 같이 손등에 살짝 올렸을 때 미지근한 정도가 좋아요.

 Q. 건 사료는 어떻게 보관해요?

건 사료 역시 완전히 밀봉해서 보관해야 합니다. 밀폐용기에 옮겨 담아서 보관하는 것이 더 좋습니다.

05 좋아하는 사료를 찾거나 바꾸는 방법을 알아보아요

선생님이 도와줄게요

고양이는 어린 연령에 많은 습관, 기호성이 결정되는 동물입니다. 어릴 때 사람, 다른 고양이나 동물과의 교류가 이후의 해당 종에 대한 친숙도를 결정한다는 사실이 알려져 있듯, 음식에 대한 친화도 역시 아주 어린 연령에 결정됩니다.

🐾 고양이가 좋아하는 사료 찾는 법

고양이의 사료 기호성은 굉장히 어린 연령에 결정이 됩니다. 이후에 새로운 형태나 종류의 사료를 도입하는 경우, 적응하는 데 굉장히 오랜 시간이 걸리거나 실패할 수도 있습니다. 때문에 어린 연령부터 다양한 형태의 사료, 즉 건 사료와 습식 사료(파우치, 캔 사료) 등에 노출시키는 것이 좋습니다. 또 제조사의 경우도 약간씩 변화를 주면서 급여하는 것도 좋습니다. 그럼 다양한 사료에 대한 친화도를 높일 수 있습니다.

새로운 사료를 도입할 때 주의하세요!

- 의욕에 넘쳐서 여러 종류의 사료를 무작정 섞어 주면 소화기 질환을 유발할 수 있습니다.
- 며칠마다 사료를 교체하는 것은 좋지 않습니다. 사료는 한 번에 1가지씩만 도입합니다.
- 교체 기간은 최소 1주일 정도를 잡고, 천천히 점진적으로 사료를 교체해줍니다.

또 교체한 이후에는 적어도 2~3달간 관찰이 필요합니다. 사료 교체 과정에서 구토를 하거나 설사 혹은 무른 변을 보는 경우 사료가 잘 맞지 않는 것일 수도 있습니다. 그럼 이전 사료로 다시 전환하고 간식 등을 제한한 상태에서 1~2달 정도 유지합니다.

🐾 사료를 교체하는 방법

사료를 교체할 때 추천하는 방법은 처음에 건 사료 한 종류, 습식 사료 한 종류를 급여하여 최소 8주 정도 안정화시킵니다. 구토나 설사 없이 안정된 상태라면, 이후 다른 종류의 건 사료로 교체합니다. 교체 후 다시 안정이 되면 습식 사료 역시 바꾸어줄 수 있는데, 이때 캔 사료를 먼저 급여하였다면 다음에는 파우치 형태로, 또 그 다음에는 잘라 먹이는 소시지 형태의 습식 사료 등 다른 형태로 바꾸어줄 수 있습니다.

교체 시에는 대략 1주일 이상의 기간을 두고 교체해야 합니다. 즉, 첫날은 새로운 사료를 10% 정도 섞어서 주고, 양호하면 다음에는 20%, 이런 식으로 새로운 사료의 양을 점점 늘려가면서 완전히 교체합니다.

> **Q. 예전 사료로 바꿨는데도 계속 구토, 설사를 해요!**
>
> 지속적인 구토, 설사 증세가 있다면 고양이에게 다발할 수 있는 소화기 질환의 가능성이 있으니 반드시 동물병원을 찾는 것이 좋습니다.

> **사료를 교체할 때 반드시 체크하세요!**
> - 사료 교체 시점은 핸드폰 캘린더 등에 꼭 기록하세요.
> - 교체 과정에서 구토나 설사가 있다면, 이것도 기록하세요.
> - 한 달에 3번 이상 구토하는 것이 2달 이상 지속되거나 무른 변, 혹은 설사가 이어진다면 이 사료는 고양이와 맞지 않는 것일 수 있으므로 예전의 사료로 돌아가는 편이 낫습니다.
> - 맞지 않는 사료의 경우는 어떤 성분을 사용했는지 꼭 체크하고 기록하세요.

사료를 교체할 때 체크할 것

항목	O (그렇다)	△ (조금 그렇다)	× (그렇지 않다)
8~10주간 사료를 급여하면서 구토나 설사의 빈도가 증가했나요?			
눈물의 양이 늘어났나요?			
피모가 거칠어졌나요?			

🐾 새로운 사료에 익숙해지는 과정

저의 '1대 고양이'인 '냥이'는 당시 저의 무지로 인해, 어릴 때 건 사료만 주구장창 먹었습니다. 그래서인지 처음에는 맛있는 냄새가 나는 캔을 주어도 냄새만 맡을 뿐 "흥!" 하고 지나쳐 버리곤 하였습니다.

이런 모습은 비단 냥이뿐 아니라 다른 고양이들에게서도 흔히 나타나는 모습입니다. 집사는 이런 모습을 보고 '우리 고양이는 이 사료가 마음에 들지 않는 모양이야.' 하며 성급히 치워버리게 됩니다. 하지만 이런 과정은 고양이가 사료에 친숙해지는 과정입니다. 사료 친화도가 어린 시절에 결정된다고 해서, 나이가 든 이후 새로운 사료를 전혀 받아들이지 못하는 것은 아닙니다. 새로운 사료에 적응시키고자 한다면 고양이에게 매일 새로운 사료를 공급해주면서 시간을 갖는 것이 좋습니다. 시간이 충분히 지나면 조금씩 새로운 사료를 맛보거나, 먹게 되는 경우가 많습니다. 실제로 제가 키우던 고양이 '냥이'도 할아버지가 되어서는 캔을 즐기게 되었지요.

예를 들어 '연어는 우리 고양이랑 잘 맞지 않는다.'는 것을 기록해두면, 다음 사료를 선택할 때에 도움이 됩니다.

06 날씬하고 건강하게 몸매를 관리해요

선생님이 도와줄게요

- 일단 살이 찌고 난 뒤 고양이를 다이어트시키는 일은 매우 어렵습니다. 물론 사람도 어렵습니다만, 고양이 본인이 다이어트 의지가 없는 만큼 살이 찌기 전에 미리 관리하는 것이 최선입니다. 다이어트에 관한 세부적인 내용은 '다이어트 시키기' 편을 참고해주세요.

🐾 고양이 입장에서 나쁜 식습관은 무엇일까?

균형 잡힌 급여의 목적은 적절한 체형 및 건강의 유지입니다. 그런데 일부 고양이는 너무 마르고, 다른 일부는 (특히 우리나라의 많은 고양이들이) 비만한 것이 현실입니다. 왜 그럴까요?

일단 고양이는 체중 관리, 건강 관리에 대한 상식이 전혀 없습니다. 이 점을 염두에 두고 고양이를 사람으로 바꾸어서 한 번 생각해볼까요? 오른쪽 일기장을 보세요.

이렇게 6개월만 살면 엄청나게 살이 찌는 건 물론이거니와, 고지혈증 및 대사성 질환이 생기지 않는 것이 이상하겠지요?

사람 입장에서 봐도 건강에 나쁜 식습관이죠? 하지만 이게 바로 많은 보호자들이 고양이를 급여하는 방식일 수 있습니다. 고양이가 즐거워하는 모습을 보거나, 나의 애정을 보여주고 싶어서 또는 애정을 얻고 싶어서, 고양이가 보

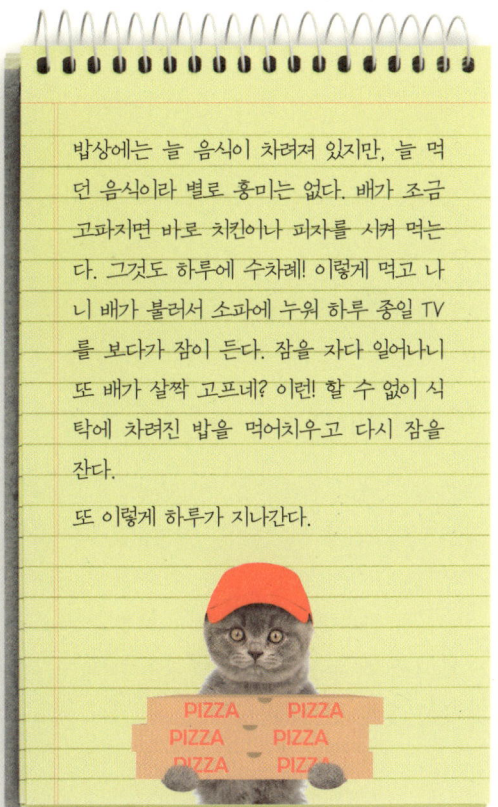

밥상에는 늘 음식이 차려져 있지만, 늘 먹던 음식이라 별로 흥미는 없다. 배가 조금 고파지면 바로 치킨이나 피자를 시켜 먹는다. 그것도 하루에 수차례! 이렇게 먹고 나니 배가 불러서 소파에 누워 하루 종일 TV를 보다가 잠이 든다. 잠을 자다 일어나니 또 배가 살짝 고프네? 이런! 할 수 없이 식탁에 차려진 밥을 먹어치우고 다시 잠을 잔다.

또 이렇게 하루가 지나간다.

chapter 1. 사료나 처방식 등을 건강하게 잘 먹이는 방법 • 117

챌 때마다 하루에도 여러 번 고칼로리의 간식을 줍니다. 고양이가 점점 비만해지는 데에도 간식이나 사료량을 제한하지 않고, 고작 하루에 5~10분 놀아주고 운동했다고 위안을 삼습니다. 당장 행복할 수는 있지만 이런 고양이는 결국 비만, 대사성 질환, 관절염 등으로 오래 살 수 없을 뿐더러 노년의 삶의 질이 현격히 저하될 것입니다.

> **TIP.**
> 무리한 다이어트는 고양이를 아프게 해요. '다이어트가 필요해요' 편(159쪽)을 꼭 참고한 후에 시행합시다!

적절한 체중으로 조절하기

고양이가 적절한 체중을 조절하는 데 가장 큰 포인트는 적절한 양의 사료를 공급하는 것입니다. 우리 집 고양이가 식탐이 너무 강하다면, 자율급식을 포기하고 제한급식을 하는 것이 좋습니다. 앞서 언급한 대로 고양이는 자주 먹어야 하는 소형동물 포식자이기 때문에 하루 최소 3번으로 나누어 하루 총 급여량을 급여합니다. 총 급여량을 제한한 상태로 3회 이상 더 여러 차례로 나누어 먹이면 포만감이나 만족감을 줄 수 있을 뿐더러, 고양이의 생리에도 잘 맞습니다. 다만 비만한 고양이라면 갑자기 무리하게 다이어트를 시행하는 경우, 사망의 위험성이 큰 지방간증(317쪽)에 이환될 수 있습니다.

건강하게 간식 먹이기

간식 역시 제한하는 것이 좋습니다. 앞서 예를 든 것처럼 매일 밤 야식을 즐기듯 고양이를 먹여서는 안 됩니다. 1주일에 1~2번 정도만 간식을 주고, 간식을 주는 양은 1개 정도로 한정합니다. 고양이의 행동 교정을 위해서 간식으로 포상할 수 있는데, 이 때에는 손톱 크기 정도로 잘라서 주는 것이 좋습니다.

> **건강하게 간식 먹이기 수칙**
> - 1주일에 1~2번 정도만.
> - 간식의 양은 1개 정도로 한정.
> - 칭찬을 해줄 때는 간식을 손톱 크기 정도로만 잘라서 줍니다.

병원에서 함께 지내는 시로. "간식 좀 달라옹~"

🐾 사람이 먹는 음식은 금지

마지막으로 강조하고 싶은 것은 사람이 먹는 음식도 절대 제한해야 한다는 점입니다. 앞서 기술한 바와 같이 사람 음식에는 고양이에게 독이 되는 음식이 많습니다. 독이 되지 않더라도 영양적 균형이 육식동물인 고양이에게는 맞지 않습니다. 밥상에서 고양이에게 음식을 주는 것은 고양이에게 맛도 좋지만, 즐거운 유희가 됩니다. 일단 버릇이 들면 고치기가 매우 어렵습니다.

더구나 사람 음식에 길들여진 고양이는 개와는 달리 점프를 해서 식탁이나 조리대 위에 올라가 음식을 훔쳐 먹기도 해요. 이 과정에서 화상을 입거나 떨어지는 접시 등에 사고를 당할 수도 있으니, 어릴 적부터 나쁜 습관을 들이지 않도록 유의해야 합니다.

호시탐탐 집사의 햄을 노리는 부엌의 포식자

chapter 1. 사료나 처방식 등을 건강하게 잘 먹이는 방법

07 아픈 고양이를 위한 처방식을 살펴보아요

선생님이 도와줄게요

동물병원의 사료 코너를 보면 일반 사료와는 구분된 별도의 섹션이 있습니다. 바로 아픈 동물들을 위한 처방식입니다. 사람으로 치면 환자식이지요. 가끔 고양이의 건강을 위해 처방식에 관심을 가지는 보호자들도 있습니다. 하지만 현재 질병이 없는 고양이라면 처방식을 먹일 이유는 전혀 없습니다.

처방식, 언제 먹여야 좋을까?

고양이의 건강을 위해 처방식을 보조제처럼 급여하려고 하는 보호자들도 있는데, 처방식은 '질병이 있는 고양이'를 위한 것입니다. 아픈 고양이를 위한 처방식은 일정 성분을 제한하는 경우가 많이 있기 때문에 반드시 건강검진 이후 수의사의 처방이 있는 경우에만 급여해야 합니다. 임의적인 처방은 오히려 건강을 해칠 수 있습니다.

심지어 처방식은 회복식을 제외하고는 맛이 없습니다. 질병에 따라 특정(예를 들어 염분이라던가

처방식 급여할 때 주의사항
- 급여 기간 중 다른 사료를 섞여 먹이지 마세요.
- 간식을 주면 처방식의 효과가 떨어집니다.
- 고양이가 처방식을 싫어하면, 습식으로 된 처방식을 병용합니다.
- 처방 기간을 준수해야 합니다.
- 집사 마음대로 고양이의 질병을 진단하고, 처방식을 주어서는 안 됩니다.

지방 등) 성분이 제한되어 있기 때문이죠. 노령 고양이가 질환이 유발되면 가뜩이나 입맛이 떨어지는데, 이때 맛없는 처방식을 먹는 것은 고역입니다. 특히 이미 간식이나 사람 먹는 음식에 길들여져 있는 경우라면 처방식 급여를 포기해야 할 수도 있습니다. 장년기 이후 관리를 위해서도 일찍부터 간식 급여를 많이 하지 않는 정상적인 식이 관리가 필요합니다.

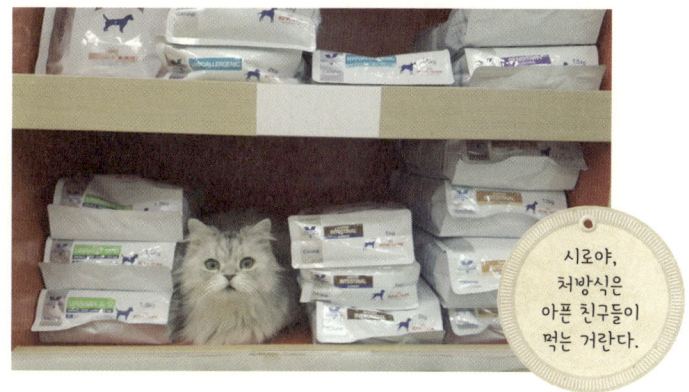

시로야, 처방식은 아픈 친구들이 먹는 거란다.

🐾 어떻게 먹여야 건강해질까?

처방식은 해당 질환에 필요한 성분이 추가적으로 함유되어 있거나, 위해한 요소를 제한하는 경우가 대부분입니다. 때문에 급여 기간 중 다른 사료를 섞어 먹이거나, 간식을 주는 것은 처방식의 기능을 현저히 떨어뜨리거나 무용으로 만들 수 있습니다. 처방식 급여 중에는 반드시 처방식만 급여해야 합니다.

무한정 급여하는 것도 위험합니다. 처방식의 특성상 일정 성분의 과다나 부족이 발생할 수 있기 때문입니다. 처방식에 따라 급여하는 총 기간이 다를 수 있습니다. 이는 수의사가 처방식을 처방할 때 정해주기 때문에 그에 따르면 됩니다. 또한 사료가 떨어졌다고 집사가 임의적으로 계속 처방하면 안됩니다. 병원에 꼭 문의하길 바랍니다.

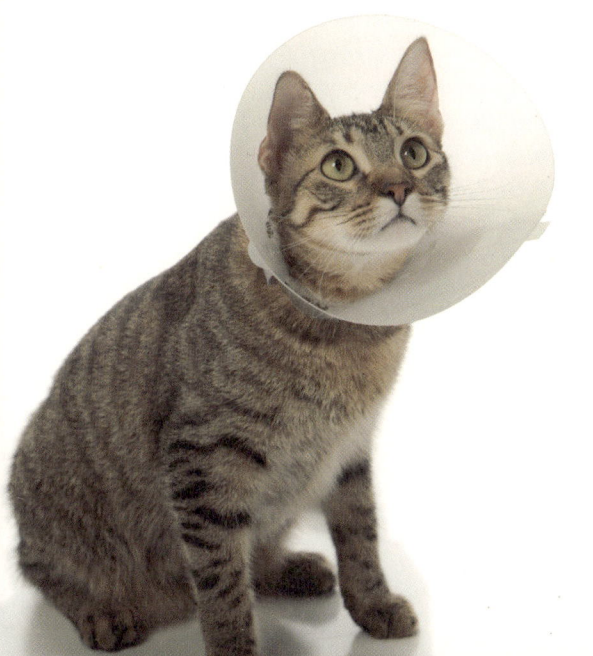

TIP. 처방식 급여 전에는 반드시 동물병원에 문의하세요!

수의사가 처방식을 처방할 때 기간, 방식을 모두 정해주기 때문에 이에 따르면 됩니다.

🐾 질병에 따른 처방 사료의 종류

처방 사료는 대체로 질병에 따라 아래와 같은 종류를 가집니다. 몸속의 각 기관에서 나타나는 질병과 그에 맞는 사료를 연결해봅시다.

고양이 질병, 자세한 내용은 파트4에서 자세히 확인할 수 있어요!

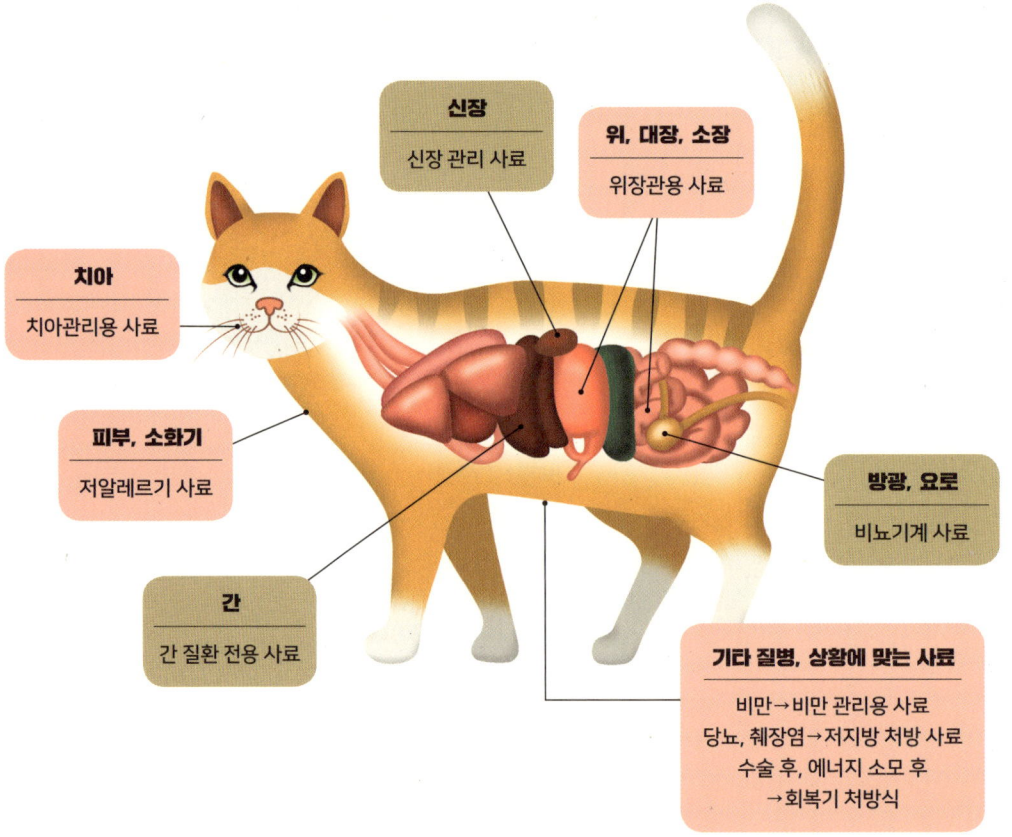

• 비뇨기계 사료

고양이들이 비뇨기계 질환(즉, 오줌 싸기를 힘들어하거나, 자주 화장실을 들락거리거나, 혈뇨를 보는 등의 증상)을 보일 때, 하부 요로기 증후군(FLUTD)이라는 질환을 앓고 있을 가능성이 높습니다. 이러한 질환 혹은 방광이나 요로에 결석이 있을 때에 급여할 수 있는 비뇨기계 처방 사료입니다.

비뇨기계 처방 사료는 대체로 스트루바이트 결정을 용해하거나, 스트레스를 줄여주고, 희석뇨를 볼 수 있도록 도와주는 기능을 가지고 있습니다. 비뇨기계 질환이 있을 때 물을 많이 마시는 것이 좋기 때문에 '습식'으로 급여하면 더욱 좋습니다.

한편 고양이가 오줌 싸는 것이 이상하다거나, 화장실을 자주 들락거린다는 이유로 이런 처방식을 진단 없이 임의로 처방해서는 안됩니다. 결석이 있는 경우 수술 적기를 놓칠 수도 있고, 변비와 같은 다른 질환이 문제일 수도 있습니다. 특히 신장 기능이 떨어져 있거나 다른 질환을 가지고 있는 고양이에게서는 비뇨기계 처방 사료의 급여가 부적절할 수도 있습니다.

• 신장 관리 사료

고양이는 신부전, 즉 신장 기능이 저하되는 경우가 많습니다. 이 경우 신부전 단계에 따라 처방식을 급여하는 것이 필수적입니다.

신부전 처방 사료의 경우 단백질, 인, 염분의 함량을 줄여 신장의 부담을 최소화하는 한편, 신부전 치료에 도움을 줄 수 있는 오메가산, 비타민, 항산화제 등이 포함되어 있습니다. 신부전 고양이 역시 음수량 증가가 필수적이기 때문에 습식으로 된 신부전 처방 사료를 급여하는 것도 좋습니다.

신부전 처방 사료의 경우 신장에 부담을 주는 성분을 제한하고 있기 때문에, 처방식 급여 시 다른 사료와 섞어 먹이거나, 간식을 많이 주면 효과가 떨어집니다.

• 위장관용 사료

고양이에 흔한 급성 및 만성 소화기 질환에 적용하는 사료입니다. 위장관 자극을 줄이고, 소화율이 높은 단백질 등이 함유되어 잘 흡수되고 영양적으로 우수합니다. 섬유질 함량도 높은 편입니다. 구토, 설사 등의 경우에 단기적으로 적용하거나, 염증성 장 질환 등 만성적인 소화기 질환 시에 지속 급여하기도 하는데, 진단에 따라 급여해야 합니다.

• 간 질환 전용 사료

고양이는 소화기의 해부학적 구조 등으로 인해 만성적인 간 질환이 흔하게 발생하는 편입니다. 이런 경우 정확한 진단 검사 후 간 질환 처방사료를 급여할 수 있습니다.

이 처방식은 대체로 간의 부하를 줄여주고 기능을 유지하기 위해 양질의 단백질을 함유하고 있습니다. 염분 및 과잉할 경우 위험이 되거나 축적될 수 있는 영향성분은 제한합니다. 간 세포의 회복 및 유지를 위해 L-카르니틴이나 항산화제, 비타민 등의 성분이 첨가된 경우가 많습니다.

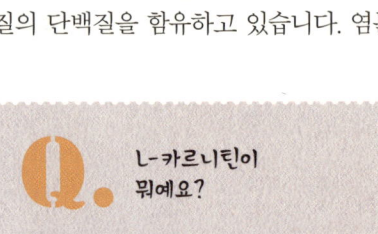

Q. L-카르니틴이 뭐예요?

지방산을 산화시킬 때 필요한 물질로 고양이의 지방 대사에 도움을 줍니다. 특히 지방간증을 가진 고양이에게 도움을 줄 수 있습니다.

• 치아관리용 처방식

만성적인 치아 질환으로 밥을 먹기 힘들어 하거나, 주기적으로 치과 치료나 발치를 해야 하는 고양이들이 제법 많습니다. 단순히 치아 관리가 부족해서가 아니라, 기저질환으로 인해서 치주염이 생기거나, 면역 질환, 치아가 녹는 질환 등 다양한 질환이 고양이에게 발생할 수 있습니다. 이런 경우 치아 관리를 위한 처방식의 급여가 만성적인 치아 질환에 도움을 줄 수 있습니다.

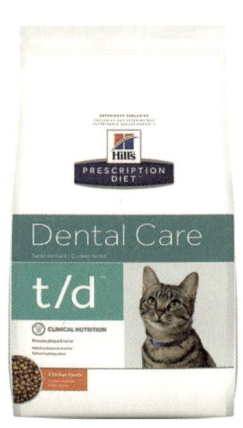

• 저알레르기 사료

알레르기의 원인이 되는 단백질을 가수분해하여 식이 원인으로 인한 알레르기를 최소화할 수 있도록 만든 사료입니다. 단순히 가수분해를 했다는 점보다 가수분해 비율이 중요합니다.

흔히 알레르기라고 하면 피부병만 떠올리지만, 식이 알레르기, 식이 불내성 등 식이 항원으로 인한 만성적인 소화기 질환에 흔히 처방합니다. 물론 고양이 아토피를 비롯한 피부병에서도 처방할 수 있습니다.

• 비만 관리용 처방 사료

국내의 많은 고양이들이 비만합니다. 비만한 고양이들은 나이가 들면서, 여러 가지 대사성 질환 및 관절 질환 등에 직면하게 됩니다. 이에 비만을 관리하기 위한 처방 사료들이 다양하게 출시되어 있습니다.

비만을 관리하는 처방 사료의 경우 소량 급여 시에 섬유질이 풍부하여 변비에 도움이 되고, 포만감을 줄 수 있도록 만들어져 있는 경우가 많습니다. 또한 감량된 총 칼로리에 맞추어 아미노산, 무기질, 비타민 등이 맞추어져 있기 때문에 다이어트 시에도 균형 잡힌 영양을 섭취할 수 있도록 도움을 줍니다. 반드시 수의사와 상담 후 적당한 양을 공급하고, 체중의 변화를 체크해주세요

• 저지방 처방 사료

당뇨나 만성 췌장염과 같은 질환이 많이 발생하는데, 이를 위한 처방식도 있습니다. 지방과 전체 칼로리를 줄이고, 섬유소와 양질의 단백질을 함유하고 있습니다. 대체로 만성 질환 관리를 위한 항산화제 등이 포함되어 있고, L-카르니틴 등이 풍부해서 대사율을 높여줍니다.

• 회복기 처방식

수술 후, 혹은 급격한 에너지 소모 후 회복을 위해 급여하는 처방식입니다. 소화율이 높고, 맛이 좋은 편입니다.

08 연령별·상황별 급여량을 계산해요

선생님이 도와줄게요

가장 적절한 급여량의 기준은 무엇일까요? 당연히 이상적인 체중을 유지하면서, 생기 있고 활동성 있게 살아갈 수 있는 에너지를 공급하는 수준일 것입니다. 고양이의 연령별·상황별로 에너지가 얼마나 필요하고, 또 밥을 얼마나 먹어야 하는지 계산해봅시다.

🐾 고양이에게 필요한 에너지의 양 측정하기

에너지 요구량은 고양이 각각에 따라 제법 큰 차이가 날 수 있습니다. 어떤 사람은 많이 먹어도 살이 덜 찌고, 어떤 사람은 조금 먹어도 살이 찌는 것과 비슷합니다. 똑같은 양을 먹어도 소화 흡수량도 다르고, 대사 에너지와 운동 수준도 다르기 때문이지요. 하지만 일단 영양학적으로 권장되는 에너지 수준을 쉽게 공식으로 나타내면 다음과 같습니다.

휴식기 에너지 요구량(RER) 계산하기

$$RER\ (kcal) = 70 \times 고양이\ 체중(kg)^{0.75}$$

휴식기 에너지 요구량(RER, Resting Energy Requirement)이란 사람들이 흔히 알고 있는 대사 에너지와 비슷하되, 그보다는 조금 넓은 의미의 개념입니다. 고양이가 전혀 움직이지 않고, 숨만 쉬는 데 필요한 에너지 요구량이라고 보면 됩니다. 따라서 실제로는 활동량 등을 감안하여 RER 이상의 에너지가 필요한데, 통상적으로는 다음과 같습니다.

연령별·상황별 필요한 에너지의 양

중성화한 성묘	RER × 1.2
중성화하지 않은 성묘	RER × 1.4
활동성이 큰 성묘	RER × 1.6
살이 찌고 있는 고양이	RER

🐾 하루에 먹여야 할 사료량 계산하기

앞서 제시한 '연령별·상황별 필요한 에너지의 양'의 표를 적용해서 내가 기르고 있는 고양이에게 필요한 에너지 요구량을 도출할 수 있습니다. 그 다음 사료 1g당 kcal로 나눠주면 하루 동안 먹여야 할 사료의 양을 알 수 있습니다. 사료의 칼로리는 사료 봉지에 적혀있는 내용을 참조할 수 있습니다. 대체로 사료의 칼로리는 3kcal 초반(저칼로리 사료 및 처방식 등)에서부터 4kcal 중후반까지(성장기용 혹은 회복식 등) 분포하고 있습니다.

하루 사료량 계산하기, 예를 들어볼까요?

연령별·상황별 필요한 에너지의 양

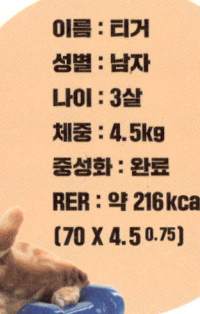

이름 : 티거
성별 : 남자
나이 : 3살
체중 : 4.5kg
중성화 : 완료
RER : 약 216kcal
(70 × 4.5$^{0.75}$)

티거가 하루에 필요한
에너지의 양
(RER × 1.2)

약 259 kcal
(216 × 1.2)

사료량 환산

티거가 하루에 먹어야 할 사료의 양
(1g당 3.7kcal인 '인도어 사료'를 먹이는 경우)

259kcal ÷ 3.7 ≒ 70g

→ 70g 정도 급여하면 됩니다!

　4.5kg 중성화한 3살짜리 수컷 고양이 티거에게 인도어 사료(g당 3.7kcal)를 급여한다고 치면, 위 공식에 따라 RER은 약 216kcal입니다. 성장이 완료되었고, 중성화도 시행하였으므로 RER×1.2를 하면 약 259kcal(216×1.2)가 하루에 필요한 에너지 요구량입니다. 이것을 사료량으로 환산하면, 약 70g(259kcal ÷ 3.7)을 급여하면 되는 것이지요.

> **Q. 사료의 양, 어떻게 재야 좋을까요?**
>
> 사료는 종이컵에 꽉 차도록 채우는 경우 알의 크기에 따라 80~100g 정도 되므로 이를 기준으로 하거나, 직접 계량컵에 달아 확인할 수도 있습니다.

고양이의 상황에 따라 급여량 정하기

주의할 점은 외국에서 만들어진 이런 공식이 국내 실정에 잘 맞지 않고, 각 고양이의 특성을 잘 반영하지 못한다는 것입니다. 특히 한국 고양이들은 외출을 많이 하는 외국의 고양이들에 비해 집 안에만 있는 경우가 많습니다. 또한 집사가 없는 시간에는 하루 종일 자거나, 집사와 있을 때에는 좁은 공간에 같이 있다 보니 간식을 지나치게 많이 먹는 경향이 있습니다. 때문에 실제로는 이 공식보다는 '적은 양'을 먹어야 이상적인 체형을 유지할 수 있는 경우가 많지요. 또한 이 공식은 '어린 연령의 고양이에게는 잘 맞지 않는다'는 점도 염두에 두어야 합니다. 따라서 앞서 설명한 공식은 일단 현재 급여하는 사료량이 적당한지 '가이드 정도'로만 생각하는 것이 좋습니다.

- **처음 고양이를 키우는 경우**

위의 공식을 준용해서 급여량을 결정해서 급여해봅니다.

- **고양이가 마른 편인 경우**

공식 계산으로 나온 사료량보다 조금 더 주도록 합니다.

- **고양이가 살이 찐다면**

대부분의 경우 살이 찐다면 급여하는 양을 천천히 줄입니다.

- **이미 고양이에게 사료를 급여하고 있는 중이라면**

원래 하루에 먹는 총량을 확인한 후, 공식에서 요구하는 총 칼로리나 사료량과 비교해봅니다. 사료량은 적지만 간식량이 지나치게 많은 경우가 대부분인데, 이때에는 간식량을 먼저 줄입니다.

- **그래도 체형 교정이 되지 않는 경우**

급여량을 줄이면서 다이어트를 시도해볼 수 있습니다. 단, 갑작스러운 다이어트는 위험합니다.

> **TIP.**
> 고양이의 다이어트는 굉장히 까다로운 일입니다. '다이어트가 필요해요' 편(159쪽)을 참고하세요.

뚱냥이가 되고 있다면, 사료량을 천천히 줄여봅시다.

🐾 간식 급여 원칙 지키기

급여량의 목표는 적절한 식이를 하면서 이상적인 몸매를 만드는 것입니다. 적절한 식이는 앞서 언급된 사료에 대한 부분을 참고하여 선택한 사료로 시행한다면 무난합니다.

올바른 급여량을 지키기 위한 생활규칙

- 간식은 절대 매일 주지 않습니다.
- 간식을 주는 경우에도 한 개 정도만 주세요.
- 에너지 요구량의 10%를 넘는 간식은 주지 않습니다.
- 자세한 내용은 141쪽 간식 먹이는 방법을 참고해주세요!

고양이의 이상적인 체형은 무엇인가요?

• 고양이 체형 등급 살펴보기

건강과 아름다움을 위해 균형 잡힌 체형을 만드는 데 사람들의 관심이 높습니다. 이를 위해 극단적인 식이조절이나 힘든 운동도 마다하지 않습니다. 하지만 집사만 몸짱이 될 것이 아니라, 우리 고양이의 체형도 관리해주어야 합니다. 뚱뚱하든 날씬하든 고양이는 다 아름답긴 합니다만, 고양이에게도 건강을 위한 이상적인 체형이 있습니다.

이상적인 체형을 나누는 기준을 '신체 충실도 지수(Body Condition Score, BCS)'라고 하는데, 5단계로 나누기도 하고 9단계로 나누기도 합니다. 이 책에서는 간단하게 5단계로 나누어 설명하겠습니다.

BCS		실제 모습	특징
1단계	삭쇄		- 가슴의 늑골 사이가 오목하게 들어갑니다. - 골반뼈가 톡 튀어올라 보이거나 쉽게 만져집니다. - 전체적으로 앙상하고, 눈과 피부 상태도 불량합니다.

2단계	마름		- 늑골이 일부 드러나거나 쉽게 만져집니다. - 배가 홀쭉합니다.
3단계	적정		- 뼈가 드러나지는 않지만, 만지면 확인할 수 있습니다. - 허리 라인이 있습니다. - 적당히 살집이 있고, 피모 상태도 대체로 좋습니다.
4단계	과체중		- 허리 라인이 없고, 유선형입니다.

5단계	비만	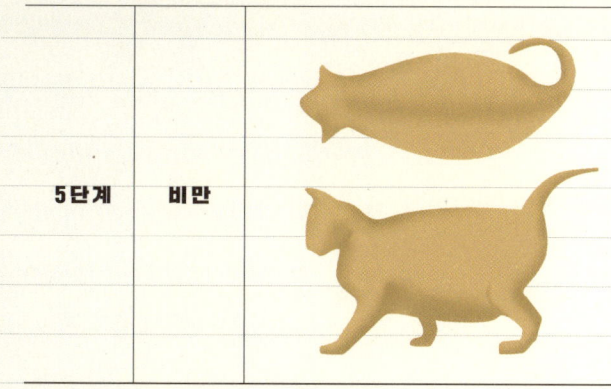 - 허리 라인은 물론이고 배가 불룩하게 나옵니다. - 늑골과 같은 뼈를 확인하기 어렵습니다.

또한 모든 고양이에게 동일한 체형이 요구되는 것은 아닙니다. 이상적 형태가 있긴 하지만 페르시안 같은 코비 타입 체형의 고양이들은 아무래도 좀 통통하고, 벵갈 같은 아이들은 늘씬한 몸매가 기본입니다.

이러한 개묘차를 반영하더라도 비만한 고양이는 늘씬한 고양이보다 수명이 4년 이상 짧을 확률이 85% 이상 높다는 보고도 있습니다. 따라서 고양이의 건강을 위해서 적정 체중을 유지하려는 보호자의 노력이 필요합니다. 고양이의 비만은 전적으로 보호자에 의해 발생한다는 점을 명시하세요.

영양제, 보조제, 물 먹이는 방법

정상적인 식이습관에 대해 이해했다면, 이번 챕터에서는 영양제, 보조제, 물, 간식 먹이는 법 등 추가적인 사항을 배워봅시다. 고양이에게 일찍부터 물을 잘 마실 수 있는 습관을 길러주면 향후에 혹여 고양이가 아프더라도 관리가 수월합니다. 또한 간식을 조절하면서 급여하는 방법에 대해 집사가 미리 알고 있다면, 고양이가 훨씬 더 즐겁고 건강하게 간식을 먹을 수 있습니다.

01 고양이에게는 물이 정말 중요해요

선생님이 도와줄게요

고양이는 물을 잘 마시지 않는 동물입니다. 그런데 고양이가 오줌을 잘 싸지 못해도, 나이가 들어 신장이 안 좋아져도 물을 반드시 많이 마셔야 한다고 합니다. 컵으로 마시게 할 수도 없고, 빨대로 먹일 수도 없지요. 집사는 고양이 물 먹이기 때문에 늘 고민입니다. 어떻게 해야 좋을까요?

얼마나 마셔야 좋을까?

고양이는 물을 잘 마시지 않고 배뇨를 농축하는 경향이 있습니다. 그런데 젊은 연령의 고양이는 하부 요로기 증후군과 같은 비뇨기 질환의 발생 비율이 높고, 나이가 들면 신부전이 잘 발생합니다. 이들 질환은 모두 물 마시는 양(음수량)을 늘려주어야 치료에 유리하지요. 질환이 없더라도 적절한 양의 물을 섭취해야만, 건강한 삶을 기대할 수 있습니다. 그렇다면 어느 정도의 물을 마셔야 고양이에게 적절한 것일까요?

건 사료를 먹는 경우

하루에 체중 1kg당 최소 40ml를 마셔야 해요.
(예를 들어 4kg 고양이의 경우, 하루 동안 160ml의 물을 먹어야 합니다. 종이컵 1컵에 찰랑찰랑 물을 채우면 160ml 정도 된답니다.)

습식 사료를 먹는 경우

하루에 체중 1kg당 최소 20ml를 마셔야 해요.

오줌을 많이 싸는 경우

신부전, 당뇨 등으로 오줌을 많이 싸는 경우에는 하루에 체중 1kg당 60ml 이상을 마셔야 해요.

고양이는 혀를 감아 올려서 물을 섭식하는데, 이 과정에서 흘리는 양도 많고, 털에 묻거나 증발되는 양도 무시할 수 없습니다. 그러므로 실제로 섭식하는 물의 양을 정확히 계량하기는 힘들어요. 160ml의 물을 떠 놓은 후 물그릇이 비었다고 해도 실제 그만큼의 물을 먹었다고 볼 수는 없는 것이죠. 때문에 매번 물그릇에 부어준 양, 그리고 남아 있는 양을 확인해서 물 마시는 양이 '변화하는 것'을 체크해야 합니다.

특히 아무런 환경 변화가 없는데(날씨가 덥다거나, 사료를 바꾸었다거나, 정수기나 분수를 설치한 경우가 아닌데도), 갑자기 물 마시는 양이 늘어난 경우는 도리어 좋지 않을 수 있습니다. 이 경우 다뇨다음(PUPD)이 있을 수 있는데, 이는 먼저 질병으로 인해 희석된 소변을 배출한 후, 탈수가 되어서 갈증 때문에 물을 많이 마시는 증상을 말합니다.

통상적으로 신부전, 당뇨, 호르몬 질환 등에서 이런 증상이 나타나기 때문에 갑자기 음수량이 늘

고양이는 물을 마실 때 혀를 감아 올려요.

어난 경우에는 병원에 내원하여 검진을 받는 것이 꼭 필요합니다. 특히 이런 경우 얼핏 물을 많이 마시는 것으로 보이지만, 실제로는 배뇨량을 넘어서지 못하는 경우가 많아서 고양이는 쉽게 탈수 상태에 빠집니다.

🐾 물 많이 마시게 하는 방법

고양이에게 물을 많이 마시게 해야 한다는 말은 많이 들어봤는데, 대체 어떻게 해야 고양이에게 물을 많이 마시게 할 수 있을까요? 억지로 입을 벌리고 물을 마시게 해야 하는 걸까요?

처음에는 자연스럽게 고양이가 물을 많이 마실 수 있도록 유도해주는 것이 좋습니다. 방법은 왼쪽 박스 설명과 같습니다.

고양이가 물을 많이 마실 수 있도록 유도하는 방법
- 건 사료보다는 습식 사료를 급여하는 것이 좋습니다.
- 물 마시는 곳을 두 군데 이상 만들어줍니다(한 군데는 대체로 충분치 않습니다).
- 물 마시는 곳을 여러 곳 만들었을 때, 식기는 서로 다른 것을 쓰는 것이 좋습니다.
- 물은 하루에도 자주 갈아줍니다.
- 서로 다른 물 맛(수돗물, 정수기, 생수 등)을 공급하는 것도 가능합니다.
- 물을 마시면 칭찬합니다.
- 분수나 정수기를 설치합니다.

신부전 말기가 되거나, 여타의 질환으로 음수량을 많이 늘려줘야 하는 경우 실제로 주사기를 이용해 억지로 물을 먹이거나, 피하수액과 같이 주사를 맞아야 하는 경우도 있습니다. 하지만 초반부터 이런 방법을 쓰는 경우, 정말 물을 많이 먹어야 하는 시점에서는 집사가 주사기를 들고 나타나기만 해도 기겁을 하고 장롱 속으로 피해버릴 때도 있으니 주의해야 합니다.

물을 많이 마시게 해야 한다고 하면, "물은 항상 마실 수 있도록 부어 놓는 걸요. 하루에 한 번씩 갈아줍니다."라고 대답하는 보호자들이 많은데, 이 정도로는 충분하지 않습니다. 사람도 아침에 물 한

잔 떠 놓고 그걸 하루 종일 마신다고 생각해보세요. 물맛이 형편없을 겁니다. 물은 따르는 과정에서 와인처럼 기포가 함유되는데, 시간이 지나면서 기포가 소실되면서 맛이 없어지기 때문입니다. 또 온도도 미적지근해지면 맛이 없죠.

고양이는 입을 바싹 대고 혀로 물을 마시는데, 이 때문에 한두 번 물을 마시고 나면 물이 더러워집니다. 위생을 위해서도 하루에도 자주 물을 갈아주는 것이 좋습니다.

Q. 피하수액이란 무엇인가요?

우리가 '링거 맞는다'고 흔히 표현하는 정맥 수액은 정맥 혈관을 통해 수액을 공급받는 방식입니다. 동물, 특히 피부가 잘 드러나는 고양이의 경우에는 '피하', 즉 피부 아래에 일정량의 수액을 주고, 탈수 정도에 따라 이 수액이 흡수되는 방식의 수액을 맞을 수 있습니다.
정맥 수액에 비해서는 효과가 느리고 약품 사용의 한정이 있으나, 비교적 고양이들이 덜 싫어하고, 짧은 시간에 일정량의 수액을 맞을 수 있다는 장점이 있습니다. 자세한 내용은 PART 4에서 좀 더 자세히 알아보도록 하겠습니다.

🐾 고양이가 물을 마시면 칭찬해주기

물을 마시고 나면 꼬리 앞을 가볍게 두드려주거나, 물을 닦아주면서 기분 좋아 하는 양 쪽 뺨을 문질러주듯이 칭찬해주는 것도 좋습니다. 처음에는 칭찬을 받는 둥 마는 둥 할 거예요. 하지만 저의 고양이의 경우에도 그랬고, 수개월이 지나면 고양이에게 '물 마시는 것은 좋은 행동'이라는 인식이 생깁니다.

🐾 분수, 정수기 이용하기

상업화된 분수나 정수기를 이용하는 방법도 좋습니다. 이 경우 지속적으로 신선한 물을 공급할 수도 있고, 고양이의 기호도를 높여 물 마시는 양을 늘여줄 수 있습니다. 집사가 오래 집을 비우거나, 다묘 가정인 경우에는 강력 추천합니다. 다만 집사의 마음에 쏙 드는 제품이라고 해도, 고양이는 예민한 동물이기 때문에 고양이에 따라 선호도는 천차만별이라는 사실을 기억해두세요.

정수기를 이용해서 열심히 물을 마시는 고양이

고양이 물 마시기에 대한 집사들의 대표적인 궁금증

Q. 우리 집은 벽에 걸어주는 급수기를 쓰는데, 이것도 괜찮나요?

A. 추천하지 않습니다. 페르시안 고양이와 같이 얼굴이 납작한 고양이의 경우 물그릇에 털이 젖으면서 턱 아래에 피부병이 생기는 경우도 많아, 급수기만 적용하는 경우가 있는데 전체적인 음수량이 줄어드는 경향이 있습니다. 다만 다른 물그릇과 함께 병용하는 것은 가능합니다. 이 경우에도 전체를 매일 분리해서 세척해야 합니다.

Q. 우리 아이는 수도꼭지에 흐르는 물을 너무 좋아합니다. 매번 틀어주는 것이 좋지 않을까요?

A. 제 고양이도 매번 머리에 물을 맞는데, 그 모습이 웃기기도 하고 귀엽기도 합니다. 물을 틀어달라고 야옹대는 모습도 애교 넘칩니다. 하지만 행동이 심해지면, 그릇에 담긴 물은 마시지 않기 때문에 결과적으로 음수량이 줄어드는 결과를 유발할 수도 있습니다. 이렇게 떨어지는 물을 선호하는 '직수파' 고양이라면 물이 위에서 아래로 떨어지는 형태의 분수나 정수기를 이용할 수 있습니다. 반면 고여 있는 물을 좋아하는 '웅덩이파'도 있어요. 분수나 정수기의 형태는 고양이의 습성에 따라 선택하는 것이 좋습니다.

"집사야, 시원하구나." 직수파(왼쪽)와 웅덩이파(오른쪽).

행복하고 건강하게
간식을 주세요

선생님이 도와줄게요

사실 이 단원의 제목을 '간식 안 주기'로 고칠 수도 있을 것 같습니다. 우리나라 고양이의 많은 수가 건강을 해치는 수준의 너무 많은 간식을 먹고 있기 때문입니다. 앞서 '날씬하고 건강하게 몸매를 관리해요' 편(117쪽)에서 예를 든 바와 같이, 고양이에게 매일 간식을 주는 것은 치맥을 시켜주는 것과 다를 바가 없는 상태입니다.

🐾 언제 주면 좋을까?

간식은 말 그대로 기호를 위한 것이기 때문에, 매일 주어서는 안 됩니다. 1주일에 1~2번 수준으로 급여해야 하며, 특히 고양이가 언제 간식을 먹을 수 있을지 예상하게 만들어서는 안 됩니다. 하루 일과에 간식이 포함되는 경우, 고양이는 간식을 기준으로 하루에 먹을 것을 정하게 되고 결국 밥을 먹는 시간이나 양 또한 불균형해지게 됩니다. 영양적으로도 불필요한 칼로리와 염분 등이 초과

"간식, 간식…."
고양이 애교를 조심하세요!

되므로 건강에 해롭습니다. 사람은 기호성 식품 외에도 건강이나 몸매에 대한 생각을 고려하지만, 고양이는 그렇지 않다는 것을 잊어서는 안 됩니다.

간식 자체는 고양이의 기호에 맞춰 선택하되, 사료 급여 시의 기준과 마찬가지로 너무 다양한 종류의 간식을 마구잡이로 주는 형태는 피하도록 합니다. 식이 불내성이나 식이 알레르기가 있는 경우 구토나 설사가 유발될 수 있는데, 다양한 식이 급여 시 원인 규명이 어렵습니다. 1~2달 정도는 동일한 간식을 급여해보고, 문제가 없다면 급여 가능한 간식으로 리스트에 추가하여 범위를 넓힐 수 있습니다.

🐾 양은 얼마나 줘야 할까?

간식의 양도 지나치지 않게, 한 번 급여할 때 포장에 기재되어 있는 권장량 이상을 추가하지는 않도록 합니다. 스틱형이라면 1개를 넘지 않도록 합니다. '간식은 가끔씩 먹는 맛있는 거야.'라고 고양이가 판단하게 되면, 이를 이용해 고양이 훈련을 위한 '포상 강화'를 할 수 있습니다. 포상용으로 간식을 줄 때에는 손톱 정도 크기만큼 잘라서 급여하는 것이 좋습니다.

> **고양이에게 간식을 줄 때 지켜야 할 가장 중요한 원칙**
> • 매일 간식을 주면 안 됩니다.
> • 1주일에 1~2번만 급여하세요.

간식을 먹으려고 몸을 다리에 비비고 야옹대는 고양이의 애교를 떨쳐내고 간식을 주지 않기란 매우 어려운 일이지요. 저 역시 결국 유혹에 못 이겨 간식을 주기도 하지만, 절대 체형을 망치는 수준으로 간식을 급여해서는 안 된다는 것을 유념해야 합니다. 주기 쉬운 사랑보다는, 자식을 기르는 부모의 심정으로 고양이가 진정 행복하고 건강할 수 있는 양육을 해야 합니다.

> 스틱형은 한 번에 1개만, 포상용은 손톱 크기만큼 조금씩 나누어 주세요.

03. 상황별, 질환별로 필요한 보조제, 영양제를 알아보아요

고양이가 상부 호흡기 증후군이나 하부 요로기 증후군 등으로 고생을 한 적이 있다면, 혹은 건강검진에서 특정한 질환이 진단된다면 사료 교체나 약물 투여 외에 보조제를 급여해줄 수 있습니다. 대체로 약물 투여에 비해 강하지 않고, 맛도 덜 쓰기 때문에 급여가 상대적으로 쉽습니다. 다만 적절치 않은 보조제 투여는 독이 될 수 있고, 보조제가 만능으로 질환을 치료하는 것은 아님을 염두에 두어야 합니다.

재채기를 하거나 눈을 찡긋거릴 때

재채기를 하거나 눈을 찡긋거리는 등의 증상을 보이는 고양이 상부 호흡기 증후군에서 L-라이신을 함유하는 제품들이 치료적 효능을 가진 보조제로 사용되고 있습니다. 해당 질환에서 바이러스 증식에 필요한 아르기닌의 합성을 라이신이 억제하는 방식으로 작용합니다. 상부 호흡기 증후군을 가지고 있는 고양이에게서 증상이 나타나거나, 스트레스 상황 등으로 증상 유발이 의심될 때 적용 가능합니다.

다만 너무 만능으로 여겨지는 경향이 있는데, 아프지 않을 때 굳이 아르기닌의 흡수를 저해할 이유가 없으므로 상시 복용할 필요는 없습니다.

상부호흡기 질환을 위한 라이신 제제

오줌을 잘 싸지 못하거나 혈뇨를 볼 때

고양이들의 많은 수가 오줌을 잘 싸지 못하거나, 쌀 때 힘들어하거나, 혈뇨를 보는 등 비뇨기 질환으로 고생을 합니다. 이러한 증상을 '하부 요로기 증후군(FLUTD)'라고 통칭하는데, 이중 스트레스로 인한 특발성 방광염이 가장 주요한 원인이 됩니다. 특

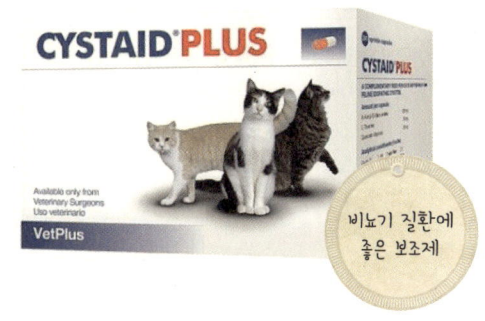

비뇨기 질환에 좋은 보조제

발성 방광염의 경우 세균 감염으로 인한 방광염이 아니라 스트레스가 원인이 되어 방광 점막의 일정 부분이 손상되면서 염증과 통증을 유발하는 질환입니다. 고양이 비뇨기 질환에 대한 보조제들은 고양이의 스트레스를 줄여주는 동시에 방광 점막층을 보호해주는 성분을 함유하고 있습니다.

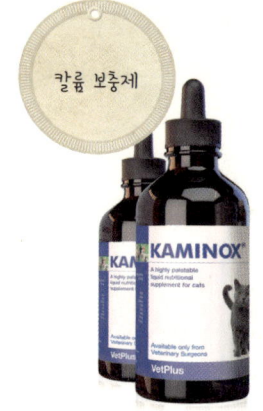
칼륨 보충제

🐾 신부전, 오줌양이 늘어났을 때

신부전과 같이 오줌양이 늘어나는 고양이들은 오줌을 통해서 칼륨과 수용성 비타민을 다량 소실하기 때문에 저칼륨혈증이 유발되는 경우가 흔합니다. 이런 경우 배뇨를 통해서 소실될 수 있는 이러한 성분을 보충해주는 것이 질환 관리에 도움이 됩니다.

다만 이 경우는 병원에서 진단을 받고 혈중의 전해질 농도를 측정한 이후, 필요에 따라 처방을 받아야 합니다. 신부전의 경우에도 칼륨이 높아지는 경우가 있기 때문에, 무작정 급여하면 오히려 독이 되는 경우가 있습니다.

🐾 간 건강이 나빠졌을 때

해부학적 구조로 인해 급·만성 간 질환을 앓는 고양이가 많은데, 이런 경우 간 손상을 줄여주기 위한 간 보호 기능을 가진 보조제를 급여할 수 있습니다. 이러한 제품들에는 간 손상을 회복시켜주는 작용을 하는 글루타치온의 전구체나 항산화 작용을 하는 SAMe, 실리빈, 비타민 E와 C, 타우린 등이 포함되어 있습니다.

간 보호제

종합 영양제

🐾 어릴 때나 허약해졌을 때, 수술 후에 좋은 영양제

필수 아미노산, 비타민, 미네랄 등이 다양하게 복합되어 있는 영양제입니다. 어리고 허약한 개체나 수술이나 건강 악화 이후에 급여할 수 있습니다. 다만 노령이거나 만성 소모성 질환을 가지고 있는 경우에는 특정 성분이 질병에 맞지 않을 수 있으므로 수의사와 상의 후 아이와 상태에 맞는 제품을 급여하는 것이 좋겠습니다.

🐾 나이가 많은 노령묘에게 좋은 영양제

종합 영양제는 어린 고양이에게는 좋지만, 노령의 고양이에게는 부적절한 경우도 있습니다. 성장을 위한 영양성분은 오히려 노령묘에게는 제한되어야 할 수 있기 때문입니다. 나이가 많은 고양이의 경우 신장, 간, 심장 등의 기능을 보조해주는 복합 항산화제가 도움이 되는 경우가 많습니다. 특히 사람의 치매와 같은 인지 기능 장애의 경우 항산화제의 급여가 추천됩니다.

TIP. 종합 영양제, 노령묘에게는 적당하지 않을 수 있습니다!

🐾 고양이에게 꼭 필요한 오메가3 영양제

사람에게서도 각광 받고 있는 오메가3는 고양이에게 꼭 필요하지만 체내에서 합성되지 않는 필수 지방산입니다. 특히 집에서 기르는 고양이는 오메가3가 결핍되기 쉬우며, 오메가3는 만성 질환에서 항염, 항산화 작용 등을 가집니다.

다만 고양이에게 오메가3를 급여할 때에는 성분을 잘 확인해야 합니다. 고양이는 사람과 달리 식물 성분으로 만들어진 오메가3는 대사할 수 없기 때문에 생선이나 물개 등을 원료로 한 제품을 선택해야 합니다. 또한 식물이 원료인 지방산을 대사할 때 비타민 E의 고갈을 유발할 수 있으므로 비타민 E가 합제된 제품이나 별도로 공급하는 것이 고양이에게 좋습니다.

🐾 피부와 털을 아름답게 가꿔주는 피모 영양제

고양이의 아름다운 피모를 위해서 피모 영양제를 급여합니다. 피모 영양제의 핵심은 고양이가 스스로 생산할 수 없는 필수 지방산, 비타민 등이 함유되어 있습니다. 이러한 성분이 결핍되면 피부가 건조해지고, 털이 푸석해질 뿐 아니라, 비듬이 많아지고 가려워질 수 있습니다.

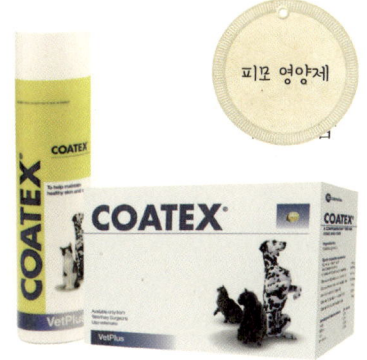

🐾 유산균

프로바이오틱스(Probiotics)라고도 하는 유산균 제제는 장 내에 적절한 유산균을 공급해주기 위한 제품으로 유익균을 공급할 뿐 아니라 유해균을 억제하여 건강한 장에 도움을 줍니다. 최근 장내 적절한 세균 형성이 면역 증강, 아토피 개선 등 건강 전반에 도움을 주는 것으로 알려져 사람들 사이에서도 많은 주목을 받고 있습니다. 고양이에게도 유산균은 유익한 균입니다. 또한 신장 질환 보조제로 알려져 있는 아조딜과 같은 제품들도 일종의 유산균 제제로 볼 수 있습니다. 해당 유익균이 신장 기능 저하로 인해 체내에 축적되는 요독소를 대사하는 기능을 가집니다. 아조딜의 경우 반드시 냉장 보관을 해야 유익균이 죽는 것을 막을 수 있고, 캡슐 형태를 유지한 상태로 먹어야 장까지 도달할 수 있습니다.

고양이가 겪는
다양한 식이 문제 살펴보기

비만, 편식, 혹은 먹어서는 안 되는 것을 계속 노리는 경우 등 여러 가지 식이 문제를 겪는 고양이들이 있습니다. 이런 습관이 든 고양이를 정상 식이로 돌리는 것은 매우 어려운 일이기 때문에 되도록 처음부터 정상 식이를 길들이는 것이 무엇보다 중요합니다. 이미 문제가 발생한 경우라면 이번 장을 참조하여 우리 집 고양이가 다시 건강한 식생활을 하도록 노력해봅시다. 다만 오랜 시간과 노력이 필요하다는 점을 잊지 마세요.

01
식욕 저하, 편식, 과식을 해요

선생님이 도와줄게요

고양이 식이 문제는 아주 다양합니다. 맛있는 것만 먹고 사료를 먹지 않는 경우, 식욕 자체가 줄어든 경우, 편식하거나 자꾸 이상한 음식을 먹을 때, 잘 먹는 데도 살이 빠질 때, 토하거나 설사를 할 때, 과식해서 뚱뚱해질 때 등등 여러 가지 증상이 있어요. 이중 일부는 병적인 것이고, 다른 일부는 행동학적인 문제입니다. 그 원인과 해결방법을 알아보도록 합시다.

🐾 식욕이 계속 떨어질 때

식욕이 저하된 고양이는 질병이 있을 가능성이 높습니다. 새로운 사료로 교체하거나, 식기를 바꾸는 등 환경 변화가 있었다면 다시 원래의 것으로 돌려주는 것이 좋습니다. 맛있는 것은 먹으려 한다면 좀 더 지켜볼 수 있지만, 전반적으로 식욕이 저하된 경우라면 신부전 등과 같은 만성적인 질환이 의심될 수 있습니다. 식욕이 줄어든 상태로 수일 이상 경과하거나, 특히 먹지 않은 상태로 1~2일만 방치하여도 고양이는 치명적인 지방간증에 걸릴 수 있습니다. 따라서 고양이가 평소 어느 정도 먹는지 늘 관찰해야 하고, 특별한 이유도 없이 식욕 저하가 1~2일을 넘긴다면 동물병원을 찾는 것이 좋습니다.

우리 고양이, 왜 요즘 입맛이 없을까?

🐾 잘 먹는데 살이 자꾸 빠질 때

잘 먹는데 살이 자꾸 빠지는 경우라면, 혹은 흡수 불량의 소화기 질환이나 나이가 든 고양이라면 갑상선 기능 항진증, 종양 등의 가능성이 있습니다. 1주일 단위로 체중을 재보고 식욕 변화가 있는 경우, 휴대전화 캘린더 등에 잘 기록하여 데이터를 가지고 있는 것이 좋습니다. 원래의 체중에서 다이어트 사료로 교체하는 등의 아무런 노력도 없이 1~2달 이내에 5% 이상 체중이 감소(예를 들어 5kg 고양이라면, 250g 이상이 빠져서 4.75kg 정도가 되는 경우)했다면 동물병원에 꼭 내원해야 합니다.

고양이에게는 몇백 g의 체중 감소도 위험할 수 있어요.

🐾 자꾸 토하거나 설사를 할 때

잘 먹고 잘 다니는 것 같은데 자꾸 토하거나 지속적으로 변이 무르거나 설사한다면, 식이 불내성, 식이 알레르기와 같은 만성적인 소화기 질환 등을 의심할 수 있습니다. 지속적으로 1달에 3번 이상, 그렇게 2달 이상을 구토하거나, 간헐적인 설사가 1~2달 이상 계속되는 경우가 여기에 해당합니다.

요즘 속이 안 좋다냥….

특히 이런 만성적인 소화기 질환을 방치하는 경우 잘 낫지 않게 될 뿐 아니라 소세포성 림프암 등 위중한 질환으로 발전하기 쉽기 때문에 주의가 필요합니다.

🐾 간식만 먹으려고 하거나 편식할 때

식이 문제를 행동학적 문제로도 접근할 수 있습니다. 아이든 고양이든, 편식하거나 과식하는 것은 집사의 탓일 수 있습니다. 밥을 조금만 안 먹어도 바로 사료를 교체해주고, 간식 캔을 따주거나, 좋아하는 모습을 보려고 방만하게 간식을 자꾸 주면 누구라도 입맛이 까다로워집니다.

일단 식이 문제가 있는 고양이들은 정상 식이 패턴으로의 전환이 시급합니다. 자율급식은 되도록 포기해야 합니다. 제한급식으로 하루에 최소 3번, 되도록이면 그 이상으로 나누어서 정해진 양을 급여합니다. 풍미를 위해서 습식 사료의 적용을 많이 하되, 간식 캔의 적용은 최소화합니다.

중간에 고양이가 졸라도 간식은 주지 않습니다. 고양이의 애원과 애교에 집사가 무릎을 꿇고 결국 간식을 주게 된다면, '포상 강화'가 되기 때문입니다. 즉, 맛없는 것을 주면 참고 먹지 않으면서 '집사를 조르면 간식이 나온다!'라는 공식이 고양이에게 입력되는 것이죠. 이렇게 행동 강화가 반복되면 점점 교육이 어려워집니다.

다만 이 과정에서 전체 식이량이 지나치게 줄어드는 것, 밥을 제대로 먹지 않는 것은 주의해야 합

니다. 이 경우 앞서 이야기한 치명적인 지방간증 등이 발생할 수 있습니다. 편식이 너무 심각해서 도저히 간식을 주지 않을 수 없는 경우에는 별도로 간식을 주지 않고, 습식 사료와 같이 급여하여 밥과 같이 먹도록 하고 그 비율을 조금씩 줄여나가야 합니다.

고양이가 한 번 입맛이 아주 까다로워지면 교정이 매우 힘듭니다. 문제는 체중관리나 처방식을 급여해야 하는 상황에서 고양이가 거부하기 때문에 결국 질환이 심화되거나 수명이 짧아지는 경우가 많습니다. 따라서 본 책에서 소개한 바와 같이 어릴 때 다양한 사료에 노출시켜 친화도를 높여주고, 정상적인 급여 형태를 유지해야 합니다.

🐾 비닐, 끈 등 이상한 것들을 계속 먹을 때

비닐이나 끈과 같은 이상한 것들을 자꾸만 섭식하는 고양이들도 있습니다. 이렇게 먹어서는 안 되는 것을 섭취하는 것을 '이식증'이라고 합니다. 비닐과 끈 외에도 벽지, 화분, 담요나 천과 같은 것을 뜯어먹는 경우도 있습니다. 이러한 물질은 고양이에게 중독 증상을 유발할 수 있을 뿐 아니라 위장관을 통과하는 과정에서 장을 막아버리는 폐색을 유발할 수도 있습니다. 이 경우 수술을 받아야 하는 등 아주 위험할 수도 있습니다.

이식증을 보이는 고양이들의 일부는 만성적인 소화기 질환으로 인해 이러한 행동을 보이는 경우가 있을 수 있기 때문에 동물 병원에서 일단 검진을 받는 것을 권장합니다. 검사에서 특이점이 없는 경우라면, 행동학적 문제로 보고 교정을 합니다.

교정의 기본은 일단 이식증의 대상이 되는 물건을 완벽하게 치우는 것입니다. 전선과 같은 경우라면 덮개를 이용해서 차단할 수도 있고, 담요나 비닐 등은 고양이의 눈에 띄지 않게 완벽하게 치웁니다. 일부 어쩔 수 없이 노출되는 것에는 건강에는 무해하지만 쓴 맛이 나는 스프레이(Bitter spray) 등을 발라주거나, 접근하는 경우 큰 소리를 내는 물건을 두드려서 안 좋은 경험을 반복시킵니다.

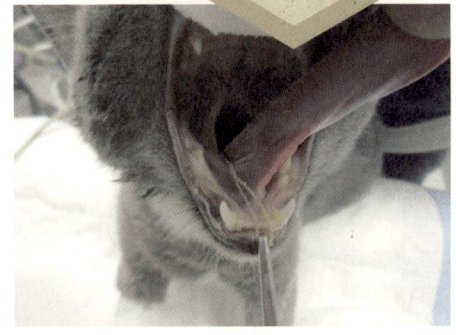

안타깝게도 실을 삼킨 고양이입니다. 혀 아래에서 발견된 실은 무려 대장까지 이어져 있었어요. 따라서 위 사진처럼 실이 보이는 경우에도 절대로 실을 잡아당겨서는 안 됩니다. 잘못하면 위장에 상처를 입히거나, 구멍이 날 수도 있습니다.

담요의 경우, 고양이가 싫어하는 재질의 덮개를 덮어두면 됩니다. 은박지라거나 양면테이프를 붙인 덮개, 고무재질의 덮개 등 평소 고양이가 싫어하는 재질로 마련할 수 있습니다. 다만 이 경우에도 덮개를 섭취하지 않는지 잘 관찰해야 합니다.

한편 이식증의 원인이 질병적인 측면이 아닌 경우라면, 고양이의 스트레스 상황이 이식증의 원인일 수 있습니다. 풀리지 않는 욕구를 다른 것을 통해 푸는 것이죠. 이런 경우 스트레스 원인이 확인 된다면 그것을 배제해줍니다. 아닌 경우라면 고양이에게 안정적인 생활을 제공하는 한편 환경 풍부화를 하는 것이 좋습니다. 일정 시간에 식사와 놀이를 제공하는 것이 그것입니다. 식사는 '사료나 처방식 등을 건강하게 잘 먹이는 방법' 편(97쪽)을 참고하고, 놀이는 '고양이와 놀아주세요' 편(476쪽) 내용을 참고하여 제공해주세요. 하루에 15분 정도 일정한 시간에 놀아주는 것만으로 고양이의 스트레스를 많이 줄여줄 수 있습니다. 고양이 입장에서는 스트레스가 쌓이더라도 '아휴, 짜증나. 이따가 저녁에 맘껏 놀아야겠다.'라는 식으로 스트레스를 조절할 수 있습니다. 사람들이 불금을 기다리며 주중을 견디는 것과 같은 이치입니다.

캣그라스 제대로 활용하기

고양이가 뜯어먹을 수 있는 풀인 캣그라스 역시 이식증이 있는 친구에게 적용해볼 만합니다. 캣그라스는 고양이의 '뜯어먹으려는 욕구'를 해소해줍니다. 다만 반드시 안전한 캣그라스를 장만해야 해요. 또 캣그라스를 먹으면 토할 수 있지만, 너무 자주 토하는 고양이라면 캣그라스가 적당하지 않을 수 있습니다.

"크으~ 그래, 이 맛이야!" 캣그라스를 열정적으로 뜯어 먹는 고양이.

털실, 끈, 비닐 등은 반드시 숨기세요

개는 식탐이 많아서 먹으면 안 되는 '음식'을 섭식하고 오는 경우가 많습니다. 예를 들어 발렌타인 데이 다음 날에는 초콜릿을 섭식하고 오는 개들이 수두룩합니다. 반면 고양이는 호기심이 많아서 먹으면 안 되는 '물건'을 먹고 오는 경우가 더 많습니다. 리본이라든가 털실 같은 것들이 대표적입니다. 먹고 싶어서 섭취한다기보다 가지고 놀다 보니 일부를 삼켰는데 혓바닥의 가시가 역방향으로 나 있기 때문에 뱉어내질 못해서 그만 삼켜버린 것이지요. 이런 경우 일단 장에 들어간 실이 엉켰다가 풀어지는 과정에서 마치 치맛단에 아코디언처럼 주름이 지면서 광범위한 장 손상을 유발할 수도 있어 매우 치명적입니다.

또, 비닐류나 섬유류도 고양이들이 잘 섭취하는 것들인데 이는 음식물과 합쳐져서 큰 덩어리가 된 후 장을 막는 '장폐색'을 유발하기 쉬우니 보호자의 주의가 필요합니다.

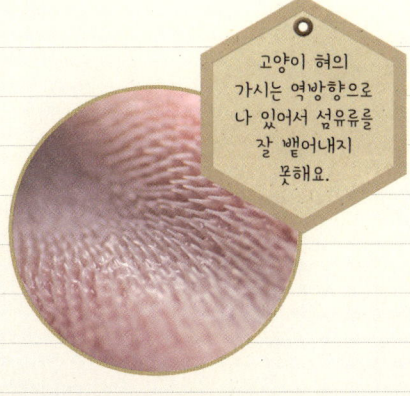

고양이 혀의 가시는 역방향으로 나 있어서 섬유류를 잘 뱉어내지 못해요.

고양이가 먹으면 안 되는 음식

• 우유

아기 고양이에게 섣부르게 제공하는 경우가 많은데, 고양이는 유당 분해 효소가 없기 때문에 심각한 설사를 유발할 수 있습니다.

• 사람용 참치캔

흔히 고양이가 참치캔을 먹으면 안 되는 이유를 '짜고 기름져서'라고 알고 있지요? 물론 그런 부분도 있지만, 불포화 지방산을 잘 대사하지 못하기 때문에 체내의 비타민 E가 고갈되는 질환이 유발될 수 있습니다. 한 번 급여한 경우에는 설사 등을 유발할 수 있지만, 장기적으로 급여하는 경우에는 황색 지방증 같은 심각한 질환이 유발될 수 있습니다.

• 백합류의 꽃

고양이들은 집 안의 식물이나 꽃에 관심을 많이 보입니다. 얼굴을 바짝 대고 냄새를 맡거나 꽃을 먹기도 해요. 그런데 그중에는 고양이에게 독성을 가지는 물질이 포함된 식물도 많습니다. 대표적인 경우가 백합과(백합, 나리 등)의 식물입니다. 백합과 식물은 고양이의 신장을 망가뜨려 급성 신부전을 유발할 수 있습니다.

• 초콜릿

초콜릿에는 테오브로민이라는 성분 때문에 고양이에게 과흥분을 유발하고, 부정맥에 의한 사망을 초래할 수 있습니다.

• 양파와 마늘

양파와 마늘의 성분은 적혈구를 깨뜨려 용혈성 빈혈을 유발합니다. 물론 고양이에게 양파나 마늘을 까서 주는 사람은 없겠죠? 하지만 주의해야 할 점이 있습니다. 집사가 먹는 음식에 고양이가 관심을 보이면 조금 덜어주는 경우가 있는데, 이때 한국에서 먹는 음식의 상당 부분은 양파와 마늘 등을 함유하고 있다는 점입니다. 찌개에 들어있는 고기를 건져 준다거나, 짜장면 건더기, 치킨의 양념 등에 이런 성분이 함유되어서 중독을 일으킬 수 있습니다.

• 부동액

외국에서는 동물이 섭취해서 중독을 유발하는 가장 큰 원인 중 하나가 부동액입니다. 한국에서는 대체로 고양이를 집 안에서 키우기 때문에 사례는 많지 않지만, 일단 섭취하는 경우에는 심각한 신장 손상을 유발할 수 있습니다. 다만 단맛이 나기 때문에 고양이보다는 개의 중독 사례가 많습니다.

• 사람이 먹는 약

크기가 작아 재미삼아 가지고 놀다가 섭취하는 경우가 간혹 있는데, 고양이에게는 매우 치명적입니다. 섭식이 의심되면 즉시 병원에 내원하여 구토시키거나, 위세척을 하는 것이 좋습니다. 이때 섭취한 약을 가져오세요. 약의 성분과 용량에 따라 중독 성상이 다르기 때문입니다. 예를 들어 타이레놀과 같은 진통제는 고양이에게 심각한 간 독성을 유발할 수 있습니다.

• 커피

고양이는 카페인을 충분히 대사할 수 없기 때문에 커피와 같이 카페인이 많이 함유된 음식 역시 위험합니다. 과흥분, 발작이나 부정맥 증상을 보일 수 있습니다.

• 포도

신독성을 유발할 수 있습니다. 고양이는 신장 질환에 취약하기 때문에 주의해야 합니다.

• 마카다미아

경련을 유발할 수 있는 것으로 알려져 있습니다.

• 디퓨저나 향초

디퓨저나 향초는 일부 고양이에게 위험할 수 있습니다. 특히 원료가 되는 오일을 직접 섭취하거나, 디퓨저에 꽂힌 막대를 핥거나 씹는 것은 위험합니다. 또한 밀폐된 공간에서 고양이가 장시간 노출되지 않도록 해야 합니다. 중독 시에는 구토나 침을 흘리는 증상, 경련과 같은 신경계 증상 혹은 신장 손상을 유발할 수 있습니다. 평소 환기를 철저히 하고 고양이의 디퓨저나 향초에 가깝게 접근하는 것은 막아야 하며, 중독이 의심되는 경우에는 즉시 병원에 내원해야 합니다.

02 다이어트가 필요해요

선생님이 도와줄게요

현대인들이 고지혈증과 각종 대사성 질환으로 고통 받듯, 한국의 반려 고양이들 사이에서도 '비만'은 큰 문제입니다. 제가 병원에서 진료하는 고양이들 중 상당수도 비만입니다. 문제는 일단 살이 찌고 나면 사람이나 고양이나 다이어트를 하기란 여간 어려운 일이 아니지요? 집사도, 고양이도 행복해지는 다이어트 비법에 대해 알아봅시다.

🐾 건강한 다이어트 계획하기

131쪽 '고양이의 이상적인 체형은 무엇인가요?'를 참고하여 우리 고양이가 정말 뚱뚱한지 확인합니다. 체중보다는 체형이 중요합니다. 뚱뚱하지만 현재 아픈 곳 없이 건강하다고 생각된다면 다이어트를 결심합니다!

아픈 곳이 있어 보이는 경우는 단순히 뚱뚱한 것이 아닐 수도 있으니, 동물병원에 가야 합니다. 그리고 다이어트 역시 수의사와 함께 계획을 세워서 진행하는 편이 안전합니다.

어쨌든 고양이는 다이어트 의지라고는 눈곱만큼도 없습니다. 자칫 집사의 의욕이 넘쳐서 과한 다이어트를 시행하는 경우 지방간증과 같은 질병이 초래되어 고양이의 건강이 위험해질 수도 있습니다. 어떻게 하면 꾸준하고 체계적인 다이어트를 진행할 수 있을까요?

시로는 날씬하다옹~

현명한 집사라면, 고양이의 사료량과 간식의 양을 조절할 줄 알아야 합니다!

🐾 고양이 다이어트 비법

다이어트는 어떻게 할까요? 물론 운동도 병행하면 좋습니다. 하지만 많이 뚱뚱한 고양이라면 격한 운동은 되려 관절에 부담이 될 수 있습니다. 그리고 우리 집 고양이가 살이 찐 것은 절대 운동량 부족보다는 집사인 내가 많이 먹여서 그렇다는 점을 각성하고 식이적인 부분에 초점을 맞추는 것이 좋습니다.

따라서 처음에는 간식을 줄이는 것이 좋습니다. 1주일에 1번 정도 1개만 급여하거나, 주지 않습니다. 중간에 고양이가 졸라도 한석봉 어머니의 마음으로 모른 척 이겨내야 합니다. 간식을 줄이는 것만으로도 목표 체중에 도달하는 경우도 있습니다. 하지만 이 방법으로 한계에 부딪히면 사료량을 10% 줄입니다.

이렇게 사료량을 마음대로 조절하기 위해서는 자율급식보다는 제한급식을 하는 것이 좋습니다. 시간을 할애하거나, 자동급식기 등을 이용하여 하루에 최소 3번 정도에 걸쳐 10% 감량된 양을 급여합니다.

비만용 처방 사료

이후에도 턱없이 우리 고양이가 뚱뚱하다고 생각되는 경우에는 음식량을 더 줄이는데, 휴식기 에너지 요구량(RER) 수준까지 단계적으로 줄이는 겁니다. 특히, 비만한 고양이는 대사율이 많이 떨어져 있기 때문에 이러한 수준의 급여가 필요할 수 있습니다.

하지만 단순하게 계산한 칼로리가 우리 집 고양이에게 잘 맞지 않을 수도 있고, 무작정 급여량을 줄이다가는 영양소가 결핍될 수도 있습니다. 특히 부족한 에너지를 체내에서 동원하는 과정에서 지방간증에 걸릴 수 있습니다. 처음 사료량보다 단계적으로 10% 정도 줄였는데도 체중 감량이 잘 되지 않는 경우에는 수의사와 상담하여 급여량과 사료를 결정해보는 것이 바람직합니다.

🐾 고양이 다이어트의 포인트

고양이 다이어트의 포인트는 '천천히'입니다. 목표는 1주당 체중의 1~2% 수준이고, 그 이상을 초과해서는 안 됩니다. 감량 목표량이 사람에게는 큰 무게가 아닐 수 있지만, 고양이 입장에서는 엄청난 감량일 수 있습니다.

예를 들어 7.2kg 나가는 고양이가 360g만 빠져도 체중의 5%가 빠진 것입니다. 따라서 몸무게를 정확히 측정하면서 다이어트를 시행하는 것이 좋습니다. 다음과 같이 꾸준히 기록한다면 좋습니다.

냥여사 다이어트 기록지

날짜	18-05-01	18-05-08	18-05-15	18-05-22
다이어트 경과일	시작!	7	14	21
체중	9.0 kg	8.85 kg	8.75 kg	8.65 kg
감량 체중		150g	100g	100g
감량 비율		1.67% (0.15÷9.0)×100	1.13% (0.1÷8.85)×100	1.14% (0.1÷8.75)×100

냥여사도 다이어트 시작했다냥~

🐾 고양이가 배고파서 칭얼댈 때 대처법

다이어트란, 사람에게나 고양이에게나 고된 일입니다. 배가 고파서 칭얼대는 경우에는 하루 총량을 여러 번에 걸쳐 나눠주는 것이 좋습니다. 앞서 비만 처방식과 같은 섬유질이 많이 함유된 사료를 주고, 물을 많이 급여하는 것도 필요합니다. 습식 사료를 먹거나(간식 캔 금지), 식감에 민감하지 않은 고양이라면 사료를 불려주는 것도 좋습니다.

또 배가 고파서 신경질적이 될 수도 있으므로 만족감을 주기 위해 건 사료 몇 알을 장난감 안에 넣어서 가지고 놀 수 있도록 제공합니다. 이런 장난감을 가지고 놀면서 실제 섭취하는 양은 적지만 기분전환 및 운동을 할 수 있습니다.

🐾 다이어트의 위험신호 파악하기

배가 조금 고픈 것은 다이어트 과정에서 정상이지만, 고양이의 활력이 떨어지거나 식욕이 갑자기 저하되는 것은 위험합니다. 비만할 때 있었던 기저 질환이 발현하는 것일 수도 있고, 지나친 체중감량이나 공복 지속으로 지방간증이 발현하였을 수도 있습니다. 두 가지 모두 매우 위험할 수 있으므로, 이 경우 즉시 동물병원에 내원하는 것이 좋겠습니다.

밥! 밥! 집사야, 밥을 내놔라!

깨끗하고 아름답게 외모 가꾸기

한때 저도 고양이의 털을 예쁘게 관리해주려고 하루에 2~3번씩 빗질을 하고 별별 제품을 다 써보던 시절이 있었습니다. 하지만 빗질이나 털 관리, 발톱 관리 등은 단순히 고양이를 예쁘게 하기 위해서만 필요한 것은 아닙니다. 털 관리를 제대로 하지 않으면 뭉친 털 아래로 피부병이 생기기도 하고, 길어진 발톱이 발바닥에 박히기도 합니다. 특히 어릴 때부터 빗질하거나 양치를 해보지 않으면, 막상 상황이 심각해졌을 때 고양이가 협조해주지 않을 수도 있습니다. 따라서 어릴 때부터 조금씩 습관을 길러두면 좋습니다.

01 빗질과 목욕은 어떻게 하나요?

선생님이 도와줄게요

고양이는 털이 아주 많이 빠지는 동물이에요. 그만큼 빗질을 자주 해주어야 합니다. 그리고 물에 닿는 것을 좋아하지 않기 때문에, 대부분의 고양이는 목욕을 그다지 즐기지 않습니다. 벌써 집사들의 한숨 소리가 들리는 것 같은데요. 너무 걱정마세요. 고양이도, 집사도 편안한 몸단장 노하우를 알려드리겠습니다.

🐾 건강을 지키는 빗질

고양이는 털이 아주 많이 빠지는 동물입니다. 저자의 지인은 옥상에서 고양이 털을 빗기곤 했는데, 그때마다 털이 하늘로 승천하는 광경을 목격하였다고 합니다. 여하튼 털이 많이 빠지는 만큼 빗질을 자주 해주어야 빠진 털을 솎아주어서 털이 날리는 것을 조금이나마 막을 수 있습니다.

더불어 고양이를 위해서도 털을 자주 빗어주어야 털이 엉키는 것을 막아서 피부병이 발생하는 것을 막아줄 수 있습니다. 털이 엉키게 되면 그 아래쪽으로 피부에 있던 세균 등이 번식하면서 피부병이 발생하기 쉽습니다. 또한 매일 빗질을 하면 피부의 혈액순환에도 도움이 되고, 피모 개선에도

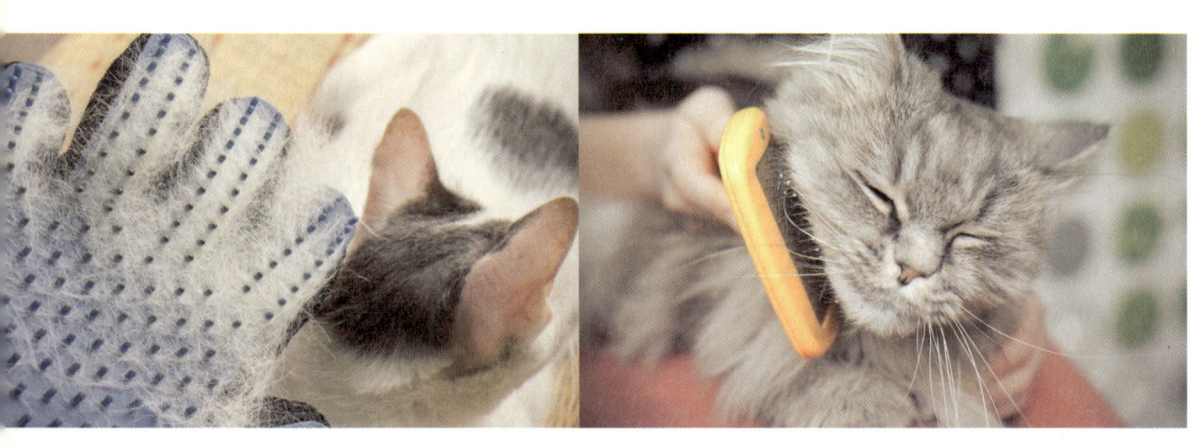

좋은 효과가 있습니다. 빗질이 덜 된 장모종의 경우 스스로 그루밍을 하면서 과량의 털을 섭식하게 되어 헤어볼로 인한 구토나 장 폐색의 위험이 있습니다.

고양이가 토한 헤어볼

🐾 빗질하는 방법

장모종의 경우 매일 털을 빗어줍니다. 슬리커로 몸통의 전체적인 부분을 빗어주는데, 먼저 털이 난 반대 방향(꼬리에서 목 쪽으로)으로 빗어준 이후 정방향으로 빗어주면 더욱 꼼꼼하게 털을 빗어줄 수 있습니다. 의욕이 과해서 너무 세게 빗질을 해서는 안 됩니다. 슬리커를 사람 피부에 대고 긁어보면 상당히 아프다는 것을 알 수 있습니다. 피부에 대고 박박 긁지 않고, 털 위주로 살살 빗어주세요. 한 번 좋지 않은 경험이 생기면, 이후로는 털을 잘 빗지 않으려 할 수 있습니다.

겨드랑이나 사타구니, 배 부위가 특히 털이 잘 엉키기 때문에 잘 빗어주어야 합니다. 그런데 이런 부분은 예민하기 때문에 빗질하려 들면 고양이가 싫어하는 경우가 많습니다. 때문에 어릴 때부터 빗질을 하면서 훈련하는 것이 좋습니다. 싫어하면 무작정 빗질을 강행하지는 말고, 좋아하는 부분(꼬리 앞 쪽, 턱 아래)을 한 번 빗어준 후, 싫어하는 부분을 한 번 빗기고 가만히 있으면 간식을 손톱 크기로 잘라서 하나 주고 포상해줍니다. 점점 빗질에 익숙해지면, 여러 번 빗질을 한 이후 포상을 하거나, 간헐적으로 포상해줍니다.

얼굴, 혹은 예민한 부위는 참빗처럼 생긴 작은 눈곱빗을 이용하여 조심히 빗겨줍니다. 또 엉킨 부분은 일자 빗을 이용하여 세로로 살살 엉킨 것을 풀어줍니다. 너무 많이 엉킨 부분은 가위로 살짝 자른 후 나머지를 일자 빗을 이용하여 풀어줄 수 있는데, 털을 자를 때에는 피부를 자르지 않도록 매우 주의해야 합니다. 고양이의 피부는 잘 늘어나기 때문에 털을 자르면서 함께 자르기 쉽습니다. 동물병원에서 이런 이유로 피부를 꿰매는 고양이 친구들이 왕왕 있습니다. 특히 겨드랑이나 사타구니의 접힌 부분을 자를 때 주의해야 합니다.

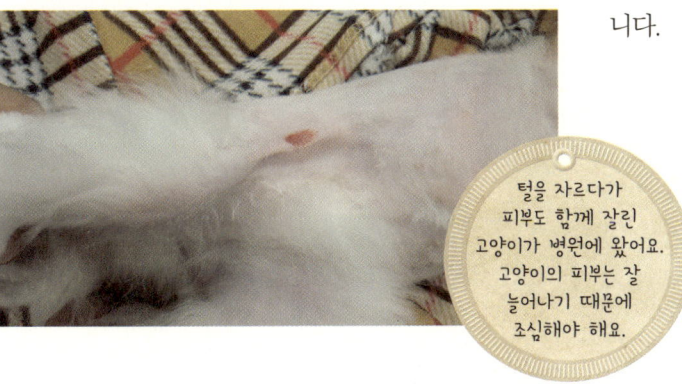

털을 자르다가 피부도 함께 잘린 고양이가 병원에 왔어요. 고양이의 피부는 잘 늘어나기 때문에 조심해야 해요.

집사표 고무 브러쉬 마사지. 고양이가 좋아해요!

🐾 단모종도 빗질해야 할까?

단모종도 매일 빗질하는 것을 권장합니다. 슬리커로 살살 빗어주거나, 너무 자극이 된다고 판단되면 고무 브러쉬 정도로 마사지 하듯 전체적으로 빗어주면서 빠진 털을 솎아주는 것도 좋은 방법입니다. 고무 브러쉬로 빗질해주는 것은 대부분의 고양이들이 반기는 경향이 있습니다. 때문에 장모종도 빗질 중에 싫어하면 잠시 고무 브러쉬로 마사지를 한 후 예민한 부분의 빗질을 이어갈 수 있습니다.

TIP.
집사와 고양이 모두에게 편리한 '장갑 고무 브러쉬'도 있습니다.

🐾 목욕 시키기

고양이는 물에 닿는 것을 좋아하지 않기 때문에, 대부분의 고양이는 목욕을 그다지 즐기지 않습니다. 그러므로 어릴 때부터 목욕에 거부감이 들지 않도록 시행하는 것이 좋습니다. 다만 입양 후 최소 한 달은 지나야 하고, 거부감이 들지 않도록 조심해서 시행해야 합니다. 고양이에게는 한 번 무서워지거나 싫어진 것을 좋아하게 되는 일이 '기적'과도 같은 일이랍니다.

일단 목욕을 시키기 전에 필요한 준비물을 모두 욕실에 셋팅하는 것이 좋습니다. 고양이 전용 샴푸, 린스, 충분한 양의 수건, 탈지면(혹은 화장솜), 빗 등이 필요합니다. 대야에 따뜻한 물을 미리 받아두는 것도 좋습니다. 샤워기를 약하게 켜서 온도를 체온과 비슷하게 맞춰 줍니다. 목욕 중간에 허둥대면 고양이나 보호자나 스트레스를 받게 됩니다.

아래의 1번 사진처럼 고양이를 충분히 쓰다듬어준 뒤 욕실로 안정감 있게 데려옵니다. 데려온 이후에도 꼬리 앞 부분을 만져주거나, 뺨이나 턱을 쓰다듬어줍니다. 샤워기를 조용히 켜서 몸통 아래쪽부터 조금씩 적셔주고, 쓰다듬어주면서 안정감을 줍니다. 샤워기 소리에 민감하다면 대야에 받은 물로 애기 씻기듯이 조금씩 적셔서 씻길 수도 있습니다.

그런 다음 고양이 전용 샴푸를 덜어 손에서 거품을 낸 뒤 전체 털을 씻기는데, 마사지하듯이 피부 아래 쪽도 잘 씻어줍니다(2번 사진). 충분히 거품이 난 뒤 충분히 헹궈줍니다. 얼굴은 맨 마지막에 시행하는데 아기 씻기듯이 손에 물을 묻혀서 코에서 바깥쪽으로 쓰다듬으면서 닦아주거나, 힘든 경우 젖은 수건으로 닦아줍니다.

마지막, 목욕이 끝나면 장모종은 털을 살짝 짜듯이 물기를 제거한 후 수건으로 잘 닦아줍니다(3번 사진). 수건으로 잘 닦아 주어야 이후에 말리는 과정을 최소화할 수 있습니다. 고양이가 좋아하는 부분을 마사지하며 수건으로 닦아주면 대부분의 고양이가 잘 받아들입니다.

🐾 목욕 후 털 말리기

목욕 후 헤어드라이기로 말릴 수 있는데, 소리에 굉장히 민감하기 때문에 주의가 필요합니다. 목욕을 하기 전에 오른쪽과 같은 단계를 거쳐 헤어드라이기에 친숙해지도록 하는 것도 좋은 방법입니다.

고양이가 헤어드라이기에 익숙해졌다면 목욕 후 '살짝' 적용해봅니다. 기함을 하고 놀라는 고양이에게 헤어드라이기를 막무가내로 들이대면 안 됩니다. 고양이가 저항하는 과정에서 보호자가 다칠 수도 있고 이후 영영 헤어드라이기를 쓰지 못할 수도 있어요. 고양이에게 조심스럽게 다가가세요.

평소에 고양이가 헤어드라이기와 친해지게 하는 방법

- 헤어드라이기를 제일 작은 소리로 틀어 준 후 밥을 주거나 놀아줍니다.
- 고양이가 헤어드라이기에 놀라지 않으면, 간식으로 포상을 합니다.
- 조금씩 헤어드라이기의 단계를 높여서 소리에 더욱 익숙해지도록 합니다.
- 가장 약한 바람을 살짝 쐬어주고, 중간중간 낚싯대 같은 것으로 놀아 줍니다.
- 이 모든 과정은 하루에 끝내는 것이 아니라, 1~2달에 걸쳐서 시행하는 것이 좋습니다.
- 익숙해졌으면 실제 목욕에 적용하세요.

🐾 얼마나 자주 목욕시켜야 할까?

목욕 간격은 장모종의 경우 2주에서 1달, 단모종은 1달 이상이 일반적이지만, 고양이의 그루밍 능력에 따라 다르게 적용해도 좋습니다. 그루밍을 잘해서 아주 깔끔한 고양이라면(그루밍 과정에서 헤어볼이 발생할 수도 있기 때문에) 빗질만 자주 해주고, 그루밍 실력이 영 떨어지는 고양이는 좀 더 자주 목욕을 시켜야 합니다. 또는 더러운 곳만 부분적으로 목욕시키는 것도 괜찮습니다.

참고로 제 고양이는 그루밍을 30분이나 해도 눈곱의 위치만 바뀔 뿐, 눈곱이 없어지지 않는 신묘한 능력을 가졌습니다. 이런 경우에는 어쩔 수 없이 목욕을 자주 시켜주어야 합니다.

그루밍을 잘하는 고양이라면 빗질만 자주 해주세요!

🐾 고양이가 목욕을 너무 싫어한다면?

대체로 어릴 때부터 천천히 적응을 시키면 목욕에 그럭저럭 익숙해지지만, 도저히 우리 집 고양이와 목욕이 상극이라고 느껴진다면 어떻게 해야 할까요? 워터리스 샴푸나 고양이 목욕용 티슈처럼 '닦아내는 제품'들을 이용할 수도 있습니다.

🐾 샴푸는 어떤 것을 쓸까?

　샴푸나 린스, 트리트먼트는 고양이 전용 제품을 써야 합니다. 그래야 눈에 들어가도 자극이 덜 하고, 고양이 피부에 자극을 주지 않고 피모를 건강하게 유지할 수 있습니다. 세부적인 제품의 선택은 사람과 마찬가지로 고양이의 모질, 색깔 등에 따라 자유롭게 선택하면 됩니다. 다만 특정 제품을 썼을 때 피모 상태가 불량해지거나 가려움증이 유발된다면, 고양이와 잘 맞지 않는 제품일 수 있으니 다른 것으로 바꾸어봅니다.

　한편 고양이 약용샴푸라는 것도 있는데, 약용샴푸의 경우 피부병 치료나 관리를 위한 치료적 목적의 샴푸입니다. 약으로 쓰는 것이기 때문에 침투해서 작용할 수 있도록 최소 10~15분 정도 노출되어야 합니다. 약용샴푸는 세균, 곰팡이 등을 치료하기 위한 것, 피지나 각질을 제거하기 위한 것, 아토피 관리를 위한 것, 보습을 위한 것 등 다양하게 있으니 용도에 맞게 사용해야 합니다. 피부 질환이 없는 경우라면 굳이 약용샴푸를 쓸 필요는 없습니다. 피모를 도리어 건조하게 할 수도 있습니다.

02 눈과 귀는 어떻게 관리하나요?

선생님이 도와줄게요

고양이들은 대부분 자기 관리를 잘 하기 때문에 관리에 아주 많은 노력이 필요하지는 않습니다. 하지만 목욕 후 등 주기적으로 귀를 닦아주고, 페르시안처럼 납작한 고양이라면 눈 주변이 젖지 않도록 관리해주어야 합니다. 특히 귓병이나 눈병이 생기지는 않았는지 잘 관찰하는 것이 필요합니다.

🐾 눈 주변 닦아주는 방법

눈곱이 끼거나 눈 주변이 젖어있는지 매일 빗질 시에 체크하고, 그런 경우 탈지면이나 깨끗한 화장솜으로 닦아줍니다. 힘을 줘서 닦으면 안 되고, 가볍게 톡톡 두드리거나 쓰다듬어주세요.

특히 페르시안, 엑죠틱과 같이 얼굴이 동글 납작한 고양이들은 눈에서 코에 이르는 각도가 낮고 짧기 때문에 눈물이 쉽게 흘러 넘쳐 눈 아래를 적시고 있는데, 이런 친구들은 하루에 1번 닦아주는 것으로 부족합니다. 눈물이 젖어 있으면 자주 솜으로 닦아줘서 건조하게 유지합니다. 계속 젖어 있는 상태로 유지되면 주름 사이에 피부염이 발생하여 심각한 습진이 발생하기도 합니다.

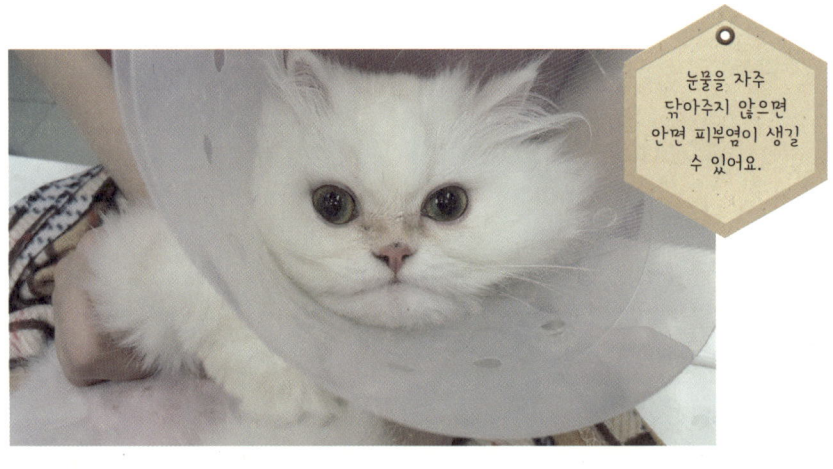

눈물을 자주 닦아주지 않으면 안면 피부염이 생길 수 있어요.

🐾 목욕 후, 눈 상태를 확인하기

목욕 후에는 눈에 샴푸나 털 등이 들어갔을 가능성이 있기 때문에 꼭 눈 상태를 확인하세요. 또 눈물양이 지나치게 많다면 병적인 유루증이 아닌지 확인해볼 수 있습니다. (특히 한 쪽으로) 게슴츠레 눈을 뜨고 있거나 깜빡인다거나 눈물이 흐르는 경우에는 눈에 통증이 있을 가능성이 있습니다. 또 눈동자의 색깔이 변화하는 경우 눈 안에 염증이 있거나, 전신 질환이 있을 수 있으므로 동물병원에 문의하는 것이 좋겠습니다.

🐾 고양이 귀 구조 살펴보기

고양이의 귀의 해부학적 구조는 사람과 달리 안쪽으로 굽어 있습니다. 때문에 목욕 후 눅눅해지거나 하면 안 쪽에 분비물 등이 고여 쉽게 귓병이 발생할 수 있습니다. 귀지 역시 기름지기 때문에 1주일에 1번 정도는 귀를 세정해주는 것이 필요합니다. 목욕 후에는 반드시 귀 청소를 해야 합니다. 목욕 후 털을 말리고, 눈을 닦아주고, 발톱도 깎은 다음 맨 마지막에 귀 청소를 하는 것이 좋습니다.

Q. 왜 목욕 후에 귀 청소를 맨 마지막에 해야 하나요?

귀는 예민한 부위입니다. 따라서 먼저 귀부터 닦으면, 고양이가 화가 날 수 있어요. 그럼 발톱을 채 깎기도 전에 줄행랑을 칠 가능성도 있습니다.

고양이 귀의 구조

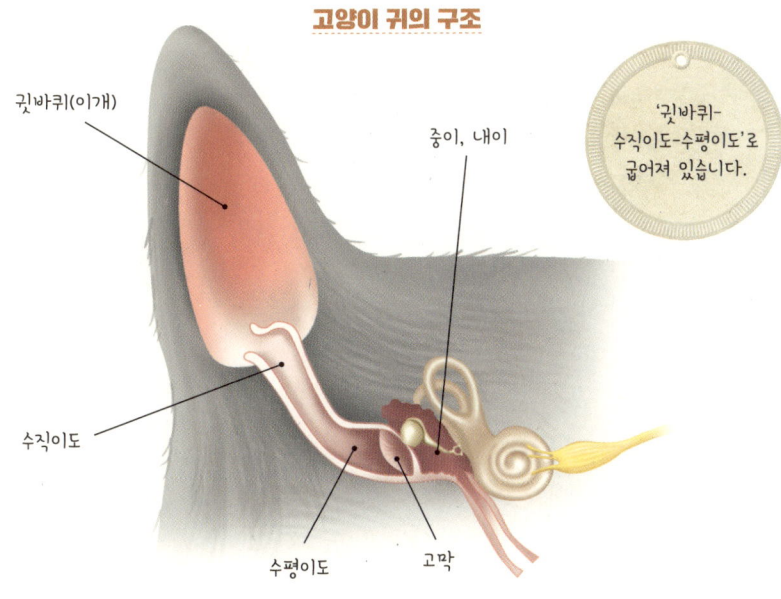

'귓바퀴-수직이도-수평이도'로 굽어져 있습니다.

- 귓바퀴(이개)
- 중이, 내이
- 수직이도
- 수평이도
- 고막

🐾 귀 청소하는 방법

고양이 전용 귀 세정제를 구입하여 사용해야 합니다. 보통 라벨에 사용법이 적혀 있는데, 대개는 두세 방울을 귀 안에 넣고 마사지 후 털어내도록 권장하고 있습니다. 이런 귀 세정제들은 귀 안의 귀지를 녹여낸 후 자연적으로 휘발되는 성상을 가지고 있기 때문에 이런 사용법이 권장됩니다.

탈지면에 귀 세정제를 적셔 부드럽게 닦아주세요.

그런데 귀 세정제를 직접 귀 안에 넣으면 고양이가 많이 놀랄 수도 있습니다. 또한 귀 안에 들어간 세정액을 충분히 제거하지 못하는 경우에는 오히려 귀 안이 눅눅해질 수도 있습니다. 이런 경우에는 탈지면에 귀 세정제를 충분히 적신 후 귓바퀴와 귓골, 귀 안을 2~3번 부드럽게 닦아주는 방법을 권장합니다. 분비물이 많은 경우 1주일 단위가 아니라 세정 간격을 좁혀서 2~3일에 한 번 정도 세정합니다.

TIP. 면봉으로 귀 청소하면 안 돼요!
면봉은 부러져서 귀 안에 박히거나, 점막에 찰상을 입히는 경우가 많아 추천하지 않습니다.

🐾 귀가 계속 더럽고 가려워 한다면?

자주 세정을 하는 데에도 계속 더럽거나 고양이가 귀를 가려워한다면(긁거나 머리를 자꾸 터는 행동을 보일 수 있습니다) 외이염이 발생했을 수도 있으므로 동물병원에 데려가서 치료를 받는 것이 좋습니다. 특히 입양한 지 얼마 되지 않는 경우라면 귀 진드기에 감염되어 있을 수도 있습니다. 다른 고양이에게도 전염될 수 있으니 주의가 필요합니다.

스코티시 폴드나 아메리칸 컬과 같이 귀가 접혀진 친구들은 해부학적 구조로 인해 귀의 질환이 자주 발생합니다. 다른 종류의 고양이보다 잦은 간격으로 귀를 세정하는 것이 좋고, 평소 귀 상태를 자주 체크해주는 것이 좋답니다.

아메리칸 컬

스코티시 폴드

03 양치를 시켜주세요

선생님이 도와줄게요

고양이는 치아 질환이 많은 동물입니다. 잇몸에 염증이 생기는 치은염이나, 치아가 녹는 치아 흡수성 병변 같은 것들이 대표적이죠. 치석 역시 쉽게 낍니다. 고양이의 구강 산도는 사람과 달라서 다행히 충치는 덜 생기지만, 치석은 훨씬 빨리 끼게 됩니다. 사람들은 밥을 먹고 매번 양치를 하고도 최소 1년에 한 번은 스켈링을 시행하지요. 고양이는 치석이 훨씬 빨리 끼기 때문에 매일 양치를 하더라도 치석이 많이 끼게 됩니다.

🐾 고양이를 위한 양치 교육

아이들도 양치하기 싫어서 부모를 피해 도망다니곤 하는데요. 고양이라고 양치를 좋아할 리는 없습니다. 따라서 양치 훈련이 필요합니다.

고양이 치아의 안쪽 면을 혀 쪽 면, 바깥쪽 면을 볼 쪽 면으로 구분합니다. 사람은 열심히 양치를 하다 보니 보통 혀의 안 쪽 구석, 칫솔이 닿기 힘든 곳에 주로 치석이 생깁니다. 하지만 고양이는 혀로 음식물을 제거할 수 있는 안 쪽보다는 혀가 닿지

> **TIP. 집사 상식! 고양이 전용 치약을 써야 합니다!**
> 사람들이 쓰는 치약은 맛과 향이 너무 강해서 고양이에게는 너무 큰 자극이 될 수 있습니다. 고양이가 가글을 해서 치약을 뱉어낼 수도 없기 때문에 절대로 사람 치약은 쓰면 안 됩니다.

양치 시간이 제일 싫다냥!

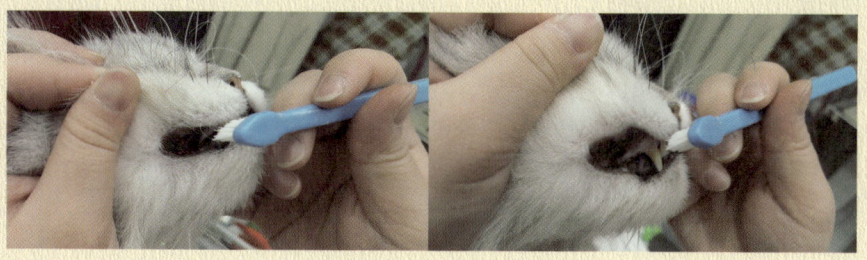

1. 치약을 조금 묻혀서 고양이에게 냄새를 맡도록 합니다(다행히 고양이용 치약은 닭고기 맛 등 풍미가 좋은 편입니다).
2. 고양이가 크게 저항을 하지 않으면 입술만 살짝 들어올려서 치약을 잇몸과 이빨 사이에 묻혀줍니다.
3. 이런 과정을 통해 서서히 양치질에 익숙해지면, 거즈나 손가락 칫솔 등을 이용해 양치를 할 수 있습니다.
4. 고양이가 양치질에 점점 적응하게 되면 고양이용 칫솔을 이용할 수 있고, 입 안을 벌려 안쪽을 양치질할 수도 있습니다.

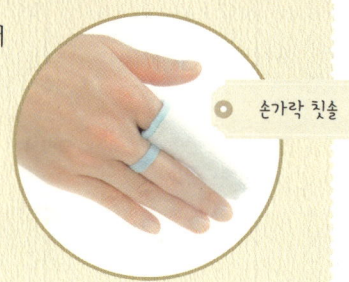

손가락 칫솔

않는 볼 쪽에 치석이 더 잘 생깁니다. 따라서 처음에는 너무 무리하지 않고 볼 쪽부터 양치하는 것이 좋습니다.

🐾 치석 제거 스켈링

고양이 치아 건강을 위해서 일정 간격으로 스켈링을 하는 것이 권장되나, 스켈링을 위해서는 진정이 필요합니다. 고양이가 스켈링을 받으려고 얌전히 입을 벌리고 있을 리는 만무하니까요. 아무리 착하고 얌전한 고양이라도 스켈링 중에 혀를 날름거리거나 발버둥을 치게 되면 치석을 갈아내는 기구에 혀나 잇몸을 심하게 다칠 수 있습니다. 다만 진정은 경도의 마취로 볼 수 있기 때문에 보호자분들은 아무래도 걱정이 될 수 있어요. 따라

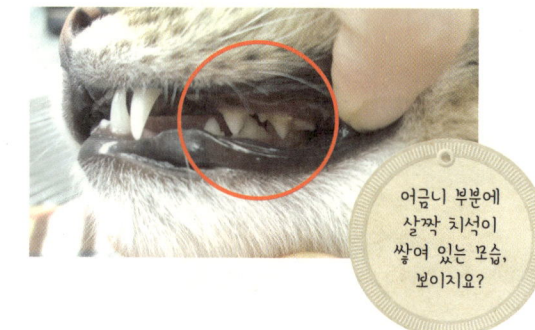

어금니 부분에 살짝 치석이 쌓여 있는 모습, 보이지요?

서 진정 간격을 최대화한 상태로 구강 건강을 유지하기 위해서는 평소 양치질을 열심히, 매일 해주는 것이 필요합니다. 플라크는 양치로 제거할 수 있지만, 이미 치석이 되어버리면 양치질로 제거할 수 없기 때문입니다.

04 쾌적하게 화장실을 관리해요

선생님이 도와줄게요

고양이가 현대인들에게 반려동물로서 큰 매력을 가지게 된 점 중 하나는 바로 화장실을 잘 가린다는 점입니다. 대개의 경우는 화장실을 마련해 주기만 하면 대체로 그 화장실을 이용하고, 냄새가 나지 않게 친히 덮어주기까지 하지요. 하지만 그렇다고 집사가 방심해서는 안 됩니다. 고양이를 위한 화장실(리터박스) 관리법에 대해 알아봅시다.

🐾 화장실 선택하기

박스로 만든 간이 화장실에서부터 방송에 간간이 노출되는 자동 청소 화장실까지, 고양이 화장실의 세계는 참으로 넓고 다양합니다. 이렇게 다양한 고양이 화장실 중에서 어떤 것을 선택하는 것이 좋을까요? 일단 가장 중요한 것은 보호자의 기호가 아니라 고양이의 선호도입니다.

크기가 어느 정도 있어야만 한두 번 배뇨를 한 뒤에도 까치발을 하지 않고 모래를 덮을 수 있습니다. 아기 고양이나 관절염이 있는 노령 고양이의 경우 문턱이 높으면 화장실을 이용하기 힘들어할 수 있으므로 입구가 약간 낮은 것을 선택합니다(전체적으로 너무 낮으면 모래가 많이 튀길 수 있습니다). 대체로는 뚜껑이 있을 필요가 없지만, 화장실에 가는 모습을 노출하기 꺼려하는 경우라면 뚜껑이 있는 것을 선택하는 편이 좋습니다.

> **고양이가 좋아하는 화장실의 조건**
> - 고양이가 접근하기 쉬워야 합니다.
> - 적당한 높이, 적당한 크기를 갖추어야 합니다.
> - 화장실의 크기는 상당히 중요한 조건입니다.
> - 안에서 고양이가 여유 있게 몸을 돌릴 수 있을 정도의 크기여야 합니다.

"보지 말라옹~" 리터박스 안에서 볼일 보는 냥이.

🐾 화장실 개수

앞서 이미 설명한 바 있지만 '고양이 수 +1의 원칙'을 준수합니다. 즉 '고양이 수보다 적어도 1개 많은' 화장실을 설치해줍니다. 사람 입장에서도 생각해봅시다. 화장실을 쓰고 있는데, 밖에서 누군가가 계속 노크를 하면 편하게 볼 일을 볼 수 없겠지요? 여러 마리의 고양이가 있다면 독자적인 화장실을 가지도록 배려해줍니다. 한 마리인 경우에도 화장실은 고양이에게 너무나 예민한 문제이므로 선택을 할 수 있도록 2개를 마련해주는 것이 좋습니다.

🐾 화장실의 위치 선정하기

화장실의 위치는 고양이에게 있어 매우 매우 중요한 문제입니다. 앞서 고양이가 (집사를 위해서?) 배설 후 모래를 덮어주는 친절을 베풀어준다고 하였는데, 사실 이건 야생의 본능이 남아있기 때문에 하는 행동입니다. 냄새가 강한 자신의 배뇨, 배변을 덮어서 적으로부터 자신의 위치를 노출시키지 않기 위한 행동인 것이죠. 때문에 고양이의 배설 장소는 반드시 식사 장소, 잠자리로부터 떨어져 있는 것이 좋습니다.

> **고양이 화장실 최적의 위치는?**
> - 밥그릇, 물그릇과 멀리 떨어진 곳으로 화장실을 두세요.
> - 되도록 조용하고 방해 받지 않을 수 있는 곳으로 선정합니다.
> - 다묘 가정의 경우, 공중 화장실처럼 주르륵 배열하지 마세요.

집사의 편의대로 밥그릇, 물그릇, 화장실을 한곳에 배열해서는 절대 안 됩니다. 또한 다묘 가정에서 여러 개의 화장실을 두는 경우, 공중 화장실처럼 주르륵 배열해서도 안 됩니다. 여러 개의 화장실을 두는 것은 독립된 공간을 확보하려는 목적이므로, 서로 멀찍이 떨어진 곳에 위치시킵니다.

고양이는 독립적인 동물입니다!

🐾 화장실 모래 선택하고 교체하기

화장실의 종류만큼이나 많은 종류의 고양이 화장실 모래가 있습니다. 크게 응고형과 흡수형으로 분류합니다. 선택은 고양이의 선호도와 집사의 편리성에 맞추어서 할 수 있습니다.

응고형

모래와 같은 형태로, 고양이 오줌과 만나면 덩어리를 형성합니다. 흔히들 이 덩어리를 '감자'라고 칭하죠.

흡수형

덩어리 형성 없이 고양이 오줌을 흡수하여 냄새를 줄여줍니다. 배변만 매일 치우고, 며칠 간격으로 모래 전체를 바꿔줍니다.

고양이 입양 시점에는 이전에 쓰던 모래를 그대로 쓰는 것이 안전합니다. 화장실 모래를 교체하는 것은 고양이에게 굉장히 큰 스트레스 상황이기 때문입니다. 모래의 종류를 교체하고 싶다면 고양이가 새로 온 상황에 완전히 안정한 이후 점진적으로 교체해주어야 합니다.

새로운 화장실을 하나 만들어(리빙박스 같은 것으로 간이로 만들어도 상관없습니다) 새로운 종류의 모래를 부어주고 원래 화장실 옆에 위치시켜서 고양이의 선호도를 확인합니다. 혹은 원래 모래에 10% 정도 새로운 모래를 섞어준 후 고양이의 반응을 살펴보고, 양호하다면 대략 1주일에 걸쳐 섞어주는 양을 점진적으로 늘려 교체할 수도 있습니다. 완전히 교체한 이후에도 1~2달 정도는 고양이가 다른 곳에서 화장실 사용

 Q. 모래, 얼마나 넣어줘야 할까요?

화장실 사용에 문제가 있는 고양이의 보호자들과 대화를 해보면 모래를 너무 적게 넣는 경우도 제법 있습니다. 모래 제조사의 라벨에 있는 용량을 준수하되, 대략 10~15cm의 깊이가 되도록 모래를 넣어주는 것이 좋습니다. 고양이 화장실이란 야생에서 자신의 배뇨나 배설을 파묻는 장소임을 고려해야 합니다.

을 꺼려하거나, 다른 곳에 배뇨하지는 않는지 관찰하는 것이 필요합니다.

🐾 고양이에게 화장실 사용법 알려주기

애견숍이나 지인을 통해 분양받아 온 고양이는 이미 화장실 사용법을 알고 있는 경우가 대부분입니다. 이런 경우 고양이 눈에 잘 띄는 곳에 이전에 사용하던 모래를 이용하여 화장실을 설치해주면 대부분 화장실을 잘 이용합니다.

일단 고양이가 접근하기 쉽거나 선호하는 곳에 화장실을 두고 최종적으로 '집사가 원하는 곳'에도 추가적으로 화장실을 둡니다. 고양이가 화장실을 사용하기 시작하면 고양이도 눈치 채지 못할 만큼 조금씩 옮겨서 원하는 위치로 옮깁니다. 두 곳의 화장실을 나란히 설치한 후 한 곳을 제거하는 방법으로 위치를 옮길 수 있습니다.

> **TIP. 고양이를 화나게 하지 마세요!**
>
> 절대로 화장실에 고양이를 억지로 밀어 넣거나, 잘못 배설한 장소에서 강아지에게 하는 것처럼 고양이를 야단을 쳐서는 안 됩니다.
>
> 나 건드리지 마라냥!

만약 고양이가 화장실을 사용하지 않고 다른 곳에 배설한다면, 배설물을 만들어 놓은 위치에 화장실을 추가로 설치합니다. 배설한 곳에는 동물용 탈취제를 이용해 완전히 냄새를 제거하고, 접근하지 못하도록 합니다. 만들어 놓은 화장실이 고양이의 구미에 맞지 않을 수 있으므로 새로운 화장실을 추가로 만들어줄 수 있습니다. 가볍게 화장실을 구경시켜 주거나, 집사가 모래를 덮는 행동을 보여줍니다.

🐾 집사가 알아야 할 화장실 청소법

• 매일 일정한 시간에 청소하기

최소 하루에 1번 화장실을 치워줍니다. 이것이 불가능하다면 고양이를 입양해서는 안 됩니다. 화장실을 치워주는 시간은 되도록 일정한 것이 좋습니다. 예를 들면 '9시 뉴스를 보고 나면 화장실을 치워준다.'라는 식입니다.

사실 고양이 관리의 모든 일정은 늘 정해진 시간대로 하는 것을 추천합니다. 9시에 뉴스를 보면서 빗질을 하고, 이후 포상의 개념으로 15분간 놀아준 뒤, 뉴스 시청이 끝나면 화장실을 치워주고 특이점을 기록하는 편이 좋습니다. 고양이는 이러한 패턴을 통해 놀이에 대한 기대감, 안정감 등을 가질 수 있습니다.

원래의 내용으로 돌아와서 매일 일정한 시간에 화장실을 치워주는 경우 우리 집 고양이가 제대로 배뇨, 배변하고 있는지 확인할 수 있습니다. 매일 관찰하면 고양이는 옆의 그림과 같이 늘 비슷한 위치에 배뇨를 하는 것을 알 수 있습니다.

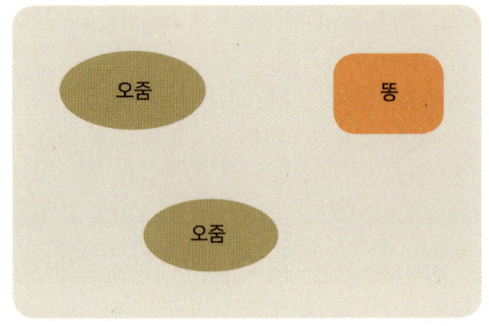

• 배설물을 통해 건강을 체크

여러 마리가 있는 경우 위의 그림처럼 특성을 관찰하면 어느 고양이의 배뇨, 배변인지도 알 수 있습니다. 배뇨의 양이 줄거나, 배뇨를 못하거나, 배변 상태가 바뀌지 않는지를 매일 관찰해야 합니다. 고양이는 어지간히 아파도 퇴근하고 돌아와서 나를 반기는 모습에는 큰 변화가 없기 때문에 이런 임상증상의 변화를 면밀히 관찰하는 것은 매우 중요합니다. 변화가 있는 경우 동물병원에 내원하거나, 다른 증상으로 병원에 내원하는 경우에도 배뇨, 배변 정보를 수의사에게 알려주는 것이 좋습니다.

• 냄새를 확실하게 없애는 방법

특히 배뇨, 배변을 아침, 저녁으로 하루 2번 정도만 치워줘도 냄새를 거의 확실하게 잡을 수 있습니다. 또 이것은 고양이의 삶의 질을 위한 일이기도 합니다. 사람도 더러운 화장실에 가는 것은 엄청나게 꺼려지는 일이지요? 고양이도 마찬가지입니다. 집사의 마음에 드는 용품을 자주 구입해보았자, 고양이는 시큰둥합니다. 고양이를 진정 위한다면 고양이가 더러운 화장실을 꾹 참고 까치발로 화장실을 이용하지 않도록 화장실을 청결히 관리해주어야 합니다.

• 화장실 깨끗하게 닦는 방법

1주일에 1번은 모래를 전부 버리고, 화장실 자체를 세정한 뒤 잘 말려줍니다. 세정 시에는 고양이에게 안전하고 향기가 강하지 않은 중성 세제를 이용합니다. 세제의 향기에 거부감이 들면 이후 화장실 사용을 싫어할 수 있습니다. 물기가 없도록 말린 뒤 다시 모래를 부어줍니다. 이렇게 전체를 세정해 주어야만 똥이나 오줌으로 배출되었던 세균 등이 리터박스 안에서 번식하거나, 고양이에게 재감염되는 것을 막을 수 있습니다.

화장실, 모래 바꿔주기

앞서 반복적으로 설명된 바와 같이 화장실을 바꾸거나, 위치를 이동시키거나, 모래를 바꾸는 일은 고양이에게는 엄청난 스트레스입니다.

화장실을 바꾸는 경우 새 것으로 즉각 교체하지 말고, 이전 것을 둔 상태에서 새 것을 설치해서 익숙하게 한 이후 완전히 적응이 되었을 때 바꾸어줍니다. 위치를 변경하는 경우에도 갑자기 변경하지 않아야 합니다. 옮기고자 하는 곳에 새로운 화장실을 설치해주고 원래 있던 화장실은 고양이가 눈치 채지 못할 만큼 서서히 옮겨주는 것이 좋습니다.

화장실 모래를 바꿀 때에도 10% 수준에서 1주일 정도의 간격을 두고 조금씩 바꾸어주고, 새로운 모래를 담은 간이 화장실을 추가로 설치해줄 수 있겠습니다. 새로운 화장실의 선호도를 높여주기 위해 캣닢이나 페이셜 호르몬 스프레이 등을 적용할 수도 있습니다.

화장실이 마음에 들지 않을 때 고양이의 행동과 해결책

고양이가 화장실을 싫어한다는 신호

- 앞다리를 화장실에 걸친 채 배뇨
- 화장실 안에서 최대한 발을 안 닿고 걸으려는 행동
- 모래를 덮지 않는 경우(개묘차일 수도 있습니다)
- 배뇨 후 바깥에서 모래를 덮는 행동을 하는 경우
- 배설 후 최대한 잽싸게 화장실에서 튀어나오는 경우

위와 같은 행동을 보일 때는 어떻게 해야 할까요? 화장실이 더럽다면 완전히 세정한 후 매일 화장실을 열심히 치워줍니다(대체로 화장실이 더러운 경우가 많습니다). 하지만 화장실 자체가 고양이의 마음에 들지 않을 수 있으므로 추가로 설치해주는 것도 좋습니다.

단순히 화장실을 꺼려하는 수준에서 벗어나 화장실 외의 다른 곳에 배뇨하는 경우, 배뇨를 찔끔찔끔하는 경우, 배뇨 흔적을 발견하지 못하는(오줌을 싸지 못하는) 경우는 심각한 문제일 가능성이 높습니다. 고양이는 하부 요로기 증후군(FLUTD)이라는 비뇨기 질환이 흔히 발생하는데, 배뇨 곤란이 지속되는 경우 심각한 신부전으로 쉽게 발전할 수 있기 때문입니다. 일단 이러한 증상이 보이는 경우는 동물병원을 방문하여 비뇨기 질환이 없는지 확인하는 것이 급선무입니다.

TIP.
하부 요로기 증후군에 대한 정보는 287쪽에서 자세하게 확인할 수 있습니다.

만약 비뇨기계 질환이 없다는 것을 동물병원에서 확인 받았고, 화장실이나 모래 등에 변화도 없는데도 고양이가 위와 같은 이상증상을 보인다면 어쩌죠? 고양이에게 스트레스를 줄 만한 다른 원인이 있는지 확인해야 합니다. 언급한 바와 같이 고양이 화장실을 청소한 세제의 냄새라던가, 다른 고양이나 동물을 입양하거나, 친구나 친척이 방문하지는 않았는지 확인합니다. 사실 저 멀리에서 공사하는 소리나 발정 스트레스 등으로 인해서도 증상을 보일 수 있습니다. 일단 최대한 원인을 배제하는 것이 좋습니다. 가능하다면 추가적인 화장실을 설치해주는 것도 좋습니다. 질환이 없고 스트레스 문제로 확인된 경우, 증상이 심하다면 스트레스를 줄여주는 약이나 보조제를 동물병원에서 처방받을 수도 있습니다.

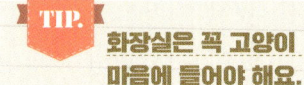

TIP. 화장실은 꼭 고양이 마음에 들어야 해요.
집사가 화장실을 잘 치워주지 않거나, 고양이 마음을 몰라주고 화장실 모래를 막 교체해버리면, 고양이가 갑자기 아무 곳에나 배뇨, 배변을 하는 등 행동문제를 야기할 수 있습니다.

🐾 이상 배뇨 VS 스프레이

이상 배뇨란 질환이나 스트레스 때문에 잘못된 배뇨를 하는 것으로, 대부분 이불이나 바닥 같은 곳에 배뇨를 하는 패턴으로 나타납니다. 배뇨량도 줄어들거나 찔끔찔끔 배뇨하거나, 혈뇨가 섞여 있는 경우도 있을 수 있습니다.

반면 스프레이는 방문이나 식탁 다리, 벽 모서리와 같은 수직의 물건에 대고 하는 경우가 많습니다. 이때 고양이는 다리를 세우고 꼬리를 올린 특유의 자세를 취합니다. 분비물도 분사형으로 '찍' 나오며, 냄새가 지독하기 때문에 이상 배뇨와는 쉽게 구분됩니다.

TIP.
이상배뇨와 스프레이에 대해서는 491쪽에서 더 자세히 알아봅시다!

05 발톱을 깎아주세요

선생님이 도와줄게요

- 국내 반려묘들은 대체로 집 안에서 생활하고 외출을 다니지 않기 때문에, 자연스럽게 발톱이 닳을 기회가 적습니다. 따라서 보호자가 1주일에 1번 정도는 발톱을 깎아 주는 것이 좋습니다. 발톱이 길게 방치되면 걸려서 부러지는 경우도 많고, 발이 휘어서 관절염을 유발할 수도 있으며, 심한 경우에는 살을 파고드는 경우도 있기 때문에 반드시 관리해주어야 합니다.

🐾 발톱 깎는 자세와 요령

먼저 고양이를 안거나 탁자 등에 올린 뒤 발등을 손 전체로 가볍게 잡고 발가락을 눌러 손톱을 노출시킵니다.

발톱 안에는 신경과 혈관이 위치하는데, 혈관 때문에 붉게 보이는 부분 끝단에서 1~2mm 정도 간격을 두고 끝부분을 잘라 줍니다. 반드시 고양이 전용 발톱깎기를 이용해야 하는데, 사람용을 쓸 경우 발톱이 뭉그러지면서 고양이가 아파할 수 있습니다.

검은색 발톱이라 혈관이 보이지 않아서, 혹은 피가 날

시로야, 발톱 깎자!

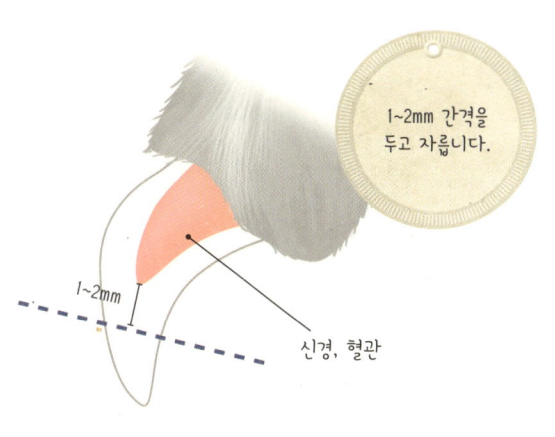

1~2mm 간격을 두고 자릅니다.

1~2mm
신경, 혈관

까봐 걱정이 된다면 끝단을 조금씩, 자주 잘라줄 수도 있습니다. 한 번 피가 나거나 아프게 해서 발톱 깎는 것에 대해 안 좋은 기억을 심어주게 되면, 매번 동물병원에 와서 발톱을 잘라야 할 수도 있습니다.

고양이가 발톱 깎는 것에 지나치게 예민한 경우라면, 처음부터 모든 발톱을 자를 필요는 없습니다. 가볍게 발에 손을 댄 뒤 포상용으로 작은 간식을 주고, 하루에 1개씩만 돌아가면서 자르는 방식으로 천천히 교육할 수도 있습니다.

기본적으로 고양이는 발을 잡는 것을 싫어하기 때문에 '안아주기-발톱 노출하기' 순서대로 단계적으로 접근해도 좋습니다 ('안아주기 교육'은 464쪽을 참고해주세요).

🐾 발톱 깎아주다가 피가 난 경우

발톱 안에 혈관이 있기 때문에 너무 짧게 깎은 경우 피가 나거나 고양이가 아파할 수 있어요. 하지만 대부분의 경우는 출혈이 심각하지 않기 때문에 깨끗한 거즈 등으로 2~3분 눌러서 압박 지혈하면 피가 멈춥니다. 직후에 고양이가 핥거나 바로 화장실에 들어가면 환부가 오염될 수 있으니 그러지 않도록 주의해주세요.

만약 이렇게 처치를 했는데도 지혈이 안 되거나 염증이 생긴 것 같아 보이면 깨끗한 거즈나 수건 등으로 감싼 후 동물병원에 가서 지혈을 하고 치료를 받도록 합니다.

스크래처를 많이 이용하면 발톱 끝 부분이 정리되면서 발톱을 덜 깎아도 될 수 있습니다. 하지만 이 경우에도 발톱은 계속 자라기 때문에 보호자가 관리해주어야 하고, 특히 엄지발톱은 꼭 확인하고 깎아주어야 합니다.

고양이가 좋아하는 스크래처 사용법

• 스크래처는 반드시 구비하세요

밥을 먹고 화장실을 가야 하는 것처럼, 고양이는 본능적으로 발톱을 갈아야 합니다. 때문에 적당한 스크래처가 없다면 온 집안의 가구를 너덜너덜하게 만들어버릴 수도 있습니다. 무작정 발톱을 갈지 못하게 혼을 내서야 의미가 없습니다. 적당한 스크래처를 구비해주고, 가구 대신 이를 잘 사용할 수 있도록 유도해줍니다.

적당한 스크래처는 통상적으로 바닥이 넓거나 단단하게 고정할 수 있는 안정감 있는 구조에 고양이의 키 정도 되는 충분한 크기의 스크래처가 좋습니다. 스크래칭하는 면은 대체로 노끈과 같이 거친 재질이 적당합니다. 물론 고양이마다 선호도가 있기 때문에 이미 다른 곳에 스크래칭을 하는 경우에는 이를 잘 관찰하여 유사한 것을 마련할 수 있습니다. 하지만 너무 동일한 종류로 마련하는 경우, 두 곳의 차이점을 알지 못하는 고양이는 스크래처 이외의 곳에도 계속 발톱을 갈 수도 있답니다.

• 스크래처 사용 훈련

원하는 곳에서 발톱을 갈도록 유도하기 위해서 스크래처 사용 훈련을 하는 것이 좋습니다. 일단 낚싯대와 같은 장난감을 흔들어서 스크래처 표면에 올려 놓습니다. 고양이가 장난감을 잡으려고 스크래처를 착 붙잡으면 장난감을 그 위에서 조금씩 움직이며 그곳을 발톱 가는 용도로 쓸 수 있도록 알려줍니다. 훈련을 위해서 스크래처는 고양이가 잘 접근할 수 있는 곳에 한 개 이상 설치하면 좋습니다. 스크래처에 장난감을 매달아 놓거나, 발톱을 가는 행동을 하면 간식으로 포상할 수도 있습니다.

• 훈련 시 주의사항

훈련 시에 사용하는 장난감을 평소에도 사용하면 안 됩니다. 이 경우 놀이 과정에서 다른 곳에도 발톱을 갈아도 되는 것으로 착각할 수 있습니다. 고양이는 한국 말을 모르니까 훈련 과정을 복잡하게 만들어서는 안 됩니다. 스크래처 훈련용 장난감은 해당 용도로만 쓰고 평소에는 보이지 않는 곳에 치워둡니다.

일단 훈련이 끝난 이후에는 스크래처를 보호자가 원하는 위치로 옮길 수 있는데, 고양이가 알아차리지 못할 만큼 매일 조금씩 움직여서 원하는 장소로 천천히 옮깁니다.

• 계속 소파랑 가구만 긁을 때

이미 소파나 다른 곳에 열심히 발톱을 가는 경우라면 새로 온 스크래처에는 그다지 관심이 없을 수 있습니다. 행동교정을 위해 주로 발톱을 가는 곳 옆에 스크래처를 준비하고, 캣닢을 뿌려주거나 장난감을 달아줍니다. 주로 사용하고 있는 가구 등은 양면 테이프나 은박지처럼 고양이가 싫어하는 재질의 물건으로 감싸 줍니다. 잘못된 장소에서 발톱을 갈려하면 조용히 고양이를 내린 뒤 낚싯대로 놀아주면서 스크래처로 유도합니다. 이외 훈련은 앞에서 했던 것과 동일하게 진행합니다.

• 스크래처를 대체할 물건은 없을까?

고양이 스크래처 용으로 나온 노끈을 기둥이나 상자에 감아서 스크래처를 만들어줄 수도 있습니다. 또는 발톱을 가는 가구의 다리나 문지방에 이런 것들을 덧대어줄 수도 있습니다.

• 고양이의 동의 없이 스크래처를 바꾸지 마세요!

스크래처를 바꿀 때는 헌 것을 버리고 새 것을 놔주어서는 안됩니다. 잘 사용하던 스크래처를 고양이에게 동의도 구하지 않고 버리는 것은, 마치 애착 담요를 빼앗는 것과 같은 일일 수도 있습니다. 이전의 것을 그대로 두고, 새 것을 옆에 놔주고 캣닢을 적용하거나 장난감을 달아줍니다. 고양이가 새 스크래처에 완전히 적응했을 때 헌 스크래처를 폐기하는 것이 좋습니다.

• 발톱 제거술은 권장하지 않아요

한국은 가구 렌트나 풀 옵션 임대의 주거 형태가 많지 않아서, 미국에 비해서는 다행히 발톱 제거술에 대한 고려가 흔치 않습니다. 저자 역시 발톱 제거술은 권장하지 않습니다. 발톱이 계속 자라나는 것을 막기 위해서 발가락 마지막 마디를 제거하는 것인데, 일종의 장애를 유발하는 것이므로 권장할 수 없습니다. 특별히 외상이 있거나, 발가락이 휘어서 발톱이 계속 살을 파고드는 경우와 같이 병적인 경우에 해당 발가락에 대해서만 시행해야 합니다. 고양이의 경우 발톱이 부러지거나 상처가 났을 때 개에 비해 잘 낫지 않고 출혈이 반복되어서 한 개의 발가락에 대해 발톱을 제거해야만 하는 경우도 있을 수 있습니다. 이렇게 수술을 받지 않도록 평소 보호자가 발톱 관리를 잘해주는 것이 무엇보다 중요합니다.

Q. 왜 집사가 외출하고 돌아오면 스크래칭을 하는 걸까요?

외출하고 돌아올 때마다 제 고양이도 저를 쳐다보며 열심히 스크래칭을 하곤 합니다. 그 모습이 마치 거문고를 뜯는 것 같아서 성대한 환영행사를 받는 기분입니다. 그런데 저자의 고양이뿐 아니라 많은 고양이들이 이런 행동을 보이는데, 과연 왜 그러는 걸까요?

고양이가 발톱을 갈 때 고양이의 발바닥에 있는 분비샘에서 분비물이 나옵니다. 이렇게 후각적인 냄새를 묻히는 것으로 영역표시를 할 수도 있지만, 감정도 표시할 수 있습니다. 즉 반가운 마음을 스크래칭을 하면서 표현하는 것입니다.

"집사가 집에 와서 너무 좋다옹~" 반가움을 온몸으로 표현하는 고양이들.

CHAPTER 5

고양이의 삶의 질을 높여주는 웰빙 라이프

이미 기본적인 고양이 기르기에 익숙해진 보호자라면 고양이에게 좀 더 즐거운 삶을 보낼 수 있도록 다양한 시도를 해볼 수 있습니다. 이번 장에서는 캣타워, 캣닢 등 집 안에서 고양이에게 좀 더 다채로운 환경을 제공할 수 있는 방법과 고양이와 함께 산책이나 여행하는 법을 알아보겠습니다.

01 고양이 전용 가구, 캣타워가 있어요

선생님이 도와줄게요

- 캣타워는 세로로 만든 구조물에 해먹이나 스크래처를 조합한 일종의
- 고양이 전용 가구라고 할 수 있습니다. 고양이를 싫어하는 사람들은
- 캣타워를 집에 들이는 일을 호사스러운 일로 취급하지만, 실제 캣타워
- 는 고양이의 여러가지 문제 행동을 줄여줄 수 있는 좋은 도구입니다.

🐾 부족한 운동량 채우기

한국의 경우 고양이를 집안에서만 기르는 경우가 많은데, 미국이나 유럽 등지에 비해 주택의 면적이 좁기 때문에 고양이의 운동량이 부족하기 쉽습니다. 이를테면 원룸에서 고양이를 키우는 경우 충분한 거리를 두고 우다다를 하기란 어렵죠. 개들은 산책을 나가면 되지만, 산책을 즐기는 고양이는 일부에 한정됩니다. 이 때 집 안의 구조를 세로로 넓혀주는 도구가 바로 캣타워입니다. 고양이는 캣타워 위를 오르내리고, 점프를 하면서 부족한 운동량을 채울 수 있습니다. 집 안의 서랍이나 가구를 타고 오르는 것보다는 보호자에게나 고양이에게나 훨씬 안전한 옵션입니다.

캣타워, 고양이 입장에서 집 안이 세로로 넓어지는 효과가 있어요

🐾 분쟁 해소, 은신처 기능

여러 마리의 고양이를 키우는 경우 평면적인 공간보다 세로 공간을 만들어주면, 서로 간의 갈등 해소에 도움이 됩니다. 안정된 상태에서 같은 공간에 있는 것만큼 여러 마리의 행동 문제를 해소하는 데에 좋은 것이 없습니다.

캣타워 기둥에 노끈을 감아주는 경우(대부분의 제품이 이런 형태로 출시되고 있습니다) 좋은 스크래처로도 쓰일 수 있습니다. 개를 키우거나 아기가 있는 집에서 해먹이나 캣타워의 맨 윗 칸은 고양이에게 좋은 은신처가 되기도 합니다.

🐾 캣타워, 캣워크 설치법

집 인테리어만 고려하여 캣타워를 아무 곳에나 설치하면 고양이가 사용하지 않아, 무용지물이 될 수 있습니다. 고양이가 욕구를 해소할 수 있도록, 고양이가 좋아하는 장소에 설치해줍니다.

• 캣타워, 최적의 위치는 창가!

캣타워는 창가에 설치하는 것이 가장 좋습니다. 고양이는 캣타워 위에 올라서서 창가를 내다봄으로써 무료하지 않게 지낼 수 있고, 본능에 부합하는 욕구를 채울 수 있습니다.

• 캣워크나 간이 캣타워도 좋아요.

캣타워의 최대 단점은 비싼 가격과 공간 부족입니다. 이런 경우 집에서 서랍이나 책장 등을 이용하여 간이 캣타워를 만들 수도 있습니다. 다만 이때 고양이가 점프하는 과정에서 무너지지 않도록 바닥을 무겁게 만들고 튼튼하게 설치해야 합니다.

반드시 세로 공간으로 캣타워를 만들어줄 필요는 없습니다. 캣타워를 두기 위해서는 최소한의 공간 확보가 필요하기 때문에, 만약 집이 좁다면 집의 높은 부분을 이용한 캣워크를 설치하거나 만들 수도 있습니다. 캣워크 역시 고양이의 무게를 지탱할 수 있고, 점프해도 무너지지 않도록 만드는 것이 중요합니다.

02 헤어볼을 관리해요

선생님이 도와줄게요

- 헤어볼을 잘 관리해주지 않으면 고양이는 구토를 할 수도 있습니다. 심한 경우에는 헤어볼이 소화기관을 막아서 수술을 해야 하는 경우까지 발생할 수 있지요. 평소 고양이 헤어볼 관리를 어떻게 해야 하는지 알아봅시다.

🐾 헤어볼의 정체는 무엇일까?

헤어볼(Hairball, 모구)이란 말 그대로 털이 뭉쳐져 있는 덩어리입니다. 고양이는 자신의 털을 핥는 그루밍(Grooming)을 열심히 하는 동물인데, 이 과정에서 섭취한 털들이 뭉쳐져서 덩어리를 이루는 것이죠. 대체로 조금씩 분변으로 나오는 식으로 제거되지만, 제거가 되지 않는 경우 덩어리를 이룬 채 구토로 배출되고 이를 '헤어볼'이라고 합니다. 헤어볼은 털덩어리가 사진과 같이 나오는 경우에 한정합니다. 만약 고양이가 털이 없는 구토를 했는데도, '헤어볼 때문에 구토하나 보다.' 하고 임의적으로 판단해서는 안 됩니다.

🐾 건강을 위해 헤어볼 관리하기

헤어볼을 한 번만 구토해도 고양이를 처음 키우는 집사라면 굉장히 놀라게 되지만, 헤어볼이 구토로 배출되는 것 자체는 문제가 없습니다. 다만 헤어볼 구토라도 자주 구토하는 것은 위의 조임근이나 식도 점막에 손상을 줄 수 있어 좋지 않습니다. 또한 뭉쳐진 헤어볼이 장을 막는 경우에는 구토, 식욕 저하뿐 아니라 수술이 필요한 응급 상황으로 진행할 수도 있습니다.

헤어볼을 어느 정도 구토하느냐가 정상인가는 공식적으로 규정되어 있지 않지만, 헤어볼 구토가 눈에 띄는 경우 다음 페이지의 '헤어볼 예방법'을 참조하여 관리해주면 좋습니다.

구토를 하지 않더라도 장모종의 고양이가 하루 종일 열성적인 그루밍을 하는 경우라면 예방적인 관리가 필요할 수 있습니다. 반면 고양이를 입양하자마자 무작정 헤어볼 제품을 바로 급여할 필요는 없습니다. 맛있는 형태로 만들어져 있는 헤어볼 제품은 대체로 오일 성분이 함유되어 있어, 아주 어린 고양이에게는 과량 급여 시 설사를 유발할 수도 있습니다. 또 섬유질이 많이 함유된 제품은 급여 시 물을 충분히 급여하는 것도 중요합니다.

헤어볼 예방법

헤어볼 예방을 위해서 보조제를 급여하기 전에 빗질을 자주 하는 것은 아주 좋은 방법입니다. 털은 3개월 정도의 생장 간격을 가지는데, 계속 자라나고 빠지는 것을 반복합니다. 따라서 사람의 머리카락처럼 매일 일정량의 털이 빠지게 되는데, 이 털들이 고양이 입 속으로 들어가기 전에 빗질로 솎아내는 것이 좋습니다. 더불어 내 방에 고양이 털 뭉치가 굴러다니는 것도 막을 수 있으며, 고양이 피모 관리에도 좋습니다.

빗질 정도로 관리가 되지 않는 수준이라면 헤어볼 억제 기능이 있는 사료나 헤어볼 방지 보조제를 이용할 수 있습니다. 헤어볼 억제 기능이 있는 사료는 대체로 섬유질 성분이 높게 함유되어 있습니다. 사람들도 변비가 있으면 섬유질을 많이 섭취하듯, 높아진 함량의 섬유질이 장 내에 남아있는 털 들이 똥으로 잘 배출될 수 있도록 도와줍니다.

헤어볼 방지를 위한 보조제들은 크게 두 가지로 분류됩니다. 한 가지는 사료에서와 같이 섬유질(차전자피나 메틸셀룰로스) 성분으로 덩어리를 형성하여 털을 배변으로 배출시키는 기능을 합니다. 이때 섬유질이 물도 함께 끌어당기기 때문에 물을 많이 섭취해주면 변이 덜 단단해지고 배출이 용이합니다.

다른 한 가지는 미네랄 오일을 주성분으로 한 제품입니다. 미네랄 오일이 윤활제로 작용하여 부분적으로 정체된 헤어볼이 미끄럽게 장을 통과하여 배출되도록 해줍니다. 짜서 먹이는 헤어볼 제품의 대다수가 이런 형태이고, 맛이나 효능도 좋은 편입니다. 다만 이런 제품의 성분은 사람에서도 그렇듯 석유 화합 추출물인 경우가 많고, 체내에 흡수되지는 않지만 여타의 지용성 영양분의 흡수를 억제할 수도 있기 때문에 라벨 용량이나 필요한 수준으로만 급여하는 것이 좋습니다. 특히 고양이는 육식동물이기 때문에 임의적으로 식용유와 같은 식물성 기름을 꾸준히 급여하는 경우, 비타민 E 등의 결핍 등을 유발할 수 있습니다.

고양이 털뭉치! 집사들 방마다 꼭 하나씩은 있죠?

🐾 고양이가 헤어볼을 자주 구토한다면?

고양이가 헤어볼을 너무 자주 구토한다면 문제가 있을 수도 있습니다. 또 헤어볼이 장을 막는다면 생명을 위협할 수 있습니다. 때문에 다음과 같은 경우에는 동물병원을 찾아 문제를 확인하는 것이 좋습니다.

또한 과도한 그루밍은 질병일 수도 있습니다. 사진과 같이 부분적으로 털이 빠질 정도로 그루밍을 하는 경우에는 꼭 병원을 찾아야 합니다. 위에서 열거된 여러 질환이나 행동문제 교정은 PART 4와 PART 5에서 좀 더 자세하게 설명되어 있으니, 해당 편을 참조할 수 있습니다.

핥아서 생긴 탈모

헤어볼 구토, 이럴 땐 고양이가 아픈 거예요!
- 1달에 3번 이상의 횟수로, 두 달 이상 지속적으로 구토하는 경우
- 식욕이 저하되거나, 밥을 아예 먹지 않는 경우
- 3일 이상 배변하지 못하는 경우

03 캣닢과 캣그라스

선생님이 도와줄게요

- 고양이의 기분을 즐겁게 해주거나 스트레스를 풀어주기 위해 캣닢이나 캣그라스를 이용할 수 있습니다. 하지만 캣닢이나 마따따비 같은 경우 후각 자극을 주기 때문에 고양이에게 무조건적으로 제공하는 것은 효과가 없습니다. 고양이에게 제대로 적용하기 위해서는 어떻게 쓰는 것이 좋은지 알아봅시다.

🐾 고양이는 왜 캣닢을 좋아할까?

캣닢(Catnip)은 '개박하(Nepeta cataria)'라는 일종의 허브로 하얗고 작은 꽃이 줄기에 자잘하게 피는 식물입니다. 이 식물의 꽃과 잎을 말려서 가루로 낸 것을 통상 캣닢이라고 하는데, '고양이 마약'이라고도 알려져 있듯 대부분의 고양이는 캣닢을 무척 좋아합니다. 캣닢을 주면 데굴데굴 구르고, 얼굴이나 등을 대고 비비거나, 씹어 먹습니다.

이런 증상은 캣닢에 들어있는 네프탈렉톤(Neptalatone)이라는 성분 때문으로 알려져 있습니다. 고양이 코의 점막 상피를 통해 인식된 후 고양이에게 쾌감을 선사하는 것이죠. 고양이뿐 아니라 표범을 비롯한 고양이과 동물들에게도 작용하는 것으로 알려져 있습니다.

🐾 캣닢, 언제 주면 효과가 좋을까?

단, 후각세포를 통해 인지되는 만큼 5~15분 정도 지나면 효과가 떨어집니다. 화장실에 들어갔을 때 느껴지는 악취가 시간이 지나면 익숙해지는 것과 같은 원리입니다. 따라서 캣닢이 들어있는 장난감을 고양이에게 상시 주게 되면 캣닢의 효능을 볼 수 없습니다.

즉, 캣닢은 보호자가 고양이의 기분을 풀어주거나, 기분이 좋아지도록 '전략적'으로 사용하는 것이 좋습니다. 자주 노출시키면 되려 효능이 떨어지기 때문에, 1주일에 1~2번 정도가 적당합니다. 5~15분 정도가 지나 효과가 떨어지면 다음을 위해 캣닢을 치워줍니다. 캣닢이 들어 있는 장난감이라면 고양이에게 상시 노출되지 않도록 보관합니다.

스트레스 완화를 위해서도 좋습니다. 환경 변화, 동물병원을 비롯한 외출 이후 등과 같이 스트레스 상황에서 캣닢을 조금 적용해주면 심신 안정에 도움이 됩니다. 또 행동강화 훈련 시에도 사용할 수 있습니다. 예를 들어 이동장 훈련 시에 이동장 안에 캣닢을 넣어주는 것도 좋습니다. 반면, 과도한 흥분을 유도할 수 있기 때문에 공격적인 고양이에게는 적용할 필요가 없습니다.

캣닢은 안전할까?

캣닢을 좋아하는 고양이들은 캣닢을 핥거나 씹어 먹는 경우가 많은데, 안전한지 걱정이 될 때도 있습니다. 가루로 되어 있는 일반적인 캣닢은 고양이가 섭취해도 안전합니다. 다만 장난감 속에 캣닢이 들어있는 경우 섭식 과정에서 이물을 섭취할 수도 있으니 주의가 필요하고, 일부 줄기를 포함한 불순물이 섞여 있는 저질 캣닢은 소화기 장애를 유발할 수도 있습니다. 캣닢만 먹으면 구토나 설사를 한다면 좋은 품질의 것으로 바꾸어 보고, 그래도 구토가 지속된다면 맞지 않을 수도 있으니 안타깝지만 캣닢 사용을 중단합니다.

캣닢을 좋아하지 않는 고양이

모든 고양이가 캣닢을 좋아하는 것은 아닙니다. 실제로 제가 키웠던 냥이도 캣닢을 주면 다가와서 냄새를 맡고 흐뭇한 표정을 짓기는 하지만, 곧바로 일상으로 돌아가곤 했습니다. 이런 행동은 정상입니다. 캣닢에 반응하지 않는 체질은 유전적으로 결정되며 무려 33% 수준의 고양이, 그러니까 3마리 중 1마리는 캣닢에 반응하지 않는 것으로 알려져 있습니다. 또한 1살 미만의 어린 연령의 고양이 역시 캣닢에 잘 반응하지 않습니다.

마따따비란 무엇일까?

캣닢과 유사하게 고양이 마약이라 불리며 흥분을 줄 수 있는 것에는 개다래 나무가 있습니다. '마따따비'라고도 합니다. 캣닢이 허브 가루인데 반해 마따따비는 나무 막대 형태인 경우가 많은데 작용 방식은 캣닢과 비슷합니다. 역시 후각자극이 사라지면 효능이 떨어지기 때문에 가끔씩 5~15분 정도 노출시켜주면 됩니다.

캣그라스 활용법

한편 캣그라스는 말 그대로 고양이가 뜯어먹을 수 있는 풀로 주로 밀이나 귀리를 키워서 제공하는 경우가 많습니다. 흥분 작용은 없지만, 좋아하는 고양이들이 많습니다.

특히 집 안에 있는 화분을 물어뜯거나, 이것저것 다른 것을 많이 섭취하는 고양이들에게는 행동 교정을 위해서도 공급해볼 필요가 있습니다. 또 풀을 섭취한 후 구토하는 과정에서 헤어볼이 제거되기도 합니다. 캣그라스 섭취 후 구토를 하는 것은 정상이지만, 너무 자주 구토하는 고양이들도 있습니다. 고양이는 풀을 뜯는 식감 때문에 계속 풀을 먹지만, 실제 소화기 내에서는 염증 반응이 유발될 수도 있습니다. 이런 경우라면 캣그라스를 치워주는 편이 좋습니다.

냄새를 맡을 때 왜 고양이는 이상한 표정을 지을까요?

지독한 냄새다냥...

'주인의 발 냄새를 맡고 충격에 빠진 고양이'라는 동영상이나 사진이 웹상에 많이 퍼져 있는데요. 고개를 들고 입을 벌린 상태에서 놀란 표정을 짓는 것이 여간 웃긴 것이 아닙니다.

실제로 이런 표정은 고양이가 냄새를 잘 맡기 위해서 짓는 표정입니다. 좀 더 정확히는 이런 행동을 플레멘 반응(Flehmen response)이라고 합니다. 주로 페로몬을 인지할 때 하는 행동입니다. 페로몬은 야콥슨 기관에서 주로 인지가 되는데, 이 기관은 콧속 깊숙히 뼈 쪽에 위치해 있습니다. 고양이를 비롯해서 이 기관이 발달된 동물들은 페로몬을 인지할 때 고개를 들고, 입술을 위로 약간 올리고 입을 벌리는 행동을 하는 것이죠. 한 번 따라해보면 콧 속 깊숙한 곳까지 공기가 유입되는 것을 알 수 있습니다.

04. 고양이와 산책해도 되나요?

선생님이 도와줄게요

인터넷에서 고양이를 데리고 피크닉을 간 사진을 보면 너무 부러워 보입니다. 우리 고양이에게도 이런 좋은 경험을 시켜주고 싶은 마음이 들지요. 하지만 그 전에 정말 우리 집 고양이가 산책을 좋아하는지 먼저 확인하는 것이 중요합니다.

🐾 고양이를 산책에 길들이는 방법

고양이를 데리고 나가기 전까지 먼저 하네스에 익숙해지도록 합니다. 갑자기 점프하거나 뛰어나가면서 목이 졸릴 수 있기 때문에 목줄은 적당하지 않습니다. 집 안에서 하네스를 살짝 채우고 놀아주거나 밥을 주면서 적응하도록 합니다. 싫어하는 경우에는 몸에 하네스를 살짝 올려두고 잘 있으면 포상한 후 내리고, 점점 시간을 늘려준 다음 채울 수도 있습니다.

하네스를 채운 상태로 이동장이나 유모차에 고양이를 넣어 바깥으로 나갑니다. 안은 상태로 문을 열고 나가서는 안 됩니다. 안정적인 공간, 예를 들면 공원 벤치 같은 곳에 도착하면 주변을 관찰할 수 있도록 잠시 여유를 가집니다. 고양이가 안정되면 문을 살짝 열어줄 수 있습니다. 이 때 하네스 줄은 꼭 쥐고 있어야 합니다. 고양이가 겁을 먹고 나오지 않는다면 꺼낼 필요는 없습니다. 안정감을 가지도록 작게

> **산책, 집사의 세심한 배려가 필요해요!**
> - 산책을 싫어하는 고양이가 많습니다.
> - 집사를 위해서 산책을 강요하지 말아야 합니다.
> - 고양이가 산책에 익숙해지기까지는 오랜 시간이 걸릴 수 있습니다.

산책하는 고양이 '슈'

자른 포상용 간식을 1개 줄 수 있습니다. 용감하게 이동장에서 나오는 경우는 자유롭게 주변을 관찰할 수 있도록 하되, 하네스 줄을 꼭 쥐고 있어야만 합니다. 밖에 나오긴 했지만 겁이 나서 눈치만 살피고 있다면, 낚싯줄과 같은 장난감으로 놀아주면서 긴장을 풀어줄 수도 있습니다.

🐾 산책길에 있는 다른 동물 조심하기

주의해야 할 점은 같은 공간에 있는 다른 동물입니다. 평소 착하디 착한 강아지가 갑자기 고양이를 보고 돌변하여 사냥 본능에 따라 돌격해올 수 있습니다. 목줄을 하고 있어도 고양이를 공격할 만한 충분한 거리가 확보되는 경우가 많습니다. 일단 사고가 나면 돌이킬 수 없고, 본능을 따른 강아지만을 마냥 탓할 수 없습니다. 주변에 다른 동물이 접근하면 일단 고양이를 이동장이나 유모차 안으로 이동시키는 것이 안전하겠습니다.

🐾 산책을 좋아하는 고양이와 싫어하는 고양이

저자가 진료한 고양이 중에는 미국 출신의 길냥이가 있었습니다. 그 친구는 정말 대범해서 하네스를 매고 집에서 출발하여 병원에 오고 집에 갈 때도 개처럼 산책을 하며 돌아가고는 했어요. 반면 소심한 고양이들은 산책에 익숙해지는 데에도 시간이 많이 걸립니다. 밖으로 쉽사리 나오지는 않지만, 구경하는 것을 즐기는 경우에는 유모차 등을 이용해 반복해서 산책을 할 수도 있습니다. 이후 용기가 나면 바깥으로 나올 수도 있습니다. 유모차에 타는 것조차 싫어하는 경우라면 산책을 싫어하는 것이기 때문에 강요하지 않는 것이 좋습니다. 운동경기를 싫어해도 보는 것은 좋아하는 사람도 있듯, 이런 경우 창밖으로 바깥 세상을 감상할 수 있도록 해주면 되겠습니다. 이처럼 고양이 산책은 고양이 기질에 맞는 수준에서 하면 됩니다.

항상 주의해야 할 점은 앞서 언급한 것처럼 하네스를 늘 잘 잡고 있어야 한다는 점입니다. 자동차의 경적 소리처럼 예상치 못한 큰 소리 등에 놀라면 고양이는 줄행랑을 쳐버릴 수도 있습니다. 산책 한 번 하려다 영원히 이별을 해야 할 수도 있습니다.

> **TIP. 산책시 반드시 체크해야 할 것**
> - 접종이 완료되어 있어야 하며, 발정기를 피하세요.
> - 하네스를 반드시 채우고, 늘 잡고 있어야합니다.
> - 주변의 동물이 가까이 접근하면 바로 고양이를 이동장이나 유모차 안으로 이동시킵니다.

05. 고양이와 여행 가도 되나요?

> 선생님이 도와줄게요

산책은 옵션이지만, 여러 가지 이유로 꼭 여행을 해야 하는 경우가 있습니다. 다만 예민한 고양이의 경우 짧은 기간이라면 여행에 동참하는 것보다는 혼자서 집을 보는 것이 나을 수도 있습니다.
필요하다면 펫시터를 구하거나 호텔 서비스를 이용할 수 있습니다. 명절 같은 경우에는 미리 예약이 완료될 수도 있기 때문에 적어도 1달 전부터는 적당한 곳을 알아보는 것이 좋습니다.

🐾 여행 준비물

여행을 가기 전 충분한 기간을 두고 하네스와 이동장에 익숙해지도록 합니다. 인식표를 만들어서 고양이의 이름과 보호자의 연락처를 기입합니다. 인식표는 목에 걸어줄 수도 있고, 하네스에 연결할 수도 있습니다. 하네스는 여행 목적지에 완전히 도착할 때까지 풀지 않고 유지해야 합니다.

여행 전 고양이를 데려가기 위해 다음과 같은 준비물들을 잘 챙깁니다.

고양이 여행 준비물
- 이동장, 하네스, 인식표
- 원래 먹던 사료를 소분해서 준비
- 밥그릇, 물그릇, 평소 먹던 간식 1종
- 화장실 모래, 리터박스(종이상자를 이용해 간이로 만들어도 무방합니다.)
- 캣닢
- 장난감, 평소 사용하던 담요 1개 이상

이동을 시작하기 전 반드시 하네스를 채우고 이동장에 넣어야 합니다. 부산하게 물건을 나르거나 하는 중에 불안감을 느낀 고양이가 도망가버리는 경우도 흔합니다. 조금 답답해 보이더라도 더 위험한 상황을 방지하기 위해 준비를 합니다.

🐾 자가용으로 여행할 때

자가용을 이용하는 경우라면 뒷자석에 이동장을 둔 후 아기들을 위한 카시트와 같이 안전벨트로 고정합니다. 운행 중에 문을 열어 주는 것은 추천하지 않습니다. 흥분 시에 고양이를 통제하는 것은 쉽지 않기 때문에, 특히 운전자 혼자 있는 경우라면 이동장 안에 두고 이동하는 편이 좋습니다.

이동장 안에 고양이가 있는 경우에는 더울 수 있기 때문에 실내 온도를 약간 선선한 정도로 유지해주고, 특히 고양이를 두고 자리를 비워야 하는 경우에는 10분이라 할지라도 반드시 에어컨을 켜고 손가락 한두 마디 정도(고양이가 절대 탈출할 수 없을 만큼) 창문을 열어둡니다. 여름철에 차 안에서 아이나 수면을 취하던 사람들이 사망하는 뉴스를 종종 보았을 것입니다. 차 안에 에어컨을 켜지 않고 문을 닫고 나가면 순식간에 온도가 견딜 수 없을 정도로 올라가기 때문에 주의해야 합니다. 고양이를 혼자 차 안에 긴 시간 내버려두어서는 절대 안 되고, 혼자 있는 경우에도 이동장 안에 두는 것이 좋습니다. 고양이를 차 안에 풀어두고 잠시 자리를 비웠는데 문을 여는 순간 고양이가 뛰쳐 나가버리거나, 고양이가 안 보여서 찾는 중에 차 밖으로 탈출할 가능성도 큽니다.

🐾 장거리 여행인 경우

장거리 이동인 경우 고양이가 너무 답답할 수 있기 때문에 자주 휴식시간을 가지는 것이 좋습니다. 이때는 차를 멈추고 하네스를 한 상태로 고양이를 데리고 나오거나, 산책이 가능한 경우라면 잠시 바닥에 내려놓고 휴식을 취합니다. 리터박스에 모래를 담아 화장실을 가게 해주거나, 물을 급여할 수도 있습니다. 운전 중 멀미를 할 수 있기 때문에 많은 양의 밥은 급여하지 않습니다. 국내에서 운전 기간이 하루를 넘는 경우는 거의 없으리라 생각되는데, 너무 긴 시간 여행해야 하는 경우에는 중간에 급여하되 평소 먹는 사료로 평소보다 절반에서 2/3 정도만 급여합니다.

🐾 고속버스, 기차, 비행기 등으로 여행할 때

문제는 고속버스나 기차, 비행기 등을 타고 여행하는 경우입니다. 고양이가 힘들어한다고 자주 쉴 수도 없고, 불안한 고양이가 엄청나게 큰 소리로 여행 내내 울어댈 수도 있습니다. 달래주려고 이동장 문을 열었다가 고양이를 놓치면 영원히 생이별을 해야할 수도 있습니다. 우리 집 안에서의 고양이와 집 밖에 나온 고양이는 완전히 다른 아이라고 생각해야 합니다. 이미 불안감에 가득 찬 고양이는 평소와 같은 행동도 하지 않고, 보호자가 어르려해도 반응이 없거나, 도망을 가버릴 수 있습니다. 아무리 이름을 불러도 되돌아오지 않습니다. 특히 집 근처에서 고양이를 잃어버린 것과는 달리 낯선 공간인 경우 바로 고양이를 붙잡지 않는 경우 다시 찾을 확률은 매우 낮아지기 때문에 주의에 주의를 요합니다.

따라서 외출 시에는 하네스와 이동장을 사용하는 기본 원칙을 지켜야 합니다. 불안감을 줄여주기 위해서 평소 사용하던 수건 등을 이동장에 깔아주고, 이동장은 역시 평소 사용하던 담요 등을 가려 줍니다. 안정감을 줄 수 있는 펠러웨이와 같은 호르몬 제제를 뿌려주는 것도 좋습니다.

🐾 대중교통으로 이동 시 법적인 절차

고양이를 데리고 대중교통을 이용하는 경우 가장 먼저 고려해야 할 점은 법적인 부분입니다. 고양이를 비롯한 반려동물의 대중교통 이용은 '여객자동차운수사업법 시행규칙'을 따르고 있는데, 이에 따르면 대체로 위화감이나 불쾌감을 주지 않는 작은 애완동물(개, 고양이 등)은 동승할 수 있으나, 위화감이나 불쾌감을 주는 경우에는 동승할 수 없습니다. 또한 각각의 세부 내용은 사업자가 정하는 약관에 따를 수 있으므로 회사에 따라 상이하거나, 직원의 직무상 지시로 탑승을 거부당할 수도 있습니다.

때문에 이용하려 하는 대중교통 수단을 결정하기 전에 미리 반려동물의 동승이 가능한지 전화를 걸어 먼저 확인해보는 편이 안전합니다. (특히 기차 탑승의 경우) 탑승 전에 광견병 등의 예방접종 증명서를 발부받아 휴대하는 것이 좋습니다. 여행 중에는 이동장 안에 고양이를 넣어 이동해야 합니다. 관련한 법적 내용은 아래의 사이트에서 참조할 수 있습니다. 가능하다면 한 좌석을 더 구매하여 해당 자리에 이동장을 두고 여행한다면 가장 좋습니다.

TIP.
'동물보호관리시스템'에서 알려주는 대중교통 이용법

http://animal.go.kr/portal_rnl/overall_info/sense.jsp

🐾 해외여행 시 법적인 절차

해외여행 시에는 출국 국가마다 다른 검역 조건을 가지기 때문에 이에 대한 준비를 사전에 철저히 해야 합니다. 예를 들어 일본과 같은 경우 광견병 접종 후 일본 자체 인정한 기관에서의 항체 검사 검사서 등을 요구하기 때문에 대략 6개월 전부터 준비가 필요할 수 있습니다. 대체로 광견병 접종 증명서나 광견병 항체 검사서, 건강증명서 등이 요구되는 경우가 많습니다.

한편 고양이를 데리고 국내로 들어오는 경우에도 해당 국가의 검역증명서, 마이크로칩 시행, 2년 이내의 광견병 중화 항체가 검사결과서 등이 필요합니다. 따라서 단기간에 출국-입국을 하는 경우라면 한국에서 입국에 필요한 서류를 준비해서 나가는 것이 편리합니다. 농림축산검역본부에서 제공하는 고양이 검역절차는 위의 사이트에서 확인할 수 있습니다.

> **TIP.**
> '농림축산검역본부'에서 알려주는 출입국시 절차
>
> https://www.qia.go.kr/livestock/qua/livestock_outforeign_hygiene_inf.jsp

PART 3

병원에 가기 전, 꼭 알아야 할 것들

CHAPTER 1

병원을 무서워하는 고양이 안정시키기

고양이에게 병원이란 정말 엄청나게 무서운 공간입니다. 개 짖는 소리며 특유의 소독제 냄새 등등이 고양이를 질겁하게 만듭니다. 또한 병원에 오기 위해 차를 타고 이동하는 과정과 소음 모두 고양이를 더욱 예민하게 하지요. 한 번 병원이 무서워진 고양이는 그 다음부터 병원에만 오면 맹수가 되어 날뛰는 통에 제대로 진료를 받지 못하는 경우가 허다합니다. 젊고 건강한 고양이라면 큰 문제가 없지만, 주기적으로 진료를 받아야 하는 고양이라면 병원 스트레스를 줄여주어야 합니다. 처음부터 요령 있게 스트레스를 잘 관리해주면 병원에 대한 공포가 점차 줄어들 수 있습니다. 실제로 만성 신부전이나 항암 치료를 위해 꾸준히 내원하는 고양이 중, 나중에는 처음에 비해 병원 방문이 수월해진 아이들도 많습니다. 이번 챕터에서는 병원을 무서워하는 고양이를 안정시키는 방법에 대해 알아봅시다

01 외출할 때는 이동장을 이용하세요

선생님이 도와줄게요

아무리 얌전한 고양이라도 직접 안고 이동하는 것은 위험합니다. 자동차 경적소리와 같은 소음에 깜짝 놀라 뛰쳐나갈 위험성이 언제든 있기 때문입니다. 특히 동물병원과 같이 스트레스를 받는 곳에 데려갈 때는 반드시 이동장이 필요합니다.

🐾 이동장 이용하기

저자의 고양이 '냥이'의 예를 들자면, 이 녀석은 승용차도 안 무서워하고, 고속버스도 잘 타는 '프로 여행러'였기 때문에 이동 시에 곧잘 데리고 다녔는데요. 어느 날 고속버스 터미널에서 이동장을 약간 열어서 쓰다듬어 주는 사이에 무엇에 놀랐는지 갑자기 뛰쳐나가서 2층 창문 밖으로 뛰어내리

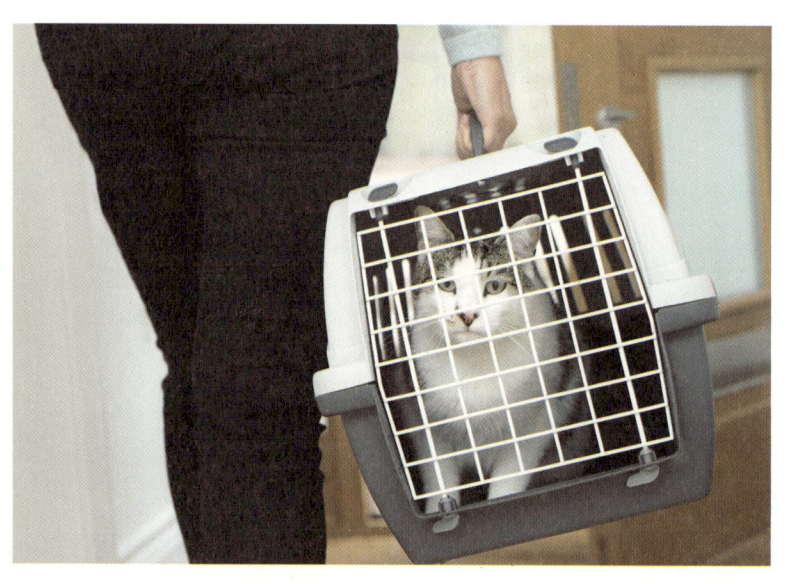

려 했습니다. 창문으로 뛰어내리는 찰나 거의 초인적인 힘을 발휘하여 잡을 수 있었기 망정이지, 아니면 영영 생이별을 할 뻔 했지요. 고양이들은 일단 한 번 놀라면 집사가 부른다고 절대로 돌아오는 일이 없기 때문에, 반드시 이동장을 이용하여 이동해야 합니다.

> **TIP. 창문이 달린 배낭 이동장, 괜찮을까요?**
> 바깥을 볼 수 있도록 만들어져 있는 이동장도 다수 있는데, 외출에 익숙한 대범한 고양이에게는 좋을 수 있지만 외출이 무서운 고양이에게는 오히려 좋지 않습니다.

🐾 고양이에게 적절한 이동장

다양한 재질과 형태의 이동장이 판매되고 있는데, 고양이에게 가장 적합하다고 생각되는 이동장은 상하부가 분리되는 플라스틱 이동장입니다.

아무리 친숙한 이동장 안에 있다고 하더라도, 병원과 같이 낯선 장소에 도착한 고양이는 극도로 예민해질 수 밖에 없습니다. 이때 고양이를 (아무리 집사라 하더라도) 억지로 꺼내기는 어렵습니다. 이 과정에서 고양이의 발톱이 부러지거나, 보호자가 다칠 수도 있습니다.

반면 상하부가 분리되는 이동장의 경우 상단을 분리하면 고양이는 그대로 있는 상태에서 간단한 처치를 받을 수도 있고, 꺼내는 경우에도 비교적 수월하게 접근할 수 있습니다.

> **상하부가 분리되는 플라스틱 이동장이 좋아요!**
> • 고양이는 이동장 안에 가만히 두고 상단만 분리할 수 있어요.
> • 쉽고 안전하게 고양이를 꺼낼 수 있어요.

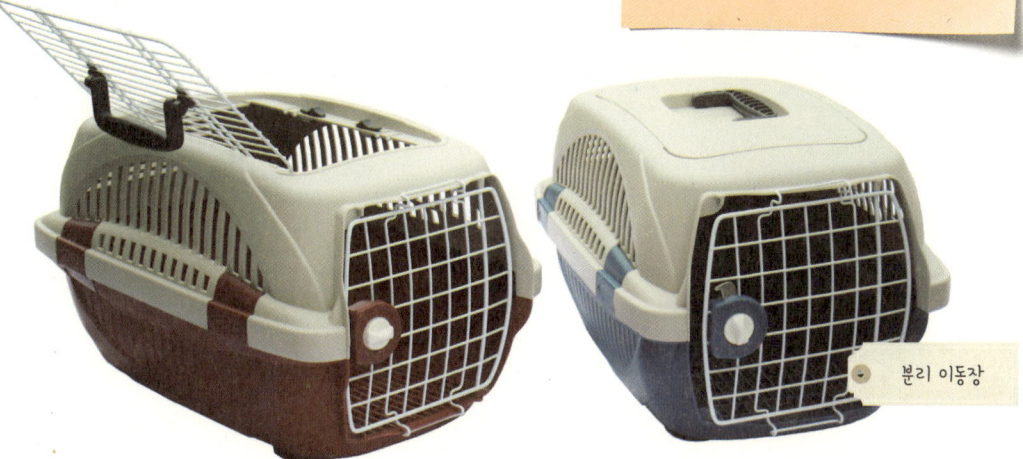

분리 이동장

🐾 이동장에 친숙해지는 6단계 훈련법

박스에 들어가길 참 좋아하는 고양이이지만, 이상하게도 이동장에는 들어가길 싫어하는 경우가 많습니다. 이동장에 집어넣는 것 자체가 고역이지요. 고양이 입장에서는 가뜩이나 동물병원에 가는 것이 스트레스인데, 이동장마저 두렵다면 동물병원에 다녀오는 것은 엄청나게 고통스러운 일이 되고 맙니다. 반면 이동장에 친숙해진다면 병원과 같이 낯선 환경에서도 이동장이 고양이에게 은신처의 역할을 해줄 수 있습니다.

난 박스도 좋지만, 다른 친구들의 이동장에 들어가는 것도 참 좋아한답니다.

1. 고양이가 좋아하는 장소에 이동장을 열어둡니다.

병원이나 여행을 가기 하루 전에 이동장을 구입해서 다짜고짜 이동장 안에 고양이를 집어넣는 방법은 (때에 따라 어쩔 수 없는 경우도 있지만) 좋지 않습니다. 한두 달 여유를 두고 마음에 드는 이동장을 구입하여, 고양이가 잘 접근할 수 있는 아늑한 곳에 위치시키고 문을 열어둡니다.

2. 이동장 안, 근처에 캣닢이나 장난감을 둡니다.

이동장 문을 열어두고 안쪽에 캣닢이나 장난감을 넣어 둡니다. 며칠 간 고양이가 이동장이라는 존재 자체에 익숙해진다면, 이후에는 밥이나 간식을 이동장 앞에서 줍니다.

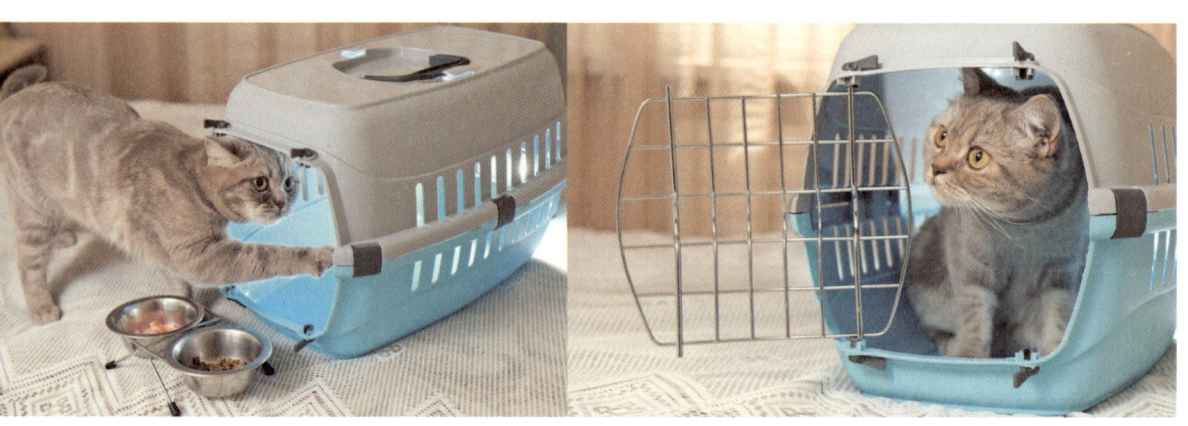

3. 고양이가 이동장 안으로 들어갔다 나올 수 있도록 해줍니다.

이동장 안, 근처에서 거리낌 없이 음식을 먹게 된다면 매일 아주 조금씩 밥이나 간식의 위치를 이동장에 가깝게 이동시키다가, 이동장 안까지 넣어줍니다. 낚싯대나 장난감으로 놀아주다가 이동장 안 쪽으로 던져서, 이동장 안으로 고양이가 스스럼없이 들어가도록 하는 것도 괜찮습니다.

Q. 병원에 다녀온 후, 이동장을 더 싫어하게 됐어요!

병원을 다녀오고 나면 고양이는 이동장이라면 기겁을 하게 될지도 모릅니다. 이럴 때 집사는 이동장을 원래의 위치에 두고, 천연덕스럽게 원래 하던 간식 주기나 놀아주기 과정을 반복해서 고양이의 나쁜 기억을 희석시켜주어야 합니다.

4. 고양이가 이동장 안에 들어가면 문을 닫아봅니다.

고양이가 이동장 안에 들어가는 것에 익숙해지면, 고양이가 들어간 상태에서 이동장 문을 닫고 몇 초 정도 있다가 열어줍니다. 점점 문을 닫은 시간을 늘려 주는데, 이때 틈 사이로 놀아주는 것도 좋습니다.

5. 이동장을 든 상태로 돌아다녀봅니다.

고양이가 4단계에도 익숙해졌다면 이동장을 든 상태로 집 안을 조금 돌아다니거나, 문을 열고 집 밖에 잠깐 나갔다가 들어오세요. 점차 이동장으로 이동하는 것에 익숙해지도록 합니다. 집사는 고양이가 이 모든 과정을 놀이처럼 즐겁게 느끼도록 해주어야 하며, 혹시라도 이 과정에서 두려움을 느낀다면 이전 단계로 돌아간 후 충분한 시간을 거쳐 다음 단계로 이동합니다.

6. 외출 시, 이동장 환경을 안정적으로 만들어주세요.

이동장에 어느 정도 익숙해지면 고양이를 이동장에 넣어 외출하거나 동물병원에 데려올 수 있습니다. 이 때 바닥에는 자기 냄새가 묻어있는 담요 같은 것을 깔아주거나, 장난감 같은 것을 넣어주는 것도 안정감 확보에 도움이 됩니다. 담요 위에는 일회용 패

이동장 안에 고양이가 늘 쓰던 담요나 장난감을 넣어주세요.

"집사야, 출발하라옹~"
좋아하는 담요 위에 앉아 있는 '참치'

드를 깔아주는 것도 좋습니다. 이동 과정에서 배뇨, 배변 실수를 하는 경우는 흔히 있으니까요.

사용하던 담요를 여벌로 챙겨서 병원에 도착한 후에는 이동장 위에 살짝 덮어서 외부에 시각적으로 노출되는 것을 가려줍니다. 자신의 냄새가 나는 담요 안에 숨어 있으면 고양이가 안정감을 느낄 수 있어요.

02. 병원에는 어떻게 데려가야 할까요?

선생님이 도와줄게요

동물병원은 사람이 가는 병원과는 조금 다른 의미를 가지고 있습니다. 대체로 병원을 바꾸지 않고 꾸준히 검사, 치료를 받는 경우가 많지요. 예방접종과 같은 기본적 예방 의료부터 중성화 수술, 내과, 외과, 안과를 비롯한 전반의 증상을 돌보게 되니 일종의 '평생 주치의' 개념입니다.

🐾 내 고양이에게 딱 맞는 동물병원 찾는 법

초반에 여러 모로 고양이와 집사에게 잘 맞는 병원을 잘 선택하는 것은 고양이에게는 평생 주치의를 정하는 일이기 때문에 정말 중요합니다.

기본 조건은 고양이와 집사에게 편안하고, 수의사가 고양이에 대해 충분한 지식을 갖춰야 한다는 점입니다. 한국은 아직 고양이와 관련한 진료 경험 누적이 충분치 않기 때문에 개에 적용하는 방식을 그대로 적용하는 곳도 있을 수 있습니다.

한편 집 주변의 적당한 병원이 야간이나 휴일에 진료를 하지 않는다면, 이를 대비하여 대형 병원을 추가적으로 알아두는 것도 좋습니다. 어째서인지 유독 휴일이나 야간에 고양이를 데리고 병원에 갈 일이 많습니다. 특히 고양이의 나이가 많고

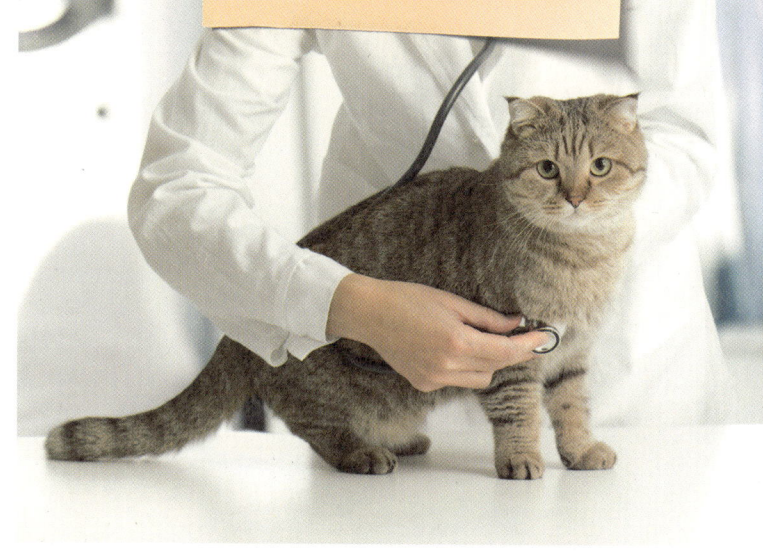

동물병원의 기본 조건
- 고양이와 집사에게 편안한 분위기
- 고양이에 대해 충분한 지식을 갖춘 수의사
- 집 주변, 혹은 적당한 거리에 위치
- 야간이나 휴일에 진료를 하는 병원(추가적으로 알아둘 수도 있어요)
- 진료에 필요한 여러 가지 장비와 기술
- 충분한 시간 동안 진료에 대한 설명을 들을 수 있는 병원
- 적당한 비용을 책정하는 병원

아픈 곳이 많다면, 여러 가지 장비와 기술을 갖춘 곳이 진료에 유리할 수 있습니다. 반면 고양이가 어리고 건강하다면 굳이 대형 병원을 선호할 필요는 없습니다. 소형 병원에서 더 오랜 시간 진료에 대한 설명을 들을 수도 있고, 비용도 저렴한 경향이 있습니다.

병원에 가기 전에 준비할 점

사람처럼 고양이도 병원에 가기 전에는 무섭고 불안한 상태입니다. 고양이를 안심시켜주기 위해서는 집사의 세심한 배려가 필요해요.

병원에 가기 전에는 몇 시간 정도 금식을 하는 것이 좋습니다. 이동 과정에서 구토를 할 수도 있고, 검사를 위해서도 금식을 하는 편이 낫습니다. 또 병원에 호감을 주기 위해 간식 포상을 하기에도 유리합니다. 수술을 받거나 하는 경우에는 훨씬 오랜 시간 금식을 해야 할 수 있습니다.

> **병원에 가기 전에 준비할 점**
> - 병원에 가기 전에 몇 시간 동안은 먹을 것을 주지 않는 편이 좋습니다.
> - 이동장에 일회용 패드를 깔고, 익숙한 수건이나 장난감을 넣은 상태로 고양이를 넣습니다.
> - 평소 이용하던 담요 등으로 이동장을 살짝 덮어 안정감을 줍니다.
> - 평소 좋아하던 간식을 손톱 크기 정도로 조그맣게 잘라서 가져갑니다.

이동 과정에서 고양이가 스트레스를 받아서 배뇨, 배변을 할 수도 있고, 병원에서 진료 시간 동안 요의를 참다가 다시 돌아오는 도중에 배뇨할 수도 있기 때문에 되도록 바닥에 일회용 패드를 충분히 깔아주는 것이 좋습니다. 이동장이 오줌, 똥으로 더럽혀진다면 어떻게 될까요? 당연히 고양이의 털까지 더러워지겠지요. 병원에서 집으로 돌아온 집사는 고양이와 이동장을 씻느라 하루 종일 고생할 수도 있습니다.

병원으로 이동하는 동안 되도록 조용하고 안정된 환경을 유지하세요. 시끄럽고 번잡한 환경은 병원에 도착하기도 전에 고양이의 신경을 날카롭게 만듭니다. 보호자는 너무 걱정스러운 어투보다는 평상시대로 어르거나 행동해주는 것이 좋습니다.

병원에 와서 긴장한 고양이

병원에 도착했을 때 행동요령

준비물을 잘 챙겨서 병원에 도착하면 일단 고양이 이동장을 적당한 위치에 둡니다. 병원 대기실 바닥은

별로 좋지 않습니다. 낮은 곳은 고양이에게 안정감을 주는 위치가 아닐 뿐더러, 병원을 찾은 개들의 냄새나 사람들의 구둣발 소리는 고양이에게 위협적입니다. 고양이가 하악거리거나, 눈이 휘둥그레져서 떨고 있다면, 이동장 입구가 보호자 쪽을 향하게 하거나 의자 등 쪽 등과 같이 막힌 쪽으로 향하도록 둡니다. 담요도 덮어주는데, 물론 숨이 막히도록 해서는 안 되겠지요.

접수를 하고 대기하는 동안 병원 측에 고양이가 내원한 이유를 밝히고, 안정감을 위해 간식을 주어도 되는지 문의합니다. 가능한 경우라면 대기 시간 동안 작은 크기의 간식을 1~2개 주면서 포상해주세요. 물론 예민한 고양이가 간식에는 전혀 관심을 보이지 않을 수 있지만, 보호자가 간식을 주는 행동 자체가 위안이 될 수 있습니다.

진료실에 들어가자마자 다짜고짜 고양이를 꺼내는 것은 좋지 않습니다. 일단 진료대 위에 이동장을 두고 고양이가 안정감을 찾을 때까지 병력을 설명하는 것이 좋습니다. 어차피 고양이는 말을 못하기 때문에 고양이를 대신하여 보호자가 증상을 최대한 자세하게 수의사에게 설명하는 것이 좋습니다. 이 과정에서 괜찮다면 양해를 구하고 고양이에게 간식을 1개 정도 추가로 줄 수도 있습니다. 물론 이 과정은 담당 수의사와 협의를 거치는 것이 좋습니다. 처음부터 청진이나 촉진을 하길 원하는 수의사도 있을 수 있으니까요.

> 병원에서 함께 지내는 시로는 병원이 자기 집 안방이겠죠?
> "나도 진료 받으러 왔다옹~"

집사가 알아야 할 병원 행동 요령

- 이동장은 바닥보다는 의자 위 등 높은 곳에 위치시키는 것이 좋습니다.
- 고양이가 예민하다면 입구는 보호자 쪽이나 막혀 있는 쪽으로 위치시키는 것이 좋습니다.
- 안정감을 주기 위해 평소 이용하던 담요 등을 살짝 덮어줍니다.
- 진료 진행 과정에서 고양이를 쓰다듬어 안정감을 주고, 잘 있는 경우 준비해온 간식으로 포상해줍니다.
- 단, 먼저 수의사에게 간식을 줘도 되는지 물어봐야 합니다.

병원에서 받아야 할 검사의 종류

사람도 나이가 들면 생애전환기 검진이라든가 직장인 건강검진 같은 것을 받는데요. 별 문제가 없었다고 생각한 경우에도 의외의 질환이 발견되는 경우가 왕왕 있지요. 고양이는 심지어 우리말로 "소화가 안 돼. 나 요즘은 두통이 있어."라고 설명해줄 수 없기 때문에 주기적인 검진이 필수입니다. 특히 입양 초나 나이가 있는 경우에는 검진을 통해 조기에 질환을 확인하는 것이 중요합니다.

01 건강검진, 예방접종을 알아보아요

선생님이 도와줄게요

사람과 마찬가지로 고양이에게도 건강검진은 아주 중요합니다. 또한 질병을 미리 막아주는 예방 접종도 놓쳐서는 안 되겠지요. 그렇다고 모든 종류의 검사를 다 받을 수는 없는 노릇입니다. 실제로 많은 집사들이 건강검진과 예방 접종의 시기, 종류와 방법을 궁금해하는데요. 이번 챕터에서 내 고양이에게 맞는 검사를 정확하게 알아봅시다.

🐾 아기 고양이 건강검진

아기 고양이를 입양한 경우에는 입양일이나 다음 날 정도에 바로 기본적인 검사를 받는 것을 추천합니다. 기본적인 외양 확인을 통해 신체 검사를 하고, 검이경으로 귓속 상태를 체크합니다. 귀 진드기(339쪽)는 흔히 발견되는 기생충으로, 감염된 상태로 방치되면 아기 고양이의 귓속에서 증식하면서 이차적인 외이염을 심화시킵니다. 또 분변을 약간 채취해서 분변 내에 회충 같은 기생충 감염이 있는지 확인합니다.

🐾 집에 다른 고양이가 있을 때 받아야 할 검사

집에 다른 고양이를 키우고 있는 경우에는 전염성 질환에 대한 검사도 기본적으로 시행합니다. 우리 집 고양이에게 전염병을 옮길 수도 있기 때문입니다.

범백혈구 감소증(Panleukopenia, Parvovirus infection, 파보 바이러스 감염증)은 감염 후 빠른 시간 내에 증상이 유발되고, 감염력과 치사율이 높기 때문에 반드시 검사하는 것이 좋습니다.

고양이 상부 호흡기 증후군 역시 자주 걸리는 전염성 질환이나, 원인체는 다양하며 검사를 위해서는 눈곱이나 비말을 통한 PCR 검사를 하는 것이 좋습니다.

고양이 백혈병 바이러스나 고양이 면역 결핍 바이러스 감염 역시 확인하는 것이 좋습니다. 백신 전에 기본적으로 시행해야 하는 검사이기도 합니다. 이들 질환은 고양이의 잠복 감염 형태로 있다가 고양이의 면역이 저하되거나 스트레스가 심화되는 경우 발현하여 종양을 유발하는 등 치명적인 질환을 유발하기 때문입니다. 과거 7, 8년 전만해도 한국에서의 발병률은 높지 않아서 간과되는 경향이 있었으나, 증가하는 추세이기 때문에 미리 검사하는 것이 안전합니다.

위의 전염성 질환들은 키트 검사로 각각 검사할 수도 있고, PCR 검사 등으로 광범위하게 검사할 수도 있습니다. 키트 검사는 선택적으로 시행할 수 있으며, 검사 결과를 즉시 알 수 있다는 장점이 있습니다. PCR 검사는 정확도가 높고 고양이에게 문제를 일으킬 수 있는 질환을 광범위하게 확인할 수 있는 장점은 있으나, 하루 이상의 시간이 소요되고 검사 범위에 따라 비용이 많이 발생할 수 있습니다.

전염성 질환의 경우 질병의 아주 초기에는 샘플 내 항원의 양이 많지 않아서 위음성(감염되어 있으나, 검사에서는 걸리지 않은 것으로 나오는 것)으로 나타날 가능성도 있습니다. 초기 검사 후 1주일 이내 증상이 유발되는 경우에는 재검을 하는 것이 필요할 수도 있습니다.

🐾 성묘를 입양할 때 받아야 할 검사들

다 큰 고양이를 입양하는 경우나 질병이 의심되는 경우에는 기본적인 신체 검사나 전염성 질환에 대한 배제 외에 전체적인 건강 상태를 체크해보는 것도 좋습니다. 겉으로는 정상적으로 보이는 경우에도 신부전이나 간 질환과 같이 만성 질환에 이환되어 있는 고양이가 많습니다. 어차피 함께 키우려고 작정한 이상 고양이의 건강 상태를 확인하는 편이 더 안전할 수 있습니다. 혈액 검사를 통해 전체적인 수치를 스크리닝하거나, 영상검사 특히 복부 초음파를 통해 신장, 간, 방광 등의 영상학적 평가를 해볼 수 있습니다. 이외에도 흉부 방사선이나 요 검사 등을 통해 기본적인 검진을 하는 경우 향후 우리 고양이의 건강 상태에 대한 관리가 더 수월해질 것입니다.

🐾 예방접종의 시기와 방법

어린 아기들도 어릴 때 접종을 하는 것처럼 고양이도 미리 접종을 하는 것이 더 큰 질환을 예방하고 건강을 유지하는 데에 도움이 됩니다.

　보통 생후 8주 이후의 시점에서 접종을 시행하는데, 이 시기 전에는 엄마 고양이로부터 받은 항체가 있어서 방어력이 있고 접종 시 항체 형성에 간섭을 주기 때문에 너무 이른 시점에서 시행하는 것은 피하도록 합니다. 연령을 명확히 알기 힘든 경우에는 체중이 600~800g 정도 되는 시점에서 접종하면 됩니다. 혹시 이 시기를 놓쳐서 나이가 든 경우에도 접종을 하는 것이 좋습니다. 다만 접종 후 항체가 약하게 형성될 수 있기 때문에 접종 후 항체 검사를 통해 충분한 방어력이 있는지 확인하는 것이 필요합니다.

　접종은 종합백신 기준으로 3회를 3주 간격으로 시행하게 됩니다. 백신 간격은 개의 경우 두 달, 토끼는 한 달로 서로 다릅니다. 이 간격은 임의적으로 정한 것이 아니라 항체를 최대한 형성하기 위해 설정된 것이므로 최대한 지켜서 접종하는 것이 좋습니다.

예방접종의 종류와 특징

종합백신	• 대체로 3주 간격으로 3회 접종합니다. • 바이러스성 비기관염(Rhinotracheitis)와 칼리시 바이러스(Calicivirus), 범백혈구감소증(Panleukopenia virsu)이 기본으로 포함되고, 이외 클라미디아(Chlamydia) 등이 포함된 백신입니다. 고양이에게 가장 중요한 바이러스성 질병이 포함되어 있으며, 가장 기본적으로 시행하는 백신입니다.
고양이 백혈병 바이러스 백신	• 고양이 백혈병 바이러스 감염에 대한 예방 백신입니다. • 백신 접종 부위의 육종 유발율이 상대적으로 높은 편입니다. 한 집에 기르는 고양이가 고양이 백혈병 바이러스에 감염된 경우가 같이 감염 위험성이 높은 경우에 주로 접종이 권장됩니다.
고양이 전염성 복막염 바이러스 백신	• 고양이 전염성 복막염 바이러스 감염에 대한 예방 백신입니다. 책의 뒤쪽 내용을 참조하여 질병에 대해 좀 더 자세히 알아볼 수 있습니다. • 전염성 복막염이 발병한 경우 치사율이 절대적으로 높아서 꼭 백신을 해야할 것만 같지만, 백신의 방어력은 낮고 위험도는 높은 편이여서 접종이 적극적으로 권장되지는 않습니다.
광견병 백신	• 잘 알려진 광견병에 대한 예방 백신입니다. 반려동물을 키우는 경우 법적으로 접종을 해야 하는 의무가 있습니다. 자세한 내용은 228쪽을 참고해주세요.

고양이 예방접종 위치 알아보기

고양이는 개와 접종을 맞는 위치도 다릅니다. 보통 개의 경우는 목 뒤 어깨 사이, 226쪽의 사진에서 동그라미로 표시된 부위에 주사를 맞는 경우가 대부분입니다. 그 부분의 피부가 가장 잘 당겨지고 개의 입이 닿지 않는 곳이기 때문입니다.

반면 고양이는 지속적으로 같은 부위에 접종을 맞는 경우 면역반응으로 인해 암이 드물게 발생할 가능성도 있기 때문에 사진의 별표로 표시된 것과 같이 사지에 나누어 맞는 것을 권장합니다. 또 2개의 접종을 동시에 시행하는 경우에는 서로 다른 림프절의 영향을 받는 다른

TIP. 백혈병 바이러스 감염, 전염성 복막염 바이러스 백신

백혈병 바이러스는 352쪽에서, 전염성 복막염 바이러스는 355쪽에서 자세히 알아볼 수 있어요!

다리로 나누어 맞는 것이 좋습니다. 통상적으로 종합백신은 우측 앞다리, 광견병은 우측 뒷다리, 고양이 백혈병 바이러스 백신은 왼쪽 뒷다리에 맞습니다.

　주사는 피하 주사이기 때문에 피부를 당겨서 피부와 근육 사이에 접종합니다. 피하주사는 사람들이 엉덩이에 맞는 근육주사에 비해 통증도 미미하기 때문에 고양이들이 곧잘 맞곤 합니다. 다만 다리 부위 피부는 목에 비해 잘 당겨지지 않기 때문에 요령이 필요하고, 주사침의 방향도 중요합니다. 고양이 복막염 바이러스 백신 등 일부 접종은 비강, 즉 코의 점막 내로 분주하는 것도 있습니다.

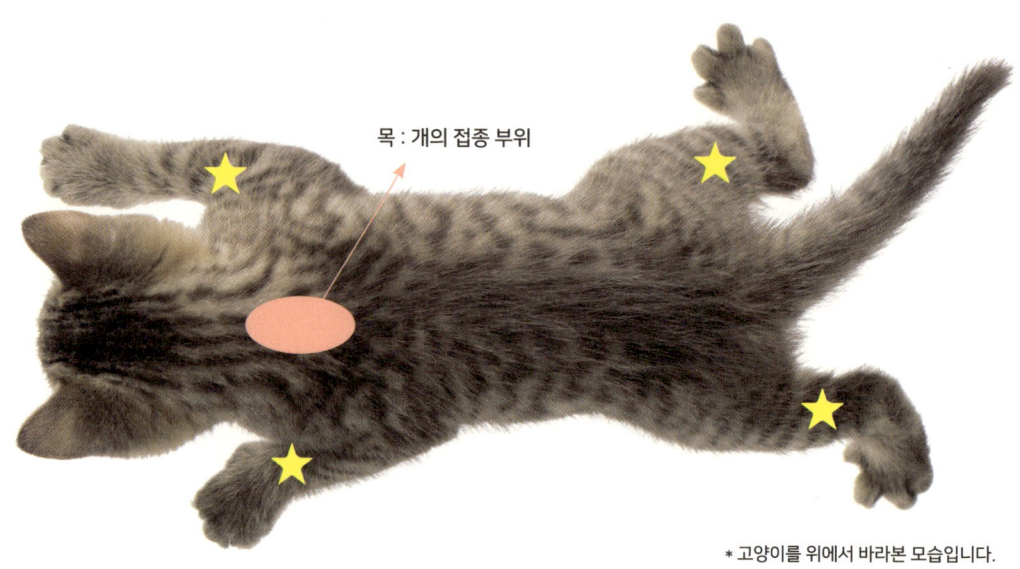

★ 고양이는 다리 부위에 나누어서 접종

목 : 개의 접종 부위

* 고양이를 위에서 바라본 모습입니다.

🐾 접종을 했을 때 발생할 수 있는 부작용

• 백신 알레르기

　백신이 고양이와 잘 맞지 않는 경우 알레르기 반응이 유발될 수 있습니다. 보통 접종 후 1일 이내 증상이 유발됩니다. 주로 눈 주변이 퉁퉁 붓거나, 구토나 설사가 유발될 수 있습니다. 병원에 다녀오는 자체가 고양이에게는 스트레스 상황이므로, 구토나 설사를 1번 정도는 할 수도 있습니다. 하지만 여러 번 토하거나, 눈이 많이 붓는 경우에는 얼른 병원에 다시 내원하여 항알레르기 처치를 받는 것이 좋습니다. 대부분의 경우에는 가벼운 처치만 받아도 증상이 많이 호전되므로 너무 걱정하지는 않아도 됩니다. 다만 사람의 유아에서와 마찬가지로 일부 심각한 부작용이 있을 수도 있지만, 정품의 백신을 잘 관리해서 정확한 용법으로 투여하는 경우에는 부작용이 아주 드뭅니다. 백신 알레르기가 유발된 경우에는 해당 제조사를 기록하고, 차회에는 다른 제조사의 것으로 시행 후 일정 기간 면밀하게 관찰하는 것이 필요합니다.

• 기저 질환 발현

백신 접종 후 며칠 뒤부터 컨디션이 저하되거나 여타의 증상이 나타나는 경우, 원래 가지고 있던 질병이 백신 접종 후 나타나는 것일 수 있습니다. 특히 어린 연령의 고양이는 면밀한 관찰이 필요합니다. 이러한 기저 질환은 백신 접종 이후 잘 나타나지만, 백신이 직접적인 원인은 아닙니다. 병원에 내원하여 원인을 확인하고 그에 따라 치료를 받아야 합니다.

• 다리를 저는 경우

고양이 상부 호흡기 증후군 원인체의 하나인 칼리시 바이러스(Calicivirus)에 감염되었던 고양이의 경우, 백신 접종 후 3주 이내에 면역 반응으로 인해 다리를 절룩일 수 있습니다. 다행히 이 경우 대체로 며칠이 지나면 증상은 소실되기 때문에 너무 걱정할 필요는 없습니다. 통증이나 미열의 정도에 따라 가벼운 약물 처치나 수액 처치가 필요한데, 다른 원인으로 다리를 절 수도 있으므로 병원에 내원하여 확인하는 것이 좋습니다.

• 피부 자극

백신을 맞은 부분의 경미한 통증이나 털이 빠지는 경우가 있을 수 있습니다. 일시적이거나 외관상의 문제에 국한되는 경우가 많습니다.

• 백신 부위 육종

반복해서 접종을 했던 부위에 섬유육종 형태의 암이 발생하는 경우입니다. 다른 원인으로 발생한 섬유육종에 비해서 훨씬 공격적으로 주변으로 퍼지기 때문에 예후가 불량합니다. 다행히 발생 비율은 0.02% 수준으로 낮지만, 발생했을 때를 대비해서 몸통 부위보다는 사지에 백신을 시행하는 것이 상대적으로 안전합니다.

🐾 광견병 백신, 꼭 맞춰야 할까?

한국은 광견병 발생 국가로 가축전염병 예방법에 따라 고양이를 포함한 반려 동물은 광견병 백신을 맞춰야 할 법적 의무가 있습니다.

광견병은 감염된 야생동물이 고양이를 물면 근육 내로 광견병 바이러스가 침투하고 결국 뇌염이 발생하여 사망하는 질환입니다. 이 과정에서 심각한 정신 착란으로 인한 공격성이 발현되고, 근육경련, 연하근 경련으로 인해 물 마실 때 고통스러워하는 증상을 보입니다. 일단 발생하면 사망합니다.

질병 자체는 아주 무섭지만, 다행히 한국에서는 발병이 DMZ 근처의 야생동물에 대체로 국한되어 있습니다(일부 휴전선 인근 주택 마당에서 키우는 반려동물에서 발생한 예가 있기 때문에 완전히 안전한 것은 아닙니다). 때문에 집 안에서만 키우는 고양이가 광견병에 걸리는 일은 사실 거의 없으므로 너무 걱정할 필요는 없습니다.

그런데 왜 정부에서는 반려동물에게 꼭 광견병 접종을 하도록 하는 걸까요? 이는 구제역이나 조류독감과 같이 광견병이 국가 방역에 있어 매우 중요한 질환이기 때문입니다. 실제 2008년에는 발리에서 광견병으로 주민 100여명이 사망하기도 했어요. 같은 이유로 출국이나 입국 시에 광견병 백

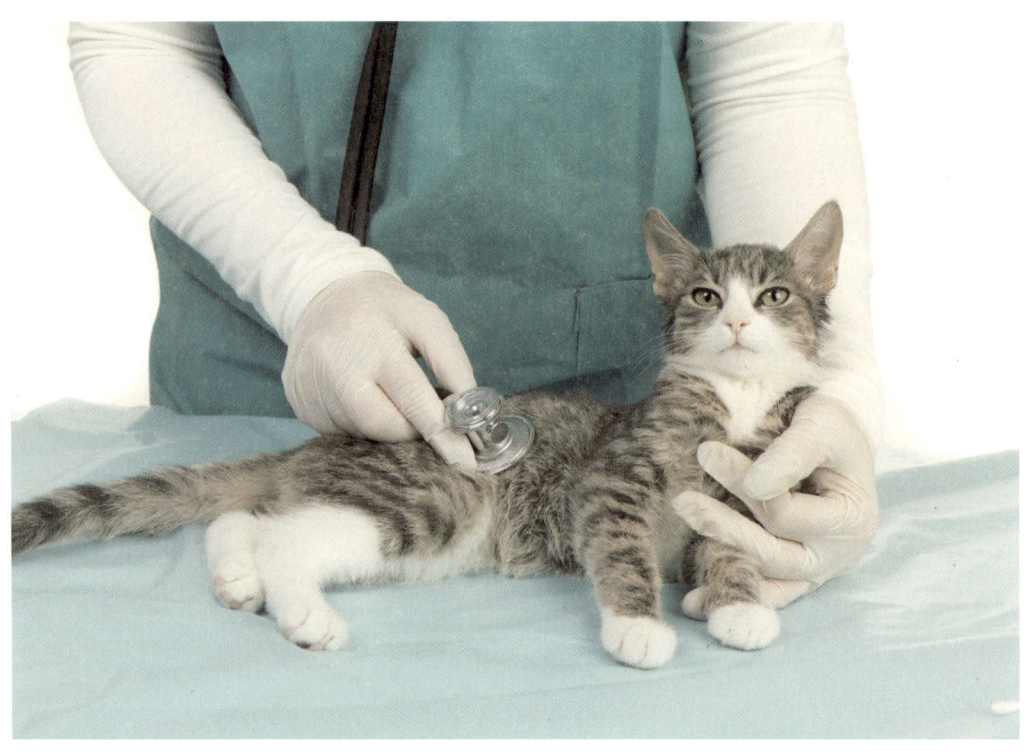

신증명서나 항체검사증명서를 요구하는 나라가 거의 대부분입니다. 전염병에 걸린 사람이 방역 체계를 무시해서 큰 사태를 유발한 예처럼, 일단 문제가 발생하면 큰 위험을 초래할 수 있으므로 우리 집 고양이가 건강한 상태라면 이에 협조하는 것이 바람직합니다. 다만 고양이의 건강 상태가 좋지 않은 경우에는 수의사와 협의하여 항체 검사 등으로 대체할 수 있습니다.

지방자치단체의 조례에 따라 차이가 있지만, 실제로 광견병 백신을 접종하지 않는 경우 상당한 금액의 과태료가 부과될 수 있습니다. 국가에서 봄, 가을로 보조해 주기 때문에 이 기간을 이용하면 실비로 백신을 맞출 수 있습니다. 자세한 시기는 지역 구청에 문의하면 됩니다.

02 중성화 수술이 궁금해요

선생님이 도와줄게요

- 중성화에 대해서는 의견이 분분한데요. 중성화의 정확한 의미와 고양이의 신체와 심리에 어떤 영향을 끼치는 영향에 대해 알아보도록 해요.
- 중성화 수술이 고양이의 건강을 좌우하는 아주 중요한 요인인 만큼, 수술 시기와 주의사항에 대해서도 꼼꼼하게 살펴봅시다.

🐾 고양이 발정

중성화란 고양이의 성 성숙 이후 나타나는 발정 증상 및 원치 않는 임신을 막고 질병을 예방하기 위해서 시행하는 수술입니다. 중성화 수술을 하지 않으면 봄, 가을 발정기에 짝을 찾아 집을 나가거나, 여러 마리를 함께 키울 때 행동 문제가 야기될 수 있습니다. 개체차가 있지만 고양이의 발정 증상은 대체로 강하기 때문에 중성화 없이 키우기 어려운 경우가 많습니다. 또 나이가 들었을 때 여성, 남성 질환에 노출되는 가능성이 높아집니다.

여자 고양이의 경우 2차 성징이 끝나고 나면 발정이 도래합니다. 이때 특유의 아기 울음소리로 울어대는데, 이것을 콜링(calling)이라고 합니다. 문제는 고양이가 교미 배란 동물이기 때문에 이 콜링 증상이 굉장히 오래 지속된다는 것입니다. 개에서처럼 2주 정

도 1년에 2번 정도면 그럭저럭 견딜 만 할텐데, 고양이는 심한 경우에는 300일까지도 발정이 지속된 예도 있습니다. 교미 배란 동물이란 개나 사람과 같이 배란 전후에 발정이 일정 기간 지속되는 것과는 달리, 일단 발정이 오고 교미를 하면 배란이 되는 동물을 일컫습니다. 토끼나 고양이 등이 여기에 속하는데 고양이의 경우 2주 정도 발정 증상이 오고 난 후 잠시 잦아 들었다가 교미를 하지 않으면 다시 발정이 반복됩니다. 이 기간의 울음소리는 평소와는 달리 매우 크고 시끄럽기 때문에 주변에서 민원이 들어오는 일도 잦지요.

원치 않는 임신 역시 보호자라면 조절해주어야 합니다. 한 번에 여러 마리의 새끼를 출산하기 때문에 아무런 대비 없이 임신하게 되면 보호자가 다 책임질 수 없는 경우가 있습니다. 무책임한 출산은 엄마와 아기 고양이를 불행하게 만들 수도 있습니다.

남자 고양이는 성 성숙 이후 집 안 이곳저곳에 영역 표시를 하게 되는데, 이를 스프레이(spray)라고 합니다. 주로 세로 형태의 물건(문, 탁자 기둥, 벽 모서리 등)에 꼬리를 세우고 분비물을 분사합니다. 문제는 이 냄새가 엄청 지독하다는 것이죠. 일단 스프레이를 하기 시작하면 이후에 중성화를 하더라도 특유의 냄새는 조금 줄어들지만, 스프레이를 하는 행위 자체를 전적으로 막을 수는 없기 때문에 적절한 시기에 중성화를 하는 것을 권장합니다.

🐾 질병을 예방하기 위한 중성화

중성화의 가장 큰 이점은 성 호르몬 노출에 따른 질병을 예방해줄 수 있다는 점입니다.

여자 고양이의 경우 발정이 반복되어 장년기 이상이 되면 여성 질환이 많이 발생하게 되는데, 중성화를 통해 여성 호르몬의 노출을 줄여서 이를 예방하는 효과도 있습니다. 여기에는 유선염, 자궁축농증, 유선종양 등 다양한 여성 질환이 포함되는데, 유선종양은 개와는 달리 악성종양(암)인 경우가 많기 때문에 훨씬 위험합니다. 조기에 중성화를 하는 경우 악성 유선종양의 발생률을 현저히 줄일 수 있고, 중성화 자체가 자궁, 난소 등을 절제하기 때문에 자궁축농증, 난소낭종 등은 완벽히 제어할 수 있습니다.

여자 고양이와 마찬가지로 수컷의 경우도 남성 호르몬에 오랜 시간 노출되면 장년기 이후 고환암, 전립선 비대, 탈장 등 다양한 남성 질환이 나타날 수 있기 때문에, 중성화를 통해 예방할 수 있습니다.

🐾 여자 고양이의 중성화 수술

여자 고양이의 중성화는 난소 자궁 적출술(OHE)이라고 하는데, 개복 후 양쪽 난소 및 자궁을 제거하는 수술을 시행합니다. 당연히 전신 마취가 필요하며, 마취의 심도 및 지속 시간을 고려하여 호흡마취하는 것을 권장합니다. 흔히 하는 수술이긴 하지만 통증지수는 상당히 높은 수술로 마취 회복 및 통증 관리를 위해 입원하는 것이 권장됩니다.

🐾 남자 고양이의 중성화 수술

남자 고양이의 수술은 고환 사이를 절개한 후 양쪽 고환을 제거하는 방식으로 이루어집니다. 피부 절개만 시행하기 때문에 수술 시간은 5분 남짓으로 매우 짧고, 당일 퇴원이 가능합니다.

남자 고양이
- 집 안에 스프레이 하는 것을 막을 수 있다.
- 발정 스트레스를 줄여줄 수 있다.
- 집을 나가는 것을 막을 수 있다.
- 고환암, 전립선 비대, 탈장 등을 예방하거나 줄여줄 수 있다.

여자 고양이
- 발정기에 시끄럽게 우는 증상을 막을 수 있다.
- 발정 스트레스를 줄여줄 수 있다.
- 원치 않는 임신을 예방할 수 있다.
- 유선염, 자궁축농증, 유선종양 등의 발생을 예방할 수 있다.

🐾 중성화, 우리 고양이에게 좋을까?

많은 고양이가 발정 증상이 심하기 때문에 대체로 중성화를 선택하지만, 중성화가 마냥 좋은 것은 아닙니다. 일단 고양이에게 중성화에 대한 의사를 물어보지 못한 상태로 집사가 마음대로 생식 능력을 빼앗는 것에 대한 반감이 있을 수 있습니다.

하지만 이 부분에 대해서는 '반려동물로서의 고양이 입장'도 고려해야 한다고 생각됩니다. 본능

중성화의 단점

- 대사율이 떨어지면서 살이 찐다.
- 생식능력을 다시 회복할 수 없다.
- 너무 어린 시기에 시행하는 경우 비뇨기 질환에 취약하다.

에 따라 발정이 오는 데도 짝을 찾아 떠날 수도 없고 매번 교미할 수도 없습니다. 발정이 오는 그 자체가 신체적으로나 심리적으로 큰 스트레스가 되지요. 실제로 일부 질환에서는 발정기 스트레스를 줄여주기 위해서 중성화를 시행하는 것을 필수로 권장하고 있습니다. 즉, 발정이 오지 않는 것이 고양이에게 신체적인 스트레스 상황을 줄여주는 것입니다.

수술을 할 경우 마취에 대한 두려움도 있습니다. 중성화 수술에 대한 대다수 수의사의 숙련도는 매우 높은 편이지만, 모든 경우에 있어 마취는 일정 부분 위험합니다. 따라서 마취 전 검사는 철저히 하는 것이 좋고, 마취 기법도 최대한 안정성을 확보하는 방법을 선택해야 합니다. 고양이의 스트레스를 걱정하여 수술 후 최대한 빨리 데려가고 싶어하는 보호자도 있는데, 수술 후 너무 빨리 퇴원을 하는 것은 위험하다고 생각됩니다. 마취에서 완전히 회복되고, 여타의 활력 징후(혈압, 체온 등의 바이탈 사인, vital sign)가 안정될 때까지 병원에서 관리하는 편이 안전합니다. 예를 들어 비슷한 개복 수술을 받는 사람도 며칠씩 입원하는 경우가 많습니다. 고양이가 안정하다면 굳이 길게 입원할 필요는 없지만, 비몽사몽한 고양이를 집에 데려가는

중성화 수술 시 보호자가 주의해야 할 점

- 수술 전에는 12시간가량 금식이 필요합니다.
- 수술 후에도 6~12시간 정도 금식을 시킵니다. 대신 이 기간동안 수액을 맞을 수 있습니다.
- 체온이 떨어지지 않도록 주의해주세요.
- 수술 후에는 까슬까슬한 고양이 혀로 환부를 그루밍하지 못하도록 철저히 관리해야 합니다.
- 넥 칼라나 환묘복을 입히는데, 다음 장을 참고합니다.
- 투약을 철저히 하여 환부에 염증이 발생하지 않도록 합니다.
- 투약이 어렵다면 투약이 쉬운 물약이나, 주사제로 대체 가능합니다.
- 실밥을 제거할 때까지는 목욕을 시키면 안 됩니다.

것은 위험할 수 있습니다.

중성화를 시행하면 성 호르몬이 감소되어 여러 발정 증상을 줄여주지만, 동시에 성장 호르몬 등 여타 호르몬에 영향을 주면서 대사율을 떨어뜨리게 됩니다. 또한 포만감이 일부 저하되어 식욕은 항진될 수 있습니다. 이 때문에 중성화 이후 고양이가 살이 찔 수 있습니다. 원래 성 성숙이 지나는 시점부터 대사율 감소가 있기 때문에 중성화를 하지 않는 경우에도 살이 찔 수 있는 시기인데, 중성화까지 하고 나면 더욱 체중이 증가하는 경우가 흔합니다. 때문에 기본적으로 성묘용 사료나 중성화된 고양이를 위한 사료로 교체하고, 1주 단위로 체중을 재서 체중이 늘어나는 경향이 뚜렷한 경우 급여량을 10% 정도 줄여줄 수 있습니다. 이후에도 체중이 증가하는 경우에는 앞서 알려드린 '고양이의 이상적인 체형은 무엇인가요' 편(131쪽), '다이어트가 필요해요' 편(159쪽)을 참고해 식이관리를 해줍니다. 보호자의 관리를 통해 적절한 체형을 유지해 준다면 큰 문제는 없습니다.

너무 일찍 중성화 수술을 시행하는 경우 비뇨기 성장이 저하되어 요도 직경이 상대적으로 좁을 수 있습니다. 가뜩이나 (남자) 고양이들은 비뇨기 질환에 취약한데 말이죠. 때문에 너무 어린 연령에 중성화를 시행하는 것은 피해야 합니다. 또한 중성화 수술 이후 비만 역시 비뇨기 질환의 발생을 부채질하기 때문에 체중관리를 같이 해 주어야 합니다.

🐾 적절한 중성화 시기

너무 이른 중성화의 폐해를 알아보았는데요. 또 너무 늦게 중성화를 시행하는 경우 중성화의 이점이 줄어듭니다. 남자 고양이라면 이미 스프레이를 배워버려서 중성화를 해도 계속 온 집 안에 오줌을 뿌리고 다닌다거나, 여자 고양이라면 유선종양 등 여성 질환 예방의 이점이 감소하게 됩니다. 이론상으로는 3~4개월 이후부터 가능하다고 하기도 합니다만, 되도록 최소 5개월은 넘기는 것을 권장합니다. 충분히 자랐다면 발정 증상이 나타나기 전에 수술을 하는 것이 적당합니다. 여타의 이유로 나이가 훨씬 든 이후에 중성화를 하는 경우에도 발정에 따른 여러 증상이 줄어드는 등 예방적 이점이 있지만 충분하지는 않을 수도 있습니다.

사람들도 저마다 2차 성징 시기가 다른 것처럼 중성화 적기에는 개체차가 있습니다. 같은 연령에 비해 체구가 작거나, 생식기 발달에 문제가 있거나 아픈 경우 중성화를 늦춰서 시행하는 것이 좋습니다. 반면 엄마 고양이가 너무 잘 키워서 튼실하거나, 집에 다른 성별의 고양이가 있어서 발정이 일찍 도래하거나 임신의 우려가 큰 경우에는 상대적으로 조금 빨리 중성화를 시행할 수 있습니다.

집에서 할 수 있는 간호법

고양이가 아프면 동물병원을 찾아야겠지만, 약을 먹이거나 밥을 먹이고 환부를 소독하는 일은 보호자의 몫인 경우가 많습니다. 또 당장 상처가 생기거나 하면 집에서 직접 소독해줄 수 있습니다. 고양이 간호, 어떻게 하는지 알아봅시다.

01. 고양이 약 먹이기에도 노하우가 있어요

선생님이 도와줄게요

고양이 약 먹이기는 보통 어려운 일이 아닙니다. 조금만 약의 쓴 맛이 느껴져도 몇 시간씩 침을 줄줄 흘리고 다니고, 이후에 다시 약을 먹이려고 하면 호랑이가 되곤 합니다. 하지만 안타깝게도 나이가 들어서 만성 질환 등이 나타나면 수 년 씩 매일 투약을 해야 할 수도 있습니다. 다음의 방법을 참조하여 노련하게 투약하는 집사가 되어 봅시다.

🐾 철저한 준비가 필요

고양이에게 약을 먹이기 전, 집사는 조용히 모든 준비를 마칩니다. 고양이를 탁자 같이 살짝 높은 곳에 올린 상태로 약을 먹이는 것이 좋습니다. 뺨을 쓰다듬으며 안정을 취해준 후 투약은 재빨리 합니다. 고양이 약 먹이기의 기본은 과감하고, 신속하게 약을 먹이는 것입니다. 주저하다가 약의 쓴 맛이 노출되면 점점 투약하기가 어려워집니다. 약을 먹인 직후 간식을 하나 주거나 좋아하는 습식 사료를 코에 묻혀주면 쓴 맛도 덜어줄 수 있습니다. 물론 포상의 기능도 가집니다. 소화기 질환 등 일부 질환에서는 간식을 주면 안 되기 때문에, 미리 잘 확인합니다.

🐾 주사기로 가루약 먹이기

준비물
- 주사기(바늘 없음)
- 처방 받은 가루약
- 깨끗한 컵(혹은 종이컵)

주의사항
- 고전적인 방식으로 정량을 먹일 수 있는 장점이 있습니다.
- 하지만 쓴맛이 너무 잘 느껴지기 때문에 고양이들이 싫어하는 경우가 많습니다.
- 아주 어린 고양이에게 시도하면 좋은 방법입니다.
- 이 요령으로 나중에 고양이에게 물이나 유동식을 먹일 수도 있기 때문에 방법을 잘 알아두면 좋습니다.

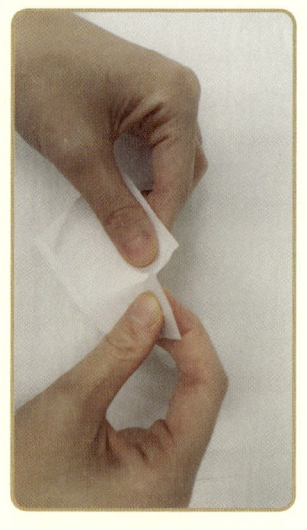
1. 주사약 봉지 윗부분을 절취합니다.

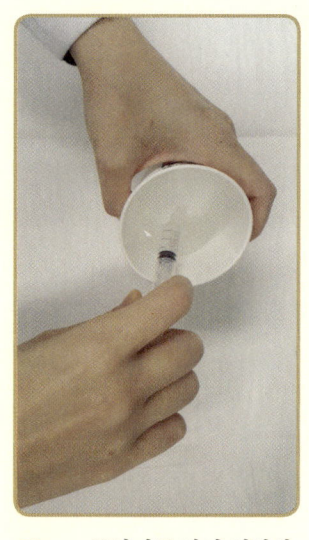
2. 주사기를 당겨 적당한 양으로 조절합니다.

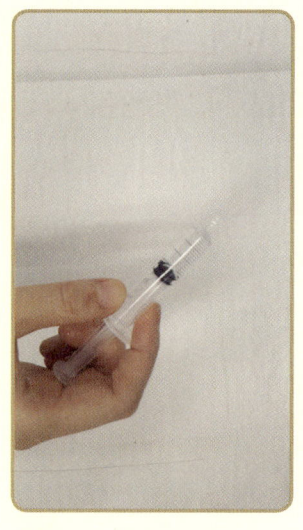
3. 주사기에 물이 잘 들어왔는지 확인합니다.

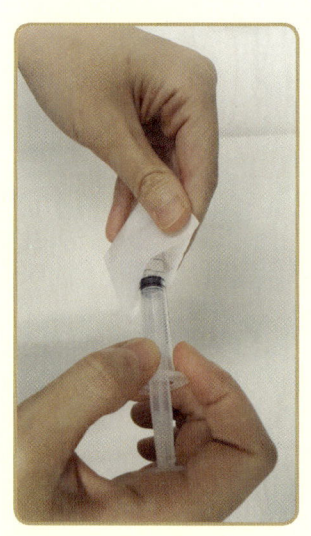
4. 약 봉지에 주사기의 물을 넣고 잘 섞어줍니다.

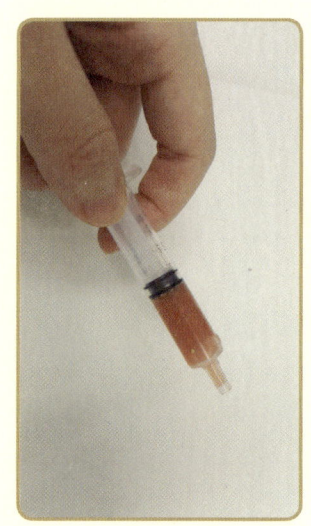
5. 녹인 약을 주사기로 다시 빨아들여 먹이기 쉽게 준비해줍니다.

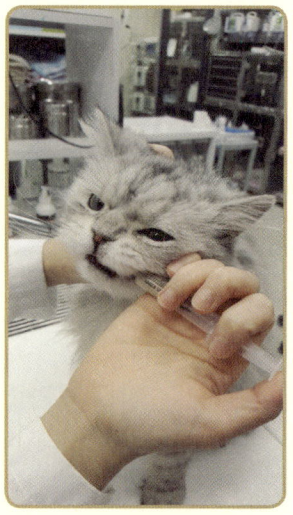
6. 굳이 입을 벌리지 말고, 입 옆쪽으로 주사기를 꽂은 뒤 조금씩 약을 흘려줍니다. 반대쪽 손으로 목을 가볍게 잡아서 보정합니다.

chapter 3. 집에서 할 수 있는 간호법 • 239

🐾 맛있는 음식에 섞어 먹이기

캔 사료나 간식 캔 등 맛있는 음식에 섞어서 먹이는 방법입니다. 어린 고양이나 입맛이 까다롭지 않은 고양이에게는 대체로 잘 통하는 방법이고, 가장 손쉬운 방법이기도 합니다.

하지만 알 것 다 아는 성묘에게는 통하지 않을 수 있습니다. 캔 속에 섞인 쓴 맛을 알아채고 거품을 게워내는데, 심각한 경우에는 하루 종일 침을 주렁주렁 매달고 다닐 수도 있습니다. 또 이후에는 약을 섞어줬던 캔은 전혀 안 먹거나 해당 접시에 주는 음식에는 접근하지 않는 경우도 있습니다. 게다가 소화기 질환 등 식이제한이 필요한 경우에는 쓸 수 없는 방법입니다.

가루약을 사료에 한 번에 다 섞어버리는 경우도 있는데, 이런 방법은 위험합니다. 몸도 아픈데 사료에서 쓴 맛도 나기 때문에 밥을 먹지 않을 수 있습니다. 약은 약대로 정량을 먹지 못하게 될 가능성이 높은데, 항생제와 같은 일부 약은 정량을 섭취하지 못하면 효능은 없을 뿐 아니라 내성만 발현되는 안 먹느니만 못한 경우가 생길 수도 있습니다. 따라서 사료와는 별도의 간식이나 섞어 먹일 수 있는 것에 소량을 먼저 섞어서 먹여본 후 이런 방법으로 투약할 지를 결정합니다.

TIP. 약이 너무 써요!

약을 먹은 직후에는 고양이를 칭찬해 주세요. 가능한 경우 맛있는 것을 즉시 주어서 쓴 맛을 감소시켜 주는 것이 좋습니다.

🐾 약용 캡슐에 넣어서 먹이기

가루약 투약이 너무 어렵다면 동물병원에서 약용 캡슐을 받아올 수 있습니다. 가루약 봉지 윗부분을 절취하고, 세로로 연 다음 캡슐 안에 내용물을 집어넣습니다. 이후에는 다음 장의 알약 먹이기와 동일한 방식으로 급여합니다.

약을 쥔 반대 손으로 송곳니 부분을 잡고 고개를 약간 들어 줍니다. 반대 손으로 재빠르게 알약을 목 깊숙이 넣고 입을 닫아 줍니다. 알약을 삼킬 수 있도록 목을 문질러 주거나 코를 살짝 불어줄 수 있습니다.

🐾 손으로 알약 먹이는 방법

1. 고양이 얼굴을 약간 들어 올린 상태에서 잘 쓰다듬어 줍니다.
2. 왼손으로 고양이의 위 턱 송곳니를 잡고 입을 살짝 벌려줍니다.

3. 오른손 엄지와 집게로 알약(혹은 캡슐)을 잡고, 셋째 손가락으로 아래 턱 가운데를 살짝 눌러 입을 벌린 후 잽싸게 알약을 입 안에 깊게 집어넣습니다. 이때 혀 뿌리 정도까지 깊숙히 알약을 집어넣는 게 포인트입니다.
4. 재빨리 입을 닫아 줍니다.
5. 입을 닫은 이후에는 목을 쓰다듬어 주거나, 코에 바람을 '후'하고 살짝 불어서 꿀꺽 잘 삼키도록 유도합니다.
6. 고양이가 혀를 날름거리면, 살짝 입을 벌려 약을 잘 먹었는지 확인합시다.

* 오른손잡이 기준으로 설명했습니다. 왼손잡이일 경우 반대 손으로 시행해주세요.

🐾 알약 보조제를 이용하는 방법

알약을 끼워서 먹일 수 있도록 고안된 제품도 있습니다. 이런 제품이 있다는 것 자체가 고양이에게 약을 먹이기가 얼마나 어려운지 알려주는 셈입니다. 일부 고양이들은 이런 제품을 이용하면 쉽게 약을 먹일 수 있습니다. 하지만 이미 간식에 많이 길들여져 있는 고양이는 이 정도 유혹에는 넘어가지 않을 가능성이 높습니다. 또 소화기 질환이 있거나 특정 질환의 경우에는 사용할 수 없을 수 있으니, 약을 처방받았을 때 수의사에게 문의합시다.

 **입 안에 아직 약이 남아 있는데 어떡해요?**

때로 약이 넘어가지 않고 입 구석에 남아 있는 경우도 있습니다. 이때에는 얼른 약을 꺼낸 후 고양이를 쓰다듬어 주고 안정시킨 뒤 다시 시도합니다.

🐾 투약기로 알약 먹이기

알약을 손으로 먹이려니 물릴까봐 무섭다면 투약기를 이용할 수도 있습니다. 주사기 같이 생긴 끝에 알약을 끼운 뒤 입에 적당히 넣고 쏘아 주면 알약이 깊숙히 들어갈 수 있도록 고안되어 있습니다. 기본적인 요령은 손으로 먹이는 것과 동일하게 하되, 앞서 설명한 오른손의 역할을 투약기가 대체하는 식으로 적용하면 됩니다.

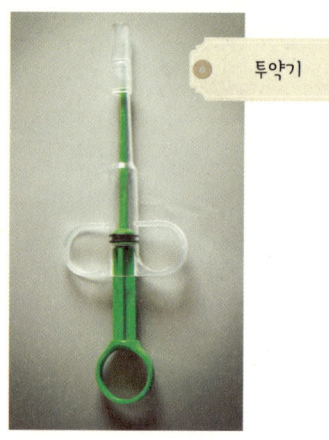

투약기

🐾 고양이 전용 물약 먹이기

일부 약은 고양이 전용의 맛있는 물약 형태로 출시되어 있습니다. 일부 항생제, 소염제, 혈압약 등이 여기에 해당합니다. 하지만 안타깝게도 수의사가 처방하려고 하는 모든 약이 물약으로 대체될 수 있는 것은 아닙니다.

물약을 먹이는 요령은 가루약에서 주사기로 먹이는 요령과 동일하게 하면 됩니다. 맛있는 물약이라면 작은 스푼에 캔 사료와 소량 섞어서 줄 수 있습니다. 밥 전체에 섞는 것은 약을 전부 다 섭취하지 못할 가능성이 있으므로 좋지 않습니다.

02. 소독제나 연고, 안약은 어떻게 하나요?

선생님이 도와줄게요

동물병원에서 소독제나 연고 혹은 안약을 처방 받는 경우가 있는데, 의외로 고양이에게 발라주기 어려워하는 보호자들이 많습니다. 외용제를 쓰는 방법과 안약 넣는 방법에 대해 자세히 알아봅시다.

🐾 소독제와 연고 바르는 방법

• 소독제

소독제는 그대로 스프레이에 넣어서 뿌려줄 수도 있고, 탈지면에 적셔서 발라줄 수도 있습니다. 대부분의 소독제는 마르면서 소독 작용을 가지기 때문에, 적용한 이후 곧바로 닦아내서는 안 됩니다. 자연 건조시키거나, 헤어드라이기를 무서워하지 않는다면 시원한 바람으로 말려줄 수도 있습니다.

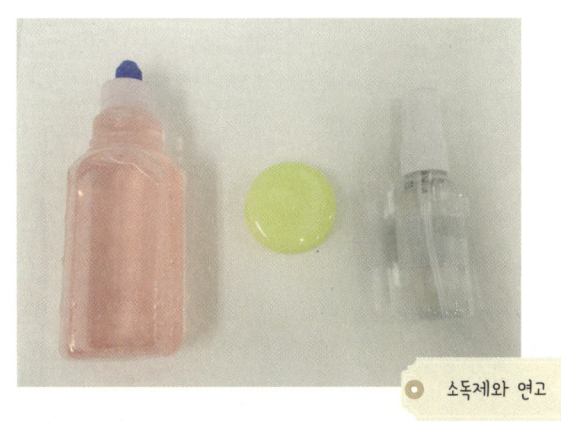

소독제와 연고

• 연고

연고는 면봉 등으로 조금 덜어서 얇게 도포해줍니다. 보호자의 손에 묻지 않도록 위생장갑을 끼는 것도 좋은 방법입니다. 소독제와 병용하는 경우에는 소독제가 충분히 마른 다음 그 위에 적용하면 됩니다.

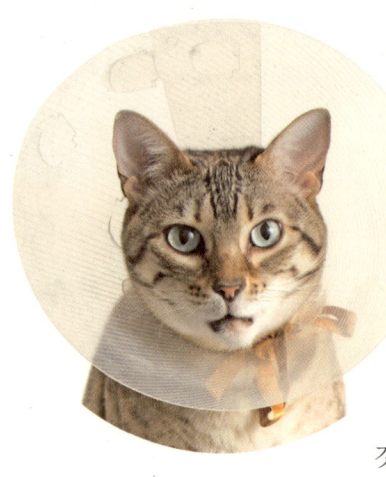

🐾 약 발라줄 때 주의사항

소독제와 연고는 적용 후 핥지 못하도록 하는 것이 중요합니다. 가장 좋은 것은 넥 칼라를 1시간 정도 씌워두는 것이지만, 대개의 고양이는 넥 칼라를 싫어하기 때문에 외용제가 흡수되는 동안 보호자가 고양이의 관심을 환부로부터 돌리는 것이 좋습니다. 천천히 쓰다듬어주거나, 밥이나 간식을 주는 것도 좋고, 낚싯대 같은 장난감으로 놀아주는 것도 좋은 방법입니다.

> **TIP. 넥 칼라 만들어주기**
> 넥 칼라, 집에서도 만들어줄 수 있어요. 411쪽을 참고합시다!

🐾 눈에 안약 넣는 방법

고양이 안약 넣기는 대체로 까다로운 편은 아니지만, 일부 고양이들은 예민하게 반응할 수도 있으니 주의가 필요합니다.

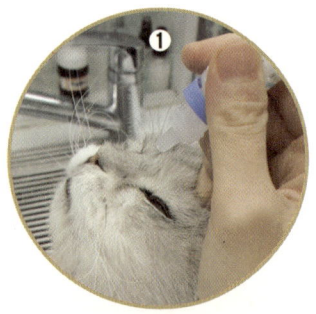

1. 고양이를 탁자 위에 올려 놓은 후 고개를 살짝 들어 올린 상태에서 뺨을 쓰다듬어 주며 안정을 취하게 합니다.

2. 오른손잡이 기준으로 왼손으로 턱을 살짝 잡아 보정한 후, 오른손으로 안약을 잡고 점안합니다. 앞쪽에서 접근하지 않고 뒤통수에서 눈 쪽으로 접근합니다. 이마에 살짝 손을 대고 그대로 위로 살짝 올려서 눈꺼풀이 들어올려지면 한 방울 점안하면 됩니다. 점안은 많이 할 필요 없이 한 방울만 점안하세요.

> **TIP.**
> 탁자 같은 곳에 고양이를 올려놓고 안약을 점안하면 편리합니다

03. 넥 칼라와 환묘복을 만들어요

선생님이 도와줄게요

- 고양이들은 그루밍을 참 좋아합니다. 덕분에 목욕을 자주 시키지 않아도 깨끗하고 반들반들한 털을 유지할 수 있지요. 하지만 안과 질환, 중성화를 비롯한 수술, 피부병에 걸리거나 상처가 발생한 경우 이런 그루밍 습성이 치료를 어렵게 만듭니다. 고양이는 아플수록 더 열심히 핥지만, 그럴수록 환부는 오염되고, 벌어지기 때문입니다.

🐾 넥 칼라가 필요할 때

실제로 제가 근무하고 있는 병원에 찾아온 고양이 중에는 이런 예가 있었습니다. 다른 곳에서 여자 아이 중성화를 시행했는데, 수술이 잘못된 것 같다고 보호자분이 몹시 화가 나 있었습니다. 병력을 자세히 들어보니, 이런! 넥 칼라의 크기가 고양이의 유연성을 감당하기에는 턱없이 작아서 고양이가 환부를 열심히 핥았던 것입니다. 덕분에 수술 부위에 심각한 2차 감염이 발생하여, 환부를 도려내고 재봉합을 해야 했습니다.

'고양이 액체설'이라는 말이 있을 정도로 고양이의 유연성은 사람의 예상을 뛰어넘곤 합니다. 또 환부를 핥는 것을 보호자가 싫어하는 것을 알기 때문에 아주 조용히, 몰래 그루밍을 합니다. 이렇게 해서 환부가 오염되는 경우, 치료를 더디게 할 뿐 아니라 위의 예에서처럼 봉합을 다시 하거나, 중감염이 되어 입원 치료를 받아야 되는 경우도 생길 수 있습니다.

때문에 고양이가 핥지 못하도록 필요한 경우 넥 칼라를 씌워두는 것입니다. 넥 칼라(neck-collar)란 말 그대로 목 부위에 동그란 칼라를 씌워서 고양이의 환부에 혀가 닿지 못하도록 하는 것입니다. 엘리자베스 칼라(Elizabeth collar, E-collar)라고도 합니다. 영국 여왕의 목 주변을 장식했던 넓은 칼라를 닮아서 생긴 이름이지요.

환부를 핥으면 나쁜 균들에게 감염될 수도 있어요!

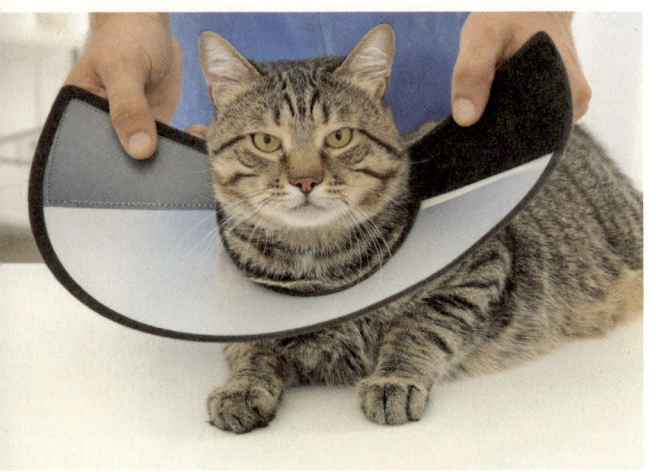

넥 칼라를 싫어하는 고양이들의 습성

문제는 고양이들이 넥 칼라 착용을 무지하게 싫어한다는 점입니다. 평소 목걸이나 옷을 많이 착용해보았거나, 무딘한 친구들은 제법 잘 견딥니다. 하지만 원래 이물이 몸에 붙으면 얼어 붙어버리거나, 떼어내려고 하는 습성이 있기 때문에, 많은 고양이들은 넥 칼라를 매우 싫어합니다. 때문에 넥 칼라를 사용해야 하는 경우에는 고양이의 특성에 잘 맞는 것을 선택하거나, 만들어줄 수 있습니다.

일반적으로 현재 사용하고 있는 칼라의 종류는 세 가지입니다. 플라스틱 넥 칼라, 천 넥 칼라, 도넛 모양 링 넥 칼라가 있습니다.

넥 칼라의 종류와 특성

• 플라스틱 넥 칼라

가장 흔하게 구할 수 있는 제품으로, 제일 저렴합니다. 핥지 못하게 하는 넥 칼라 본연의 기능으로는 가장 뛰어납니다. 무딘한 친구들은 몇 시간이 지나면 적응하지만, 섬세한 고양이들에게는 가장 스트레스를 줄 수 있는 형태입니다.

움직일 때마다 단단한 앞쪽 모서리가 여기저기 부딪히기 때문에 활동에 장애를 받습니다. 이런 경우 다른 넥 칼라를 적용해 보는 것이 좋습니다. 피부가 예민한 고양이는 목 부위가 스칠 수 있기 때문에 천을 덧대줄 수 있습니다.

플라스틱 넥 칼라

• 천 넥 칼라

다음은 천 넥 칼라입니다. 플라스틱 제재의 단단함을 해소하기 위해 천을 쓴 것이지요. 혀가 닿으면 안 되는 부분이 발끝에 있는 경우, 넓은 천 넥 칼라를 사용하는 것이 좋습니다. 가까운 부위에 병소가 있다면 도톰한 재질의 천 넥 칼라를 쓸 수 있습니다. 이런 경우 환부에 입이 닿는지 꼭 체크해주세요. 천 넥 칼라의 단점은 밥이나 물을 먹으면 쉽게 오염되고 눅눅해져서 목 주변에 피부병이 생길 수 있다는 점을 꼽을 수 있습니다. 때문에 여벌을 준비해서 갈아주면서 쓰는 것이 좋습니다. 넥 칼라로서의 기능은 아무래도 플라스틱 넥 칼라보다 떨어집니다.

천 넥 칼라

• **도넛 넥 칼라**

마지막으로 링 모양의 도넛 넥 칼라입니다. 개들에게는 참 효과적입니다만, 고양이는 너무 유연하기 때문에 어깨나 등, 가슴 정도 부위에만 적용 가능합니다. 하지만 시야를 가장 가리지 않는다는 장점도 있습니다.

도넛 넥 칼라

👣 넥 칼라 대신 환묘복을 사용하기

이렇게 넥 칼라를 씌우지 않고, 환부를 옷처럼 입히는 방법을 쓸 수도 있습니다. 이런 것을 환자복이 아닌, '환묘복'이라고 하죠. 옷을 입어본 경험이 있는 고양이라면 특히 쉽게 적응합니다.

다만 환묘복은 천으로 되어 있기 때문에 그 위로도 고양이가 열심히 핥는다면 젖을 수 있어서 오염의 위험성이 있습니다. 환묘복 위를 핥는다면 처음에는 수일 간 넥 칼라를 병행해야 할 수 있습니다. 또 남자 고양이 중성화 수술의 경우, 수술 위치 때문에 환묘복을 입히는 것이 어려울 수 있습니다.

🐾 환묘복 만들기

준비물
- 깨끗한 천
- 가위

주의사항
- 집사가 안 입는 옷으로도 환묘복을 만들 수 있어요.
- 천은 반드시 깨끗해야 합니다.

환묘복은 아이의 체형에 맞추어 기성품을 살 수도 있고, 집에서 간단하게 만들 수도 있답니다. 늘어나는 재질의 옷의 팔 부분, 바지나 토시 등을 이용해 아래처럼 구멍을 내어주면 됩니다. 이때 너무 딱 맞아서 숨 쉬기 힘들거나, 구멍이 있는 부분의 피부가 스치지 않는지 주의해야 합니다. 헐렁한 경우에는 환묘복으로서 전혀 기능할 수 없으니, 몸에 딱 달라붙되 손가락 한두 개 정도의 여유가 있도록 만드는 것이 좋습니다.

1. 고양이 몸통 크기의 천을 준비합니다. 이때 천은 원통 모양으로 잘려 있고 옆구리가 막혀 있어야 합니다.

2. 머리 부분은 터틀넥 티셔츠처럼 충분히 여유 있게 접어줍니다.

3. 앞쪽 모서리에 양쪽 앞 다리가 들어갈 수 있는 구멍을 잘라줍니다. 너무 여유 있게 자르면 헐렁해지므로 조금만 자르세요. 옷을 입혀본 이후에 환부가 끼이거나 스친다면, 살짝 잘라서 구멍을 넓혀줍니다.

4. 다리가 들어갈 부분도 접어줍니다. 이쪽은 머리에 비해서는 여유를 적게 잡아도 충분합니다. 혹은 2단계까지 하고 입혀본 상태에서 뒷다리 쪽 구멍을 잘라줘도 됩니다. 다만 이때 피부에 상처가 나지 않도록 주의해야겠지요?

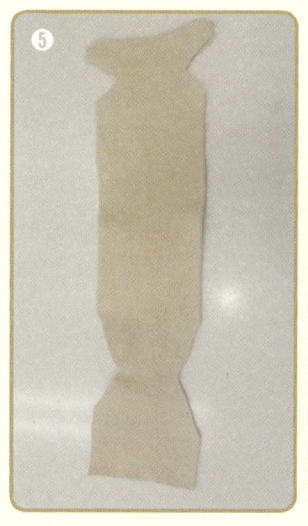 

5. 뒷다리 쪽 구멍까지 내면 이런 형태의 옷이 완성됩니다. 이 상태로 입힐 수도 있는데 이때 아래쪽이 너무 내려와서 소변이 묻을 우려가 있다면 아래 사진처럼 배 부분을 잘라줄 수 있습니다.

6. 환묘복을 입히고 만세 자세를 취해서 배 쪽을 확인해보세요. 배 뇨가 묻지 않고, 환부가 보이지 않을 정도로 잘라줍니다. 입힌 상태에서 피부에 상처가 나지 않도록 유의하며 살살 당겨서 자르거나, 표시 후에 옷을 벗긴 다음에 잘라줘도 됩니다.

PART 4

고양이 질병 증상별 진료실

호흡기와 심장

눈을 감고 고양이의 숨소리를 한번 떠올려볼까요? 아마 어떤 소리가 나는지 잘 떠오르지 않을 겁니다. 고양이는 숨소리는 조용하고 나긋하며, 질병이 있는 경우에도 티가 나지 않는 경우가 많습니다. 만약 우리 집 고양이가 강아지처럼 헥헥거린다거나 숨소리가 거칠다면, 혹은 기침이나 재채기를 한다면 그 고양이는 호흡기나 심장 질환이 있을 가능성이 높습니다. 아래 표를 체크해보고, 각 증상에 따른 관리법을 함께 알아보도록 합시다.

위협할 수 있는 고양이의 호흡 징후들

증상	체크
기침이 잦다.	🐱
안정 시에 호흡수가 빨라졌다(안정 시 1분에 대략 20~30회 수준이나 40회를 초과함).	
입을 벌리고 호흡한다.	
입술이나 혀의 점막색이 원래의 예쁜 핑크색을 잃고 보랏빛을 띠거나 창백해졌다.	

* 주의사항
- 위 사항이 하나라도 체크되었다면, 즉시 병원에 내원하세요.
- 이 과정에서 고양이를 흥분시키지 않도록 안정시켜 데려오는 것이 중요합니다.

01 고양이의 호흡 이상을 알아보아요

선생님이 도와줄게요

- 고양이의 호흡은 대체로 조용합니다. 얼굴이 납작한 고양이는 호흡기
- 도가 짧기 때문에 상대적으로 약간 호흡음이 들릴 수 있지만, 비교적
- 조용하고 평온하게 들립니다. 따라서 고양이의 숨소리 변화를 알아차
- 리는 것을 눈치 채기가 힘든데요. 집사는 이를 세심하게 관찰해야 합
- 니다. 고양이의 호흡을 체크하는 방법을 미리 알아둡시다.

🐾 고양이 숨소리 파악하기

물론 정상에서도 특유의 소리를 낼 수도 있습니다. 고양이가 기분이 좋을 때 "고르르, 가르릉~" 하는 식의 소리를 내는 것은 정상 소리의 하나인 '퍼링(purring)'일 수 있습니다. 또 위협을 하거나 할 때 귀를 납작하게 눕히고 내는 "그르렁, 으르렁~" 소리도 정상입니다. 이런 소리들은 기본적으로 일시적이고, 보호자가 관찰하기에 고양이가 호흡곤란을 겪고 있는 것으로는 보이지 않습니다.

🐾 호흡수로 진단하기

고양이의 호흡곤란은 개에 비해서 눈치 채기가 어렵습니다. 곁에서 들었을 때 평소와 달리 호흡소리가 크게 들리거나 거친 경우 호흡 시에 복부나 흉부가 과도하게 움직이면서 어렵게 호흡하는 경우 호흡 이상을 의심해 볼 수 있습니다.

숨을 제대로 쉬지 못한다면 당연히 순식간에 위험한 상황이 벌어질 수 있기 때문에, 이런 호흡 이상이 있는 경우에는 쉬이 넘기지 말고 병원에서 검진을 받아보는 것을 추천합니다.

> **호흡수 제대로 측정하기**
> - 고양이가 자거나 완전히 편하게 있을 때 측정합니다(안정된 상황).
> - 배가 오르락 내리락 하는 것을 기준으로 1회 호흡을 측정합니다.
> - 호흡수가 1분에 20~30회를 넘는다면 비정상일 가능성이 높습니다.

> 고양이가 억지로 숨을 쉬려고 한다면 바로 동물병원에 가셔야 합니다!

🐾 이럴 땐 응급상황

특히 입을 벌리고 호흡하는 개구호흡이 있거나, 숨을 쉴 때마다 복부가 크게 들락날락하면서 노력성 호흡을 하는 경우, 입술이나 혀 색의 창백을 동반한 경우에는 응급일 수 있으니 머뭇거리지 않고 병원에 즉시 내원하는 것이 안전합니다. 그런데 이 과정에서 보호자가 허둥대다보면 고양이가 흥분해서 도리어 응급 상황이 올 수 있으므로 침착하게 안정적으로 이동하는 것이 중요합니다. 고양이를 평소 사용하던 담요 등으로 가볍게 감싸 안은 뒤 침착하게 이동장에 넣고 조용히 병원으로 이동합니다. 평소 고양이가 이동장을 친근하게 느낄 수 있도록 길을 들여놓는 것이 이럴 때 유용합니다.

🐾 호흡 이상의 원인

호흡 이상이 있는 경우, 증상만으로 원인을 진단할 수는 없습니다. 일부에서는 통증과 같이 여타의 질환이나 전신적인 상태로 인해 호흡 이상이 유발되기도 합니다. 다만 가장 흔한 원인들은 오른쪽과 같습니다. 이중 중요한 질환들을 다음 장부터 각각 자세히 살펴보도록 하겠습니다.

> **고양이 호흡을 비정상적으로 만드는 질병들**
> - 고양이 상부 호흡기 증후군(260쪽)
> - 기관지염(260쪽)
> - 천식(265쪽)
> - 감염성 혹은 면역성 폐렴(266쪽)
> - 비대성 심근병증(271쪽)
> - 흉수(355쪽)

고양이의 건강한 호흡을 체크하는 7단계 방법

숨 쉬기 힘들어서 헥헥거리는 냥이

• **이중 하나라도 해당이 된다면 미리 체크합시다!**

헥헥거리는 모든 고양이가 아픈 것은 아니지만, 아래와 같은 증상을 보이는 고양이에서 호흡기나 심장 질환이 발견되는 경우가 많습니다. 미리 체크해보고, 질병이 있다면 심화되기 전에 미리 관리하는 것이 중요합니다.

1. 호흡 소리는 조용해야 합니다. 심하게 쌕쌕, 그르렁 거리는 소리는 비정상입니다.
2. 호흡 시에 배가 쑥 들어가거나, 거칠거나 힘들게 호흡하면 비정상일 가능성이 있습니다.
3. 배가 올라갔다가 내려가는 것을 1번으로 셈해서 1분에 몇 번 호흡하는지 확인합니다.
4. 고양이의 정상 호흡수는 대체로 1분에 20~30회 정도입니다. 안정 시 호흡수가 정상 범위를 크게 초과한다면 문제가 있습니다.
5. 평온한 경우뿐 아니라 흥분한 경우에도 입을 벌리고 호흡(개구호흡)하면 이상이 있을 가능성이 있습니다.
6. 호흡이 힘들어 보이고, 특히 구강 점막이나 혀가 창백하다면 응급의 가능성이 높습니다. 병원에 즉시 내원해야 합니다.
7. 호흡에 문제가 있는 경우, 급성으로 사망할 가능성도 있기 때문에 이상이 있다고 생각되면 미리 검진을 받아보는 것이 안전합니다.

* 호흡 관찰 시 주의사항
- 호흡 관찰은 고양이가 잠을 자고 있거나, 편안하게 휴식하고 있는 상태에서 합니다.
- 평온한 상태에서 배가 자연스럽게 살짝, 오르락내리락하며 호흡해야 합니다.

02 칙칙! 고양이가 재채기를 해요

선생님이 도와줄게요

'에취' 하는 재채기와 '콜록콜록' 하는 기침은 사람에서도 사뭇 다르지요? 고양이도 재채기와 기침 소리가 다를 수 있습니다. 집사가 고양이 재채기를 단번에 알아차리는 방법, 재채기할 때의 특징과 원인, 해결책에 대해 알아보도록 하겠습니다.

 재채기와 기침 구별하기

재채기는 주로 "칙, 칙!" 하는 가벼운 소리를 내며, 맑은 콧물이 튀기도 합니다. 재채기는 코 안의 자극으로 나타는 경련성의 반사입니다. 반면 기침은 더 깊은 곳에서 나는 소리입니다. 인후두, 기도, 기관이나 기관지에 염증 산물, 이물 등이 있을 때에 이를 제거하기 위해서 빠르게 공기가 밖으로 뿜어져 나오면서 소리가 납니다. "컥컥.", "쿨럭!" 하는 소리가 동반되기도 합니다.

두 증상을 구분 없이 통칭해서 '기침'이라고 묘사하는 경우가 많은데, 실제로 두 증상의 원인 부위는 서로 다르기 때문에 본 편에서도 단원을 구분하도록 하겠습니다. 또한 병원에 내원하는 경우에도 증상을 구분해서 설명하면 진단에 도움이 됩니다.

TIP. 고양이가 내는 소리를 체크해요!

"칙, 칙!" 재채기 소리라면 이번 단원을, "컥컥, 쿨럭!" 기침 소리라면 '기침을 자꾸 해요' 편(265쪽)을 참조해주세요!

🐾 재채기의 원인

앞에서 구분한 바와 같이 재채기는 호흡기 중 주로 위쪽(코, 비강, 인후두부)에 질환이 발생해서 나타나는 증상입니다. 재채기를 하는 고양이의 80% 정도는 상부 호흡기 증후군이 원인입니다. 이 질환은 국내 고양이도 많은 수가 이환되어 있기 때문에 260쪽에서 좀 더 자세히 알아보기로 해요. 물론 상부 호흡기 증후군 이외에도 고양이에게 재채기를 유발하는 원인은 다양하게 존재합니다.

🐾 쉬지 않고 재채기를 할 때

어느 날 갑자기 재채기가 발생한 이후 쉬지 않고 재채기를 하고 콧물을 흘리는 경우에는 이물이 비강 내로 들어갔을 가능성도 있습니다. 이물이 코 안에 들어간 경우, 사람은 손을 이용해서 코를 풀거나 혹은 이물을 제거할 수도 있지만 고양이는 그럴 수가 없습니다. 가까이에서 흡인하는 형태로 냄새를 맡는 고양이의 특성 때문에 크고 작은 이물이 코 안으로 들어가기도 합니다. 이때는 쉬지 않고 콧물을 흘리고, 발작적인 재채기나 기침이 멈추질 않는 것이 특징입니다. 특히 이물이 적당한 위치에 안착한 경우 기침이 해소된 이후에는 수일에서 수개월 후 염증이 진행되면서 화농성 콧물 등이 유발될 수도 있습니다.

특히 마실을 다니는 외출 냥이들에게서 발생할 가능성이 높습니다. 외출 냥이는 비강 내 곰팡이 등 여타의 감염에도 취약합니다. 또 고양이 역시 알레르기나 감염성의 비염을 앓기도 하죠.

> **심한 재채기, 원인이 뭘까?**
> - 상부 호흡기 증후군 (원인의 80%)
> - 이물질이 비강 내로 들어간 경우
> - 알레르기, 감염성의 비염이 발생한 경우

🐾 나이 든 고양이가 재채기를 할 때

나이 든 고양이라면 비강 내 종양이 발생하는 경우도 심심치 않게 발생합니다. 때문에 일반적인

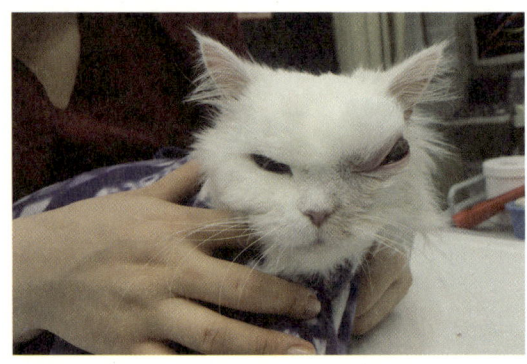
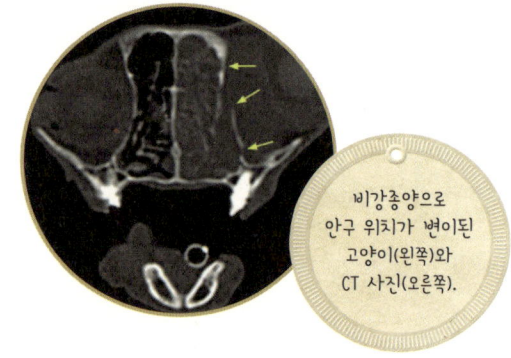

비강종양으로 안구 위치가 변이된 고양이(왼쪽)와 CT 사진(오른쪽).

치료에 반응하지 않거나, 증상이 심하거나 고양이의 나이가 많다면 심도 높은 진단 검사를 해야만 확진이 가능한 경우도 있습니다. 특히 비강을 비롯한 상부 호흡기계는 두개골에 둘러싸여 있기 때문에 일반적인 영상 검사로 잘 확인이 되지 않아, CT나 MRI 혹은 비강 내시경이 필요할 수 있습니다. 이때 세포학 검사, 조직 검사 및 미생물 검사 등이 동반되어야 하는 경우도 있습니다.

03 고양이 상부 호흡기 증후군을 알아보아요

선생님이 도와줄게요

쌀쌀한 계절이 되면 어김없이 찾아오는 '감기'. 사람의 감기와 비슷하게 고양이에서도 아주 흔하게 발생하는 호흡기 질환이 바로 고양이 상부 호흡기 증후군(Feline Upper Respiratory Syndrome, FURS)입니다. 재채기를 유발하는 주요한 원인이기도 해요.

🐾 고양이 상부 호흡기 증후군이란?

고양이 감기라 볼 수 있는 상부 호흡기 증후군, '상부' 호흡기라는 단어에서 알 수 있듯, 재채기나 콧물 등을 주로 유발하는 질환입니다. 심해지면 하부 호흡기까지 영향을 주고, 안과 증상도 흔하게 유발합니다. 고양이 상부 증후군은 왜 걸리게 되는 것일까요? 사람의 감기에서처럼 호흡기계 감염을 일으키는 원인체에 감염되기 때문입니다. 아래 표를 볼까요?

고양이 감기를 일으키는 감염체 종류

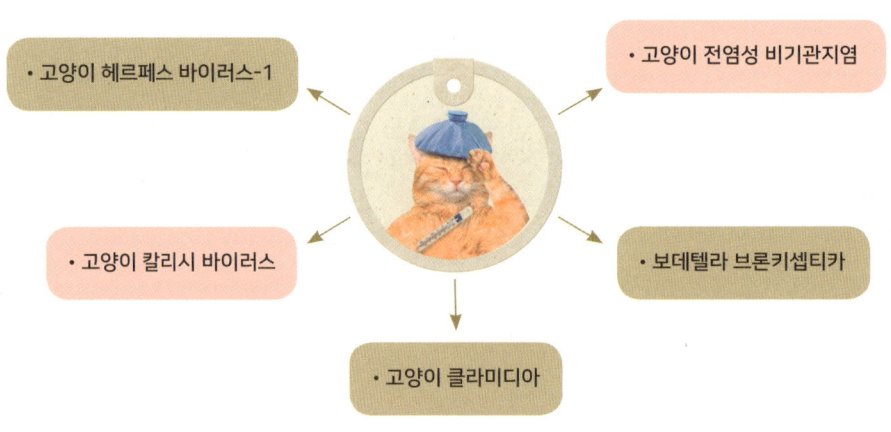

- 고양이 헤르페스 바이러스-1
- 고양이 전염성 비기관지염
- 고양이 칼리시 바이러스
- 보데텔라 브론키셉티카
- 고양이 클라미디아

* 상부 호흡기 증후군은 위와 같이 다양한 원인체(감염체) 중 한 가지 혹은 여러 개가 혼합 감염되어 발생합니다.

🐾 상부 호흡기 증후군의 증상

• 재채기를 심하게 하고 콧물이 나와요!

재채기, 콧물 등은 상부 호흡기 증후군의 기본적인 증상이니 꼭 체크하세요.

• 눈도 아플 수 있어요

재채기를 하면서 (주로) 한쪽 눈을 깜빡이거나 게슴츠레 뜨는 경우도 많습니다. 특히 허피스 바이러스 단독 감염 등에서는 호흡기 증상 없이 안과 증상만을 보이는 경우도 있어요. 이러한 이유는 주로 원인체 바이러스가 각막 표현을 손상시키면서 발생하는 각막염, 이차적인 각막궤양 등에 의한 경우가 많습니다. 이것 때문에 눈이 아픈 고양이가 오른쪽과 같은 증상을 보이기도 합니다. 다만 이러한 증상은 눈이 아플 때 공통적으로 보이는 증상이니 다른 안과 질환이 있는지 알아보아야 합니다.

> 한쪽 눈을 게슴츠레 뜨고 있는 고양이 환자.

• 증상이 심해지면?

증상이 심해지면 폐렴으로 진행되어 기침을 하기도 합니다. 콧물은 대체로 맑은 콧물이 조금씩 흐르는 정도예요. 하지만 콧물이 오래 지속되면 화농성의 누런 콧물이 나오기도 합니다. 또 콧물 증세가 심해지면 콧속 구조물 중 하나인 비갑개를 녹일 수도 있습니다.

🐾 반복적으로 재발

상부 호흡기 증후군의 또 하나의 특징은 바로 재발입니다. 주로 허피스 바이러스가 삼차 신경절에 잠복하다가, 스트레스 상황이나 면역력이 떨어진 경우에 증상이 유발됩니다. 사람에서도 반복적으로 입술 주변에 수포가 발생하는 경우가 비슷한 예인데요. 주변에 공사를 하거나, 친구가 집에 놀러오는 등 스트레스를 받은 이후 다시 재채기를 하거나 눈을 깜빡이는 증상이 반복될 수 있습니다.

특히 이렇게 잠복되어 있는 바이러스의 특징 때문에 겉으로는 멀쩡해 보이지만 실제로는 바이러스에 감염된 고양이들이 많이 있습니다. 이런 고양이를 통해 다른 고양이들이 감염되는 경우도 있기 때문에 주의가 필요합니다.

🐾 고양이가 임신을 계획하고 있다면 특히 주의

엄마 고양이가 건강해보이고 당장 증상을 보이지 않더라도, 임신이나 출산 과정에서 면역력이 약해지면서 증상이 나타날 수 있어요. 심지어 아이를 유산할 수도 있습니다. 성공적으로 출산한 경우에도 아기 고양이에게 상부 호흡기 증후군을 옮길 가능성이 큰데, 아주 어린 고양이에게는 사망률이 높기 때문에 조심해야 합니다.

따라서 임신, 출산을 계획하고 있다면 충분한 시간적 여유를 두고 미리 접종을 제대로 하는 것이 좋습니다. 엄마 고양이가 접종을 통해 충분한 항체를 가지고 있다면, 아기 고양이에게 충분한 수준의 '(모체 이행) 항체'를 물려줄 수 있어서 안전합니다.

🐾 병원에서 어떤 검사를 받아야 할까?

어떠한 원인체가 감염되었는지 확실히 진단하기 위해서는 PCR 검사 등이 필요합니다. 증상이 심하거나, 여러 마리의 고양이를 같이 키우는 경우라면 처음부터 정확히 검사하고 치료를 진행하는 편이 서로 간의 감염을 예방하기 위해 좋습니다. 하지만 이런 검사들은 비용이 들고, 하루 이상의 시간이 소요되는 경우가 많습니다. 때문에 증상이 심하지 않은 경우에는 임상 증상을 토대로 진단

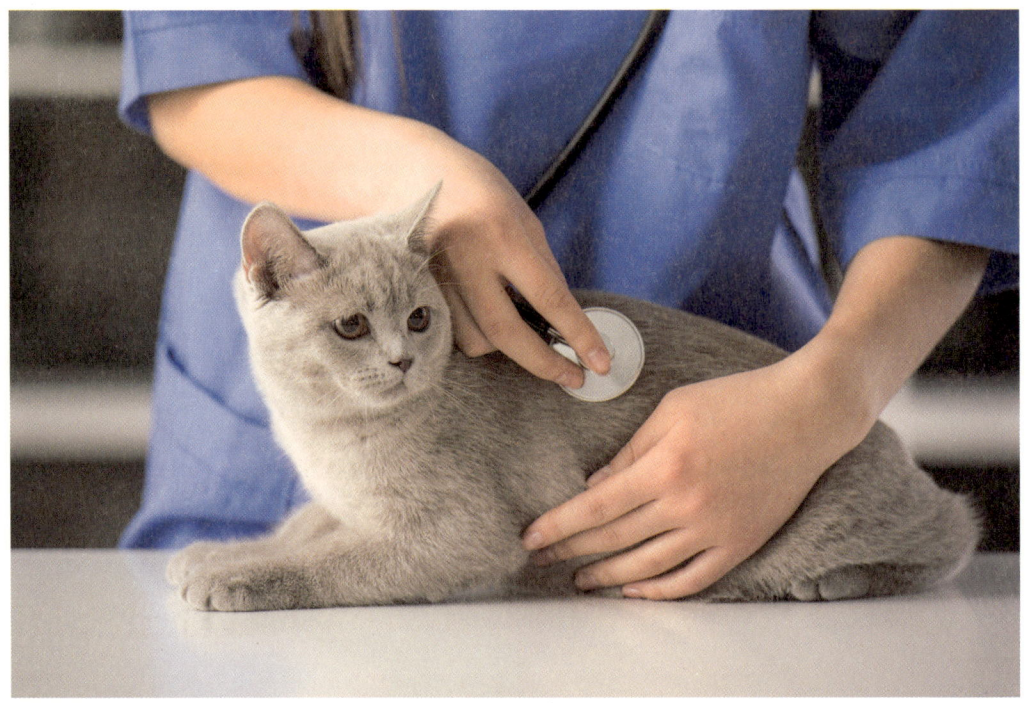

후 치료하기도 합니다.

한편 클라미디아 감염은 초기라면 눈곱을 도말하여 염색 후 현미경으로 관찰하여 확인할 수 있습니다. 또 안과 증상이 동반된 경우라면 각막의 손상을 확인하기 위해 각막의 형광염색이나 로즈벵갈 염색한 후에 손상 여부를 확인하는 경우도 있습니다.

😺 고양이 상황별로 치료하는 방법

• 증상이 심하지 않은 경우

증상이 심하지 않은 경우에는 먹는 약이나 안약 점안, 보조제 급여만으로 비교적 잘 조절할 수 있습니다. 바이러스에 대한 체내 면역을 높이기 위해 '고양이 인터페론'이나 면역 촉진제를 이용하는 것도 좋습니다.

• 아기 고양이, 증상이 심한 경우

아기 고양이나 면역력이 떨어진 고양이의 경우, 사망에 이를 수 있을 만큼 증상이 심해지기도 합니다. 따라서 밥을 잘 먹지 않거나, 기력이 없는 경우에는 반드시 병원에서 치료를 받아야 합니다. 이럴 때에는 원인체를 확인하여 항바이러스 제제나 안약을 사용하는 것도 좋습니다. 일부 심한 경우에서는 적극적인 입원 치료가 권장됩니다.

😺 예방하고 관리해주는 방법

• 감염된 고양이와의 접촉을 막아요

감염성 질환인 만큼 감염된 고양이와의 접촉을 막는 것이 가장 좋습니다. 눈물이나 콧물 등을 통해 전염되며, 잠복기는 2~6일 수준이므로, 만약 증상이 있는 고양이와 접촉 후 우리 집 고양이가 증상을 보인다면 감염을 의심할 수 있습니다.

• 예방접종하기

가장 손쉬운 예방법은 접종입니다. 상부 호흡기 증후군과 관련된 일부 원인체는 종합백신을 통해 예방할 수 있습니다. 호흡기 질환의 특성상 백 퍼센트 질병을 막아주는 것은 아니지만, 발생 시

증상의 심도 및 사망률을 줄여줄 수 있습니다. 상부 호흡기 증후군의 원인체는 전염력이 아주 높고, 5~8주령 이내의 아기 고양이에서는 증상이 아주 심하게 나타날 수 있기 때문에 주의가 필요합니다.

• 집에서도 관리할 수 있어요

대부분의 경우에는 증상이 심하지 않고, 조금씩 재발하는 경우가 많아서 이런 경우 집에서 대증치료를 할 수도 있습니다. 집에서는 우리가 감기 걸렸을 때처럼 잘 먹이고, 안정하면서, 집 안 환경의 온도와 습도를 관리해 줍니다. 추가적인 보조제 급여도 도움이 됩니다.

 '라이신'이 함유된 보조제

추가로 할 수 있는 대증치료제로 라이신(lysine)을 함유한 제품들이 있습니다. 라이신은 고양이에게 필요한 필수 아미노산의 하나로 비교적 부담 없이 급여할 수 있습니다. 라이신은 상부 호흡기 증후군을 유발하는 바이러스가 자라는 데 꼭 필요한 아르기닌의 경쟁적 억제제로서, 결국 아르기닌의 양을 낮춤으로써 바이러스를 억제하는 효과를 가집니다. 다만, 아무런 증상이 없는 경우에는 굳이 아르기닌을 억제할 이유가 없으므로 증상이 있거나, 동거묘에게 증상이 유발되거나, 스트레스 상황 등에서 적용하는 것이 합리적입니다.

 **뭘 먹여야 나을까요?**

고양이가 아플 때 잘 먹이기 위해서 새로운 영양식을 주시는 보호자분들이 있는데, 이는 갑작스런 식이 변화로 추가적인 소화기 질환을 유발할 수 있기 때문에 평소 먹던 것을 잘 챙겨 먹이는 것이 좋습니다.

04 기침을 자꾸 해요

선생님이 도와줄게요

- 개와 달리 고양이가 기침하는 것을 관찰하기 쉽지 않습니다. 개는 감염성 호흡기 질환, 심장병 등 다양한 이유로 기침을 하지만, 고양이는 감염성 질환에서도 주로 재채기를 하고, 심장병에서도 기침을 잘 하지 않기 때문입니다. 때문에 재채기와는 달리 고양이가 기침을 하는 경우에는 좀 더 심각한 문제일 수 있습니다.

🐾 기침의 원인들

기침은 호흡기계 내에 염증산물이나 이물 등을 제거하기 위해 공기가 빠르게 바깥으로 배출되는 작용입니다. 병변의 위치는 상부 호흡기부터 하부 호흡기에 이르는 폐 실질, 흉막 등 다양할 수 있고, 그에 따라 기침 소리도 조금씩 다를 수 있습니다. 다만 고양이는 주로 작은 기관지에 질환이 있을 때 기침을 하는 경우가 많아요.

• 고양이 천식과 관련 질환

고양이 기침의 원인 중 가장 대표적인 것은 바로 고양이 천식입니다. 천식이란 기관지의 알레르기 염증 반응으로 인해 점막이 붓고, 내강이 좁아지면서 호흡을 하기 힘들고 기침을 하게 되는 질환입니다. 비슷하게 염증세포 중 호산구 등이 기관지나 폐에 침윤하여 발생하는 질환도 있는데, 역시 알레르기 증상과 비슷한 면역 질환의 하나로 볼 수 있기 때문에 보호자 입장에서는 크게 하나의 군으로 받아들일 수도 있겠습니다. 특히 심장사상충에 감염되었을 때 이러한 염증 반응이 잘 유발될 수 있습니다. 천식은 언급한 바와 같이 고양이 기침에 가장 큰 원인의 하나이므로 266쪽에서 자세히 설명하도록 하겠습니다. 고양이에 기침을 유발할 수 있는 또 다른 원인인 심장사상충에 대해서도 276쪽에서 확인해보도록 할게요.

• 감염성 폐렴

폐렴이란 말 그대로 폐에 염증이 유발된 것으로 폐에 분포한 작은 기관지도 영향을 받으면서 재채기와 함께 기침을 할 수 있습니다. 앞에서 설명한 상부 호흡기 증후군이 심해지면서 폐렴을 유발하는 경우도 있습니다. 아기를 키우는 댁에서 얕게 기침하던 아이가 며칠 뒤 쿨럭쿨럭 심한 기침을 해서 응급실을 찾았더니 폐렴으로 진단되는 경우와 비슷합니다. 두 경우 모두 위중할 수 있기 때문에 고양이가 기침을 지속하는 경우에는 병원에 내원하여 원인을 확인하고, 그에 따른 처치를 받는 게 좋겠습니다.

• 기타 원인들

작은 부스러기와 같은 이물이 코로 들어간 경우나 노령의 고양이가 종양성 질환에 의해서도 기침을 하는 경우가 더러 있습니다. 개에게서 흔한 심장 질환, 기관 허탈과 같은 질환 역시 고양이에게 기침을 유발할 수 있지만 그 가능성이 높은 편은 아닙니다.

기침을 할 때 토하려고 해요!

소화기 증상의 하나인 구토, 또는 구토를 하려 하는 증상인 오역을 기침으로 오인하는 집사들도 있답니다. 오역의 경우에는 주로 복부가 꿀렁거리면서 움직임이 큰 경향이 있습니다. 반대로 기침하다가 거품 같은 것을 뱉어내기도 합니다.
아무래도 '애매하다!' 하는 경우에는 동물병원에 가서 증상을 자세히 묘사해주세요. 그럼 진단하는 데 큰 도움을 줄 수 있습니다.

🐾 고양이 천식 증상

고양이 천식은 사람의 천식과 유사합니다. 주로 알레르기 반응으로 발생하게 되는데, 알레르기 원인이 되는 물질을 들이마시게 되면 점막이 붓고 분비물이 나와서 기관지가 좁아지게 됩니다. 좁아진 기관지 때문에 숨 쉬

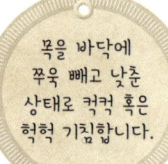

목을 바닥에 쭈욱 빼고 낮춘 상태로 컥컥 혹은 헉헉 기침합니다.

기가 힘들어지고, 이물을 배출하려는 발작적인 기침이 동반되게 됩니다.

영화나 드라마에서 천식 환자들이 흡인기가 없어서 사망하는 장면 등이 나오기도 하는데, 고양이도 심한 천식은 굉장히 위험할 수 있습니다. 기본적으로 호흡기 질환은 모두 응급일 수가 있어요. 숨을 제대로 쉬지 못하면 몇 분 내로 죽을 수 있고, 특히 고양이는 숨을 쉬지 못하는 등의 응급상황에서 흥분하기 때문에 증상이 악화될 수 있습니다.

고양이의 증상을 보면 특이적으로 고개를 납작하게 앞쪽으로 빼고 숨 쉬기 힘들어하거나, 기침을 하는 양상을 보이죠. 왼쪽 사진과 같은 자세가 특징적입니다. 또한 공기가 좁아진 기관지를 통과하면서 특유의 거친 숨소리를 유발하기도 합니다.

🐾 천식에 악영향을 주는 우리 집 환경 체크하기

고양이 천식이 의심되는 경우에는 고양이와 함께 살고 있는 우리 집 환경을 체크해 보는 것이 필요합니다. 가장 흔하게 확인할 수 있는 원인들이 아래 박스에 정리되어 있습니다.

사실 고양이 천식의 정확한 원인을 찾기는 어렵습니다. 사람들도 성인 알레르기가 생기는 것처럼 동일한 환경에서 키우고 있더라도 어느 날 갑자기 증상이 유발되기도 합니다. 또 이사를 간 경우나, 창밖으로 꽃가루나 연기 등이 들어오는 것을 100% 막을 수는 없지요. 하지만 의심 물질 중 없앨 수 있는 것이 있다면 없애주거나, 수납을 잘 한다거나, 공기청정기를 쓴다는 등의 노력을 기울일 수 있습니다. 번거로움을 조금 감수하면 고양이 증상 개선에도 도움이 되고 불필요한 투약 등을 줄일 수 있답니다.

> **우리 집에 있는 천식의 원인**
> - 이사를 오면서 환경이 바뀌었어요.
> - 커튼이나 카펫과 같은 새로운 소품이 집 안에 들어왔어요.
> - 의류 등이 쌓여 있어서 먼지가 많은 환경이에요.
> - 고양이 화장실 모래를 바꿨어요.
> - 고양이 화장실을 너무 오래 치우지 않아, 분진이 날려요.
> - 향수나 방향제를 새로 구입하거나, 바꿨어요.
> - 집 안에서 담배를 피워요.
> - 꽃으로 집 안을 장식했는데, 꽃가루가 날려요.

🐾 병원에서 받아야 할 검사

고양이 천식의 원인을 확인하기 어려운 것처럼 천식의 진단도 아주 간편한 것은 아닙니다. 기본적인 청진에서 특유의 호흡 소리가 들리거나, 흉부 방사선 검사에서 폐가 과팽창되거나 기관지의 변화가 보일 수도 있지만, 그 변화가 잘 보이지 않는 경우도 많습니다. 따라서 기본적으로 기침을 유발하는 다른 원인이 있는지 살펴보아야 합니다. 천식 치료 시에는 알레르기 반응을 억제하기 위한 면역억제제가 사용되는 경우도 많기 때문에, 특히 폐렴을 유발할 수 있는 감염성 원인이 있는지 배제하는 것이 중요합니다. 급성 심장 질환이나 심장사상충에 감염된 경우 역시 생명이 위험할 수 있으므로 감별을 하는 것이 좋습니다. 좀 더 정확한 진단을 위해서 '기관지 폐포 세척'을 하고 그에 대한 세포 검사나 배양을 시행할 수도 있지만, 진정이 필요한 경우가 많습니다. 당장 고양이의 호흡 곤란이 심한 경우에는 기본적인 여타 질환을 배제한 이후 흡인 제제로 된 치료제를 우선 적용한 후 반응성을 볼 수도 있습니다. 다만 이러한 치료적 진단의 경우 다른 원인을 가려버릴 수 있기 때문에 응급의 경우에만 조심해서 적용할 수 있습니다.

🐾 치료하기

일단 진단을 받은 다음에는 기관지 확장제나 알레르기 반응을 줄여주는 면역억제제를 사용할 수 있습니다. 다만 개의 경우에서와는 달리 항히스타민제의 사용은 주의를 기울여야 합니다. 개와 고양이의 질환은 서로 비슷하지만, 아주 다른 경우가 많습니다.

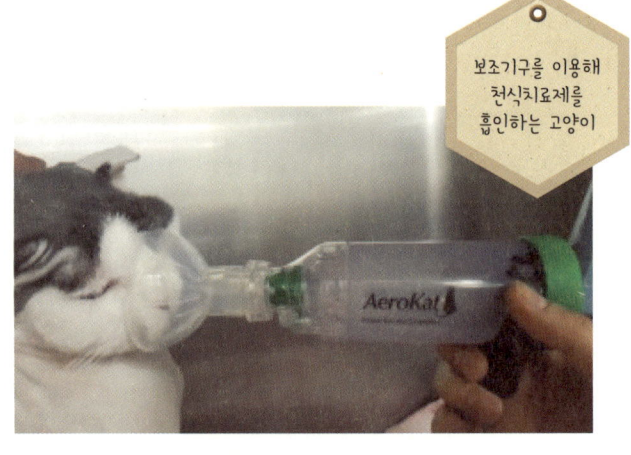

보조기구를 이용해 천식치료제를 흡인하는 고양이

약물 사용 전에는 고양이가 건강하고, 다른 감염증이 없다는 것을 확인해야 합니다. 또 사람에서와 마찬가지로 흡인제제도 많이 사용하고 있는데, 스스로 들이마실 수는 없기 때문에 오른쪽의 사진처럼 보조적 기구를 이용할 수 있답니다.

05. 훌쩍훌쩍, 콧물이 나요

선생님이 도와줄게요

날씨가 추워지거나 감기에 걸렸을 때, 내 의지와는 상관없이 콧물이 계속 나와서 고생하는 사람들이 많습니다. 코 밑이 헐기도 하지요. 마찬가지로 고양이도 상부 호흡기 증후군, 비염 등에 걸렸을 때 콧물을 흘립니다. 콧물 방울을 달고 다니는 고양이, 모습만 생각하면 귀엽기도 하지만, 실제로는 몸에 이상이 생긴 것입니다. 고양이가 콧물을 흘릴 때 관리법을 알아봅시다.

맑은 콧물이 나온다면?

맑은 콧물은 상부 호흡기 증후군, 알레르기로 인한 비염 등에서 주로 나타납니다. 또한 이물이 비강 내로 혼입되었을 때에도 발작적으로 재채기하면서 맑은 콧물이 줄줄 흐를 수 있습니다. 대체로 맑은 콧물은 감염이 배제되거나 심각하지 않아 덜 위험한 경우가 많습니다.

🐾 누런 콧물이 나온다면?

반면 누런 콧물은 화농성 콧물이라 하는데, 말 그대로 염증 성분이 많이 함유된 것을 말합니다. 이 경우 장액성 콧물을 일으키는 이유가 만성화된 경우나, 감염이 동반된 경우 등을 예상할 수 있습니다. 감염이 심화되면 녹색이 함유되거나, 혈액이 섞여 있을 수도 있습니다. 예를 들어 상부 호흡기 증후군을 유발하는 고양이 비기관염 바이러스 감염이 오래된 경우에 비갑개라는 콧속의 뼈 구조를 녹이면서 잘 낫지 않는 노란 콧물을 유발하기도 합니다. 또 노령의 고양이라면 종양의 경우도 가능하고, 외국에서는 곰팡이 감염에 의한 경우도 흔합니다. 어쨌든 맑은 콧물에 비해 누런 콧물은 더 심각한 원인에 의해서 발생하는 경우가 많고, 그 자체로 후각을 저하시켜 식욕도 떨어뜨리고 숨 쉬기도 답답해지기 때문에 치료를 받는 것이 좋습니다.

🐾 짙은 갈색의 분비물, 코딱지가 나올 때

마지막으로 짙은 갈색의 분비물이 있습니다. 흔히들 고양이 코딱지라고 합니다. 주로 단두종 고양이들에게 많이 관찰됩니다. 코 부위가 납작한 단두종 고양이들은 해부학적 구조 때문에 이런 분비물이 잘 제거되지 않기 때문입니다.

경미한 수준은 미용상의 문제로 건강의 위해를 주지 않지만, 심한 경우는 이차적인 피부염 등을 유발할 수 있으니 평소 관리해주는 것이 좋습니다. 솜에 물을 적신 후 살짝 짠 뒤에 가볍게 닦으면서 제거해줍니다. 얼굴 쪽을 닦아주는 것은 대부분의 고양이가 좋아하지만 혹시라도 싫어하는 경우에는 고양이가 만져주면 좋아하는 볼이나 콧등, 턱 아래를 만져주다가 가볍게 제거해줍니다.

원으로 표시한 부분이 고양이 코딱지입니다.

TIP. 그루밍이 줄어들면 코딱지가 나올 수 있어요!

한편 그루밍이 줄어들면서 분비물이 누적되는 경우가 있을 수 있는데, 이 경우는 고양이의 전신 상태가 악화되는지 않는지 집사의 세심한 관찰이 필요합니다.

06 고양이 심장병을 알아보아요

선생님이 도와줄게요

- 나이든 개에서는 심장병이 참 흔하게 발견됩니다. 가볍게 심장사상충 예방을 하거나, 발톱을 정리하러 갔다가 병원에서 심장이 좋지 않다는 이야기를 듣게 되는 경우가 허다합니다. 고양이에서도 개 못지않게 심장병이 흔하게 발생합니다. 다만 고양이의 초기 심부전은 신체검사만으로는 확인하기 어려운 경우가 많고, 어린 연령부터 발현하기도 합니다.

심장병 증상

개의 심장병은 이첨판 폐쇄 부전에 따른 울혈성 심부전이 대부분으로, 청진기만 대어보아도 역류음이 들려서 이상 여부를 알 수 있는 경우가 많습니다. 반면 고양이의 초기 심부전은 간단한 신체검사만으로는 확인하기 어려운 경우가 대부분이에요. 특히 유전 질환과의 관련성도 있어 비교적 어린 연령에서부터 상당히 심각한 심장 질환이 발견되는 경우도 꽤 흔합니다. 이런 이유로 심부전 합병증 상태로 실려 온 고양이의 보호자들이 "어제까지는 건강했는데!"라며 안타까워하는 모습을 종종 보게 됩니다. 너무나 안타까운 일입니다. 따라서 증상이 의심될 때가 아닌, 검진 시에 심장 질환을 미리 체크하는 것이 중요합니다.

심장병, 비근대성 심근병증

고양이의 심장병 중 가장 흔한 것이 비대성 심근병증(Hypertrophic cardiomyopathy, HCM)입니다. 주로 HCM이라는 약어로 보호자분들에게 알려져 있습니다. 물론 HCM 이외의 다른 심장 질환도 고양이에서 존재합니다. 개와 유사한 판막 역류성 질환이나 선천적인 질환인 심실 중격 결손, 동맥관 개존증이나 노령의 고양이에서 심장 종양도 더러 발견됩니다. 따라서 고양이의 심장이 좋지 않다고 해서 무조건 HCM으로 단정해서는 안 되고, 검진을 통해서 진단을 내려야 합니다.

고양이 심장병 중 가장 흔한 비대성 심근병증(HCM)이란, 질병의 말 그대로 심장의 근육이 두꺼

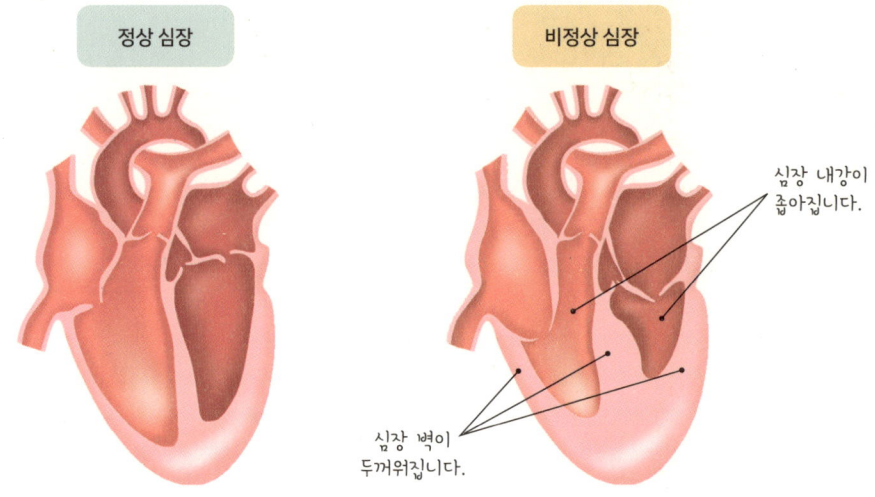

정상 심장 / 비정상 심장
심장 내강이 좁아집니다.
심장 벽이 두꺼워집니다.

워지는 질환입니다. 심장 근육이 두꺼워지면서 심장 내강(안쪽 혈액이 차게 되는 공간)이 좁아지고 혈액 유입이나 심장 박출에 장애를 주게 됩니다. 이런 경우 심장은 전신 순환을 위해서 혈압이나 심박을 올리는 보상적인 기전을 가지게 되는데, 이 과정에서 질환은 더욱 빠르게 악화되게 됩니다. 심해진 경우에는 심장이 보상 능력을 잃어 혈압도 심박수도 오히려 낮아질 수 있는데, 이때는 매우 위험합니다.

원인은 무엇일까?

본 질환의 원인이 아직 명확하게 규명되어 있지는 않지만, 특정 품종의 유전적 요인은 확인되어 있습니다. 메인쿤, 랙돌, 페르시안, 아메리카 숏헤어 등은 유전적인 요인으로 인한 심근의 비대가 있을 수 있으며, 본 질환이 가장 잘 발생합니다. 이 품종을 키우는 집사들은 미리 유전검사나 조기 심장검진을 받아보는 것을 권장합니다. 특히 출산을 계획하고 있다면, 엄마나 아빠 고양이에게 유전 소인이 있지는 않은지 확인해보는 것을 권장합니다.

> **우리 집 고양이가 HCM 소인 품종이라면?**
> - 위에서 소개한 고양이들은 어린 연령 때 건강검진 시 심장에 대한 검진도 고려하세요.
> - 유전적 변화를 미리 알아보는 유전자 검사도 가능합니다.

어떤 증상을 보일까?

그렇다면 어떤 증상이 있을 때 우리 아이가 심장 질환이 있는지 의심해 볼 수 있을까요?

유전적인 요인으로 비대성 심근병증이 잘 생기는 품종들

메인쿤 렉돌 페르시안 아메리칸 숏헤어

안타까운 점은 치료의 적기인 초기 비대성 심근병증(HCM)에서 대부분의 고양이가 '무증상'이라는 점입니다. 심해지는 경우 호흡곤란, 빠른 호흡, 청색증, 후지마비 등의 증상이 발생하지만, 이 단계의 고양이들의 예후는 이미 좋지 않습니다.

비대성 심근병증의 증상들
- 조금만 움직여도 힘들어 하거나, 잘 움직이지 않아요.
- 안정 시에도 40회를 훌쩍 넘는 빠른 호흡
- 개구호흡이나 청색증이 나타나요.
- 뒷다리 마비 증세를 보여요.
- 돌연사에 이르기도 해요.

🐾 뒷다리가 마비된 경우

심장병에 걸리면 어제까지 잘 걷던 고양이가 갑작스레 한쪽 혹은 양쪽 뒷다리를 쓰지 못하게 되는 경우가 있습니다. 통증이 수반되기 때문에 만지면 고통스러워하는 경우가 많고, 이럴 때에 발바닥 끝에 가볍게 손을 대보면 차가운 경우가 많습니다.

이런 증상은 비대성 심근병증(HCM)에서 색전(embolism, 혈관 내에 발생하는 덩어리)이 잘 발생하는데, 이것이 뒷다리로 내려가는 동맥을 막기 때문에 순환 장애로 인해 뒷다리가 마비되는 것입니다. 일단 후지가 마비되는 경우 그만큼 심질환의 정도가 심하다는 지표가 되기도 하고, 색전이 제거되는 과정에서 발생하는 재관류 현상 역시 매우 심각하여 사망률이 극단적으로 높습니다.

이런 경우 색전을 제거하기 위한 응급 시술을 하거나, 혈전 용해제를 이용해 혈전을 빠르게 제거해주고, 이후 발생하는 재관류 증후군을 공격적으로 치료해주어야 생존율을 높일 수 있습니다. 하지만 이렇게 공격적으로 치료를 하더라도 생존 가능성이 낮고, 그에 반해 치료 비용도 매우 높은 편입니다.

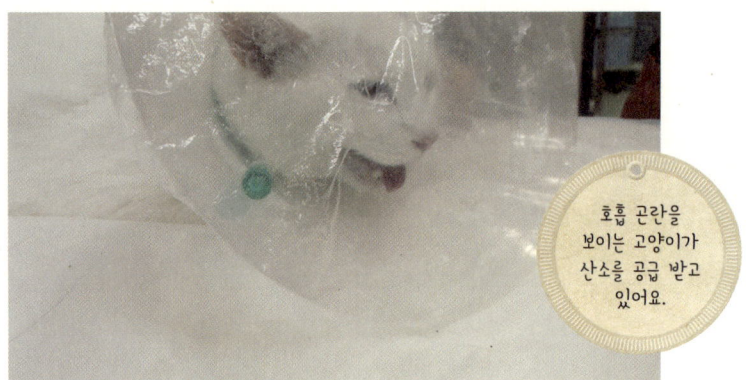

호흡 곤란을 보이는 고양이가 산소를 공급 받고 있어요.

따라서 이러한 상태가 되기 이전에 미연에 방지하는 것이 최선입니다. 조기에 비대성 심근병증이 진단되면 혈전 예방약을 사용하고 색전의 발생을 최소화합니다. 또한 심장이 빠르게 두꺼워지는 것을 막기 위해 심박수와 혈압을 조정해주는 약물을 사용합니다. 이차적으로 폐수종 등이 발생한 경우에는 이에 대한 관리를 위해 이뇨 처방 등을 병행하는데, 이 정도로 발전하는 경우의 예후는 좋지 않습니다.

다리가 마비되어 발바닥이 보랏빛으로 변한 환자입니다. 만져보면 차갑습니다.

🐾 심해질 경우

돌연사 역시 고양이 비대성 심근병증의 흔한 증상입니다. 무시무시합니다. 고양이 심장 질환은 대다수가 심각해질 때까지 보호자가 알아차리기 힘든 경우가 많습니다(사실 사람도 옆 사람의 심장이 천천히 나빠지는 것을 겉모습만 보고 알아차리기는 어려울 테니까요). 따라서 보기에 건강해 보이는 경우라도 이후에는 사람들이 '생애 전환기 건강검진'을 받는 것처럼 고양이도 7살이 넘어가면 검진을 받는 것이 좋아요. 이때에 심장에 대한 검진도 받아보길 바랍니다. 또한 어린 연령이라도 진정이나 마취를 해야 하는 경우라면 심장에 대한 검사를 선행하는 것을 추천합니다.

🐾 고양이 심장병 진단을 위한 검사

고양이 심장병 진단을 위해서는 흉부방사선(X-ray), 심전도, 혈압, 심장초음파 등의 시행이 필요할 수 있습니다. 특히 심장초음파의 경우 심근벽의 두께를 측정하여 확정 진단에 기여할 뿐 아니라 정밀한 진단 및 치료 가이드를 잡을 수 있어 유용합니다. 그런데 심장초음파를 위해서는 옆으로 누

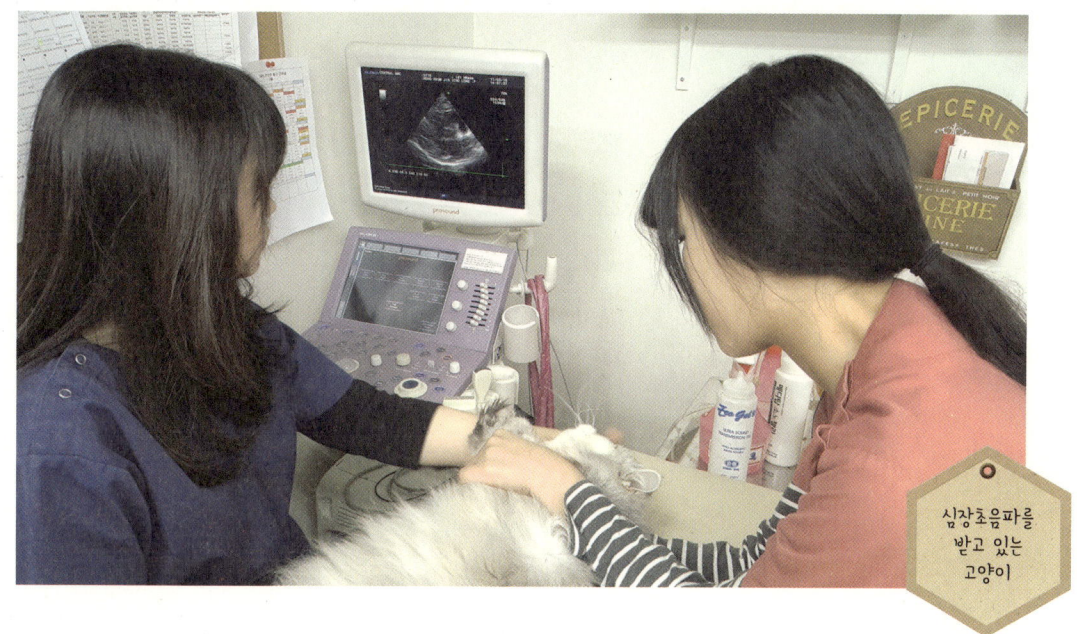

심장초음파를 받고 있는 고양이

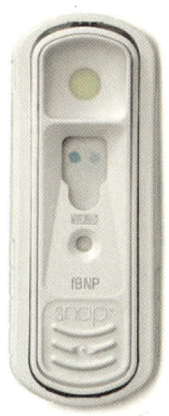

심장키트

운 자세로 20~30분을 유지해야 하는데, 병원을 무서워하는 고양이는 힘들어할 수도 있습니다.

특히 고양이 상태가 위중하고 스트레스 받는 상황이라면 일단 혈액으로 시행하는 심근 관련 인자 측정도 가능합니다. 민감도와 특이도가 꽤 높은 것으로 입증되어 있고, 혈액을 이용하여 간단하게 키트로 검사하거나, 좀 더 정확하게 정량 검사를 할 수도 있습니다. 건강검진 시에도 이런 방법을 유용하게 이용할 수 있습니다.

07 고양이 심장사상충을 관리해요

선생님이 도와줄게요

고양이를 입양해서 접종을 시작하게 될 때, 병원에서는 심장사상충 예방을 같이 해야 한다고 권유합니다. 하지만 인터넷을 찾아보면 약이 너무 강해서 안 좋다느니, 여름에만 하면 된다는 등 여러 가지 다른 의견들이 많아서 혼란스러워하는 보호자분들이 많습니다. 정말 심장사상충 예방약은 강해서, 고양이에게 많이 해로울까요?

🐾 심장사상충

심장사상충이란 말 그대로 심장 안에 사는 실 모양의 벌레입니다. 모기에 의해 감염되는데, 이때는 아주 작은 벌레입니다. 하지만 숙주의 심장 안에서 자라면서 긴 벌레가 되어 심장의 기능을 억제하고 결국 죽음에 이르게 하는 위험한 기생충입니다. 고양이는 심장사상충의 자연 숙주가 아니기 때문에 심장사상충이 체내에서 잘 번식하지는 못합니다. 그럼에도 고양이가 심장사상충에 감염되면 사망률이 높다고 합니다. 그렇다면 개와 고양이의 심장사상충 감염은 어떻게 다를까요?

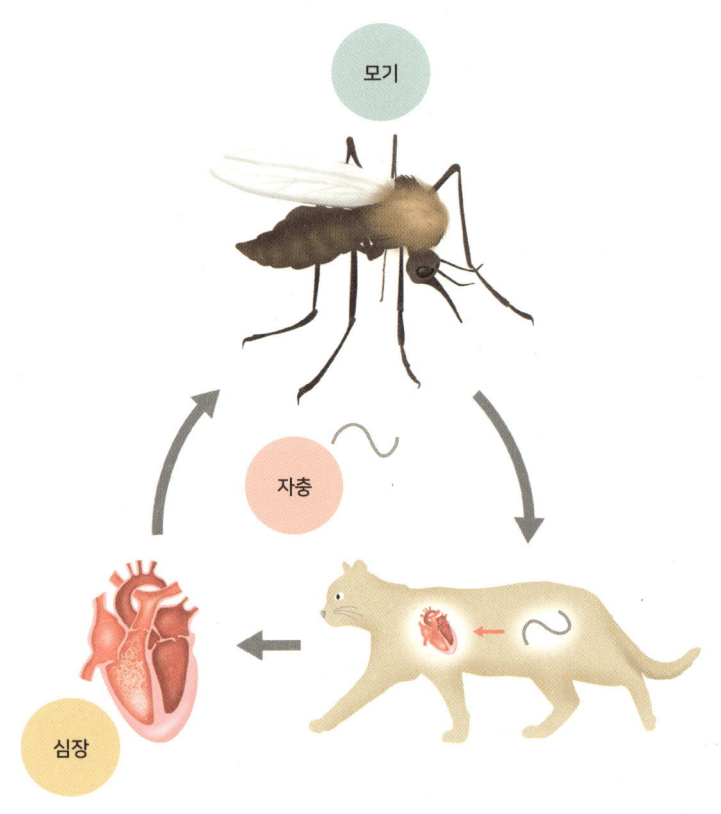

심장사상충 감염, 개와 고양이의 차이

개와 고양이의 심장사상충 감염은 그 특성이 매우 다릅니다. 감염이 오래된 개에서 국수 다발처럼 많은 양의 심장사상충이 발견되는 장면을 〈동물농장〉과 같은 TV 프로그램에서도 가끔씩 볼 수 있습니다.

반면 고양이는 심장사상충의 자연 숙주가 아니기 때문에 개처럼 다수의 심장사상충이 감염되어 심장에서 번식하며 늘어나는 경우는 드뭅니다. 감염 자체도 개에 비해서는 낮은 정도로 되고, 감염된 성충도 아주 적은 수만이 성충으로 성장하는 경우가 많습니다. 따라서 개에서처럼 심장사상충이 득실득실하게 자랄 때까지 무증상으로 있다가, 심해서 우심부전 증상을 일으키는 경우는 거의 없습니다. 이보다는 폐동맥에서 심장사상충에 의해 생기는 면역반응이 심각하게 나타나게 됩니다. 이 증상은 개에 비해 매우 심각해서 감염된 성충 1~2마리만으로도 심한 호흡기 증상으로 고양이가 죽을 수 있고, 치사율은 개에서보다 더 높을 수 있는 것으로 보고되어 있습니다. 때문에 정기적인 심장사상충 예방이 고양이에게도 필요합니다.

고양이의 심장사상충 성충 치료

한편 고양이가 심장사상충에게 걸리면 개와는 달리 성충 치료가 쉽지 않습니다. 우리가 흔히 '심장사상충 약'이라고 부르는 것은 심장사상충 예방약으로, 감염된 심장사상충 자충이 성충이 되지 못하도록 해주는 예방약입니다. 때문에 심장사상충 자충이 감염되어 성충이 자란 경우 예방약과는 별도의 성충치료제를 써야만 사상충을 죽일 수 있는데, 개에서는 상당히 효과가 좋아 치료 과정이 위험하고 비싸긴 하지만 대체로 좋은 효과를 보고 있습니다. 하지만 이러한 성충 치료제는 고양이에서 치료가 잘 이루어지지 않는 반면 위험해서 쓰지 않습니다.

대신 감염된 것이 확인된 고양이는 심장사상충 성충이 사망할 때까지(보통 고양이에서는 2~3년 정도 생존합니다.) 폐 질환을 관리하면서 예방을 병행하는 것이 정석의 치료입니다. 특히 면역반응으로 인한 심각한 알레르기성/호산구성 폐렴이 유발되거나, 폐혈전 전색이 유발되는 경우 면역 치료와 항혈전 치료, 기관지 확장제 및 입원 하 산소 공급 등이 필요할 수 있습니다.

일부 인터넷 정보를 보면 개의 경우를 예로 들어 차라리 주기적으로 검진을 하고 예방약을 쓰지 않는 것을 추천하는 경우가 있는데, 개와는 달리 감염 초기에 발견되어도 성충 치료를 할 수 없다는 점을 주지해야 합니다. 또한 고양이는 자충혈증이 드물기 때문에 개에서와 같이 간단하게 키트 한 번 찍는 것만으로 심장사상충이 걸리지 않았다고 확진할 수가 없다는 점도 유념해야겠습니다.

🐾 고양이의 심장사상충 감염 진단하기

그렇다면 고양이 심장사상충의 진단은 어떻게 해야 하는 것일까요? 개의 경우는 피 한 방울을 뽑아서 키트에 넣으면 심장사상충이 걸렸는지 아닌지 간단하게 확인할 수 있는데요, 이러한 검사를 항원 검사라고 합니다. 즉 심장사상충 암컷이 개의 몸 속에 있는지를 검출하는 것으로, 기본적인 진단 방법입니다.

하지만 고양이는 앞서 설명한 바와 같이 심장사상충의 종숙주가 아니기 때문에 다량의 심장사상충에 감염되는 경우가 드뭅니다. 오히려 미성숙한 감염이나 암컷 없이 수컷 단독 감염만 이루어지는 경우도 흔하기 때문에 항원 검사로는 진단에 한계가 있습니다(항원 검사에서 양성인 경우는 걸린 것으로 볼 수 있지만, 음성일 때에는 걸렸는지 아닌지 확신할 수 없습니다).

고양이의 경우 항원 검사만으로는 진단에 한계가 있어요!

따라서 항원에 대해 고양이 체내의 면역반응이 유도되었을 때 생성되는 '항체 검사'를 병행하는 것이 필요합니다. 이는 자충감염 후 수개월부터 형성되는 항체를 검출하는 것으로 민감도가 높지만, 심장사상충이 걸린 이력을 확인할 수는 있으되 현재 활성적인 감염 상태인지는 알 수 없습니다. 따라서 항원, 항체 검사를 병행해야 합니다. 여기에서 양성인 경우라면 흉부 방사선, 심장 초음파 검사를 병행하는 것이 치료에 도움이 됩니다. 이는 미국 심장사상충 협회에서도 권고하는 있는 가이드라인입니다.

사실 이러한 점을 고려할 때 심장사상충을 예방하지 않고 정기검진을 한다는 것은 개가 아닌 고양이에게서는 그다지 합리적인 방안이라고 생각되지 않습니다.

> **고양이 심장사상충 검사에서 기억해야 할 것**
> - 항원 검사만으로는 결과를 정확하게 알 수 없습니다.
> - 항체 검사를 같이 실시합니다.
> - 항체 검사에서 양성인 경우 흉부 방사선, 심장 초음파 검사를 병행하세요.
> - 치료를 위해 예방약을 지속적으로 투약해야 합니다.

🐾 예방약 투여 전 검사

한편 개의 경우는 장기로 심장사상충을 예방하지 않아 감염된 경우 예방약을 투약했을 때 자충이 죽으면서 발생하는 위험이 따르기 때문에 투약 전에 검사를 받는 것이 필수적입니다. 반면 고양이는 자충혈증이 거의 없기 때문에 예방약을 투여했을 때 부작용이 잘 발생하지 않습니다. 감염된 경우에 있어서도 예방약 투여에 주의가 필요한 개와는 달리 치료적으로 예방약을 지속 투약해야 합니다. 또한 앞서 설명한 바와 같이 키트 검사의 진단율이 제한적이기 때문에 오랫동안 예방약을 주지 않다가 시행하는 경우라면 심장사상충 검사가 필요하긴 하지만, 필수적인 것은 아닙니다. 고양이 심장사상충 감염 검사는 주로 고양이가 감염과 관련한 증상을 보이는 경우 진단 및 치료를 위해 시행하는 경우가 많습니다.

🐾 심장사상충 예방약은 위험할까?

고양이 심장사상충 예방약들은 상당히 안전한 약물의 하나로 분류되어 있습니다. 사실 비교적 안전한 약이기 때문에 보호자가 병원에서 약을 사서 집에서 직접 적용하는 것도 가능합니다.

다만 워낙 많은 수의 고양이가 한 달 간격으로 자주 적용하는 약이다 보니, 빈도수에 따른 부작용 확률도 높아져서 이에 대한 우려를 낫는 것이 아닐까 싶습니다. 또한 개에 있어서는 콜리 종에서 이버멕틴(Ivermectin)이나 밀베마이신(Milbemycin)과 같은 성분의 약을 과량 투여할 경우 심각한 부작용이 발생할 수도 있는데, 이러한 위험 보고도 와전되는 경향이 있는 것 같습니다. 실제 이들 콜리 종에서도 일반적인 예방적 투여량은 안전한 것으로 연구되어 있습니다.

심장사상충 예방약은 '충(蟲, 벌레)'이라는 글자에서 알 수 있듯, 모낭충 치료 등 다른 기생충 감염을 치료할 때도 쓸 수 있습니다. 이때의 용량은 일반적인 심장사상충 약의 농도보다 훨씬 높기 때문에 때문에 위험도도 높아집니다. 하지만 고양이의 경우 혈액 내 다량의 자충을 구제할 용도로 사용하지 않으므로 예방용량으로 개에 비해 굉장히 저농도를 적용합니다. 따라서 개보다 위험성이 더 낮은 편이지요. 다만 이러한 이유로 개의 심장사상충 예방약을 고양이에게 적용해서는 안 됩니다.

🐾 심장사상충 예방

비유하자면, 차를 탈 때 안전벨트를 매지 않아도 무사히 목적지에 도착하는 경우가 사고가 나는 경우보다 훨씬 많습니다. 사실 제가 어릴 적만 하더라도 "괜찮아, 괜찮아~"라며 안전벨트를 하지 않는 경우가 굉장히 많았지요. 하지만 혹시라도 사고가 날까봐 우리는 반드시 안전벨트를 매야 합니다. 사고가 났을 때 안전벨트를 한 경우와 안 한 경우는 서로 엄청난 차이가 있습니다.

고양이의 심장사상충 예방도 비슷하다고 볼 수 있습니다. 심장사상충이 감염되어 그 감염된 자충이 성충이 될 확률은 높지 않지만, 일단 감염되면 수년간 반복적인 호흡기 증상을 보이면서 고통 받을 뿐더러, 생명을 앗아갈 위험성도 높기 때문에 예방을 통해 안전을 지켜주는 것이 훨씬 안전합니다. 특히 심장사상충 예방약은 일부 내·외부 기생충 예방 효과도 있기 때문에 부가적인 효능도 가지고 있습니다.

심장사상충에 대한 집사들의 궁금증

Q. 어떤 약물들이 주로 사용되고 있고, 어떤 효과가 있나요?

A. 개가 먹는 것과 비슷하게 먹는 제형이 있습니다. 개 것에 비해서는 크기가 작습니다. 아무거나 가리지 않고 먹는 고양이라면 좋지만, 가리는 고양이의 경우에는 먹이기 어려운 경우도 있습니다. 대체로 한 달 간격으로 급여하며, 급여 시 심장사상충과 구충, 회충과 같은 내부 기생충을 구제할 수 있습니다.

대부분의 제품들은 바르는 제형입니다. 고양이가 핥지 못하도록 목 뒤 피부에 털을 가르고 발라주면 피부 아래로 흡수되면서 작용하는 제품들입니다. 우리가 엉덩이에 주사를 맞아도 전신에 효과가 있듯, 목 뒤에 바르더라도 전신으로 흡수되어서 전신 예방 효과가 있습니다. 대체로 심장사상충과 내, 외부 기생충 구제가 됩니다.

> 등에 약을 바르면 내가 핥아 먹는다옹!

Q. 심장사상충 약을 핥아 먹고 침을 흘려요.

목 뒤나 견갑 위쪽의 털을 가르고 심장사상충 약을 발라 줍니다.

A. 등에 뭔가 이상한 것을 발라 놓았으니 그루밍을 하고 싶은 건 고양이 입장에서 당연한 이치입니다. 그런데 우리가 피부 연고나 소독약을 핥으면 얼마나 쓸까요? 당연히 먹는 약으로 개발된 것이 아니기 때문에 맛이 쓰고, 그에 따라 구토나 침 흘림 등을 유발할 수 있습니다. 따라서 핥지 못하도록 고개가 닿지 않는 견갑 위쪽 높은 부분이나 목덜미 뒤쪽에 제품을 발라줍니다. 또 여러 마리를 함께 키우는 경우에 서로 핥아 줄 수 있기 때문에 제품 적용 후 1~2시간 정도는 핥지 않도록 유의합니다.

Q. **바르는 약을 바르면 피부가 빨갛게 됩니다.**

A. 소수 고양이에서는 바르는 약을 적용하면 접촉 부위에 피부 알레르기와 같은 반응을 보이는 경우가 있습니다. 이런 경우 다른 제품으로 바꾸어 적용하는 것을 추천합니다. 대부분 바꾼 제품에는 문제를 보이지 않는 경우가 많습니다.

Q. **심장사상충 약은 정말 매달 적용해야 하는 건가요?**

A. 앞서 설명한 바와 같이 심장사상충 예방약은 자충을 관리하기 위한 약이기 때문에 간격이 길어지는 경우 해당 약으로는 예방이 되지 않을 수 있습니다. 2개월에 1회 적용하는 방식은 각 달마다 1/2의 농도로 효과가 있는 것이 아니라, 첫 번째 달은 예방이 되고 다음 달은 예방이 거의 되지 않기 때문에 적당하지 않습니다. 한편 최근에 다양한 제품들이 출시되고 있는데 투약 간격이 늘어난 제품들도 있습니다.

모기에 의한 감염이기 때문에 여름에만 적용하는 방식은 부분적으로 합리적이긴 합니다만, 의료적으로 100% 안전하다고 할 수는 없습니다. 심장사상충협회에서는 연중 기온에 따른 분류를 제시한 바 있고, 한국은 연중 지속적으로 심장사상충 구제가 권고되는 국가로 분류되어 있습니다.

비뇨생식기

고양이는 물을 잘 마시지 않고 배뇨를 농축하는 경향이 있어 비뇨기 질환에 잘 걸립니다. 오줌을 잘 싸지 못하거나, 혈뇨를 보는 등의 증상이 대표적입니다. 반대로 배뇨량이 늘어나는 경우라면 장년 이후에 흔히 발생하는 신부전일 가능성이 높습니다. 또한 생식기계 질환은 의학적으로는 비뇨기 질환과 구분되지만, 해부학적으로 위치가 가깝고 증상도 혼동되는 부분이 있어 본 챕터에서 함께 알려드리겠습니다. 만약 고양이가 중성화하지 않은 상태라면, 중장년에 접어들었을 때 생식기계 질환에 걸릴 가능성이 높으니 특별히 주의하시기 바랍니다.

01 비뇨생식기 질환의 증상을 체크해요

선생님이 도와줄게요

비뇨생식기 질환에 걸렸을 때 겉으로 어떤 증상이 드러나는지 알아보도록 합시다. 주요 증상들을 미리 알아두면, 큰 병으로 심화되는 것을 막을 수 있어요. 예를 들어 고양이가 평소보다 화장실에 오래 머무르거나, 아니면 너무 자주 화장실에 가는 경우도 질환을 의심할 수 있습니다. 생식기 주변이 지저분하지 않은지도 반드시 살펴주어야 합니다.

비뇨기, 생식기 구조 알아보기

비뇨기란 오줌을 생성, 배설하여 체내 수분, 전해질을 조절하고 노폐물을 배출하는 기관으로 신장, 요관, 방광, 요도를 아울러 칭합니다. 생식기란 남자 고양이의 경우 고환, 고환을 싸고 있는 음낭, 생식기, 정관, 부생식선 등을 칭하고, 여자 고양이에서는 난소, 자궁, 질, 외음부 등을 통칭합니다.

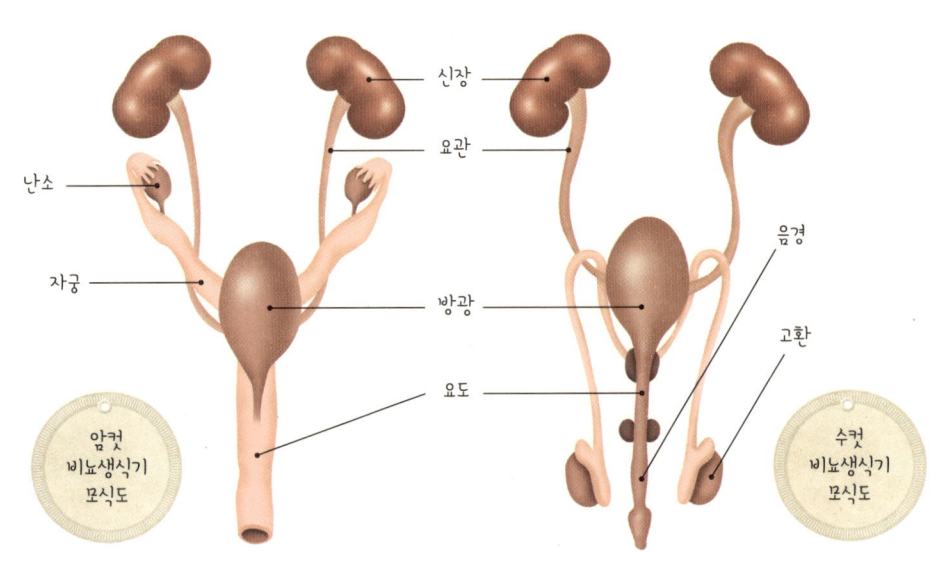

외부 생식기가 개에서만큼 두드러지게 차이가 나지 않기 때문에 어린 연령에서는 구분이 조금 어려울 수도 있습니다. 대체로 생식기부터 항문 사이의 길이가 좁으면 여자, 길면 남자 아이로 생각하고, 성숙하면서 이 빈 공간에 고환이 하강하여 위치합니다.

주로 발견되는 증상들

비뇨생식기 질환에서 주로 발견되는 증상들

번호	증상	체크
1	화장실에서 보내는 시간이 길어요.	
2	화장실에 자주 들락날락해요.	
3	오줌 싸는 것을 힘들어해요.	
4	화장실이 아닌 곳에서 오줌을 싸요.	
5	오줌에 혈액이 섞여 있어요.	
6	오줌을 못 싸는 것 같아요.	
7	리터 박스에 '감자(응고된 모래)'가 확인되지 않아요.	
8	물을 많이 마셔요.	
9	소변보는 양이 예전보다 부쩍 늘어났어요.	
10	여자 아이 생식기 주변이 지저분하거나, 분비물이 흘러요.	

이러한 증상들이 있을 때 비뇨생식기 질환을 의심해 볼 수 있습니다. 다만 이것은 주로 추정되는 질환이지 정확한 진단이 아님을 꼭 인지해야 합니다. 두통이나 더부룩함과 같이 미세한 증상을 세세히 알 수 있는 사람도 증상만으로 스스로 진단을 내리기는 어렵습니다. 심지어 고양이는 자신이 어디가 어떻게 아픈지 말해주기는커녕, 증상을 숨기는 경우가 많습니다. 증상이 심해지거나 오래가는 경우, 특히 식욕이나 기력저하가 동반되는 경우에는 동물병원에 내원하여 위험한 질환이 있지는 않은지 확인하는 것이 안전합니다.

각 증상별로 의심할 수 있는 질환

증상 ①~⑦

고양이 하부 요로기 증후군
: 가장 먼저 의심할 수 있는 질환은 바로 '고양이 하부 요로기 증후군(FLUTD, feline Lower Urinary Tract Disease)'입니다.

증상 ⑥~⑦

급성 신부전, 만성 신부전의 말기
: 고양이가 오줌을 싸지 못한다면 하부 요로기 증후군인 경우에도 매우 위험하지만, 특히 신부전으로 진행된 경우일 가능성이 있기 때문에 주의해야 합니다. 급성 신부전이나, 만성 신부전의 말기에서도 배뇨량이 극도로 줄어드는 '핍뇨'나 배뇨를 하지 못하는 '무뇨' 증상이 발생할 수 있는데, 이 경우 극도로 위험한 상황입니다.

증상 ⑧~⑨

PU/PD (Polyurea/Polydypsia)
: 이는 여러 가지 원인으로 인해 희석된 다량의 오줌을 보고, 이에 몸의 탈수를 보상하기 위해 물을 많이 마시게 되는 것을 말합니다. 신부전 외 호르몬 질환, 당뇨에서도 이와 같은 증상을 보일 수 있습니다.

증상 ⑩

생식기 질환
: 요도와 생식기는 외부적으로 인접해 있기 때문에 구분이 어려울 수 있습니다. 단순히 오줌이 아니라 농성 분비물이 있고, 여자 고양이가 중성화를 하지 않았다면 자궁 질환의 가능성이 있습니다.

02. 화장실에 자주 가거나 오줌을 못 싸요 (하부 요로기 증후군)

선생님이 도와줄게요

- 혹시 고양이가 화장실에 오래 머무르지는 않나요? 혹은 오줌에 혈액이 섞여 있거나, 몇일 동안 감자(오줌)가 발견되지 않은 적은요? 실제로 많은 집사들이 고양이의 화장실 문제 때문에 병원에 찾아옵니다. 고양이가 말을 할 수 있다면 참 좋을텐데, 그러질 못하니 집사가 먼저 고양이의 대변, 소변 문제를 체크해주어야 합니다.

🐾 하부 요로기 증후군의 증상

오른쪽의 증상을 보이는 경우 가장 먼저 의심할 수 있는 질환은 바로 '고양이 하부 요로기 증후군(FLUTD, feline Lower Urinary Tract Disease)'입니다.

고양이가 이 질환에 이환된 경우 보호자는 고양이가 화장실을 빈번하게 출입하는 것을 발견하고 병원에 데려오시는 경우가 많습니다. 이런 고양이들은 리터 박스 내에서 많은 시간을 보내거나, 통증을 호소하기도 하며, 더러는 혈뇨를 보거나 배뇨를 하지 못하는 경우도 있습니다. 이러한 이상 행동을 보호자가 직접 목격하지 못하더라도, 이불이나 바닥에서 혈액이 섞인 오줌 방울을 보고 병원에 내원하기도 합니다.

하부 요로기 증후군의 증상
- 화장실에서 보내는 시간이 길어요.
- 화장실에 자주 들락날락해요.
- 오줌 싸는 것을 힘들어해요.
- 화장실이 아닌 곳에서 오줌을 싸요.
- 오줌에 혈액이 섞여 있어요.
- 오줌을 못 싸는 것 같아요.
- 리터 박스에 감자가 확인되지 않아요.

이렇게 고양이가 배뇨곤란, 빈뇨, 혈뇨 및 통증반응 등을 보이는 것을 통칭하여 고양이 하부 요로기 증후군이라고 합니다. 2009년 미국에서 연구한 바에 따르면, 연간 1% 정도의 고양이가 이 질환에 걸린다고 합니다만, 임상에서의 경험적 비율은 이를 훨씬 상회합니다. 이는 병원을 찾는 대부분의 고양이들이 실내에서 생활하고, 중성화가 되어 있는 한국의 반려묘 상황과 관련성이 있는 것으로 보입니다. 그렇다면 이 질환은 어떠한 이유로 고양이에게 발생하는 것일까요?

하부 요로기 주요 원인
- 특발성 방광염
- 세균성 방광염
- 결석

🐾 특발성 방광염

• 스트레스로 인해 방광염이 발생합니다

고양이 하부 요로기 증후군(FLUTD)을 유발하는 가장 큰 원인은 '특발성 방광염'으로 전체 질환의 60~70% 수준을 차지하고 있습니다. 특발성 방광염의 가장 설득력 있는 이유는 스트레스입니다. 스트레스가 방광벽의 글리코사미노글리칸(glycosaminoglycan, GAG)이라는 성분의 변화를 유발하고, 이로 인해 요도를 막을 수 있는 점액성 덩어리(plug)가 형성될 수 있기 때문입니다. 즉, 스트레스로 인해서 세균감염 등의 원인 없이 방광염이 생기는 것입니다.

고양이의 스트레스는 매우 미묘한 문제로 겉보기에는 평온해 보여도 스트레스를 받고 있는 중인 경우가 있고, 보호자의 입장에서는 매우 사소한 문제인데도 극심한 스트레스를 받기도 합니다.

> **특발성 방광염을 일으키는 스트레스 원인**
> - 새로운 고양이의 입양
> - 낯선 사람의 방문
> - 이사, 인테리어 변경, 새로운 가구 도입 등의 환경 변화
> - 사료 변경
> - 리터박스 위치나 종류 변화
> - 사용하는 화장실 모래의 변화
> - 먼곳에서 들리는 공사 소음 등의 미세한 문제

• 치료법 ① : 스트레스 관리

고양이가 특발성 방광염으로 진단되었다면 위의 박스를 참조해 어떤 원인 때문에 우리 집 고양이가 스트레스를 받고 있는지 확인해보아야 합니다. 스트레스 상황이 확인된다면 이를 해소해주는 것이 고양이 하부 요로기 증후군의 치료에 큰 도움이 됩니다. 예를 들어 화장실 모래를 바꾼 이후로 스트레스를 받는다면, 이전 모래로 다시 교체해주어야 합니다. 특히 화장실 문제로 스트레스를 받는 고양이가 많으므로 다묘 가정이라면 키우는 고양이 수보다 많은 수의 화장실을 설치해주는 배려가 필요합니다.

하지만 모든 경우에 스트레스 원인을 제거할 수 있는 것은 아닙니다. 이런 경우에는 동물병원에서 구입할 수 있는 고양이의 스트레스를 줄여주는 보조제 등을 이용할 수도 있습니다.

• 치료법 ② : 충분한 수분 공급

한편 고양이 비뇨기 질환에서 스트레스 이외에 중요한 요소로는 음수량(마시는 양)을 꼽을 수 있습니다. 대부분의 고양이들이 소량의 물을 마시고 농축된 배뇨를 하는 습성이 있고, 때문에 비뇨기 질환의 발생률이 여타의 동물에 비해 높습니다. 평소 여러 곳에 고양이가 선호하는 타입의 물그릇을 설치하고, 하루에 최소 1회 이

TIP. 고양이 물 먹이기 노하우
'고양이에게는 물이 정말 중요해요' 편 (136쪽)을 참고하세요!

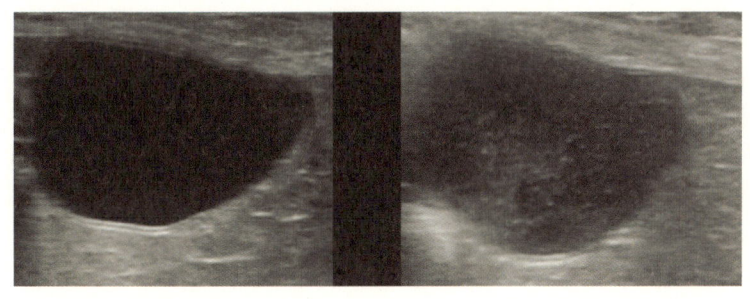
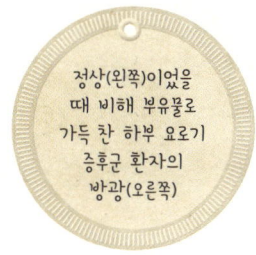

정상(왼쪽)이었을 때 비해 부유물로 가득 찬 하부 요로기 증후군 환자의 방광(오른쪽)

상 자주 물을 갈아 주는 것이 좋습니다. 고양이 분수나 정수기 같은 제품들도 도움이 됩니다.

• 재발이 잘 되므로, 꾸준한 관리가 필요합니다

특발성 방광염은 1~2주에 걸쳐 자연치유되는 경우도 많지만, 재발률이 높아 평생을 두고 고통받는 경우가 많습니다. 병원에 내원하여 감염이나 결석 등의 다른 원인이 없는지 확인하고, 약물이나 수화치료를 받는 경우 도움이 됩니다. 특히 임의로 특발성 방광염이라 판단하였는데, 나중에 세균성 방광염이나 결석 등의 질환으로 판단되는 경우도 있으니, 일단 제대로 된 진단을 받는 것이 안전합니다.

투약 시에는 통증을 완화해주고, 요도가 이완되도록 도와주어서 배뇨를 용이하게 해주거나, 스트레스 완화, 방광벽에 도움이 되는 성분들을 사용하게 됩니다. 더불어 보호자가 위에서 설명한 바대로 스트레스를 줄이고, 물 마시는 양, 화장실 관리 등을 세심하게 관리해주면, 그 발생을 많이 낮춰줄 수 있습니다.

세균성 방광염

• 소변 검사가 반드시 필요해요

특발성 방광염이 고양이 하부 요로기 증후군의 가장 큰 원인이지만, 개나 사람과 마찬가지로 감염성의 방광염 역시 고양이에서 제법 발생합니다. 대략 하부 요로기 증후군 전체 환자의 5~10%에서 감염이 확인되는데, 고령이 될수록 위험성이 높아집니다.

따라서 하부 요로기 증후군 증상으로 동물병원에 내원한 경우 요 검사를 하면서 세균 등 감염이 있지 않은지 확인하는 것이 좋습니다. 감염이 확인된다면 오줌을 배양하여서 그 안에 어떤 세균이 감염되었는지 확인할 수 있습니다. 또한 그 세균이 어떤 항생제에 의해서 사멸될 수 있는지 확인할 수 있습니다.

• 항생제, 어떻게 먹여야 좋을까?

세균성 방광염의 경우 세균을 죽이기 위한 항생제 투약이 필수적인데, 이때 가장 중요한 것은 항생제 복약 기간과 방법입니다. 보통 세균성 방광염에 이환된 고양이는 며칠만 투약해도 증상이 드라마틱하게 호전됩니다. 그럼 다 나은 걸로 판단하고 복약을 중단하는 경우가 있는데, 이 경우 사실 세균은 남아 있고 이 세균들이 항생제 내성을 갖추게 됩니다. 즉 다음에는 이전의 항생제를 투약해도 세균이 죽지 않는 것이죠. 원리는 다음과 같습니다.

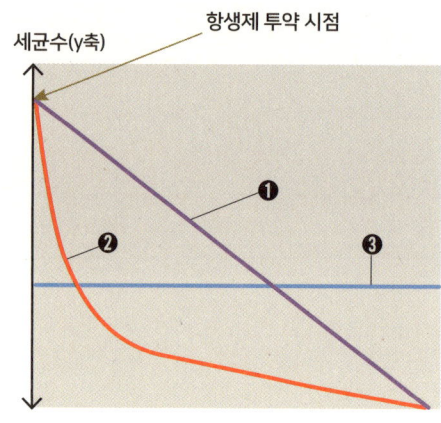

방광의 세균 수를 y축으로 보았을 때, 항생제를 투약하면 ❶과 같이 세균 수가 줄어들 것으로 흔히 생각하기 쉽지만, 실제로는 ❷와 같이 기하급수의 패턴으로 감소합니다. 오줌 누기 힘들어 하고, 오줌에 피가 섞이는 등의 증상은 ❸번 선을 넘는 수준에서 유발됩니다.

때문에 항생제를 며칠만 복용하면 증상이 소멸되지만, 실제로 세균이 다 박멸된 것은 아닙니다. 이때 항생제 투약을 중단하면 남은 세균들이 빠르게 증식하면서 해당 항생제에 대한 내성을 갖추게 됩니다. 결국 며칠 지나면 내성균이 증식하면서 동일한 증상이 유발되는데, 이때에는 이전의 항생제가 효과를 보이지 않을 수도 있습니다. 또한 재발의 경우 처음 증상이 유발되었을 때보다 2배 이상의 기간 동안 약을 투약해야 합니다. 약을 적게 먹이려 했다가 갑절 이상 먹여야 할 수도 있는 것이지요. 따라서 항생제의 경우에는 꼭 투약 기간을 준수하는 것이 중요합니다.

• 언제까지 약을 먹여야 할까?

대체로 급성의 경우는 2주, 재발성인 경우에는 4주 이상의 투약이 필요합니다. 방광염의 경우 약물 농도가 높게 유지되는 곳이 아니기 때문에 비교적 장기간의 투약이 필요한 편입니다. 원칙적으로 투약을 시작한 이후 세균이 잘 사멸되는지 요 검사를 시행하고, 투약 중단 이후에도 세균이 더 이상 자라나지 않는지 배양 검사를 통해 확인하는 것이 필요합니다.

한편 항생제 복용도 열심히 하고 물도 많이 먹이고, 화장실도 깨끗하게 관리해주었는데 세균성 방광염이 재발되는 경우라면 혹시 방광염이 잘 유발될 수 있는 다른 원인이 있지 않은지 확인해보아야 합니다. 하부 요로기 증후군이 반복되어 방광 점막 등이 증식 혹은 취약해지거나, 해부학적 구조에 선천적 문제가 있는 경우, 여타의 질환으로 전신 면역이 약해진 경우 이차성 방광염이 재발하는 경향을 보일 수 있습니다. 이때에는 반드시 방광염이 반복되는 원인을 확인하는 것이 좋습니다. 다만, 앞장의 특발성 방광염은 재발성의 특징을 가지기 때문에 별도의 원인이 있지 않은 경우가 많고, 젊고

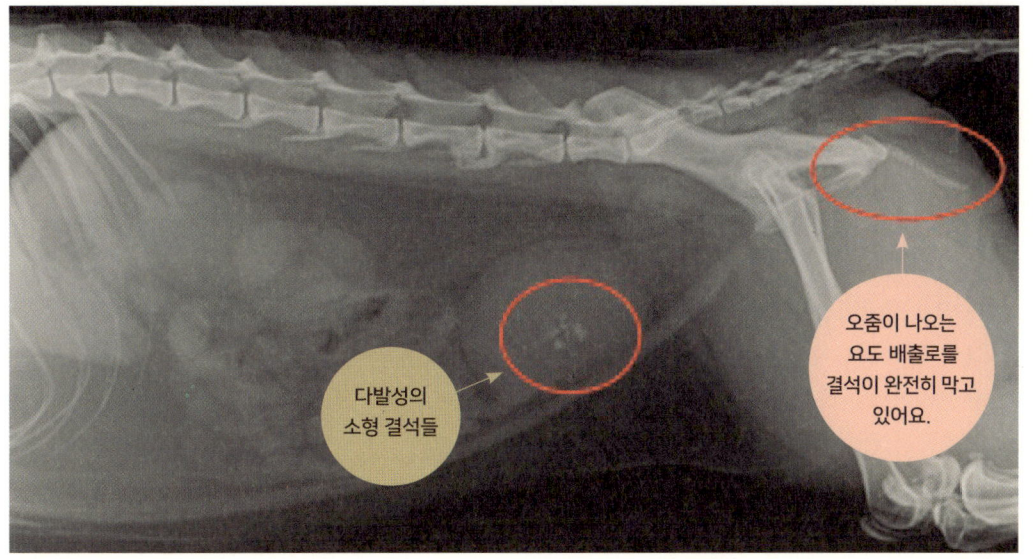

어린 고양이의 경우 세균성 방광염 등 감염성 질환의 이환률은 높지 않은 편입니다.

🐾 결석

결석은 몸 안에 생기는 돌을 말하는데, 비뇨기계 즉, 신장, 요관, 방광, 요도, 어느 곳에든 결석이 발생할 수 있습니다. 혈뇨나 배뇨 곤란을 보이는 고양이의 대략 5% 수준에서 결석이 발생하는 것으로 알려져 있습니다. 사람도 요도 결석의 경우 응급실을 찾을 만큼 아픈 경우가 많은데, 고양이의 경우에도 극심한 통증이 수반되는 경우가 많습니다.

위의 사진에서 붉은 원 안에 방광과 요도에 하얗게 보이는 점들이 다발성의 소형 결석들입니다. 특히 이 환자의 경우 결석이 요도(오른쪽 원을 보세요)를 완전히 막고 있어서, 오줌을 싸지 못했습니다. 또한 이로 인한 급성 신부전이 유발되었을 뿐만 아니라, 통증도 심각했습니다.

결석의 원인은 대부분 불명이나 일부 고칼슘혈증, 또 이를 유발할 수 있는 호르몬 질환과 관련성이 있는 경우도 있습니다. 때문에 칼슘 성분의 결석이 있는 경우 혈중 이온화 칼슘 농도를 측정하고, 고칼슘혈증이 있는 경우 원인 질환을 감별해보는 것이 재발을 막는 데에 도움이 됩니다.

🐾 결석, 어떻게 없앨 수 있을까?

결석이 일단 생성되면 대개는 수술적 방법으로 제거해야 합니다. 방광이나 요도 외에 요관에도 결석이 생길 수 있는데 이는 신장에서 만들어진 오줌이 방광으로 가는 길목을 막을 수 있기 때문에 위험합니다. 방치하면 신장에 오줌이 차고, 염증이 유발되거나 위축되는 등 기능을 잃어버리는 경우가 생길 수 있습니다.

🐾 결석 종류에 따른 치료법

제거된 결석은 성분을 분석하는 것이 좋습니다. 집사가 요 검사를 통해 결석 종류에 대한 정보를 알고 있으면 재발을 예방하는 데 크게 도움이 됩니다. 통상적으로 가장 많은 것은 '칼슘 옥살레이트' 계의 결석과 '스트루바이트'라는 결석입니다.

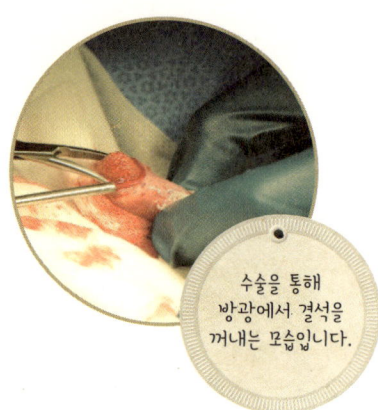

수술을 통해 방광에서 결석을 꺼내는 모습입니다.

• 스트루바이트 결석 치료법

특히 스트루바이트 결석의 경우 주로 세균성 방광염으로 인해 생기는 경우가 많습니다. 따라서 289쪽에서 소개한 '세균성 방광염'을 참고하여 관리해주세요. 스트루바이트 결석의 크기가 작은 경우, 방광염 치료와 처방식 사료를 이용하여 결석을 녹일 수도 있습니다. 하지만 결석이 크거나, 결석의 위치가 요관에 있는 경우 등은 용해 치료를 시도해서는 안 됩니다.

• 칼슘 옥살레이트 결석 치료법

안타깝게도 칼슘 옥살레이트 결석은 용해되지 않습니다. 결국 수술적으로 제거하는 방법밖에 없기 때문에 무엇보다 재발 방지가 중요합니다. 칼슘 옥살레이트와 같이 재발이 잘 되는 결석이 유발된 경우에는 주기적으로 영상 검사를 시행해서 결석이 너무 커지거나, 이차적인 문제를 유발하지 않는지 미리 체크하는 것이 좋습니다.

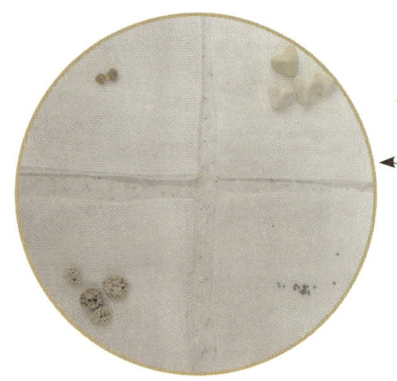

다양한 종류의 결석들. 모양만으로 결석을 진단하는 건 위험하므로, 수의사의 도움을 받아야 합니다. 결석 성분 검사를 받는 것이 재발 방지에 도움이 됩니다.

소형의 스트루바이트 결석에서 시도해볼 수 있는 용해 치료법

요 검사
결석이나 결석 결정을 분석, 성분 확인

**치료법 1
결석을 용해하는 처방식 먹이기**

*주의사항 : 신부전 등의 질환이 있을 때는 오히려 처방식이 해를 끼칩니다. 혈액 검사를 통해 다른 질환이 없는지 살펴보세요.

결석을 용해하는 처방식

**치료법 2
감염체 확인 후 항생(제) 처방 받기**

대부분의 스트루바이트는 세균성 방광염에 이어서 발생하기 때문에, 요검사를 통해 감염체를 확인한 후 항생처방을 병행합니다.

* '세균성 방광염' 289쪽 참고

요 검사, 영상 검사
결석이 용해되었는지 확인하고, 다시 주기적으로 재발 여부를 확인합니다.
*주의사항 : 다른 종류의 결석에서는 적용할 수 없고, 스트루바이트 결석이라 하더라도 크기가 크다면 본 치료법은 불가능합니다.

🐾 결석의 재발을 막는 방법

사람과 마찬가지로 고양이도 결석이 한 번 발생하면 재발되는 경우가 많습니다. 재발률은 대체로 20~40% 수준으로 꽤 높습니다. 따라서 한 번 치료한 이후에도 지속적인 관리나 모니터링이 필요합니다.

> **결석, 미리 예방하자!**
> • 기본적으로 물을 많이 주는 것이 가장 좋습니다.
> • 요 검사를 통해 오줌의 산도, 요결정의 종류 등을 미리 확인합니다.
> • 이에 따라 재발을 줄이기 위한 가이드를 동물병원에서 처방 받습니다.
> • 주기적으로 영상 검사를 실시해서 결석이 재발하지 않는지 미리 체크합니다.

🐾 계속 오줌을 못 싸면 응급상황

배뇨를 하지 못하는 폐색성의 하부 요로기 증후군은 응급 상황으로 즉시 병원을 찾아야 합니다.

배뇨를 하지 못하는 경우 고통스러울 뿐 아니라 급성 신부전으로 쉽게 진행됩니다. 심지어 방광 파열로 병원에 내원하는 경우도 더러 있습니다. 배뇨를 하지 못한다면 얼마나 고통스러울지는 가히 상상이 되고 남습니다. 때문에 배뇨가 하루 동안 확인되지 않거나 고양이의 식욕이나 기력이 떨어지는 경우 병원으로 즉시 내원해야 합니다.

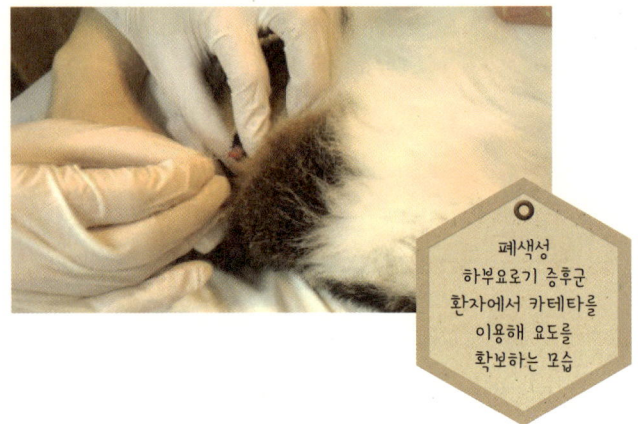

폐색성 하부요기 증후군 환자에서 카테타를 이용해 요도를 확보하는 모습

03 오줌양이 변했어요 (신부전증)

선생님이 도와줄게요

고양이 보호자라면 신부전의 위험성을 익히 알고 있을 겁니다. 고양이들이 워낙 신부전에 잘 이환되고, 신부전 심화로 목숨을 잃는 경우가 많기 때문입니다. 하지만 비뇨기계 질환과 헷갈리거나, 신장 수치가 정상이면 신장이 정상일 것이라고 생각하는 경우와 같이 신부전 자체에 대해서는 이해도가 부족한 경우도 많습니다. 고양이에게 흔한 신부전에 대해서 알아보도록 하겠습니다.

🐾 신부전

신부전이란 '신장 기능 부전'의 줄임말로 단순히 신장이 안 좋은 신장 질환의 수준을 넘어서서 신장이 기능을 하지 못하는 수준으로 진행한 것을 말합니다.

통상적으로 신장 수치, 특히 '혈청 크레아티닌(creatinie)' 수치를 통해 아래와 같이 단계를 나눕니다. 혈액 검사를 통해서 수치를 확인할 수 있어요. 아쉽게도 이 수치는 굉장히 느리게 반응하는 수치이기 때문에 신장의 기능이 3/4 이상 소실되어야 증가하기 시작합니다. 즉 신장 기능이 25%만 남아 있어도 신장 수치는 일단 정상으로 나타날 수 있습니다. 실제로 신부전 1단계에서는 혈청 크레아티닌이 정상 참고치 내에 있는 경우를 포함합니다.

신장 수치로 파악하는 신부전 진행 단계

단계	혈청 크레아티닌(mg/dl)
1단계	< 1.6
2단계	1.6 ~ 2.8
3단계	2.8 ~ 5.0
4단계	>5.0

* 위의 표는 만성 신부전으로 흔히 분류하는 '아이리스 시스템(IRIS system)'을 표시한 것입니다.

1단계의 경우 수치적으로는 정상으로 보일 수 있기 때문에 복부 방사선이나 초음파와 같은 검사를 통해 신장의 크기 및 형태를 확인하거나, 요 검사를 통해 오줌의 농축 정도 등을 확인하는 것이 좋습니다. 특히 요즘은 신장 기능이 1/3 이상 정도로 손상되었을 때부터 확인할 수 있는 'SDMA'와 같은 조기 평가 인자들도 사용되고 있어, 질환이 의심될 때 이 인자들을 활용하는 것도 좋은 방법입니다.

특히 1, 2단계에서는 신부전이 진행하고 있어도 보호자가 눈치 챌 만한 임상 증상이 고양이에게서 나타나지 않는 경우가 많기 때문에, 품종 소인이 있거나 나이가 든 고양이는 주기적으로 검진을 하는 것을 권장합니다. 또한 위와 같이 신부전의 기본 단계를 나눈 후 오줌에서 요단백이 검출되는지와 고혈압이 동반되는지에 따라 추가적으로 단계를 나누고 이에 따라 치료하기 때문에 세부 분류가 필요합니다.

급성 신부전

굉장히 빠르게 신부전이 유발되는 것을 급성 신부전이라고 합니다. 흔한 원인에는 앞서 소개된 하부 요로기 증후군이 심화된 경우, 특히 배뇨를 하지 못하는 경우에 쉽게 발생할 수 있습니다. 또한 진통 소염제와 같은 사람 약이나 백합류 꽃과 같이 신장에 독성을 가지는 물질에 노출되는 경우에도 갑작스런 신부전이 유발될 수 있습니다. 급성 신부전은 빠르게 진행하기 때문에 무증상일 수도 있지만, 구토, 침 흘림, 식욕저하 및 배뇨량 증가나 저하(핍뇨), 무뇨 등의 증상을 유발할 수 있습니다. 특히 핍뇨나 무뇨 상태에 이르면 굉장히 위험합니다. 대신 이전에 신장 상태가 건강하다면 빠른 치료 시에 신장 기능을 다시 회복하는 것을 기대할 수 있습니다.

급성 신부전의 원인들
- 폐색을 동반한 심한 하부 요로기 증후군
- 중독성 물질(백합류의 꽃, 신부전을 유발할 수 있는 약물 등)을 먹었을 때
- 심한 구토, 설사와 같이 다른 질병에 걸려 있을 때 저혈압이나 허혈(신장으로 가는 혈액이 부족한 상태)로 인해 신장이 손상되는 경우

만성 신부전

물을 많이 마시고 오줌양도 늘어나는 증상은 흔히 'PU/PD(Polyurea/Polydypsia)'라고 하는 증상인데요. 이는 여러 가지 원인으로 인해 희석된 다량의 오줌을 보고, 이에 몸의 탈수를 보상하기 위해 물을 많이 마시게 되는 것을 말합니다.

이러한 증상을 유발하는 질환의 대표적인 질환의 하나가 바로 '만성 신부전'입니다. 만성 신부전

이란 신장 기능이 점진적으로 천천히 소실되는 질환을 말합니다. 이때 신장이 오줌을 몸의 요구에 맞춰 농축하는 능력을 잃음으로써 다량의 희석된 오줌을 보게 됩니다. 물론 호르몬 질환 및 당뇨 등 여타의 질환에서도 이러한 증상을 보일 수 있습니다.

이 질환들은 모두 위중한 질환들입니다. 따라서 보호자가 정수기를 설치하는 등 일부러 물을 많이 주었거나, 염분이 높은 사료를 주었거나, 날이 더워서 물을 많이 마시는 등의 외부적 변화가 없는 상태에서 고양이가 오줌 싸는 양이 늘어나고, 물 마시는 양이 늘어난다면 신부전이 아니더라도 위중한 질환의 가능성이 있으므로, 병원에 내원하여 검사를 받아보는 것을 추천합니다.

배뇨량 증가 외에도 만성 신부전이 심해지면 활력이 저하되고, 식욕이 줄거나 만성적인 설사, 구토가 동반될 수 있습니다. 또한 체중이 천천히 감소하고, 털이 거칠고 푸석해질 수 있습니다. 오줌으로 배설되어야 하는 노폐물들이 체내에 축적되면서 아주 심한 경우에는 잇몸이나 혀에 궤양을 유발할 수도 있습니다. 특히 만성 신부전 말기에 배뇨량이 줄거나 배뇨를 하지 못한다면 사망의 위험성이 높습니다.

만성 신부전증의 증상들
- 배뇨 문제(오줌을 많이 싸요!)
- 물을 많이 마셔요.
- 기력이나 활력이 저하됩니다.
- 밥을 잘 먹지 않습니다.
- 체중이 천천히 감소하고, 피모가 거칠거칠하게 변화합니다.
- 혀나 잇몸에 궤양이 발생하거나, 구취가 심해집니다.
- 설사나 구토의 증상을 보입니다.

신부전의 원인

고양이가 신부전을 진단 받게 되면, 우리 고양이가 왜 신부전에 걸렸는지 궁금해 하는 집사들이 많습니다. 급성 신부전의 경우 앞서 설명한 바와 같이 요도 폐색이나 중독성 물질에 노출되는 경우, 또는 구토, 설사가 심하다거나 쇼크 등의 상태에서 신장으로 가는 혈액량이 줄어들면서 신장이 손상되는 경우와 같이 비교적 뚜렷한 원인을 찾을 수 있는 경우가 흔합니다.

반면 만성 신부전의 경우 소수의 경우를 제외하고는 안타깝게도 원인을 규명하기 어려운 경우가 더 많습니다. 또한 정확한 원인을 알기 위해서 생검, 즉 신장 조직을 일부 잘라내서 검사하는 것이 필요하기도 한데, 치료적 이점이 진단으로 인한 침습도를 넘어서는 경우에 시행하는 것이 합리적이라고 생각됩니다.

TIP. 평소 정기적으로 신장 수치를 체크합시다

만약 검사를 받은 적이 없는 고양이라면, 갑자기 신장 수치가 상승했을 때 만성 신부전이 심화된 것인지, 급성 신부전이 유발된 경우인지 진단 시점에서는 명확히 감별할 수 없는 경우가 많습니다. 평소 건강검진을 해두면 이러한 경우 기준으로 삼을 수 있기 때문에 좋습니다. 기본적인 건강검진을 받는 경우라면 보통 신장 수치가 포함됩니다.

급성 신부전 치료와 관리

급성 신부전의 경우 반드시 입원 치료를 받는 것을 권장합니다. 빠른 시간 내에 회복하지 못하는 경우 영구히 신장에 손상을 입어 만성 신부전으로 전환될 가능성이 높기 때문입니다. 입원 후 수액을 통해 적절한 수화, 영양, 전해질 균형 등을 유지해야 합니다. 배뇨를 하지 못하는 경우라면 카테터 등을 삽입하여 인위적으로 오줌을 배출할 수 있도록 도와줍니다. 기타 합병증 관리를 포함하여 적극적으로 치료해주는 것이 좋습니다. 신장 수치를 측정하여 충분히 회복이 되면 퇴원하여 관리합니다.

만성 신부전 치료와 관리

만성 신부전의 경우 만성 소모성 질환으로 천천히 고양이의 상태가 악화되는데, 적절한 관리를 통해 좋은 삶의 질을 유지하면서 오래 살도록 하는 것이 치료의 목표입니다.

수분을 충분하게 섭취해야 해요

만성 신부전을 가진 고양이의 경우 물을 마시지 못하거나, 구토나 설사를 해서 몸이 탈수되는 경우에도, 신장이 오줌을 농축하지 못해 여전히 희석된 다량의 오줌을 배설하게 됩니다. 때문에 정상의 고양이와 달리 굉장히 급격하게 탈수가 진행될 수 있습니다. 늘 신선한 물을 충분히 섭취하도록 해주어야 합니다. 138쪽의 '물 많이 마시게 하는 방법'을 참고하여 고양이가 충분한 물을 마실 수 있도록 관리합니다. 구토나 설사, 식욕 저하가 반나절 이상 지속된다면 병원을 찾아 수화요법을 받는 것이 좋습니다.

균형 잡힌 식사를 차려주세요

만성 신부전이 심해지면 입맛이 없어지고, 영양소 유실도 많기 때문에 고양이가 마르고 피모가 거칠어집니다. 외양적 문제뿐 아니라 전신 증상 악화로 이어지기 때문에, 균형 잡힌 식사를 잘 공급해주는 것 또한 중요합니다.

신부전이 있는 경우 기본적으로 염분, 인 등이 제한된 식사를 하는 것이 좋습니다. 또한 단백질 역시 과량 급여하는 것은 좋지 않습니다(고양이는 그나마 육식동물이기 때문에 단백 제한에 대해 상대적으로 너그러운 편입니다).

다만 이런 성분들을 제한하면 사료가 맛이 없어집니다. 가뜩이나 신부전이 심해지면 고양이의 식욕이 떨어지게 되는데, 먹이는 일이 더 고역이지요. 특히 맛있는 음식에 길들여져 있는 고양이들은 이러한

신부전 처방식

'제한식'에 잘 적응하지 못하는 경우가 많습니다. 따라서 아프기 이전에 건강할 때 정상 식이를 하고, 간식 등 맛있는 음식은 고양이의 즐거움을 위해서 1주일에 1~2회 정도 급여하거나 소량씩 급여하는 습관을 들여놓는 것이 좋습니다.

신부전 환자를 위해 아예 인, 염분, 단백 등의 성분이 조정되어 나오는 처방식, 일종의 상업화된 고양이 환자식도 있습니다. 신부전 2기 이상에서는 처방식을 급여하는 것이 추천됩니다. 처방식을 먹일 때 다른 사료와 섞어 먹이거나 간식을 과량 급여하면 처방식을 먹이는 효과가 거의 없어지니, 처방식 위주로 먹여야 합니다. 풍미를 돋우기 위해 습식 처방캔을 적극적으로 이용하고, 다른 회사의 처방식을 바꿔가며 급여해볼 수도 있습니다. 혈액 검사에서 도출된 인이나 칼슘, 전해질 수치에 따라 인 흡착제 적용 등 추가적인 영양관리가 필요할 수 있습니다.

만성 신부전 환자를 간호하는 요령
- 탈수가 진행되므로 신선한 물을 충분히 먹입니다.
- 영양적으로 균형잡힌 식사를 공급합니다.
- 인, 염분 성분이 과다한 음식은 주의해주세요.
- 혈압, 요단백, 관리 등을 위해 처방 받은 약은 꾸준히 투여합니다.

충분한 수분 섭취가 포인트!

• 질병관리를 위해 주기적으로 검사해요

신부전의 진행에 있어서, 혈압 및 요단백은 중요한 요소입니다. 따라서 혈압, 요단백 관리가 필요한데, 집에서 임의적으로 관리할 수 없습니다. 신부전이 진단된 경우에는 동물병원에서 주기적으로 검진하면서 그에 따른 약물 처방과 보조제 급여 등을 해야 합니다.

• 약을 처방 받았다면, 꾸준히 투약합니다

동물병원에서는 주로 신장 질환이 심해지는 것을 막기 위해 혈압약, 단백뇨를 관리하기 위한 약 등을 기본으로 처방하게 됩니다. 또한 신부전에서 신장으로 배출되어야 하는 노폐물이 체내에 축적되는 것을 요독증이라 하는데 이를 줄여주기 위한 흡착제나 유산균 제제 등의 보조제 급여도 가능하며, 요독증 심화로 위장관 점막에 손상을 줄 수 있기 때문에 이를 위한 위장관 보호제와 같은 부가적인 처방도 시행됩니다. 신부전 심화 시에는 대사성 산증이나 빈혈, 전해질 불균형 등이 심화되는데 각각 이를 측정하여 그에 따른 투약 역시 시행해야 합니다.

신부전 관련 투약 중 혈압약 등은 투약을 거르는 경우 좋지 않기 때문에 꾸준히 투약하는 것이 중요합니다. 신부전 환자의 몸 상태는 질병이 호전 및 진행에 따라 달라지기 때문에 정밀하게 관리해주어야 고양이가 오래 살 수 있을 뿐더러, 고양이의 삶의 질을 잘 유지해줄 수 있습니다.

페르시안 계열이 조심해야 할
다낭포성 신장 질환

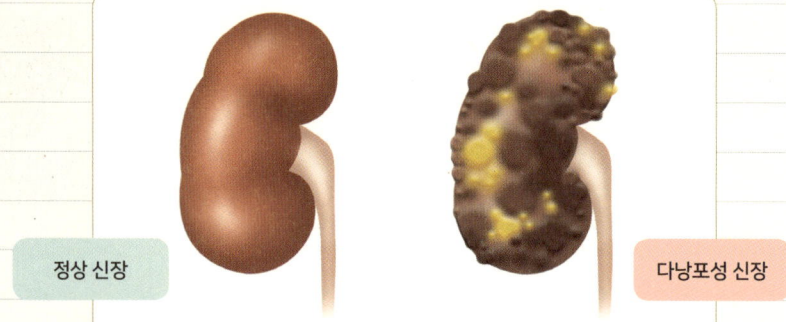

정상 신장   다낭포성 신장

다낭포성 신장 질환(Polycystic Kidney Disease)이란 말 그대로 신장에 물이 차 있는 주머니, 낭포가 다발성으로 여러 개 생기는 질환입니다. 1개의 낭포가 생기는 경우에는 기능 저하가 그다지 없지만, 낭포가 다발하면서 기능하는 실질의 면적을 줄일 뿐 아니라 주변 조직에 압력을 높이고 해부학적 구조에 손상을 초래하여 점진적으로 신부전으로 진행하게 되는 질환입니다.

이 질환이 고양이 보호자에게 특히 중요한 점은 유전적 요인에 의해 영향을 받기 때문입니다. 사람을 비롯한 다른 종에서도 보고된 바 있는 다낭포성 신장 질환은, 고양이의 경우 '페르시안'에서 처음 확인되었습니다. 그리고 페르시안과 '혈연적으로 가까운 품종들'에서 유전자 변화가 확인되어 있지요. 제가 기르던 페르시안 고양이 역시 이 질환으로 세 살 무렵부터 신부전 증상을 보였습니다.

따라서 페르시안과 관련이 있는 종들(엑죠틱 숏헤어, 스코티쉬 폴드, 히말라얀 등)의 고양이들은 어린 연령부터 일찍 신장의 형태를 체크해보는 것을 권장합니다.

Q. 다낭포성 신장 질환, 어떤 검사를 해야 하나요?

초음파 검사를 시행하면 신장 내 낭종이 발생하였는지 쉽게 확인할 수 있습니다. 특히 출산을 고려하는 중이라면 가족력을 확인하는 것도 좋고, 해당 염색체의 유전자 변화를 확인하는 검사를 조기에 시행할 수도 있습니다.

04. 생식기에서 분비물이 나와요 (자궁축농증)

선생님이 도와줄게요

- 생식기에서 분비물이 흐르는 경우, 엉덩이 주변이 더러워지면서 비뇨기 질환으로 오인되기 쉽습니다. 때문에 자궁축농증에 걸린 고양이를 보호자가 하부 요로기 증후군으로 착각하여 뒤늦게 병원을 찾는 경우도 더러 있습니다. 이번 챕터에서는 자궁축농증에 대한 정확한 증상과 치료법에 대해 알아봅시다.

🐾 자궁축농증의 증상

자궁축농증은 자궁에 농이 차는 질환입니다. 따라서 생식기로 화농성 분비물이 흐르는 경우가 많지만, 고양이가 그루밍을 열심히 하는 경우 분비물이 잘 관찰되지 않을 수 있습니다. 또한 자궁축농증은 자궁경관의 폐쇄 여부에 따라 개방형과 폐쇄형으로 나뉘게 되는데, 폐쇄형의 경우 화농성 분비물이 자궁 밖으로 배출되지 않기 때문에 생식기 분비물이 확인되지 않습니다. 이런 경우 보호자가 고양이가 아픈 것을 뒤늦게 확인하게 되는 경우가 많습니다.

자궁축농증의 초기에는 분비물만 관찰되지만 질환이 심화될수록 염증이 전신에 파급되어 기력 저하, 식욕 부진, 구토 등의 증상이 유발됩니다. 이 단계에서도 치료가 되지 않으면 전신 염증으로 인한 패혈증 등으로 사망할 우려가 큽니다.

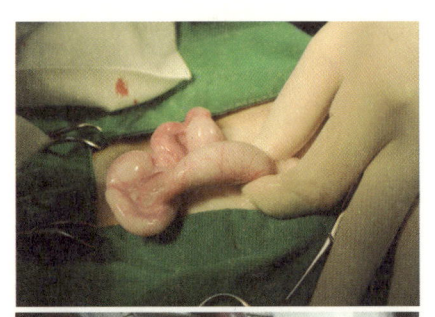

🐾 자궁축농증을 치료하는 방법

대부분의 자궁축농증은 수술을 통해 치료합니다. 약물로만 치료를 시행한다면 실패율이 높을 뿐더러,

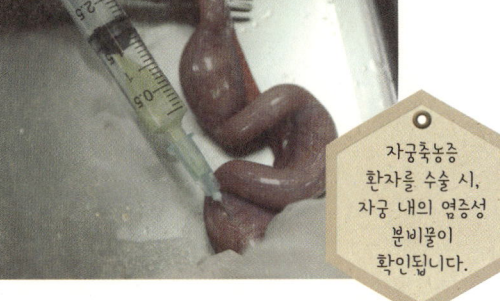

자궁축농증 환자를 수술 시, 자궁 내의 염증성 분비물이 확인됩니다.

다음 발정 시에 동일한 증상이 유발되는 경우가 많기 때문입니다. 수술 자체는 중성화 수술과 동일한 형태로 진행됩니다. 하지만 전신 증상 악화로 인해 마취 위험도가 증가하고 자궁 바깥으로 염증 물질이 새어나오거나 염증이 심한 경우 복강 세척 등이 필요할 수 있습니다. 또한 중성화 수술에 비해 수술 후에도 입원, 치료 기간이 더 요구되는 경우가 대부분입니다.

> **Q. 엉덩이 주변에 분비물이 묻어 있는데 어떻게 하죠?**
>
> 이런 경우 비뇨기 문제인 줄 아는 집사들이 많습니다. 하지만 자궁축농증, 변비, 항문 주위 질환 등의 의외의 질환으로 진단된 경우도 많아요. 따라서 증상이 심한 경우에는 동물병원에 내원하여 감별진단을 받는 것이 좋습니다.

🐾 중성화로 미리 예방하기

중성화 수술을 받은 경우 자궁 자체가 적출되기 때문에 자궁 질환은 100% 가깝게 예방이 가능합니다. 자궁축농증은 자궁의 질환이므로 중성화 수술을 시행하지 않은 암컷 고양이가 중년 이상 나이가 들었을 때 많이 발생합니다. 고양이는 대부분 중성화를 시행하는 경우가 많아 개에 비해 상대적으로 발생이 적지만, 만약 '중성화하지 않은 고양이'라면 개보다 자궁축농증이 꽤 높은 비율로 발생합니다. 다만 시기에 관계없이 '중성화 수술을 한 여자 고양이'에서는 발생하지 않으며, 당연히 남자 고양이에서도 발생하지 않습니다.

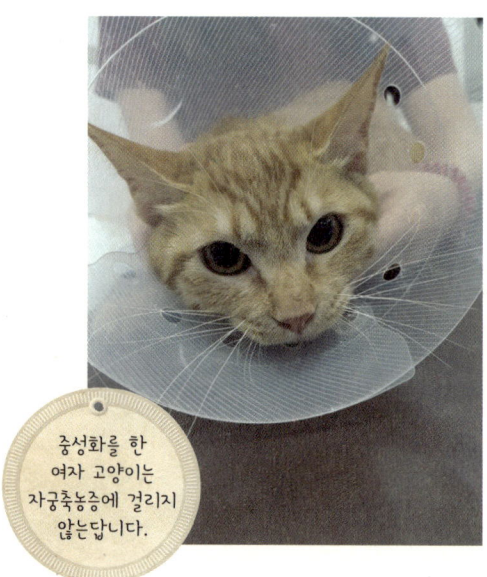

중성화를 한 여자 고양이는 자궁축농증에 걸리지 않는답니다.

스프레이와 배뇨 곤란, 차이점 알아보기

카펫에 실례했다냥 …

• 남자 고양이의 본능, 스프레이

고양이 진료를 보다 보면 배뇨이상을 스프레이라 간과하거나, 반대로 스프레이를 배뇨곤란으로 생각하여 병원을 찾는 경우를 왕왕 접하게 됩니다. 고양이에 대한 정보가 부족한 보호자라면 고양이가 찔끔찔끔 배뇨를 해대고 악취도 심각하니, 위중하게 생각할 수 있습니다. 하지만 다행히도 스프레이는 사실 병적인 증상은 아닙니다. 수컷 고양이가 충분히 성숙하였기 때문에 나타내는 영역행동이지요. 다만 반려동물로 함께 지내기에 악취가 심해서 스프레이를 하기 전에 중성화 수술을 시켜주는 편이 좋습니다. 고양이에게 본능을 억제하라고 하는 건 가혹하니까요.

• 스프레이의 특징

스프레이는 주로 세로로 된 물건, 방문이나 식탁 다리, 스탠드형 전등 등에 하는 경우가 많습니다. 스프레이 시 발을 약간 모으고 꼬리를 치켜든 자세로 소량의 분비물을 '칙' 하고 분사합니다. 눈을 지그시 감는 표정을 하기도 합니다.

• 배뇨 곤란의 특징

주로 바닥이나 이불 등에 소량의 배뇨를 찔끔거립니다. 소변을 보는 것과 동일하게 웅크리고 앉는 자세를 취하고, 배뇨 시간이 오래 걸리거나 통증을 호소하기도 합니다. 전체적인 임상 증상이 양호할 수도 있지만, 기력이 없거나 활력이 떨어질 수도 있습니다.

소화기

고양이는 헤어볼을 토해내기도 하고, 만성적으로 구토나 설사를 할 때도 많습니다. 다행히 별 문제가 아닌 때도 있지만, 가볍게 여겼다가 나중에 심각한 상태로 진행되는 경우도 흔하므로 고양이 집사들의 세심한 관찰이 필요합니다. 이번 챕터에서는 토출, 구토, 설사, 변비 등 고양이에게 나타나는 소화기 질환에 대해 살펴보겠습니다.

01 밥을 먹으면 바로 토해요

선생님이 도와줄게요

밥을 먹은 직후에 곧바로 구토하는 것을 '토출'이라고 합니다. 구토와 비슷하지만 위장관보다는 식도에 문제가 있는 경우가 많고, 밥을 빨리 먹는 등의 행동이 원인일 수도 있습니다. 그럼 토출의 다양한 원인과 해결책에 대해 알아봅시다.

🐾 이유는 무엇일까?

고양이가 음식을 먹고 난 직후 바로 구토하는 경우가 있는데, 이런 증상을 '토출(regurgitation)'이라고 합니다. 이런 경우 보통 위장관 질환이 아닌 '식습관의 문제' 혹은 '식도의 질환'이 있을 가능성이 높습니다(물론 구토가 너무 심할 때는 물만 먹어도 구토할 수도 있어요).

원인 1 식도 질환
- 식도 이물
- 식도의 염증
- 식도 협착
- 거대식도
- PRAA

원인 3 기타 질환
- 나이든 고양이라면 갑상선 호르몬 질환이 있을 수 있어요.
- 어린 연령의 감염성 질환
- 구토를 유발하는 질환의 심화

원인 2 음식을 급하게 먹거나 너무 많이 먹는 경우
- 음식을 먹을 때 다른 고양이의 위협이 있는 경우
- 식기의 위치가 잘 맞지 않는 경우
- 다식을 유발하는 원인이 있는 경우

🐾 어떻게 치료할까?

【식습관 문제로 토할 때 치료법】

증상이 가끔 유발되고 고양이의 건강 상태가 양호한 경우라면 아래와 같은 행동이나 환경 교정을 먼저 시행해볼 수 있습니다.

고양이 상황	치료법
음식을 빠르게 먹는 경우	빠르게 먹는 습관을 고쳐주기 위해서는 수건에 건 사료를 한 알씩 늘어놓아 한 개씩 천천히 먹도록 훈련하는 것도 가능합니다.
사료 교체, 새로운 간식이 도입된 경우	사료 알갱이의 크기나 형태에 의해서도 토출이 유발될 수 있습니다. 또한 식이성 원인이나 염증성 장 질환, 여기에 속발하는 담관간염이나 췌장염 등도 의심 가능하지만, 이 경우에는 만성 구토가 더 흔한 증상입니다.
식기에 문제가 있는 경우	사료 그릇의 높이, 그릇 내 사료가 들어가 있는 깊이 등도 고양이의 식사 습관에 영향을 줍니다. 따라서 고양이에게 잘 맞는 식기를 다양하게 조정해 볼 수 있습니다.

【식도 질환으로 토할 때 치료법】

영상 검사, 하얀색 액체를 마신 뒤 X-ray 촬영을 하는 조영 검사, 투시 등을 통해 진단할 수 있습니다.

고양이 상황	치료법
전혀 문제가 없던 고양이가 갑자기 토출하는 경우	실이나 천, 비닐과 같은 이물이 식도에 걸려 있을 가능성이 높습니다. 내시경 등으로 해당 이물을 제거할 수 있습니다.
예전에 식도이물이 있었던 고양이의 경우	과거에 식도이물이 있었다든가 구토를 심하게 했던 고양이라면, 식도 내 염증이나 염증 부위가 달라붙으면서 협착되었을 수도 있습니다. 투시 등을 통해 진단하고, 해당 부위를 넓혀주는 시술을 받을 수 있습니다.
아기 고양이가 반복해서 토출하는 경우	선천 질환을 의심할 수 있고, 거대식도의 경우 나이가 들면서 호르몬 질환의 영향으로 발생하기도 합니다.

02 자주 구토해요

선생님이 도와줄게요

- 고양이가 처음 구토를 하는 것을 목격하게 되면 보호자는 놀라고 당황하게 됩니다. 구토를 하기 위해서는 위 내용물을 거꾸로 역류시켜야 하기 때문에 고양이 복부가 꿀럭꿀럭 움직이기 때문입니다. 이때 고양이는 무척 힘들어보입니다. 그렇다면 고양이가 이렇게 구토를 할 때 어떻게 대처해야 할지 알아볼까요?

🐾 구토 내용물 확인하기

한 달에 2~3회를 초과하여 두 달 이상 구토하는 경우에는 동물병원을 찾아 상담하는 것이 좋습니다. 이를 만성구토라고 하는데, 고양이가 활발해 보이더라도 내버려두면 큰 질환이 야기되는 경우가 많아 특별한 관리가 필요합니다. 만성 구토의 경우, 급성 구토와는 접근법이 다를 수 있으므로 310쪽에서 살펴보도록 하겠습니다.

구토한 내용물은 여러가지 성상일 수 있습니다. 섭취한 음식물, 위액, 담즙액을 함유한 노란 거품, 혈액이 함유되는 경우 붉은 반점을 띨 수도 있고, 소화액의 혼입이나 음식물의 정체 시기에 따라 검은 녹색 등을 띠는 경우 등 다양합니다.

하지만 위의 사진처럼 구토물 안에 헤어볼이 섞여 있다면 정상적인 것일 수 있으니 놀랄 필요는 없습니다. 다만 그루밍 과정에서 섭식한 털은 대체로 배변을 통해 자연스럽게 배출되어야 하는데 헤어볼 형태로 자주 구토를 유발한다면, 헤어볼 제품이나 사료를 통해 관리를 해 주는 것이 좋습니다. 본 책의 194쪽을 참조해서 잘 관리하도록 합니다.

고양이 털이 함유되어 있는 헤어볼 구토.

🐾 구토의 빈도수 확인하기

헤어볼이 함유되어 있지 않다면 진성 구토로 판단하되, 한 달에 한두 번 이하로만 구토하고 고양이가 밥도 잘 먹고 활력적으로 생활한다면 관찰하면서 지켜볼 수 있습니다. 이때 시간이 지나면 보호자의 기억도 희미해질 수 있으므로, 핸드폰 캘린더나 메모장에 기입해둡니다. 구토를 한 시점으로 1~2개월 이내에 사료교체나 새로운 간식의 도입 및 환경 변화가 있다면, 같이 기록해두는 것이 좋습니다.

TIP. 구토는 모든 질환에서 발생할 수 있어요!

동물병원에 내원하기 이전에 보호자들은 고양이가 어떤 질환에 걸렸는지 미리 진단해보고 싶은 마음일 것입니다. 하지만 안타깝게도 구토는 소화기 질환에서만 나타나는 것이 아니라, 거의 모든 질환에서 증상 악화에 따라 발생할 수 있습니다. 따라서 증상으로만 원인을 추정하기란 쉽지 않아요. 증상에 따라 질병의 원인을 추정하는 '수의학 알고리즘 교재'에서는 구토의 원인으로 무려 70가지가 넘는 질환을 열거하고 있기도 합니다.

• 한 달에 2~3번 이상 구토한다면

구토를 한 달에 1~2회를 초과하여 하는 경우에는 동물병원을 찾아 상담하는 것이 좋습니다. 이러한 만성 구토의 경우, 고양이가 활발해 보이더라도 내버려두면 큰 질환이 야기되는 경우도 있으니 지속적인 경우 관리가 필요합니다. 만성 구토의 경우 급성 구토와는 접근법이 다를 수 있으므로 다음 장에서 살펴보도록 하겠습니다.

• 하루에도 여러 번 구토한다면

반면 하루에도 시간차를 두고 2회 이상 구토하는 급성 구토의 경우 즉시 병원에 내원하는 것을 권장합니다. 구토를 하면서 식욕이나 활력이 떨어지는 경우에는 특히 그렇습니다.

🐾 심한 구토는 지방간증을 유발

이제는 많은 고양이 집사들이 잘 알고 있는 내용이지만, 고양이가 구토 등으로 인해 계속 밥을 먹지 못한다면, 원인이 무엇이든 치명적인 지방간증이 유발되어 위험할 수 있습니다. 또한 보호자가 인식하지 못한 수준의 경미한 신부전을 앓고 있는 경우도 많아요. 이 경우 구토와 섭식 불능으로 순식간에 탈수가 심화되어 전신 증상 악화로 이어질 수도 있습니다.

이러한 특정 질환의 예가 아니더라도 구토가 급성으로 심한 경우 심각한 질환일 수 있고, 특히 구토가 심하면 밥이나 물, 약도 먹을 수 없기 때문에 빠르게 고양이 상태가 악화될 수 있으므로 의료적 도움이 필요합니다. 반드시 병원에 가서 치료를 받으세요.

🐾 만성 구토

밥도 잘 먹고, 잘 놀지만, 자주 구토하는 고양이가 꽤 많습니다. 토할 때 잠시 걱정도 되지만, 이후에 식욕도 좋고 활력도 좋으면 괜찮겠거니 넘어가는 경우가 많습니다. 하지만 이러한 만성 구토가 오랫동안 조절되지 않는 경우에 소화기 종양이나 심각한 간, 담도계 질환으로 진행할 수 있습니다. 2015년에 시행된 한 연구에 따르면, 만성적인 구토를 보인 고양이의 장을 조직 검사했을 때, 단순 위염은 7%에 불과했고 소화기 림프암이 23.3%나 되었습니다. 저희 병원에서도 위장관계 종양으로 치료를 받는 노령 고양이들이 많은데, 실제로 이들 대부분이 만성적인 구토 이력을 가지고 있습니다.

🐾 만성 구토 시 확인 사항

구토의 횟수와 상태를 꼼꼼하게 확인하기	특히 다묘 가정에서는 구토가 발견되면 어느 고양이가 구토하는지 확인하고, 이후에 다시 구토 하는지 살펴보는 것이 중요합니다. 헤어볼이 함유된 구토라면 일단 헤어볼 제제를 급여하면서 구토 횟수가 줄어드는지 살펴봅니다. 얼마나 자주 구토하는지 확인하기 위하여 달력에 기록해 두는 것이 좋습니다.
고양이에게 급여하는 사료나 간식 등을 체크하기	사료나 간식에 변화가 생긴 이후로 두 달 이내에 구토가 심해졌다면, 이전 사료로 교체하거나 새로 도입한 간식을 주지 않는 것이 좋습니다. 실제로 고양이 만성 구토의 많은 이유는 식이 불내성(사료의 일부 성분을 소화하지 못하는 경우)이나 음식 알레르기 때문에 발생하는 것으로 알려져 있습니다. 즉, 각각의 고양이에게 잘 맞지 않는 사료나 간식을 급여함으로써 위장관에 염증이 유발되는 것입니다.
체중 체크하기	식욕이나 활력이 양호하더라도 체중이 5% 이상 감소한다면 지체 없이 고양이를 병원에 데리고 와야 합니다.

🐾 만성 구토의 원인

그렇다면 고양이에게 만성적인 구토를 유발하는 가장 흔한 원인에는 어떤 것들이 있을까요? 소화기 질환으로는 염증성 장 질환, 식이 불내성, 음식 알레르기, 이물 섭식(끈이나 비닐 등 먹어서는 안 되는 것을 먹는 행위) 등이 많은 경우를 차지하고, 간, 담도 질환이나 만성적인 췌장염 역시 흔한 원인입니다. 소화기 외의 원인, 즉 신부전, 당뇨, 갑상선 질환 등에서도 만성 구토가 유발될 수 있습니다.

🐾 만성 구토 치료법

　이러한 문제들을 감별하기 위한 기본적인 영상 검사 및 혈액 검사 등을 시행하고, 필요하다면 내시경이나 조직 검사 등으로 확정 진단을 받는 것이 좋습니다. 조기에 진단이 되는 경우 적절한 사료로 바꾸어주거나 단기적인 약물 요법만으로도 많은 효과를 보거나, 미래의 큰 질병을 예방할 수 있습니다. 따라서 우리 집 고양이가 자주 토한다면, 더 큰 질병으로 진행되지 않도록 세심한 관리를 해줘야겠습니다. 잘 먹지 않거나 활동성이 떨어지는 경우, 구토가 호전되지 않거나 점점 심해지는 경우에는 반드시 내원하여 검사 후 치료를 받아야겠습니다.

03 변이 무르고 설사를 해요

선생님이 도와줄게요

고양이 변은 대개 모래에 묻혀서 완전한 형태를 확인하기 힘듭니다. 하지만 치울 때 자세히 보면 우리 고양이 변은 어떠한 상태인지 확인할 수 있습니다.

🐾 우리 고양이 변 상태 체크하기

보통 정상변은 '맛동산'이라는 표현처럼 길쭉한 모양에 묻어나지 않을 정도의 경도의 형태를 가지고 있습니다. 물론 너무 단단한 것은 수분이 부족한 것이므로 변비로 진행하는 중일 수도 있습니다. 변비로 진행하는 경우에는 변이 단단해지다가, 토끼 똥처럼 동글동글하게 소량씩 떨어지기도 합니다. 중간 단계의 변은 토끼 똥을 뭉쳐 놓은 것 같은 포도송이 모양을 하기도 하고요.

반면 설사로 진행하면서 변이 물러지기 시작합니다. 정상 변과 설사 중간 정도로 형태가 있지만 물러서 집으면 묻어나는 변을 연변이라고 합니다. 여기서 점점 진행하면 죽과 같은 형태로 변화하다가, 아주 심해지면 물과 같은 장액성 변으로 변화합니다. 모래가 묻어 있는 경우 넙적한 판 형태로 굳어 있는 경우가 이렇습니다.

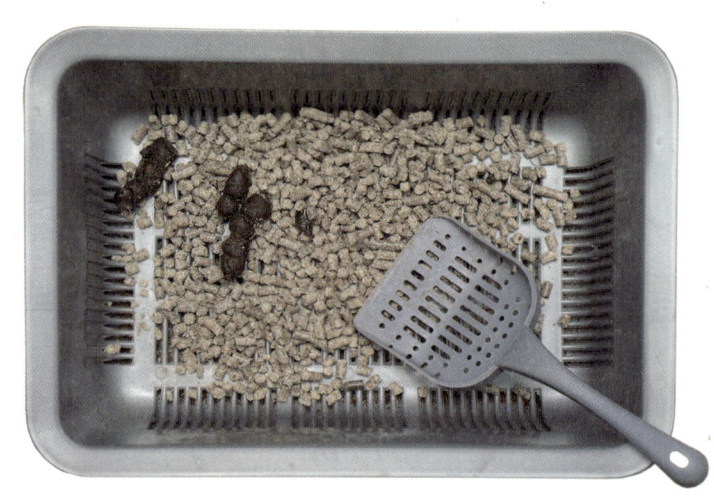

🐾 고양이가 설사할 때 관리법

고양이가 변을 무르게 보거나 설사를 한두 번 하는 경우, 최근 식이교체가 있었다면 이전 사료로 전환하고 스트레스 상황이 있다면 교정해줍니다. 이후 최소 1주 정도는 사료 위주로만 급여하고 새로운 음식을 자주 바꾸어 주지 않습니다. 간식은 최소 1~2주간 주지 않고, 이후에도 새로운 간식보다 늘 먹던 간식을 주는 것이 안전합니다. 이러한 식이요법에 반응하지 않으면 병원을 찾아야 합니다.

증상 발현 당일이라도 설사가 심하거나, 며칠씩 지속되는 경우, 식욕이나 활력도 동반해서 떨어지는 경우에는 동물병원을 찾아야 합니다. 특히 어리거나 나이가 많은 고양이라면 하루 만에도 증상이 악화될 수 있기 때문에 빨리 의료적인 도움을 받는 것이 좋습니다.

설사의 원인들

아기 고양이라면 범백혈구감소증이나 회충 감염 등의 감염성 질환의 가능성이 높고, 어린 고양이에서는 이물 탐식 등의 가능성도 있습니다. 또한 식이성, 세균성 장염을 비롯한 다양한 소화기 질환에서 설사가 동반됩니다. 노령의 고양이에서 신부전이나 종양, 만성 질환에 속발하여 설사가 유발될 수도 있습니다. 앞장 구토에서와 마찬가지로 설사나 구토와 같은 증상은 일종의 비특이적 증상으로 여러 질환에서 유발될 수 있는 증상입니다. 때문에 이러한 증상이 있는 경우 보호자가 임상 증상 및 병력(사료 교체, 간식 급여, 환경 변화 등)을 자세히 알려줄수록 감별진단의 폭을 좁힐 수 있고, 더불어 불필요한 진단검사를 줄일 수 있습니다.

04 고양이 변비

선생님이 도와줄게요

2006년도에 시행된 한 조사에 따르면, 한국인의 무려 17%가 변비로 고통 받고 있다고 합니다. 그렇다면 고양이도 변비로 힘들어하는 경우가 있을까요? 사실 고양이는 세심한 동물이어서 심리적인 스트레스나 사료 교체, 환경 변화 등에 의해서도 쉽게 변비에 걸립니다. 특히 일부 고양이들은 수술이 필요할 정도로 변비가 심각해지기 때문에 보호자의 세심한 관리가 필요합니다.

고양이 변비의 원인과 치료법

변비는 고양이에게 상당히 흔한 질환인데 때로는 목숨을 앗아갈 정도로 위험하게 진행되기도 합니다. 그렇다면 고양이 변비는 왜 생기는 걸까요?

• 골절로 인한 변비

오른쪽 방사선 사진은 높은 곳에서 떨어져서 골반이 골절된 환자의 예입니다. 골절 이후 약 1년 반 이후부터 변비가 유발되었는데, 좁아진 배출로로 인해 변이 물리적으로 통과하지 못하는 것을 확인할 수 있습니다. 따라서 교통사고나 낙상의 이력이 있는 고양이는 이후 변비가 발생하지 않는지 보호자의 관찰이 필요합니다. 특히 이런 경우에는 변비가 발생했다고 해서 무작정 섬유질이 많은 사료를 급여하면 분변을 더욱 굵게 해서 증상을 심화시킬 수 있기 때문에 주의해야 합니다.

• 편식으로 인한 변비

다음 페이지의 방사선 사진은 어린 고양이에게서 영양적 불균형으로 발생한 변비를 보여줍니다. 사람과 마찬가지로 편중

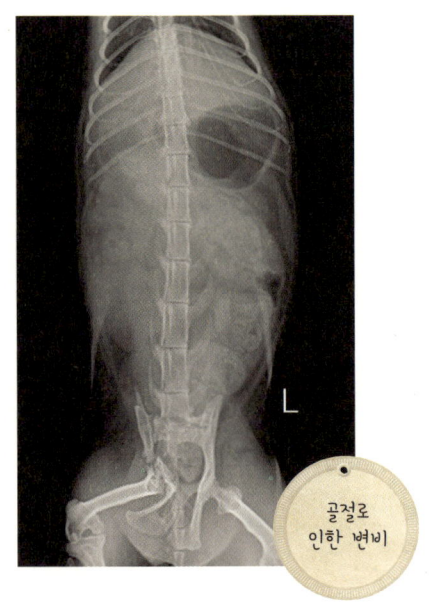

골절로 인한 변비

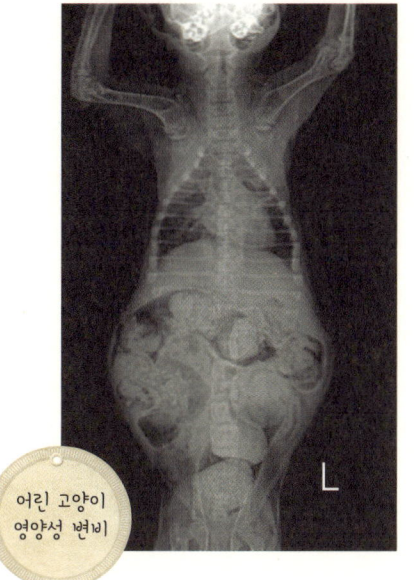

어린 고양이 영양성 변비

된 식이를 하는 경우에도 변비가 발생할 수 있습니다. 특히 어린 길고양이 등에서 참치캔만 먹이는 식의 불균형한 영양 급여로 인한 심각한 변비가 더러 관찰됩니다.

• 각종 질환으로 인한 변비

중년령 이후의 고양이라면 갑상선 기능 항진증 등의 호르몬 질환이나, 탈수나 전해질 불균형과 같은 대사적 원인으로 변비가 발생하기도 합니다. 특히 다른 질환이 있는 경우에도 섭식이나 물 마시는 양이 줄면서 이차적으로 변비가 발생할 수 있습니다.

😺 반복된 변비, 거대결장을 주의하기

원인이 무엇이든 변비가 반복되는 경우에 고양이의 경우 '거대결장'이 발생하기 쉽습니다. 결장은 직장 바로 앞에 위치한 대장으로, 거대 결장이란 변을 직장으로 보내는 정상적인 움직임이 불가능할 정도로 팽창되고 늘어난 결장을 말합니다. 고양이에서는 특히 거대결장의 발생이 많은데, 결장이 무력해지면 변비가 반복되고 매우 심각한 경우 아래와 같이 결장을 잘라내는 수술이 필요할 수도 있습니다.

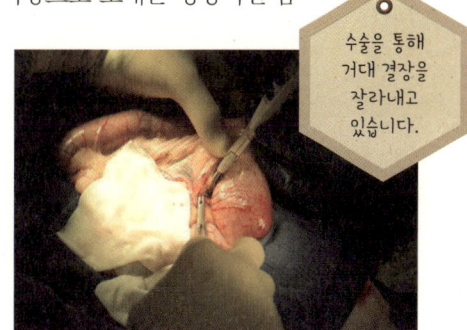

수술을 통해 거대 결장을 잘라내고 있습니다.

😺 고양이 장 건강, 집사가 지켜주기

그렇다면 집사는 어떤 주의를 기울여야 할까요? 일단 기르는 고양이가 적절하게 배변을 하는지 관찰하는 것이 가장 중요합니다. 매일 정해진 시간에 리터 박스를 청소하면서 변 상태를 관찰합니다. 다묘 가정의 경우에도 각각의 고양이마다 배변하는 위치나 특성이 다르기 때문에 매일 정해진 시간에 배변을 치워주면서 잘 관찰해보면 어떤 고양이가 어떤 변을 보는지 확인이 가능합니다.

😺 병원에 가야할 경우

매일 변을 보지 않거나, 매일 보더라도 배변이 토끼 똥처럼 작고 단단한 경우, 혹은 단단한 포도송이와 같다면 변비 초기일 수 있습니다. 3일 이상 배변하지 못하거나, 이후 소량의 설사나 점액변을 보는 것은 심한 변비의 증상일 수 있습니다(실제로는 변이 나오지 못하고, 용을 쓰는 과정에서 변의 겉부분만 설사처럼 소량 배출되는 것입니다). 폐색을 동반한 심각한 경우에서는 화장실에서 배변하려고 애쓰다가 구토 하거나, 힘없이 늘어지는 모습을 볼 수도 있는데, 이런 경우에는 즉시 동물병원에 내원해야 합니다.

특히 변비가 진행될수록 대장 내에서 수분이 재흡수되어 변이 단단해지기 때문에 점점 스스로 배변하기가 어려워집니다. 앞서 말한 바와 같이 일부에서는 목숨을 위협할 만큼 심각한 상태로 진행되기도 해요. 또한 변비를 유발하는 원인이 있다면 이를 교정하는 것이 우선입니다. 따라서 3일 이상 배변하지 않은 경우나 변비가 반복적으로 발생하는 경우에는 질병이 더 심해지기 전에 병원을 찾아 변비약을 처방 받거나 관장을 하는 것이 좋습니다.

우리 고양이 변비 탈출 대작전!

- 충분한 물 섭취(습식 사료 급여, 고양이 분수나 정수기 설치)
- 기본적으로 물 마시는 곳은 한 군데 이상 설치하고, 하루에도 여러 번 갈아주는 것이 좋습니다.
- 충분한 섬유질 공급(처방식을 동물병원에서 구입할 수 있습니다)
- 배출로가 좁아진 경우, 섬유질 급여에는 주의가 필요합니다.

05 지방간증에 대해 알아보아요

선생님이 도와줄게요

'고양이 지방간증'이라는 질환에 이미 많은 집사들이 익숙해져 있습니다. 그런데 고양이는 술도 마시지 않고, 담배도 피우지 않는데 왜 지방간증이 발생하는 걸까요? 심지어 고양이의 지방간증은 매우 치명적이어서, 단기간에 생명을 앗아가는 경우가 많습니다.

🐾 지방간증의 원인

지방간증이란 말 그대로 간 세포 내에 지방이 축적되는 질환을 말합니다. 다양한 원인이 있으나 통상적인 경우 다음의 원인에 의해 발생하는 경우가 많습니다.

지방간증의 발생 원인
- 비만 고양이의 갑작스런 식욕부진
- 만성 구토를 하는 고양이
- 카르니틴 결핍

TIP. 다이어트, 수의사와 상담하세요!
다이어트는 수의사와 상담하여 프로그램을 짜거나, 1주에 1~2% 수준에서만 체중을 감소시키는 것이 안전합니다.

원인 1 : 비만 고양이의 갑작스런 식욕부진

비만한 고양이가 갑작스런 스트레스 상황, 예를 들어 이사를 간다거나, 새로운 친구가 입양되었다거나, 사료가 맛없는 것으로 바뀐 경우에 사료를 잘 먹지 않게 되면 지방간증에 걸릴 수 있습니다. 이때 체내 요구량에 비해 먹는 양이 턱없이 부족하면 몸에서는 비축된 지방을 전환하여 에너지로 동원하게 되는데, 이러한 작용이 간에서 이루어지면서 지방간증이 유발될 수 있습니다. 특히 보호자가 우리 고양이가 너무 뚱뚱해서 다이어트를 시키는데, 그 정도가 너무 가혹한 경우에도 지방간증이 발생하기도 합니다.

• **원인 2 : 만성 구토를 하는 고양이**

만성 구토를 하는 고양이 중에는 염증성 장 질환, 췌장염, 담관간염을 기존에 가지고 있는 고양이들이 제법 많습니다. 고양이의 해부학적 특이성으로 인해 간, 십이지장, 췌장에서 질환이 발생하면 서로 악영향을 주면서 질환이 확대되는 경우가 많습니다.

• **원인 3 : 카르니틴 결핍**

최근에는 개 사료를 먹이거나, 잔반만 먹는 고양이는 거의 없기 때문에 드문 경우이긴 합니다. 카르니틴이 결핍되는 경우 간에서의 지방 대사에 결함이 발생하기 때문에 지방간증의 발생이 생길 수 있습니다. 정상적인 고양이 사료를 먹는 경우에는 특별히 카르니틴 제제를 추가로 먹일 필요는 없습니다만, 개 사료를 먹거나 사료를 잘 안 먹는 경우 의심 가능합니다.

지방간증의 증상과 치료

비만한 고양이가 식욕이 줄고, 체중이 줄어든다거나, 구토를 하는 경우 위험한 징후일 수 있습니다. 얼른 동물병원에 데리고 가는 것이 좋습니다. 특히 눈의 흰자위나, 잇몸 점막이 노랗게 변하는 황달 증상이 있다면 응급입니다.

진단 검사를 위해서는 간수치 상승, 황달, 저칼륨혈증을 비롯한 전해질 불균형, 탈수, 일부에서의 빈혈 및 응고계 장애 등이 수반될 수 있기 때문에 관련 항목을 포함한 혈액 검사를 시행해야 합니다.

간의 형태를 확인하기 위해 영상 검사가 필요합니다.

특히 초음파에서는 하얗게 변화된 지방간의 특징적인 모습이 확인됩니다. 필요한 경우 세침흡인 검사(FNA), 즉 주사기로 살짝 찌른 뒤 주사기 바늘에 묻어나온 세포를 분석하여 지방간증을 확인하거나, 조직검사를 통해 확정진단을 내릴 수 있는데 고양이의 건강 상태에 따라 시행합니다.

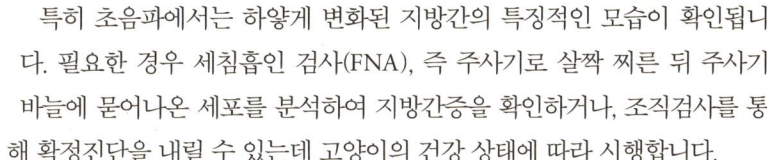

황달로 인한 결막 침착.

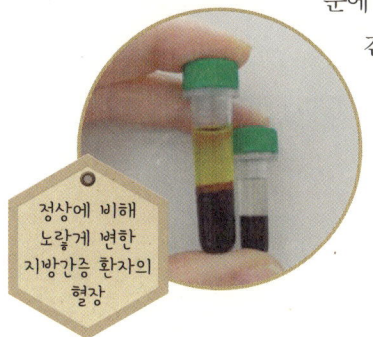

정상에 비해 노랗게 변한 지방간증 환자의 혈장

🐾 지방간증을 치료하는 방법

심각한 지방간증의 경우 치사율이 70%에 달하는 위중한 질환이기 때문에 반드시 입원 치료할 것을 권장합니다. 탈수 교정, 전해질 불균형 교정 등 전반적인 보존 치료 외에 영양공급이 굉장히 중요한 요소입니다. 따라서 영양 요구량을 정확히 계산해 단계적으로 급여해야 합니다. 그런데 지방간증이 심한 고양이는 식욕이 전혀 없고 구토가 심하기 때문에 필요한 경우 의료적 보조를 통해 사진 속 고양이들처럼 목이나 코에 관을 설치하여 음식을 급여해야 할 수도 있습니다.

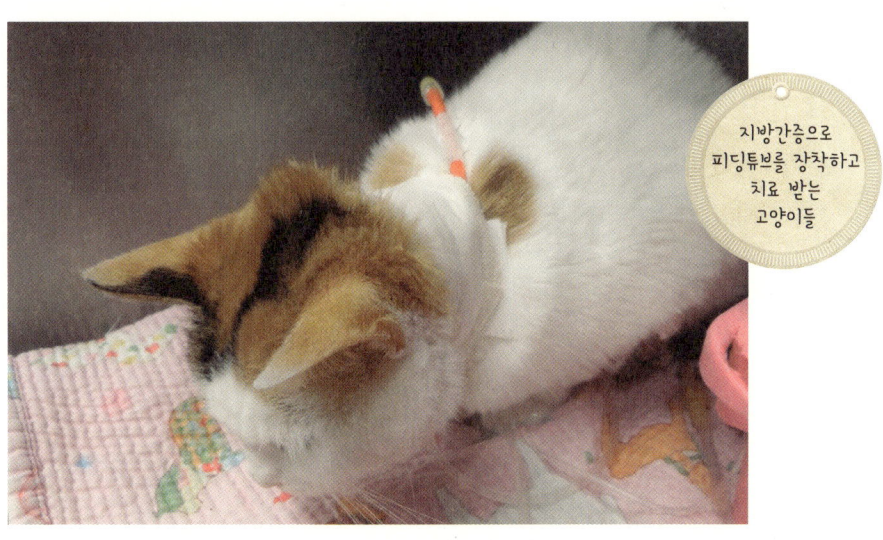

지방간증으로 피딩튜브를 장착하고 치료 받는 고양이들

심각해지기 전에 지방간증 치료하기

지방간증은 심각해지기 전에 치료하는 것이 가장 중요합니다. 먹는 양이 조금씩 줄지는 않는지, 외출 시간이 길어서 먹는 것을 직접 확인하지는 못해도 조금씩 아이의 체중이 줄어들지는 않는지, 만성적으로 조금씩 구토하지는 않는지 늘 관심을 기울여야 합니다. 퇴근해서 돌아와서 잘 반겨주고, 더러 음식을 먹는 모습을 목격했다고 해서 안심해서는 안 됩니다. 고양이는 질환을 잘 숨기는 동물이기 때문에 세심한 보호자가 되어 우리 고양이가 혹여나 아프지는 않은지 관찰해야 합니다.

변의 형태를 보고 건강 상태 체크하기

	토끼 똥처럼 단단하고 작은 덩어리 (변비)
	토끼 똥을 뭉쳐놓은 듯한 단단하고 작은 변
	소시지 같은 모양이지만 겉표면은 울퉁불퉁하고 건조한 변
	길고 매끈하며 윤기나는 변 (정상)
	형태는 잘 잡혀있지만 만지면 뭉개지는 변
	형태가 잡혀 있지만 물컹한 죽 같은 변
	물 같은 장액성 설사

chapter 3. 소화기 · 321

피부

고양이 피부 질환으로는 탈모, 곰팡이성 피부병, 아토피, 호산구성 반, 여드름 등이 있습니다. 우리 사람들도 얼굴에 뾰루지 하나라도 나면 신경이 많이 쓰이지요? 고양이도 그럴 거예요. 따라서 고양이의 아름다운 털과 피부는 집사들이 꾸준히 관리해주고 보호해주어야 합니다. 이번 챕터에서는 고양이 털과 피부 관리법, 그리고 해당 질환에 대해서 자세히 알아봅시다.

01 탈모와 곰팡이성 피부병이 생겼어요

선생님이 도와줄게요

고양이는 정말 아름다운 동물입니다. 반질반질한 털에 구슬 같은 눈을 보면 너무 예쁜데요. 갑자기 털이 빠지고 동그랗게 탈모라도 생기면 어디가 아픈 것은 아닌지 걱정이 되게 마련입니다. 정상적인 탈모부터 전신 질환에 의한 탈모까지, 탈모의 원인과 해결책에 대해 알아보겠습니다.

🐾 정상적인 탈모

• **원래 털이 적은 부분도 있어요**

귀 뒤나 앞쪽 부분은 정상적으로 털이 적은 부분입니다. 특히 어린 연령에서 이 부분에 털이 약간 적으면서 양쪽이 대칭이고, 해당 부분에 다른 피부 질환이 없어 보이고, 가려움증이 없다면 정상일 가능성도 있습니다. 혹시 모를 질환에 대비해 접종을 시행할 때 동물병원에 문의하면 좋습니다.

대표적으로 귀 앞쪽 부위는 털이 적게 날 수 있습니다.

> **봄, 가을 털 관리법**
> - 이 계절에 특별히 가려워하거나 핥는 증상 없이 털이 많이 빠지는 경우에는, 빗질을 충분히 해주면서 관리해주는 것이 좋습니다.
> - 빗질을 하면서 털 아래 피부에 피부병소가 있는지 확인합니다.
> - 피부병이 동반된 경우에는 병원을 찾는 것이 좋겠습니다.

• 털갈이 할 때 관리법

봄, 가을이 되면 털이 많이 빠지는 '계절적 탈모'도 있습니다. 여름과 겨울에 대비해 털갈이를 하면서 이전의 털들이 빠지는 증상인데, 원형탈모와 같은 완전한 탈모 병소는 잘 나타나지 않으며 정상입니다.

🐾 곰팡이 감염으로 인한 탈모

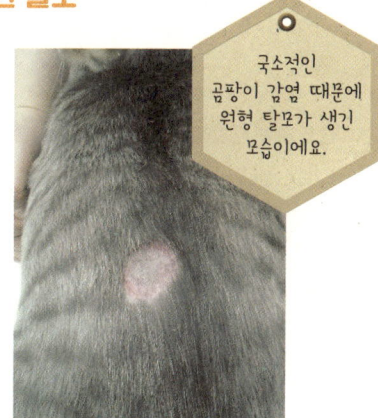

국소적인 곰팡이 감염 때문에 원형 탈모가 생긴 모습이에요.

고양이에서 원형 탈모라고 하면 고양이 좀 키워본 보호자들은 대부분 링웜(ringworm)으로 지칭되는 곰팡이성 피부병을 의심하게 됩니다. 링웜이라는 말 그대로 동그란 형태의 병변인데, 가운데 부분은 털이 빠져서 검게 침착되는 경우가 많습니다. 피부사상균(Dermatophytes)이라는 곰팡이가 감염되어 발생하며, 털이 빠지고 있는 테두리 부분으로 감염이 확대되어 나갑니다.

• 어린 고양이

링웜, 즉 곰팡이성 원형 탈모는 면역력이 약한 어린 고양이에서 특히 심하게 발생합니다. 분양 후 얼마 되지 않는 어린 고양이들이 감염되는 경우에는 한 곳에 국한되지 않고 사진과 같이 전신으로 확산되는 경우가 대부분입니다. 주로 그루밍을 통해 얼굴 주변, 발, 몸통으로, 즉 전신으로 번지게 되고, 전체적으로 병변이 붉게 융기되고 가피가 동반되는 경우가 많습니다.

아기 고양이에서 전신 곰팡이성 피부병이 진행된 모습.

어린 고양이가 전신적으로 감염된 경우에는 외관상 너무 심각해서 잘 나을까 걱정이 되지만, 의외로 치료 반응성은 좋은 편이라 너무 걱정하지 않아도 됩니다. 다만 초기에는 치료를 진행함에도 불구하고 병변이 번지는 경우도 있는데, 이는 약에 반응하지 않는 포자가 이미 해당 부위에 번진 경우로, 조금 더 기다리면서 꾸준히 치료하면 좋은 결과를 얻을 수 있습니다. 치료 시에 주의해야 할 점은 꾸준히 치료를 지속해야 한다는 점입니다. 곰팡이의 생활환경을 고려하여 4주 정도 치료해야 하는데, 너무 빠르게 중단하는 경우에는 얼핏 호전된 듯하다가 포자가 발현하면서 재발이 반복할 수 있습니다.

• 성묘가 피부사상균이 감염되었을 때

다 큰 고양이가 감염되면 앞 페이지의 원형 탈모 사진처럼 한두 군데 정도의 국소적인 탈모 병변이 생깁니다. 성묘는 항체가 잘 형성되기 때문에 아기 고양이처럼 전신적으로 번지는 경우는 드뭅니다. 만약 다 자란 고양이에서 곰팡이 감염이 전신에 걸쳐 심각하다면 고양이의 면역력이 저하된 경우일 수 있으니 전신 질환에 대한 검사가 필요합니다.

> **Q.** 얼굴에 생긴 원형 탈모, 어떻게 대처할까요?
>
> 넥 칼라를 씌워서 그루밍하지 않도록 주의해야 합니다. 스스로 그루밍을 하면 감염이 전체적으로 번질 수도 있기 때문이에요.

🐾 곰팡이 감염으로 인한 탈모 검사하기

곰팡이 감염은 아래의 방법으로 진단할 수 있습니다.

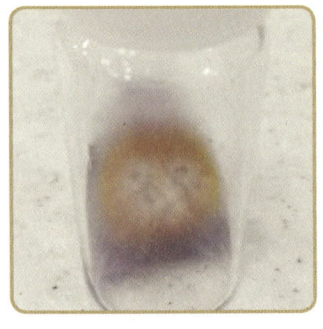  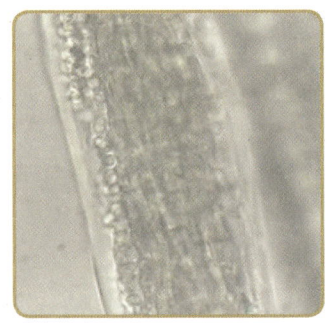

1. DTM 배지
: 병변부 가장자리의 털을 일부 뽑아서 DTM 배지에 심고 배양합니다. 이 배지의 색깔이 변화하는 것을 확인하고, 이를 현미경적으로 검사하여 진단합니다.

2. 우드램프
: 우드램프로 환부를 비춰보았을 때 형광녹색으로 보이는지 관찰합니다. 이 방법은 손쉽기는 하나 진단율은 낮습니다.

3. 털의 현미경 관찰
: 털 내부의 곰팡이균을 확인합니다.

곰팡이균을 죽이는 항진균제는 간에 부담을 줄 수 있기 때문에 확정 진단 이후 경구제 처방을 하는 것이 좋고, 투약 시에도 고양이에게 적절한 약물을 선택하는 것이 좋습니다.

🐾 곰팡이성 피부병 재발을 막는 집 안 환경 만들기

치료 후에도 재감염이 되거나 다른 고양이에게 옮지 않도록 환경을 잘 관리해주어야 합니다. 집 안 환경을 약간 건조하게 유지하고, '피부사상균증'에 이환된 고양이가 사용한 물건은 잘 소독한 후 햇볕에 말려줍니다. 또한 해당 고양이가 다니는 곳은 모두 소독제로 잘 소독해야 합니다.

피부사상균증은 사람에게도 감염될 수 있기 때문에, 어린 아이나 면역력이 저하된 사람은 주의해야 합니다. 다만 심각하게 번지는 경우는 드물고, 대체로 잘 치료되는 편이니 너무 걱정하지 않아도 됩니다.

감염에 의한 탈모

주의해야 할 점은, 원형 탈모라고 해서 모두 피부 사상균증은 아니라는 겁니다. 세균성 모낭염이나 기생충 감염, 자가 손상 등에 의해서도 부분적인 탈모가 유발될 수 있습니다. 모양만 보고 독한 항진균제를 4주 이상 투약하는 것은 위험할 수 있으므로, 진단 후 처방이 바람직합니다. 또한 피부 사상균증에서도 2차 감염이 흔하기 때문에 초기 진단이 중요합니다.

전신 증상에 의한 탈모

피모 상태는 고양이의 전체적인 건강 상태를 반영할 수 있기 때문에 주의해야 합니다. 예를 들어 신부전이나 갑상선 기능 항진증이 있는 노령묘도 탈모가 발생할 수 있습니다. 이런 경우에는 전체적으로 빈모가 되거나, 털이 푸석해지는 경향이 있습니다. 또 탈모가 대칭적인 경우에는 호르몬 질환 등을 의심해볼 수 있습니다.

02 고양이가 계속 핥아서 털이 빠져요

선생님이 도와줄게요

고양이는 그루밍을 사랑하는 동물입니다. 때문에 스스로 핥아서 탈모를 만드는 경우도 간혹 있습니다. 대체 왜 이러는 것인지, 또 낫게 하려면 어떻게 해야 하는지 알아봅시다.

🐾 스스로 핥아서 생기는 탈모의 특징

고양이가 핥아서 생기는 탈모의 특징은 탈모 부위가 완전히 털이 쏙 빠진 것이 아니라 자세히 보면 짧은 털들이 남아 있고 마치 잔디 깎기로 잔디를 깎은 것처럼 짧게 부러져 있는 경우가 많습니다. 고양이가 까슬까슬한 혀로 지속적으로 핥아서 탈모가 생겼다는 증거입니다. 또한 탈모 부위 역시 핥기 쉬운 부분, 다리의 바깥쪽 부분이나 옆구리 등에 잘 발생한답니다.

🐾 왜 털이 빠질 정도로 핥는 걸까?

• 통증 부위라서 핥는 경우

일단 통증 부위가 있을 수 있습니다. 관절을 비롯한 특정 한 곳만 줄기차게 핥는 경우라면 의심해 볼 수 있습니다. 해당 부위를 만져보거나 방사선 검사를 통해 통증 소인이 있는지 확인하고, 확인이 된다면 그에 따른 치료를 해주어야 합니다.

• 가려워서 핥는 경우

꽤 많이 발생하는 경우입니다. 특정한 병소가 있는데 가려워서 핥기도 하고, 식이 알레르기나 아토피 때문에 가려움이 극에 달해 여기저기 핥는 경우도 있습니다. 알레르기 검사 후 문제가 되는 알레르기원을 피하거나, 이런 경우 가려움이 너무 심하다면 알레르기 증상을 조절해주는 약을 적용할 수도 있습니다. 자세한 내용은 다음 페이지에서 알아볼 수 있어요.

• 스트레스를 받는 경우

마지막으로는 심인성 탈모가 있습니다. 심인성, 즉, 마음에서 기인해서 오는 탈모입니다. 스트레스 해소를 위해 지속적으로 털을 그루밍하고 이 과정에서 탈모가 오는 것입니다. 따라서 고양이가 갑자기 그루밍을 열심히 한다면, 혹시라도 지금 스트레스를 받고 있는 것이 아닐까 의심해 보아야 합니다. 새로운 친구를 데려왔는데 서로 적응하지 못했다거나, 이사를 왔다거나, 인테리어를 변경했다든가 하는 요소들은 모두 고양이에게 큰 스트레스로 작용할 수 있습니다. 아래의 예도 집에 새로운 친구가 들어왔는데 (보호자가 보기에는 서로 잘 어울렸지만) 실제로는 스트레스를 받아서 자기 털을 마구 그루밍한 경우입니다.

> **스트레스성 탈모, 어떻게 치료할까요?**
> - 고양이의 스트레스 원인을 해소해주기 위해 노력합니다.
> - 일정 시간을 들여서 고양이와 놀아줍니다.
> - 캣닢, 페이셜 호르몬 스프레이 등을 사용합니다.
> - 심한 심인성 탈모의 경우 동물병원에서 항우울제 등 필요한 약물을 처방 받을 수 있습니다.

심인성 탈모가 미심쩍은 경우에는, 넥칼라를 씌워서 그루밍을 하지 못하게 한 후 털이 자라는지 확인할 수도 있습니다. 이렇게 해서 털이 자라면 핥아서 생긴 탈모라는 것이 확인이 되긴 합니다만, 스트레스는 좀 더 받을 수도 있겠습니다.

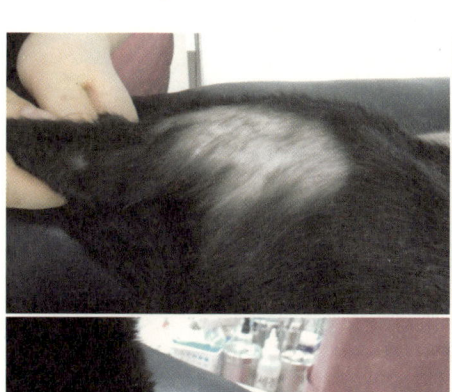
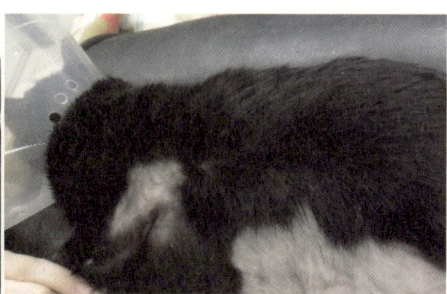
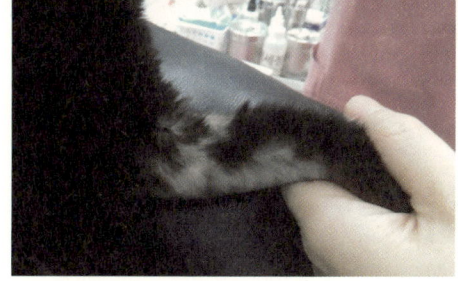

스트레스로 인한 탈모가 진행된 부위 (시계방향 순서대로 뒷다리, 몸통, 앞다리)

03 아토피가 생겼어요

선생님이 도와줄게요

앞서 스트레스성 탈모, 즉 심인성 탈모를 소개하면서 아토피가 있는 고양이가 가려움증 때문에 스스로 핥아서 탈모를 유발할 수 있다고 언급한 바 있습니다. 실제로 일부 고양이들은 사람 아기들처럼 심한 아토피에 이환됩니다.

🐾 아토피 증상

　사람과 비슷하게 심한 가려움증과 속립성 피부염이라 불리는 좁쌀 모양의 붉은 반점들이 대칭적으로 나타나거나 탈모를 동반하기도 합니다. 고양이는 특히 얼굴과 귀를 포함한 안면부에 증상이 나타나는 경우가 많습니다. 다음 장에서 별도로 언급하게 될 호산구성 반(호산구 육아종 복합체)과 같이 입술 등 특정 부위에 융기된 붉은 병소를 동반해서 유발하기도 합니다. 통상적으로 아토피는 고양이가 세 살이 되기 전 증상이 발현되어 이후 지속적으로 증상을 나타내거나, 계절적으로 반복되기도 합니다.

병원에 온 아토피 환자. 얼굴에 붉은 병소가 많이 퍼져 있습니다.

🐾 아토피를 유발하는 원인들

알레르기를 유발하는 원인 물질을 '항원'이라고 하는데요. 다양한 항원에 대해 고양이 체내에서 잘못된 면역 반응이 일어나 피부염이 발생하는 것을 '아토피성 피부염'이라고 합니다. 크게 환경, 식이 원인 및 외부 기생충으로 인해 아토피가 발생해요. 또한 이 원인들이 복합적으로 작용하는 경우도 흔합니다. 아토피의 원인을 찾기 위해 항원을 피부에 접종하거나 혈액을 뽑아서 혈중 IgE를 측정해볼 수 있습니다.

• 환경 알레르기

집 안의 페인트나 벽지, 가구 혹은 화장실 실리콘에 까맣게 피어 있는 곰팡이와 같은 원인체로 인해 아토피가 유발될 수 있습니다. 특히 이사 등과 같이 환경이 바뀐 이후 증상이 유발되었다면 의심할 수 있습니다.

• 외부 기생충으로 인한 알레르기

기생충이라고 하면 커다란 벌레가 떠오르지만, 실제로 집 먼지 진드기와 같이 눈에 보이지 않는 기생충은 환경에 흔히 존재합니다. 주로 이불과 같은 침구류, 천으로 된 고양이 방석, 카펫, 커튼, 천으로 된 소파 등에 살고 있습니다. 이런 진드기들과 여기에서 나오는 부산물 역시 아토피의 흔한 원인이 됩니다.

• 식이 (음식) 알레르기

음식 때문에도 아토피 피부염이 발생할 수 있습니다. 사료 교체 후 가려움증이 유발된 경우처럼 의심 가는 상황이 있었다면, 8~10주 이상은 저알레르기 사료를 급여하고, 급여 기간 중 여타의 간식은 일절 주지 않으면서 증상이 호전되는지 관찰해봅시다.

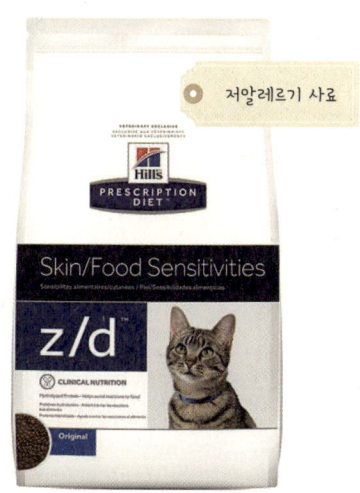

저알레르기 사료

🐾 아토피의 치료

대개 심한 정도의 아토피는 환경 관리만으로 조절되지 않기 때문에 약물 치료를 병행해야 하는 경우가 많습니다. 통상적으로 항히스타민제나 면역억제제를 사용할 수 있는데, 이때 미리 감염성 질환을 최대한 배제해야 합니다. 그렇지 않은 경우 감염성 질환이 확대되어서 치료를 어렵게 만들 수 있습니다. 특히 아토피가 심한 경우 긁어서 생긴 상처 등에 2차로 세균이나 효모균 등이 감염되어 있을 가능성이 있습니다. 따라서 해당 질환을 먼저 확인하고 치료한 후 아토피 치료를 시행해야 합니다.

아토피 고양이를 위한 최고의 관리법

- 집 안에 먼지가 없도록 청결히 관리합시다.
- 고양이 이불은 뜨거운 물로 자주 빨아주고 햇볕에 말려줍니다.
- 집 먼지 진드기 등을 빨아들일 수 있는 청소기를 이용합시다.
- 기본적으로 자주 진드기 예방약을 적용합시다.
- 환경온도를 약간 선선하게 유지하면 좋습니다.
- 습하지 않게 환경을 유지합니다.
- 담배나 방향제 등은 아토피를 심화할 수 있으니 삼가는 것이 좋습니다.
- 털이 길어질 때 증상이 심해지는 경우에는 주기적으로 털을 깎아줍니다.
- 새로운 가구나 소품이 도입된 이후 증상이 심해진다면, 알레르기 원인 물질일 수 있으니 치워주는 것이 좋습니다.
- 저알레르기 사료를 급여하고 간식을 주지 않습니다.

면역 질환과 구분하기

한편 안면부에 염증이 심각한 경우의 일부에서는 아토피와는 다른 심각한 면역 질환의 증상일 수 있기 때문에 병력만으로 아토피로 예단해서는 안 되겠습니다. 면역 질환이 있는 경우 피부뿐 아니라 전신 건강이 악화될 수도 있기 때문에 의심되는 경우 조직 검사 등을 통한 진단이 필요합니다.

04. 입 주변에 뭐가 났어요

선생님이 도와줄게요

고양이 입 주변에 특이적인 형태의 반(plaque; 붉게 발적되고, 평평하게 융기된 병소)이 발생하는 경우가 왕왕 있습니다. 앞서 고양이 아토피에서 살짝 언급된 바와 같이 이 질환은 무통성 궤양 혹은 호산구성 반이라고 하는 알레르기와 같은 면역질환의 하나입니다.

🐾 호산구성 반

'호산구성 반'은 알레르기와 비슷한 면역질환의 하나입니다. 호산구성 육아종성 복합체라고도 하고, 무통성 궤양이라는 표현을 쓰기도 하고 조금씩 차이가 있을 수 있습니다. 주로 사료나 식기 등에 대한 알레르기 반응이나 자가 면역반응으로 발생하게 됩니다. 보기에는 굉장히 아파 보이지만, 다행히 고양이가 딱히 통증을 호소하지는 않습니다. 다만 상태가 심화되면 이차 감염이 생길 수 있고, 밥을 먹기 불편할 수 있습니다.

입술이나 코에 특이한 형태의 반이 발생합니다.

🐾 증상과 치료법

해당 질환이 있는 경우 어떤 원인 때문에 이러한 증상이 발현했는지 찾아내는 것이 중요합니다. 2개월 이내에 사료나 식기 교체가 있지는 않았는지, 여타의 환경 변화는 없었는지 확인해봅니다. 원인이 있다면 교정하면서 재발이 되지 않는지 확인합니다. 원인을 찾을 수 없는 경우도 있습니다.

증상을 줄여주기 위해서는 면역억제 치료가 필요합니다. 보통 먹는 약으로 치료하면 되는데, 초기 7~10일 정도 고용량을 사용해서 증상이 줄어들면, 부작용이 없도록 반드시 천천히 약을 줄여서 끊습니다.

한편 비슷한 모양을 한 감염성 질환이나 종양이 있을 수도 있기 때문에, 면역억제 치료를 하기 전에 다른 질환에 감염되어 있지 않은지 확인이 필수적입니다. 또한 세포 검사나 조직 검사 등으로 종양이나 다른 질환에 대한 감별이 시행되는 것이 좋습니다.

05. 고양이에게도 여드름이 생겨요

선생님이 도와줄게요

여드름은 사람에게도 아주 골칫거리입니다. 중요한 약속이 생겼을 때 코나 이마에 여드름이 나면 참 신경 쓰이지요. 놀랍게도 고양이도 여드름이 난답니다. '우리 고양이가 사춘기라 여드름이 나나? 아님 무슨 문제가 있나?' 하고 걱정하는 집사들이 많은데요. 고양이 여드름의 원인과 케어법을 알아봅시다!

고양이 턱드름, 이유가 뭘까요?

고양이 여드름(Feline Acne)은 흔히 '턱드름'이라고 알려져 있는, 턱 밑에 까만 분비물이 축적되는 질환입니다. 고양이 여드름이라고 하니 상당히 귀여운 이름인데, 수의학적으로도 공식 명칭입니다. 다만 사춘기에 한정되지는 않습니다.

고양이 여드름 역시 앞서 몇 가지 질환과 유사하게 알레르기 반응이 원인인 경우가 많습니다. 밥을 먹거나 물을 마시면서 접촉하는 것들에 알레르기 반응에 의한 피부염이 턱 아래에 발생하는 것이죠. 때문에 고양이 여드름이 발생하는 경우에는 식기교체가 최근 2개월 이내에 있지는 않았는지 체크해봅니다. 특히 플라스틱 식기를 사용하는 경우에는 유리나 세라믹, 도자기류 등 알레르기 반응을 잘 일으키지 않는 재질의 것으로 바꾸어주는 것이 좋습니다. 또 사료 교체 이후 사료에 접촉하

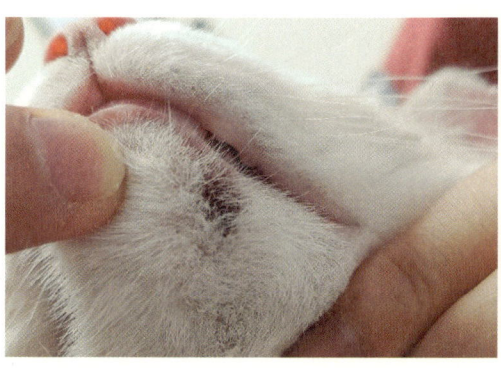

예쁜 얼굴에 턱드름이 나서 고민이다옹~

턱 밑이 축축하지 않게 해주세요!

면서 알레르기 반응이 생길 수도 있습니다. 2개월 이내 사료 교체가 있고, 이후에 턱드름이 생겼다면 이전 사료로 교체해주거나 저알레르기성 사료를 먹이는 것이 적당합니다.

🐾 특히 조심해야 하는 동글납작한 두형을 가진 고양이

한편 페르시안, 스코티쉬 폴드와 같이 동글납작한 두형을 가진 고양이들은 아무래도 해부학적 구조상 턱 밑이 잘 젖고 이로 인해 눅눅해진 피부 환경이 여드름의 발생을 부채질하는 경우가 많습니다. 이런 종류의 고양이를 키우는 보호자들은 솜이나 부드러운 재질의 수건 등으로 하루에도 자주자주 턱 밑이나 코 사이를 닦아주어서 건조하게 유지해주어야 합니다. 품종묘를 키울 때에는 그에 따른 관리 책임도 잊어서는 안 되겠습니다.

한편, 이런 종류의 고양이들이 턱이 젖는 것을 방지하기 위해 빨아먹는 급수기를 이용하는 경우가 있는데, 추천하지는 않습니다. 턱은 적게 젖을 수 있지만 마시는 물의 양이 전체적으로 줄어들 가능성이 농후하기 때문입니다.

🐾 고양이 여드름, 집사가 케어해주기

자주 턱 밑에 여드름이 발생하는 고양이라면 평소 솜이나 부드러운 수건으로 늘 건조하게 유지해주고, 모낭 안을 세정해줄 수 있는 약용샴푸를 이용해 3~5일 간격으로 씻겨주는 것이 좋습니다. 샴푸 후에는 물론 건조하게 잘 말려주어야 합니다.

고양이 여드름이 방치된 상태로 오래 지내게 되면 모낭 주위로 세균 등이 2차 감염을 이루면서 약물적 치료를 동반해야 하는 상태가 됩니다. 이때는 병원에 내원하여 원인체를 확인하고 적정한 약물 치료를 해야 하는데, 이후에도 재발이 될 수 있기 때문에 환경 조절과 꾸준한 관리가 필수입니다.

🐾 꼬리에 난 여드름

고양이 여드름만큼 많이 볼 수 있는 질환으로 여드름으로 알고 있는 보호자들도 있지만 엄연히 다른 질환입니다. 정식 명칭은 꼬리샘 과증식(feline tail gland hyperplasia, stud tail)입니다.

원래 꼬리의 등쪽 부분에는 분비선이 있는데 이것이 과증식되어서 분비물이 과잉으로 피모에 축적되는 질환입니다. 장모종의 고양이에서는 털이 덕지덕지 엉겨 있는 모습으로 확인됩니다. 주로 중성화되지 않은 수컷 고양이에서 분비가 과다하여 더 심하게 나타납니다.

꼬리의 등 쪽 부분에 분비물이 축적되어 있어요.

관리를 위해서는 지루성의 분비물을 씻어내기 위해 모낭을 세정할 수 있는 약용 샴푸를 이용하여 3~5일 간격으로 세정해주는 것이 좋습니다. 먼저 미온수로 꼬리를 적신 후 약용 샴푸로 거품을 내서 적용하는데, 말 그대로 약용 샴푸가 '약'으로써 작용하기 위해서는 최소 5~10분 정도 마사지를 해주어야 합니다. 이후 잘 세정하고 말려주면 됩니다.

고양이 여드름과 마찬가지로 보호자가 모르는 사이 방치되면 털이 엉겨붙고, 2차 감염이 발생해 관리로는 해결이 되지 않습니다. 이때는 꼬리 털을 깎고 2차 감염 원인체를 확인하여 약물적으로 치료해주어야 합니다. 중성화가 되지 않은 수컷 고양이에서 이러한 지루성 분비가 심하다면, 중성화를 시행하는 것도 도움이 됩니다.

06 귀에 염증이 생겼어요

선생님이 도와줄게요

고양이의 귀는 구조적인 문제 때문에 염증이 많이 발생합니다. 초보 집사들은 고양이 귀를 어떻게 살펴주어야 할지, 어떻게 닦아주어야 할지 잘 몰라서 병원에 상담하러 오는 경우가 많습니다. 또 고양이 귀는 예민해서, 만지기 조심스럽기도 해요. 자주 발생하는 귀 염증의 종류와 치료법을 알아보도록 하겠습니다.

🐾 외이염 주의하기

사람의 귀 안쪽은 수평으로 이어진 데 반해, 고양이의 귀는 'L'자로 굽어 있기 때문에 사람에 비해 귀의 질환이 잘 발생합니다. 대체로 귓바퀴나 고막 바깥쪽의 수직, 수평이도에서 질환이 발생하는데 이를 '외이염(Otitis externa)'이라 합니다. 비슷하게 개도 L자 형의 귀를 가지고 있는데, 고양이는 개에 비해서는 귀가 서 있고, 귀 내에 털이 적은 편이어서 개에 비해서는 외이염이 덜 하지만 해부학적 구조상 귀가 꺾여 있는 스코티쉬 폴드나 아메리칸 컬은 다른 고양이 품종에 비해 외이염이 잘 발생하기 때문에 주의해야 합니다. 목욕을 한 뒤에는 귀를 꼭 세정해주어야 하고, 분비물이 많이 나오는 경우에는 간격을 줄여서 3~4일 간격으로 세정합니다. 이런 경우에도 분비물이 지속되는 경우에는 동물병원을 찾아서 치료를 받는 것이 좋습니다. 안쪽까지 귀세정을 하거나 귀 분비물에서 원인체를 확인하여 감염 치료를 할 수 있습니다.

스코티쉬 폴드 / 아메리칸 컬

🐾 분양 직후의 어린 고양이, 귓속 살피기

고양이를 분양한 직후에는 귀 진드기가 있지 않은지 꼭 확인해 보아야 합니다. 귀 진드기는 전염력이 강한 기생충이며, 귀 안에 살면서 자극을 유발하여 2차 감염이 쉽게 일어납니다. 때문에 오래 방치되면 심각한 외이염, 혹은 중이염으로 진행할 수 있습니다. 검이경으로 검사하면 쉽게 보이며, 특유의 갈색 분비물이 동반됩니다. 귀 진드기가 감염된 모습은 꽤나 징그럽지만, 대체로 치료가 잘 되기 때문에 너무 걱정할 필요는 없습니다.

> 노란 동그라미는 귀 진드기입니다. 짙은 갈색의 분비물은 귀 진드기 감염으로 인해 귀 안에서 염증성 분비물이 나온 것이지요. 검이경으로 들여다보면 쉽게 확인할 수 있습니다.

🐾 귀 염증, 어떻게 치료해야 할까?

귀진드기와 같은 기생충 외에 세균이나 효모균 등이 귀에 감염되는 경우도 흔한데, 귀의 분비물을 약간 떠서 현미경으로 관찰하면 어떠한 종류의 원인체에 감염되었는지 쉽게 확인할 수 있습니다. 좀 더 정확한 원인체 규명이 필요하거나, 치료에 잘 반응하지 않아서 항생제 변경을 원하는 경우에는 귀 분비물을 배양하여 '세균 동정 및 항생제 감수성 검사'를 시행할 수 있습니다. 일단 항생제를 복용하는 경우에는 내성이 생기지 않도록 반드시 투약 기간을 준수하여 치료하는 것이 좋습니다.

한편 알레르기에 의해서도 외이염이 생길 수 있습니다. 검사해보면 감염은 없는데, 소량의 검은색 귀지가 자꾸만 생기는 경우가 흔합니다. 이럴 때에는 앞쪽의 고양이 아토피에서와 같이 알레르기원이 있지는 않은지 확인해서 배제해줍니다. 또한 귀 안쪽까지 염증이 생기지 않는지 주의하면서 3~7일 간격으로 부드럽게 귀 세정을 해줍니다. 너무 자극하는 경우 되려 증상이 심해질 수도 있으니 주의합니다.

> 누가 내 욕을 하나? 계속 귓속이 간지럽다냥~

> 귀의 구조와 관리법은 172쪽을 참고해주세요.

chapter 4. 피부 • **339**

07 피부에 멍울이 잡혀요

선생님이 도와줄게요

- 피부에 덩어리가 잡히는 경우에 종양이 아닐까 걱정이 되는데요. 덩어리가 잡힌다고 해서 다 종양은 아닙니다. 오히려 피지샘 등에서 비롯한 염증이 더 많고, 염증 등이 오래된 경우 단단한 덩어리를 이루는 육아종, 액체가 차는 낭종 등 다양한 경우가 있을 수 있습니다.

🐾 피부 멍울, 원인은 무엇일까?

이러한 원인들은 앞서 한 번 설명되었던 세침 흡인 검사를 통해 비교적 간단히 구분할 수 있습니다. 즉, 덩어리를 주사기로 찌른 후 바늘에 흡인된 세포를 도말하여 현미경으로 관찰 후 어떠한 성상의 덩어리인지 확인하는 것입니다. 진단이 내려진 뒤 염증이라면 항생제나 항염제 등을 통해 관리하거나, 낭종은 배액을 할 수 있고, 빠르고 효율적인 치료를 위해 종괴를 절제하는 등의 치료를 시행할 수 있습니다.

피부 멍울의 원인들: 염증 / 육아종 / 낭종 / 종양

🐾 멍울이 종양이라면?

그렇다면 세침 흡인 검사 결과가 종양이라면 어떨까요? 사실 이 경우에도 양성종양이라면 대부

분의 경우 크게 걱정할 것은 없습니다. 의료인이 아닌 경우 '종양=암'이라고 혼동하기 쉬운데, 종양은 양성과 악성으로 구분이 되고 생명을 위협하는 '암'은 악성종양입니다. 물론 양성 종양도 뇌종양과 같이 발생 위치나 성상에 따라 일부 악성의 위험도를 가질 수 있고, 계속 자라나면서 조직에 침습되거나 성상이 악성으로 변화될 수는 있기 때문에 주의가 필요합니다.

검사 결과가 악성 종양으로 의심이 된다면, 종양의 일부를 잘라내서 조직 검사를 통해 어떠한 세포학적 성상을 가졌는지 확정진단을 받아야 합니다. 이때 CT 촬영을 선행하여 종양의 침습도와 인근, 원격 전이 상태를 확인하는 것이 치료에 도움이 되는 경우가 많습니다.

악성 종양, 암으로 진단이 된 경우에는 대체로 근치절제, 즉 전이가 예상되는 부분을 포함하여 가능한 완전하게 종양을 제거하는 것이 수의학 치료상 선호됩니다. 또한 조직 검사 결과를 토대로 선호되는 항암치료 프로토콜 및 방사선 검사를 시행하는 것이 수명 연장뿐 아니라, 고양이 삶의 질을 유지하는 데에 도움이 됩니다.

🐾 고양이 피부에서 발견되는 종양들

고양이 체표에서 발견되는 종양은 비만세포종, 편평상피암, 유선종양, 기저세포암, 섬유육종, 혈관육종 등 다양합니다.

• 비만세포종

비만세포종은 단단하고 볼록 튀어나온 형태로 궤양이 동반될 수 있으며, 고양이가 그 부분을 지속적으로 핥는 증상을 보일 수 있습니다. 개와는 달리 고양이의 비만세포종은 초기에 잘 절제하면 좋은 결과를 보이는 경우가 많습니다. 안타깝게도 일부에서는 재발이 되거나 악성인 경우도 있습니다.

• 편평상피암

주로 노령 고양이의 목이나 머리, 귓바퀴에 붉은 부스럼이나 궤양을 동반한 형태로 발생합니다. 조직 검사를 통해 확진할 수 있으며, 초기에 광범위하게 절제하면 좋은 예후를 가집니다.

> **TIP. 림프암이란?**
> 림프암은 고양이에서 굉장히 흔한 암이지만, 체표에서 직접 만져지는 경우는 상대적으로 많지 않습니다. 위장관 등에서 림프암이 진단된 경우, 비교적 치료 반응이 좋은 편이므로 항암치료를 할 수 있습니다.

• 고양이 유선 종양

고양이는 1, 2차 발정 이전에 중성화를 시행하는 경우가 많기 때문에 개의 경우에 비해서는 유선

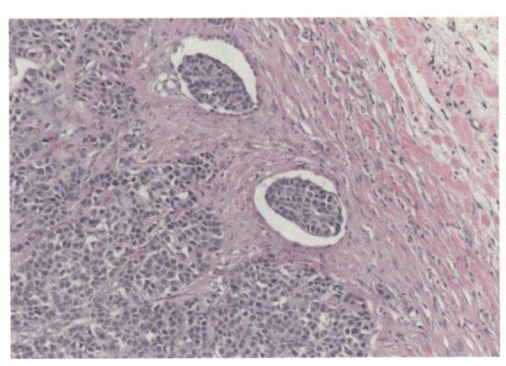 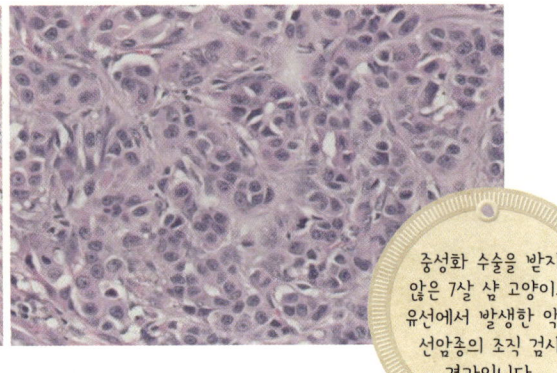

중성화 수술을 받지 않은 7살 샴 고양이의 유선에서 발생한 악성 선암종의 조직 검사 결과입니다.

종양의 발병이 현저히 낮습니다. 하지만 안타깝게도 일단 발생된 경우, 악성의 빈도가 훨씬 높은 편입니다. 따라서 (특히 중성화를 하지 않은 암컷 고양이라면) 한 달에 1~2회 이상은 유선 부위를 손으로 쓰다듬어 단단한 종괴가 만져지지 않는지 확인하는 것이 좋습니다. 보통 유선 종양은 부드럽기보다는 콩처럼 단단한 느낌으로 촉지되는 경우가 많지만, 다양한 경우가 있을 수 있기 때문에 의심되는 경우에는 초기에 병원에 내원해야 합니다. 초기에 절제하는 경우에는 경계를 충분히 확보하여 종괴를 제거해야만 좋은 예후를 가질 수 있습니다.

유선염

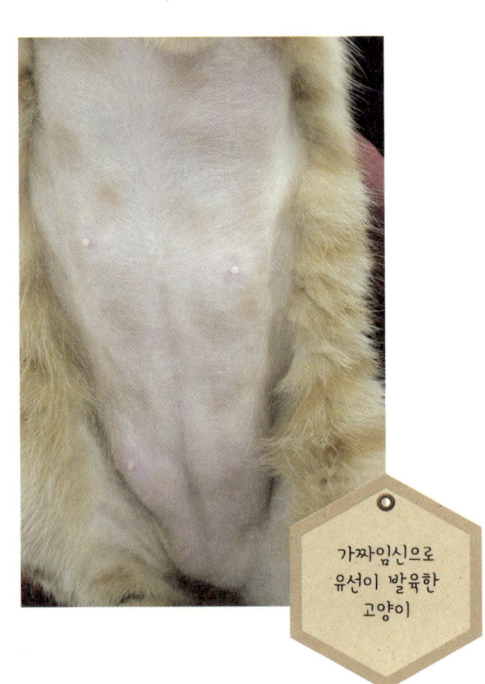

유선 종양이 아니라 유선이 발육하거나 유선에 염증이 생기는 경우도 있습니다. 특히 중성화를 하지 않은 암컷 고양이의 경우 발정기 이후 대략 2개월을 전후해서 호르몬 수치가 변화하는 것을 체내에서 분만으로 오인하여 위임신(가짜 임신) 증상을 보이는 경우에 쉽게 나타날 수 있습니다. 자꾸 만지면 오히려 더 부풀기 때문에 만지지 말고 크기 변화를 관찰합니다. 혼탁하거나 갈색의 유즙이 나오는 경우 먹는 약을 처방 받는 것을 권합니다.

한편, 유선염이 발생한 고양이는 다음 발정 때에 동일한 증상이 반복될 가능성이 높고, 더불어 여성 호르몬 노출에 따른 여타의 질환이 발생할 가능성이 높으므로 예방적 중성화를 추천합니다.

가짜임신으로 유선이 발육한 고양이

각종 전염성 질환

전염성 질환이란 말 그대로 기생충, 세균, 바이러스 등이 전염되어 생기는 질환입니다. 만약 길고양이를 입양했다면, 오염된 환경으로부터 나쁜 균이 전염되어 있을 확률이 높습니다. 노령 고령이가 면역력이 떨어지면서 발병하는 경우도 많습니다.
전염성 질환은 감기와 같이 일정 기간의 잠복기를 거쳐 나타나기 마련인데, 고양이 전염성 질환의 경우 오랜 기간 잠재하다가 만성 질환을 유발하는 경우가 많아 보호자들의 각별한 주의가 필요합니다.

01 소화기 기생충에 감염됐어요

선생님이 도와줄게요

- 과거에는 사람들도 회충 감염과 같은 소화기 기생충 감염이 흔했지
- 만, 최근에는 위생 상태 개선으로 찾아보기 힘들어졌습니다. 고양이
- 의 경우에도 집 안에서 키우면서 정기적으로 구충을 하는 경우에는
- 소화기 기생충 감염은 드문 편입니다. 다만 감염력이 높은 만큼 입양
- 직후에는 간간이 발견되는 편이니 주의해야 합니다.

🐾 어떤 증상이 있을까?

특히 어린 연령에서는 구토, 설사 및 복부 팽만, 식욕 저하 및 체중 감소 등을 유발하여 위험할 수 있습니다. 심하게 감염된 경우에는 투약 시 기생충이 갑자기 죽으면서 장폐색을 유발하는 경우도 있습니다.

기생충에 감염될 만큼 위생 상태가 좋지 않은 곳에서 온 고양이는 다른 바이러스성 질환이나 진드기에도 감염되어 있을 수 있으므로 주의를 기울여야 합니다. 한편 기생충이 소화관 내에 머무르지 않고 눈, 간 등 여타의 장기로 이동하여 이상 증상을 유발하는 경우도 있습니다. 또 톡소플라즈마의 경우 특히 임신 여성에게 유산 등을 유발할 수 있는데, 이 부분은 다음 편에서 별도로 다루도록 하겠습니다.

성충이 감염되어 있는 경우, 구충제를 복용 시 기생충이 죽으면서 배변으로 배출됩니다. 보호자가 고양이 화장실을 치워주다가 길다랗고 허연 벌레를 보면 징그러운 모습에 기함을 하게 되죠. 하지만 다행인 점은 대부분의 소화기 기생충은 진단도 용이하고, 치료도 수월한 경우가 많습니다.

🐾 변으로 검사하기

오른쪽 사진과 같이 신선한 분변을 조금 채취해 현미경으로 관찰하면 기생충의 충란, 즉 알이 관찰됩니다(알은 눈으로는 보이지 않아요.). 이를 통해 기생충 종류를 특정하고 종류에 맞는 기생충 약을 정해진 기간 동안 투약하면 대부분 쉽게 제거됩니다.

다만 감염 직후에는 충란이 검출되지 않을 수 있습니다. 기생충은 성충이 체내에 있다가 고양이의 체내에서 성숙하여 그 안에서 번식하게 되는데, 상기의 검사 방식은 이때에 발생하는 알을 검출하는 것입니다. 따라서 분변 검사에서 충란이 발견되지 않고 특별한 증상이 없더라도 고양이를 데려온 곳의 위생 상태가 좋지 못한 경우에는, 예방적으로 구충제를 복용하는 것도 좋습니다. 구충제 복용 후 기생충이 죽으면서 분변으로 배출되는 경우, 확인하여 추가적인 구충제를 복용하는 것이 좋습니다.

한편 지알디아나 톡소플라즈마, 트리코모나스와 같은 기생충의 경우에는 위의 분변 검사법으로는 잘 검출되지 않을 수 있습니다. 증상이 의심되거나 여러 마리의 고양이, 특히 면역력이 떨어져 있는 고양이를 같이 키워야 하는 경우에는 키트 검사나 PCR 검사를 통해 소화기 기생충 전반을 확인하는 것이 안전합니다.

분변에서 발견되는 기생충의 충란(알)

기생충 박멸을 위한 위생관리법

일단 기생충 감염이 확인된 경우 위생관리를 철저히 해야 합니다. 그렇지 않으면 환경에 잔존하는 충란이 고양이에게 재감염되거나, 같이 키우는 다른 고양이들에게 감염될 수 있습니다. 따라서 투약 후에는 화장실 모래를 전부 비우고, 화장실 자체를 소독제로 소독 후 건조합니다. 기생충 감염을 배제하는 기간 동안에는 최소 1주에 1번씩은 화장실 모래를 비우고 리터박스를 소독하는 편이 안전합니다.

기생충 치료 시 화장실 소독법
- 투약 후에는 화장실을 소독제로 소독 후 건조시킵니다.
- 치료 기간 동안에는 최소 1주일에 1번 화장실을 소독하세요.

02 톡소플라즈마 감염증을 알아보아요

선생님이 도와줄게요

- 고양이를 싫어하는 사람들이 고양이의 위험성을 거론할 때 빠지지 않고 등장하는 것이 바로 '톡소플라즈마(Toxoplasma gondii)'입니다.
- 특히 '고양이로 인해 톡소플라즈마에 감염되면 유산이 되거나, 태아의 머리에 물이 차거나 시력을 잃는 등 기형아가 됩니다. 때문에 임산부는 고양이를 키우면 안된다!' 이런 소문이 있지요. 실제로 그럴까요?

🐾 톡소플라즈마, 사람에게 감염이 될까?

실제로 톡소플라즈마에 대한 이상한 소문, '톡소플라스마에 감염된 고양이와 함께 살면 유산이 되거나 기형아가 태어난다'는 소문 때문에 고양이를 파양하거나 버리는 사람들이 많습니다. 결론부터 말하면 실제 키우는 고양이를 통해 톡소플라즈마에 감염될 가능성은 매우 낮습니다. 실제 사람이 톡소플라즈마에 감염되는 대부분의 원인은 덜 익힌 고기를 섭식하거나, 오염된 야채를 섭식하는 데에 있는 것으로 알려져 있습니다. 그렇다고 해서 임산부가 고기나 야채를 먹으면 안 된다고 말하는 사람은 없는 것에 비해, 고양이는 지나친 비난을 받는 것 같습니다.

그렇다면 왜 우리 집 고양이가 나에게 톡소플라즈마를 감염시킬 가능성은 낮은 것일까요?

우리 집 고양이가 나에게 톡소플라즈마를 감염시킬 가능성이 낮은 이유

1. 일단 고양이가 톡소플라즈마에 감염된 상태여야 합니다. 한국은 외국에 비해 톡소플라즈마 감염률이 낮으며, 특히 국내 반려묘의 많은 수가 가내 생활을 하기 때문에 이 기생충에 감염된 비율은 매우 낮은 것으로 조사되어 있습니다.

2. 일단 고양이가 감염된 경우라면 처음에는 항체가 없기 때문에 톡소플라즈마는 고양이 몸 속에서 성숙한 후 1, 2주간 분변으로 배출됩니다. 이때 배출된 톡소플라즈마는 접합자(oocyst)라는 형태인데, 이 상태로는 사람에게 감염이 되지 않습니다. 이 상태로 환경에 노출

된 지 1~5일이 경과되면 감염력을 갖추게 됩니다. 따라서 매일매일 고양이 화장실을 치워주는 경우에는 감염의 가능성이 낮아집니다.

3. 또한 건강한 고양이의 경우, 이러한 톡소플라즈마의 생활사가 한 번 체내에서 반복되면 항체를 갖게 되어 더 이상 분변으로 기생충이 배출되지 않는 경우가 많습니다. 즉 건강한 고양이라면 감염된 초기 일정 기간을 지난 이후에는 감염될 가능성이 거의 없습니다.

4. 검사를 통해 고양이가 톡소플라즈마에 감염되어 있지 않은지 확인할 수 있고, 감염되어 있더라도 약을 쓰면 잘 치료되기 때문에 너무 걱정하지 않아도 되겠습니다.

🐾 임산부와 고양이가 함께 살 때 주의할 점

그럼에도 불구하고 고양이를 통한 톡소플라즈마 감염의 가능성이 없는 것은 아닙니다. 때문에 임신 계획이 있는 경우에는 다음과 같은 수칙을 준수하는 것이 좋습니다.

임신 계획이 있는 집사라면 꼭 지켜야 할 수칙

- 우리 집 고양이가 톡소플라즈마에 감염되지 않았는지 동물병원에서 검사합니다.
- 감염되었다면, 4주가량의 약물 치료로 좋은 효과를 거둘 수 있습니다.
- 치료 후 재검을 통해 감염이 배제되었는지 확인할 수 있습니다.
- 감염이 배제되었다면, 고양이가 외출하는 것은 당분간 금지합니다.
- 임산부는 고양이 화장실을 직접 치우지 않도록 하되, 부득이한 경우 일회용 장갑을 끼고 화장실을 청소하는 것이 좋겠습니다.
- 고양이 화장실은 매일매일 모래를 치워주고, 적어도 1주일에 1번은 소독해 줍니다.
- 고양이에게 날고기나 덜 익힌 육류를 급여하지 않습니다.
- 길고양이들이 배변을 많이 하는 장소인 놀이터 모래나 화단 등의 접근을 피합니다.

* 하지만 가장 중요한 것은 고기를 잘 익혀 먹고, 오염의 가능성이 있는 야채 등의 섭식을 피하는 것입니다.

03. 범백혈구 감소증은 고양이의 가장 대표적인 급성 전염병이에요

선생님이 도와줄게요

고양이 집사라면 '범백'이라는 단어를 많이 들어보았을 겁니다. 바로 '범백혈구 감소증'입니다. 생명을 잃을 수도 있는 아주 무서운 질환이에요. 대체로 급성으로 진행되지만, 조기에 증상을 파악하고 집중적으로 치료한다면 완치될 가능성도 높습니다. 이번 단원에서는 범백혈구 감소증의 증상과 치료법, 그리고 진단 후 관리법에 대해 자세히 알아봅시다.

🐾 고양이 범백혈구 감소증

'범백'이라고 흔히 불리는 '고양이 범백혈구 감소증'은 고양이의 가장 대표적인 급성 전염병입니다. 이름이 기묘한데, 이 질환에서의 '범'은 'pan', 즉 '전체적'이라는 의미로 백혈구가 전체적으로 감소하는 질환이라는 의미를 가지고 있습니다.

백혈구가 감소하는 까닭은 이 질환의 원인체인 파보 바이러스(Parvovirus)의 특성 때문입니다. 파보 바이러스는 빠르게 분화하는 세포를 타겟으로 하여 증식하는데, 이에 주요하게 영향을 받는 장기가 바로 장과 골수가 됩니다. 장에서는 융모의 음와라는 부분에 손상을 주기 때문에 심각한 설사와 혈변, 이차적인 패혈증 등의 원인이 됩니다. 또한 골수 억압이 이루어지면 백혈구 수치가 떨어지게 되는데, 고양이에서는 이러한 특징이 부각되어 '범백혈구 감소증'이라는 이름이 붙게 된 것입니다.

범백혈구 감소증 바이러스 감염으로 설사하는 고양이

🐾 어떤 증상이 있을까?

일단 고양이가 이 질환에 이환되게 되면 구토, 설사, 특히 혈변을 보이고 식욕부진, 침울의 증상을 보입니다. 매우 빠르게 진행되는 위험한 질환으로, 신생묘에서의 치사율은 90%에 육박합니다.

또한 임신한 고양이가 감염된 경우 유산 및 사산을 유발할 수 있고, 신생아 감염 시에는 뇌의 발달에 장애를 일으켜 경련을 하기도 합니다.

바이러스의 크기가 작아 전염력이 큰 질환으로 다른 고양이와 섞여 있다가 입양된 직후 발현되는 경우가 많습니다. 또 외출 고양이의 경우에는 다 자란 이후에도 감염되는 경우가 심심치 않게 확인되고, 새로 입양한 친구를 통해 성묘가 감염되는 사례도 드물지 않습니다.

어떻게 검사하고 치료해야 할까?

의심이 되는 경우 분변을 조금 채취하여 오른쪽 그림과 같이 진단 키트로 검사하는 방법이 일반적입니다. 특히 백혈구 감소가 두드러지기 때문에 추가적인 혈구검사를 통해 진단 및 예후 평가에 활용할 수 있습니다.

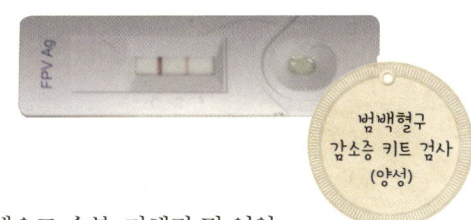

범백혈구 감소증 키트 검사 (양성)

진단이 된 이후에는 구토나 식욕부진이 심하기 때문에 수액으로 수분, 전해질 및 영양을 공급하고, 정맥주사를 통해 패혈증을 예방하기 위한 항생 처방 및 증상 완화를 위한 항구토제 등의 약물을 주사합니다. 더불어 바이러스 질환이기 때문에 특이적인 치료가 있지는 않지만 고양이 인터페론이나 면역촉진제 등 면역치료제를 이용할 수 있고, 심각한 백혈구 감소가 동반되는 중증의 경우 필요에 따라 수혈 등을 시행하기도 합니다. 질환의 경중에 따라 치료의 방법이나 기간에 차이가 있으나, 대체로 급성 질환이기 때문에 5~7일 이내에 증상 회복이 확인됩니다. 집중적으로 치료하는 경우 80% 이상 생존할 수 있고 후유증도 드물기 때문에, 포기하지 않고 열심히 치료하는 것이 좋습니다.

> **범백혈구 감소증 진단 후 고양이 관리법**
> - 고양이가 있었던 장소는 모두 철저하게 소독을 하고 이불이나 담요 등은 빨아야 합니다.
> - 화장실은 소독제로 완전히 세정한 후 모래를 모두 교체합니다.
> - 식기의 사료나 물도 완전히 비운 후 소독 후 건조합니다.
> - 감염된 고양이 외에 집에 고양이가 더 있는 환경이라면 위와 같이 철처히 소독합니다.
> - 감염된 고양이와 접촉한 고양이는 통상적으로 4~7일 정도의 잠복기를 거쳐 발현되므로 반드시 집중 관찰해야 합니다.
> - 평소 접종을 잘 해두는 것이 가장 좋습니다.
> - 감염 고양이가 돌아온 이후에도 다른 고양이와 일정 기간 화장실과 식기를 분리하여 사용하도록 합니다.

백신 접종이 필수

일단 정확한 백신 접종을 통해 항체를 형성하여 방어력을 갖추면, 바이러스에 노출되어도 질환이 발병하지 않거나 경도의 증상만 보이는 경우가 대부분입니다. 특히 외출 고양이라면 매년 추가접종을 열심히 해서 항체가 낮아지지 않도록 유의해야 합니다.

04 고양이 백혈병 바이러스는 무엇인가요?

선생님이 도와줄게요

고양이에게 백혈병을 유발하는 바이러스라니 말만 들어도 무섭고, 위험하게 느껴집니다. 과거 국내에서는 드물었지만, 최근에는 더러 진단되는 경우가 있어서 주의를 기울여야 합니다.

무시무시한 병인 백혈병 바이러스

고양이 백혈병 바이러스가 감염증은 무서운 이미지만큼이나 어렵고 복잡한 질환이기도 합니다. 앞서 고양이 전염병의 일부는 급성으로 발현되지 않고 잠재된 상태에서 만성적으로 영향을 미칠 수 있다고 언급한 바 있는데, 그 중 대표적인 질환이 바로 이 '고양이 백혈병 바이러스 감염증'입니다. 일단 바이러스에 노출된 고양이 중 일부는 스스로 바이러스 감염을 이겨낼 수도 있는데, 이 경우에도 30% 수준에서는 잠복 감염의 형태로 남아 있게 됩니다. 다만 이러한 형태의 잠복 감염은 혈액이나 비말을 통한 검사로 확인할 수 없고, 골수를 채취해 바이러스를 분리 동정하거나 PCR 검사를 통해 바이러스를 확인해야 진단할 수 있습니다.

어떤 증상을 보일까?

증상 역시 특징이 없거나, 아주 다양하게 나타날 수 있습니다. 종양이 발생하거나, 빈혈이 있는 경우 비교적 특징적이지만, 면역 결핍에 따른 경우 위장관 질환, 비뇨기 질환, 안과 질환, 근골격계 질환 등 거의 모든 장기에 영향을 미칠 수 있습니다. 저자의 경우에도 어린 연령에서 비뇨기 질환이 있었던 고양이, 또는 안과 질환 및 치은염이 있는 고양이 등 여타의 질환을 가진 고양이에서 백혈병 바이러스가 감염된 것을 확인한 바 있습니다. 실제로 외국 고양이학회에서 고양이 전문의가 강의할 때 거의 모든 질환에 대한 감별진단으로 '고양이 백혈병 바이러스 감염증'이 포함되곤 합니다. 어쨌든 증상에 대해 크게 분류하자면 종양, 면역 결핍, 빈혈이나 백혈구 증가/감소증이 가장 큰 특징이라고 할 수 있습니다.

🐾 백신 전 검사하기

이처럼 면역을 억압하고 잠재적인 형태를 취하는 까닭에 백신 전 '고양이 백혈병 바이러스' 감염 여부를 확인하는 것은 필수적으로 권고되고 있습니다. 이렇게 예방적 검사를 하는 경우 통상적으로 오른쪽 사진과 같이 키트 검사를 시행합니다. 다만 이 검사에서 양성이거나, 음성이지만 의심이 되는 경우에는 IFA라는 방식의 검사를 통해 확정 진단을 받는 것이 권고됩니다. 또한 양성인 경우 4주 뒤 재검을 통해 지속적으로 바이러스 혈증이 지속되는지 확인이 필요하며, 질병의 특성상 반복적인 검사가 필요한 경우가 있습니다.

고양이 백혈병 바이러스가 감염이 키트로 진단된 경우

🐾 백혈병의 관리 및 예방

일단 걸리고 나면 면역치료, 종양이 발생한 경우 그에 맞는 항암요법, 면역 결핍 시에는 각각 증상에 따른 치료를 시행합니다. 다만 바이러스를 치유할 수 있는 특이적인 치료제는 안타깝게도 없습니다.

따라서 고양이 백혈병 바이러스에 노출되지 않도록 주의하는 것이 가장 중요합니다. 이 바이러스는 감염된 고양이의 침, 눈곱, 콧물로 감염됩니다. 따라서 서로 사이좋게 그루밍하거나, 물그릇이나 밥그릇을 공유하는 경우 쉽게 감염됩니다. 감염이 의심되는 고양이와는 접촉을 피하고, 화장실이나 식기를 공유해서는 안 됩니다. 바이러스 자체는 취약한 편이지만 환경에서 수 시간까지 생존이 가능한 편이므로 환경 소독도 필요합니다.

만약 우리 집 고양이가 감염된 것으로 진단이 되었다면, 고양이 인터페론이나 면역촉진제 같은 면역치료가 권장됩니다. 또한 스트레스를 받지 않고, 좋은 생활 환경에서 지낼 수 있도록 유지하는 것이 가장 중요합니다. 특히 여러 마리를 함께 키우는 경우, (물론 함께 있으면서 좋은 점도 많겠지만) 스트레스 상황에서 더욱 쉽게 질병이 유발되는 것으로 공식적으로는 알려져 있습니다. 다만, 한국에서는 보통 고양이를 집 안에서 한 마리만 키우는 경우가 많아서, 감염 후에도 비교적 오랜 기간 관리가 되는 것으로 판단됩니다.

다른 고양이에게 감염될 가능성

특히 우리 집에 여러 마리 고양이가 있는데 한 마리가 백혈병 바이러스에 감염되었다면, 다른 고양이에게 감염될 가능성이 높습니다. 해당 고양이를 분리해서 키울 수 있다면 분리하고, 환경 관리를 시행해야 합니다. 더불어 지속적으로 바이러스에 노출될 가능성이 있는 다른 고양이들에 대해서는 '고양이 백혈병 바이러스 백신'을 시행하는 것을 권장합니다. 다만 이 백신을 시행하더라도 완전히 감염을 막아줄 수는 없으며, 다른 백신에 비해 비교적 높은 비율로 백신 부위 관련 피부 종양이 발생할 수 있는 위험성을 가지고 있음을 염두에 두어야 합니다.

고양이 면역 결핍 바이러스

고양이 면역 결핍 바이러스 감염증은 위에서 설명한 고양이 백혈병 바이러스 감염증과 유사하게 고양이의 면역을 억제하여 만성적이고도 치명적인 질환을 유발하는 질환입니다. 이름 자체도 사람의 면역결핍바이러스 AIDS의 HIV와 유사한 FIV입니다(H는 human, F는 feline 즉, 고양이입니다). 아직은 고양이 백혈병 바이러스 감염증에 비해 적은 수의 감염만 보고되어 있지만, 수입 고양이의 국내 유입이 늘어나면서 증가할 것으로 예상되니 역시 주의가 필요합니다.

05 고양이 전염성 복막염은 불치병이에요

선생님이 도와줄게요

- 고양이 전염성 복막염 바이러스는 일단 발병하면 거의 100%의 치사율을 가지고 있는 악명 높은 질환으로 많은 보호자들에게 그 위험성이 익히 알려져 있습니다. 또한 많은 수의 고양이들이 이 질환의 원인이 되는 코로나 바이러스에 이미 감염되어 있는 상태이며, 스트레스 상황 등에서 돌연변이가 유발되어 복막염으로 진행하기 때문에 고양이 집사들은 불안한 마음이 들게 되는데요. 본 장에서 이렇게 무서운 고양이 전염성 복막염 바이러스 감염증에 대해서 알아보도록 하겠습니다.

🐾 고양이 전염성 복막염 감염증의 증상

• 삼출형 : 흉수나 복수가 차요

증상은 삼출형(습성형, wet type)과 비삼출형(건성형, dry type)으로 나뉘어집니다. 삼출형의 경우 특히 흉수나 복수가 발생하는 것이 특이적입니다. 복수, 즉 배 안에 물이 많이 차게 되면 복부가 팽만하게 보이는 경우도 많습니다. 삼출형 환자의 30% 수준에서는 흉수가 차는데, 흉곽 내에 이렇게 물이 차면 숨을 쉬기 어렵거나, 심장의 작용을 억제하여 매우 위험합니다. 삼출형의 경우 증상 완화 및 진단을 위하여 흉, 복수를 제거할 수 있는데, 제거된 액체는 마치 계란 흰자와 같이 끈적한 점도의 특징을 가지고 있습니다.

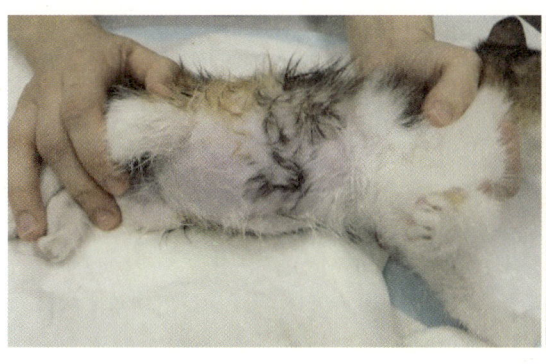
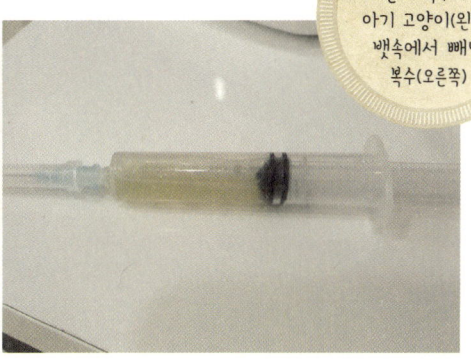

전염성 복막염 때문에 복수가 찬 아기 고양이(왼쪽), 뱃속에서 빼낸 복수(오른쪽)

• 비삼출형 : 다양한 장기에 육아종이 생겨요

비삼출혈(dry type)은 건성형이라고도 하는데, 말 그대로 흉, 복수가 동반되지 않습니다. 대신 바이러스에 대해 과도하게 생긴 항체가 면역 복합체를 형성하여 다양한 장기에 육아종을 형성하는 방식으로 질환이 진행됩니다. 어느 장기에든 영향을 줄 수 있기 때문에, 다양한 증상이 유발될 수 있습니다. 간, 신장, 눈, 신경계 등이 대표적 장기이며, 보호자가 관찰 시에는 식욕부진, 침울함, 안구 혼탁, 홍채 색깔 변화, 황달, 피모 불량, 경련이나 마비 등의 다양하고 비특이적인 증상이 유발됩니다.

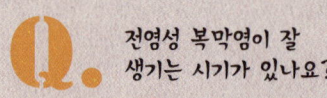

Q. 전염성 복막염이 잘 생기는 시기가 있나요?

고양이 전염성 복막염은 어느 나이에나 발생할 수 있지만, 6개월령에서 2년령 사이에서 가장 흔하게 발생합니다.

🐾 원인은 무엇일까?

고양이 전염성 복막염 바이러스의 원인체는 고양이 코로나 바이러스(FCoV)입니다. 이 자체로는 거의 증상이 없거나 경미한 소화기 증상 정도만 유발하는 형태(FECV)이지만, 일부는 잠재되어 있다가 스트레스 상황 등에서 돌연변이를 일으켜 전염성 복막염을 유발하게 됩니다. 즉, 고양이 전염성 복막염의 발생 포인트는 바이러스의 돌연변이에 있는 것입니다. 특히 이러한 돌연변이는 스트레스 상황 하에서 잘 유발되고, 감염 후 18개월 미만에서 이루어지는 경우가 많습니다. 때문에 새로운 전염의 가능성이 적고, 이후 스트레스 상황이 잘 유지되는 경우에서는 발병의 위험도가 점차 낮아지게 됩니다.

🐾 어떻게 진단해야 할까?

위와 같은 바이러스 특성상 고양이 전염성 복막염을 확정 진단하는 것 역시 녹록치 않습니다. 통상적인 검사 방법으로 FECV와 복막염을 일으키는 FIP바이러스를 감별하기 어렵기 때문입니다. 따라서 가장 확실한 확정진단은 바이러스가 감염된 장기를 조금 잘라내서 조직 검사를 시행하는 것이지만, 침습적이기 때문에 진단만을 위해 시행하기는 어려운 경우가 많습니다. 때문에 여러가지 간접 진단을 통해 확진에 가까운 진단을 내리고, 이후에 이에 따른 치료를 하는 경우가 일반적입니다.

기본적으로 고양이 코로나 바이러스 감염이 있는지 확인해야 합니다. 대체로 고양이의 기력저하, 식욕부진 등과 관련해 혈액 검사를 시행하는데, 이때 글로불린이 증가되는 등 특징적인 지표를 확인하고, 알부민과의 비율 등을 진단에 이용하기도 합니다. 또한 영상 검사상에서 육아종 형성 및 흉, 복수가 있는지 확인해야 합니다. 흉, 복수가 있는 경우 PCR 검사 등을 통해 흉, 복수 내에 바이러스가 있는 것을 확인하면 확진에 가까운 진단을 내릴 수 있습니다. 한편 최근에는 FIP에 특이적인 PCR 검사가 개발되어 사용되고 있기도 합니다.

흉, 복수가 찼다고 해서 무조건 복막염일까?

한편 강조하고 싶은 점은 흉, 복수가 있다고 무조건 전염성 복막염으로 간주해서는 안된다는 점입니다. 흉, 복수를 유발하는 질환은 다양하고, 이 경우 식욕저하, 기력저하 등의 비특이적 증상의 동반이 대부분입니다. 증상만으로 진단하고 면역 억제 치료를 하거나, 치료를 포기해서는 안 됩니다. 실제로 흉, 복수가 있지만 코로나 바이러스가 검출되지 않고, 다른 원인이 확인되어 치료 후 장기 생존하는 고양이들이 많이 있으니 꼭 제대로 진단 검사를 받을 것을 권장합니다.

치료는 어떻게 해야 할까?

하지만 일단 전염성 복막염 바이러스로 확정 진단되거나, 확정에 가까운 진단을 받은 경우, 완치를 위한 치료법은 안타깝게도 없습니다. 아직 현대의학이 모든 병을 치료할 수는 없고, 그러한 불치병 중 하나가 바로 이 고양이 전염성 복막염입니다. 치료의 목적은 질병이 최대한 천천히 진행하여 조금이라도 수명을 늘려주고, 살아 있는 동안 고양이가 밥도 먹고 덜 아프게 지낼 수 있도록 하는 것에 있습니다. 치료로는 이 질환의 발병기전인 항체 형성을 줄이기 위해 스테로이드, 여타의 면역 억제제, 부작용이 적은 특정 항암제 등 면역 억제를 위한 치료가 우선적으로 고려됩니다. 더불어 면역 작용 조절을 위한 고양이 인터페론이 적용되기도 합니다. 특히 최근에는 고양이의 면역 촉진제가 고양이의 생존 기간을 늘려주고 있다고 소개되고 있어 활발히 사용 중입니다. 다만 면역 촉진에 따른 기전을 취하기 때문에 통상적인 면역 억제제와 병용하지 않는 것이 권고되는데, 때문에 경과가 매우 빠른 삼출형보다는 비삼출형에서의 사용이 일반적입니다. 더불어 육아종 형성에 따른 간부전, 신부전, 안과 질환 등 각각의 질환에 맞추어 증상을 줄여주기 위한 치료를 병행합니다.

치료를 지속하더라도 대부분의 고양이는 안타깝게도 사망합니다. 흉, 복수가 동반되는 삼출형의 예후가 훨씬 짧아서 통상적으로 1~3개월 정도의 예후를 가집니다. 비삼출형의 경우는 2~3배 정도 오래 생존할 수 있는 경우가 많고, 일부에서는 더 오랜 생존기간을 가지기도 합니다. 최근 치료시에는 1년 이상의 장기 생존을 하는 경우도 종종 있습니다.

미리 예방하는 것이 중요

치료가 어렵고 극단적인 예후를 가지는 만큼 예방을 잘 하는 것이 가장 중요합니다. 고양이 코로나 바이러스는 분변을 통해 배출되고, 이를 섭식한 고양이에게 전염됩니다. 당연히 감염된 고양이와는 접촉을 줄이고, 화장실의 개수는 고양이 수 이상으로 마련해 주어야 하며, 화장실은 최소 하루 한 번은 청소해 주어야 합니다.

그런데 코로나 바이러스는 이미 많은 수의 고양이에게 감염되어 있는 경우가 흔합니다. 미국에서는 일반 집고양이의 30% 수준이 항체를 가지고 있으며, 캐터리(Cattery, 교배나 집단 번식이 이루어지는 곳)나 집단 생활을 하는 고양이의 90%가 코로나 바이러스의 항체를 가지고 있다는 연구가 있습니다. 국내에서도 저자의 경험상 많은 수의 고양이가 이미 바이러스에 노출되어 항체를 가지고 있는 것으로 보입니다. 따라서 이러한 경우에는 최대한 스트레스를 줄여서 바이러스가 돌연변이를 일으키지 않고 지낼 수 있도록 해야 합니다.

그런데 고양이의 스트레스는 참으로 야릇한 것이라 돌보는 것이 쉽지 않습니다. 이사, 식이 교체, 화장실 변화, 주변의 시끄러운 소음, 그 모든 것이 고양이에게는 스트레스가 됩니다. 절대적으로 스트레스를 안 줄 수는 없지만, 보호자가 할 수 있는 한에서 좋은 삶의 질을 유지해주어야 합니다.

특히 다묘가정에서 주의하기

사실 본 질환에서 가장 중요한 스트레스 항목은 다묘 가정입니다. 고양이는 사회적 동물이기 때문에 다묘 가정이 가지는 이점이 많습니다. 하지만 안타깝게도 고양이 전염성 복막염 바이러스 감염과 관련해서는 다묘 가정은 분명 위험요소로 작용한다는 점이 여러 연구에서 입증되어 있습니다. 기본적인 바이러스 유입을 줄이기 위해서 기존의 고양이, 또 새로 입양하는 고양이에서 항상 코로나 바이러스 감염 여부를 확인하는 것이 필요합니다. 또한 우리 집 고양이가 코로나 바이러스에 감염되어 있다면 새로운 친구를 더 이상 입양하지 않는 것이 안전합니다.

고양이 전염병 질환, 쉽게 복습해요!

• 전염성 질환이란?

말 그대로 세균, 바이러스, 기생충 등 질환의 원인체가 고양이에게 감염되어 발생하게 되는 질환입니다. 때문에 질환이 있는 고양이나 사람, 개를 비롯한 다른 동물에 노출된 이후 발생하게 됩니다.

• 언제, 어디서 가장 많이 전염될까요?

전염성 질환이 가장 많이 발생하는 시기는 애견 숍이나 구조 단체 등 다양한 동물들이 가득한 곳에서 입양된 직후입니다. 따라서 이때에는 기본적으로 귀 진드기, 소화기의 감염성 기생충, 바이러스성 질환들이 감염되어 있지 않은지 미리 확인하는 것이 좋습니다.

마찬가지로 고양이 입양 이후 우리 집에서 원래 키우던 고양이 역시 입양된 고양이를 통해 전염성 질환에 노출될 가능성이 높습니다. 때문에 새로운 고양이를 데려오기 전에는 반드시 우리 집 고양이의 접종이나 구충 상태 등을 잘 확인해야 하고, 초기 일정 기간 분리하는 것이 권장됩니다. 이러한 분리 기간은 상호간의 긍정적 사회화 기간으로도 이용하여 좋은 첫인상을 마련해주는 시기로 삼을 수 있습니다.

> **TIP. 대표적인 고양이의 전염성 질환 정리**
> - 귀 진드기 감염증(339쪽)
> - 소화기 기생충 감염증(346쪽)
> - 톡소플라즈마 감염증(348쪽)
> - 고양이 범백혈구 감소증(350쪽)
> - 고양이 백혈병 바이러스 감염증(352쪽)
> - 고양이 면역결핍 바이러스 감염증(354쪽)
> - 고양이 전염성 복막염 바이러스 감염증(355쪽)
> - 고양이 상부 호흡기 증후군(260쪽)

마찬가지로 다른 고양이를 탁묘 맡거나 카페 등에서 다른 고양이와 놀고 온 경우에도 전염성 질환에 노출될 수도 있으니, 이전에 접종 등 대비책을 충분히 갖추어야 합니다.

• 다른 동물들에게도 전염될 수 있어요

한편 고양이끼리만 전염되는 질환도 있지만, 개와 같은 다른 동물들에게서 전염될 수 있는 질환도 있습니다. 예를 들어 파보 바이러스에 감염된 개의 분변에 노출된 고양이는 범백혈구 감소증에 이환될 수 있습니다. 또한 보호자를 비롯한 사람에 의한 감염도 무시할 수 없습니다. 다른 고양이와 놀아주거나, 밥을 준 이후에는 잘 씻고, 옷을 갈아입은 뒤 우리 집 고양이를 안아주는 것이 안전합니다.

• 만성적이고 잠재적인 고양이 전염병

전염성 질환을 떠올리면, 원인체에 노출된 이후 단기간 내에 폭발적인 증상이 유발되는 상황이 머리 속에 그려지지만, 고양이 전염성 질환 중 일부는 증상 없이 잠복하거나 잠재되어 있다가, 고양이가 스트레스를 받으면 그때에 발현되는 질환도 많이 있습니다. 대표적인 질환으로 고양이 백혈병 바이러스 감염증이나 고양이 면역 결핍 바이러스 감염증이 이에 해당됩니다. 한편 앞서 호흡기에서 살펴보았던 상부 호흡기 증후군은 초기 노출 시에도 증상이 있지만, 사람의 허피스 감염에서처럼 피곤해서 면역이 떨어지거나 스트레스 상황에 노출되면 증상이 반복되는 경우도 있습니다.

눈

구슬 같이 반짝이는 눈(Beady eyes)이라는 표현을 흔히 쓸 정도로 고양이 눈은 참 예쁩니다. 아름다운 홍채 색깔을 보고 있으면 신비한 기분도 들죠. 그런데 고양이는 굉장히 빠르고 손톱은 날카롭기 때문에, 이렇게 아름다운 눈에 손상을 입는 경우도 허다합니다. 눈이 아프면 한층 그루밍을 열심히 하여서 손상을 심화하는 경우도 많습니다. 또 고양이는 특히 전신 질환이 있을 때 눈으로 질병이 나타나는 경우도 흔합니다. 때문에 고양이 집사는 고양이의 눈을 잘 관찰하고 이상이 있는 경우 얼른 확인할 수 있어야 합니다. 말을 못하는 고양이가 눈이 아프다, 눈이 이상하다고 표현하기는 굉장히 어려운 일이기 때문입니다.

01 아이가 눈을 못 뜨고, 염증이 심해요 (신생기 안염)

선생님이 도와줄게요

길에서 구조해 온 아기 고양이에게 신생기 안염이 흔하게 발견됩니다. 눈 위에 염증산물이 덕지덕지 덥혀져 있거나 퉁퉁 부어 있고, 심지어는 눈이 없어진 것처럼 보이는 고양이도 많습니다. 하지만 의외로 빨리 치료해주면 정상적인 상태로 회복하는 경우도 많답니다.

🐾 신생기 안염

2개월 미만의 아주 어린 아기 고양이들을 구조해서 오시는 분들이 많으신데, 그중에는 아래 사진처럼 심각한 안과 질환이 동반된 경우가 종종 있습니다. 대체로 눈에 염증이 심하고, 노란 염증 분비물 때문에 눈이 아예 달라붙어서 눈이 없어 보이는 경우도 있습니다.

이 질환은 '신생기 안염'이라고 총칭하는 질환인데, 고양이에게 흔한 상부 호흡기 원인체의 감염 혹은 세균 감염 등 다양한 원인으로 인해 화농성 분비물이 눈 안에 가득 찹니다.

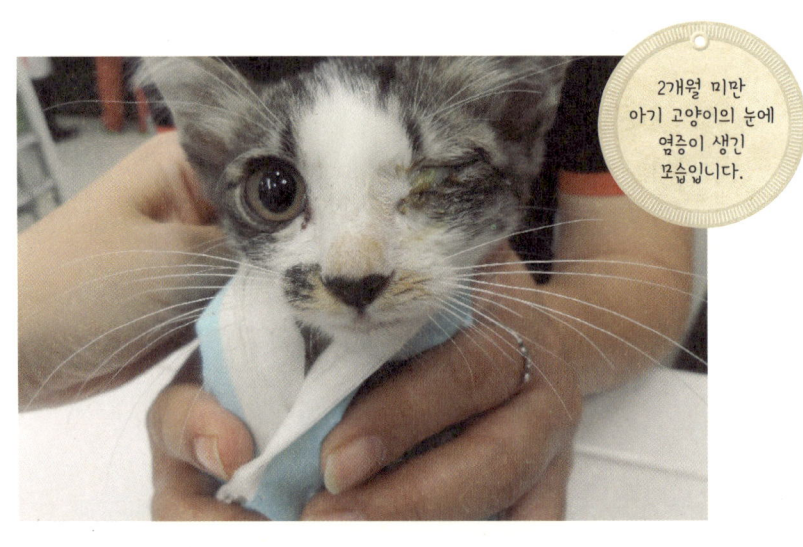

2개월 미만 아기 고양이의 눈에 염증이 생긴 모습입니다.

🐾 어떻게 치료해야 할까?

보기에는 굉장히 심각해 보여도 조기에 확인되는 경우, 눈을 뜨게 해준 후 화농성 분비물을 제거하고, 적절한 항생 점안제 등을 적용하면 정상적으로 호전되는 경우가 많으니 열심히 치료를 받는 것이 중요합니다. 물론 치료 시점이 늦어지는 경우에는 안구의 영구적 손상을 입을 수 있기 때문에 빠른 치료가 중요합니다. 또한 신생아 안염 증상을 가진 아기 고양이들의 경우, 비단 눈뿐 아니라 생명을 위협하는 다른 질환에 같이 노출된 경우가 많기 때문에 가능하다면 해당 질환 역시 확인하고 치료해주어야 합니다. 물론 환경 온도나 적절한 영양 관리 등 기본적인 사양 관리 역시 중요합니다.

02 눈을 게슴츠레 뜨고 재채기를 해요

선생님이 도와줄게요

- 호흡기 파트에서 소개한 바 있는 '고양이 상부 호흡기 증후군' 질환이 기억나시나요? 아주 대표적인 고양이 질환입니다. 보통 재채기와 같은 호흡기 증상을 나타내지만, 안과 증상 역시 흔히 동반됩니다. 안과 증상만을 주증으로 나타내는 경우도 많습니다. 이번 장에서는 이러한 상부 호흡기 증후군과 관련한 안과 증상을 소개하겠습니다. 다만 이 증상들은 눈이 아플 때는 공통적으로 나타날 수 있기 때문에 이 장의 다른 질환들에서도 나타날 수 있는 증상이라는 점을 염두해두어야 합니다.

🐾 원인은 무엇일까?

고양이가 상부 호흡기 증후군에 이환되면, 바이러스가 각막 표면에 염증을 유발하기 때문에 시린 듯한 통증이 동반됩니다. 때문에 고양이는 눈을 시린 듯이 게슴츠레 뜨거나, 깜빡이는 경우가 많습니다. 대체로 편측으로 나타나지만 양쪽 눈 모두 증상을 나타내는 경우도 있습니다. 각막 표면은 경

눈을 시린 듯이 게슴츠레 뜨거나 깜빡이는 환자

미한 수준으로 손상되기 때문에 심하지 않은 경우 통상적인 형광염색 방법으로는 확인되지 않고, 로즈 벵갈 등의 염료를 이용하여야 손상 부위가 확인되기도 합니다.

또 바이러스 원인체 외에 클라미디아 균에 의한 경우에는 결막 부종이 유발되기도 합니다. 결막은 눈의 흰자위를 말하는데, 이 부분이 오른쪽 사진처럼 퉁퉁 붓기도 합니다.

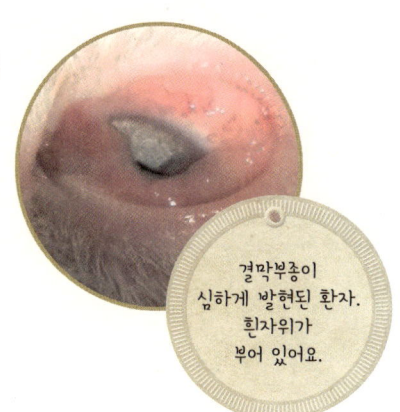

결막부종이 심하게 발현된 환자. 흰자위가 부어 있어요.

🐾 넥 칼라 채워주기

사람도 눈이 가렵거나 시리면, 안 되는 줄 알면서도 비비게 되는데요. 고양이 역시 마찬가지입니다. 심지어 고양이의 취미는 그루밍이죠. 경미한 각막염이라도 스스로 비비거나 그루밍을 하면서 심하게 훼손할 수 있습니다. 이 경우 다음 장에서 다루어지는 각막궤양과 같은 더 심각한 질환으로 진행하기도 하니, 자가손상을 하지 못하도록 유의해야 합니다. 가장 손쉽고 확실한 방법은 넥 칼라를 이용해서 채워두는 것입니다. 하지만 고양이가 스트레스를 받는다면 보호자가 계속 관찰하거나, 부담이 덜한 넥 칼라를 이용할 수 있습니다. '넥 칼라와 환묘복 만들기' 편(245쪽)을 참고합니다.

🐾 병원에서 받는 검사

'상부 호흡기 증후군'이 의심되는 경우 PCR 검사를 통해 정확한 원인체를 확인할 수 있습니다. 허피스 바이러스 감염이 확인된 경우에는 항바이러스 제제 안약을 점안할 수 있습니다. 클라미디아는 PCR 검사나 눈의 분비물을 현미경으로 관찰하여 진단할 수 있는데, 이 경우 특정 항생제를 이용하여 치료할 수 있습니다.

기본적으로는 호흡기 감염 질환이기 때문에 안약 점안뿐 아니라 먹는 약도 같이 복용하면 치료가 빠를 수 있고, 라이신 제제와 같은 보조제 역시 도움이 됩니다. 자세한 내용은 '고양이 상부 호흡기 증후군' 편(260쪽)을 참조합니다.

03 눈을 깜빡이고 눈물이 흘러요
(눈 표면에 까만 점이 생겼어요)

선생님이 도와줄게요

- 독자 여러분들은 눈이 아프면 어떤 증상이 나타나나요? 저절로 눈이 찡그려지고, 눈을 제대로 뜰 수가 없고, 눈물이 흐르지요? 고양이도 눈에 통증이 있으면 비슷하게 행동합니다. 눈을 게슴츠레 뜨거나 깜빡입니다. 고양이에게는 3안검이 있기 때문에 3안검이 위로 올라오기도 합니다. 또한 눈물이 흐르고, 자세히 보면 동공이 가늘게 축동되어 있는 경우도 있을 수 있습니다. 이러한 증상을 눈꺼풀 연축(blepharospasm)이라고 부릅니다.

🐾 눈꺼풀 연축 증상

고양이가 눈꺼풀 연축 증상을 보이면 눈에 통증이 있는 것으로 추정할 수 있습니다. 물론 눈에 통증을 유발할 수 있는 원인은 아주 다양합니다. 대표적인 경우로 앞서 설명된 상부 호흡기 증후군에 따른 각막염(이 경우는 아주 심한 편은 아닌 경우가 대부분입니다), 포도막염, 녹내장 등이 있을 수 있습니다. 그중에서도 건강한 고양이가 아무런 전조 증상 없이 한쪽 눈에 눈꺼풀 연축 증상을 보인다면, 각막이 손상된 '각막 궤양'을 가장 먼저 의심해볼 수 있습니다.

눈이 아파서 그러는 거다옹!

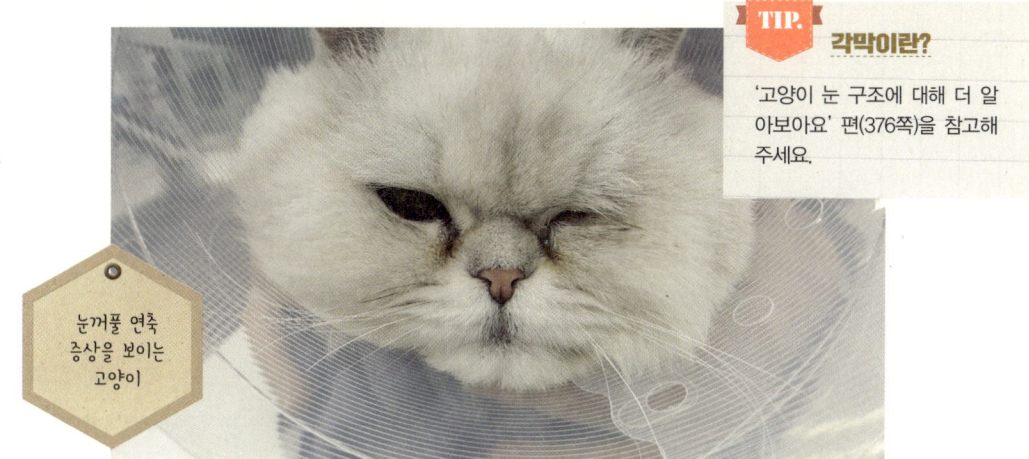

눈꺼풀 연축 증상을 보이는 고양이

TIP. 각막이란?
'고양이 눈 구조에 대해 더 알아보아요' 편(376쪽)을 참고해 주세요.

🐾 각막궤양

각막궤양이란 각막이 손상된 것을 말합니다. 고양이는 빠른 속도로 움직이고, 점프도 많이 하기 때문에 각막에 쉽게 외상성 손상을 입을 수 있습니다. 한편 사람처럼 손이 없으니 가릴 수도 없지요. 또 이물이 들어가거나, 목욕 이후에 경미하게 손상이 된 이후에도 그루밍을 하다 보면 각막의 손상이 광범위해지거나 깊어지기도 합니다.

🐾 각막궤양 치료법

각막궤양이 의심되는 경우에는 동물병원에서 손쉽게 검사를 통해서 각막의 손상 여부와 깊이, 범위를 확인할 수 있습니다. 통상적으로 어두운 곳에서 형광 녹색으로 빛을 내는 시료를 눈에 점안 후 관찰하는데, 각막이 손상되지 않는 경우에는 염색되지 않지만 손상이 된 경우 염색이 되면서 오른쪽 사진과 같이 녹색으로 확인이 됩니다. 또한 이 부분을 세극등(slit lamp)을 이용해 좀 더 확대해서 관찰하면, 각막 손상의 깊이나 범위 역시 확인할 수 있습니다.

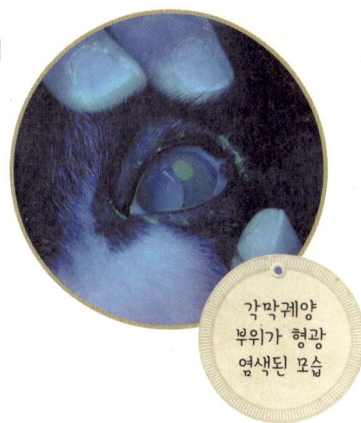

각막궤양 부위가 형광 염색된 모습

🐾 눈이 아플 때 집사가 먼저 해야 할 일

일단 각막궤양이 확인되면 고양이가 싫어하더라도 넥 칼라는 씌우는 것이 필요합니다. 순식간에 눈을 비벼서 궤양을 심화시킬 수 있는데, 손상이 심해지거나 천공(각막에 구멍이 뚫리는 것)이 발생하는 경우도 있으니 다소간의 불편은 얼마간 참는 것이 낫습니다.

각막궤양의 심도가 깊지 않다면 인공 누액, 항생 점안 및 각막궤양 수복을 도와주는 안약을 점안하여 치료할 수 있습니다. 대신 하루에 수회 이상 점안이 필요하기 때문에 시간을 들여 고양이를 돌봐 주어야 합니다.

각막궤양을 관리하지 않으면 수술이 필요

각막이 깊이 손상된 경우에는 이렇게 안약을 점안하거나 투약을 하는 내과적 치료만으로는 잘 치료되지 않을 수 있습니다. 3안검(376쪽)을 당겨서 환부를 덮거나, 결막으로 환부를 수복해야 하는 수술이 필요한 경우도 일부 있습니다. 이렇게 수술적 치료를 해야 하는 경우나 시력에 지장을 주는 경우도 발생할 수 있기 때문에, 초기에 빠른 치료를 시행해야 하고 고양이가 환부에 손을 대지 않도록 해야 합니다.

각막 표면에 생긴 까만 점

한편 고양이에는 만성적인 각막 질환 혹은 각막염에 속발해서 각막이 오른쪽 사진과 같이 까맣게 변화될 수 있는데 이를 흑각막염(corneal sequestrum)이라고 합니다. 만성적인 각막염 등이 잘 관리되지 않으면 이런 형태로 진행할 수 있는데, 의외로 이에 대한 문의도 많은 편입니다. 일단 각막이 이렇게 변화되는 경우, 수술적으로 제거해야 합니다. 또한 만성적으로 각막 질환이 발생하게 된 원인을 확인하여 이를 관리하는 것 역시 필요합니다.

흑각막염 환자의 눈 수술 전(좌), 수술 후 회복 과정(우)

04. 눈 색깔이 변하고 혼탁해졌어요

선생님이 도와줄게요

고양이를 자세히 관찰하다 보니 눈이 달라 보여서 병원에 데리고 오는 보호자들이 있습니다. 대체로 홍채 색깔이 변화되거나, 눈이 혼탁한 느낌을 받아서 데려오시는 경우가 많습니다. 이런 경우 눈 안에 염증이 발생했을 수 있습니다.

🐾 홍채 색깔의 변화

홍채 색깔의 경우 고양이가 자라면서 종에 따라 양쪽이 균일하게 바뀌는 경우도 있고, 노령의 고양이에서 국소적으로 홍채의 변화가 확인되는 경우에는 종양도 의심할 수 있습니다. 하지만 홍채의 변화를 불러 일으키는 가장 대표적인 질환은 '포도막염'입니다. 포도막은 혈관이 많은 눈의 조직으로 모양체, 맥락막과 홍채가 여기에 해당됩니다. 이러한 눈의 혈관 구조에 염증이 생기는 경우 홍채 색의 변화가 나타날 수 있습니다.

전안방 혼탁을 보이는 고양이

TIP. 홍채란?

'고양이 눈 구조에 대해 더 알아보아요' 편(376쪽)을 참고해 주세요.

🐾 혼탁해진 눈

이때 염증이 전안방 등으로 확산되면서 눈이 전체적으로 혼탁해 보일 수 있습니다. 물론 눈이 혼탁해 보이는 것은 각막의 오래된 상처나, 수정체가 하얗게 변하는 백내장 등에 의해서도 발생할 수 있습니다만, 두 경우에는 국소

chapter 6. 눈 • 371

적으로 혼탁되는 경우가 많아 감별할 수 있습니다.

포도막염

고양이에서 포도막염이 중요한 것은 단순히 안과 질환에 국한되는 것이 아니라 전신 질환에 속발하는 경우가 많기 때문입니다. 고양이 전염성 복막염, 고양이 백혈병 등의 만성 전염성 질환이 원인이 되는 경우가 많습니다. 특히 복막염 등의 경우에는 각막 후면의 침착물이 확인되기도 합니다.

고양이 눈의 색깔 변화나 혼탁의 경우 어떤 질환인지 구체적으로 확인하고, 특히 포도막염 등의 경우에는 전신 질환이 함께 존재할 수 있으니 병원을 찾아서 확인하는 것이 중요합니다.

05 녹내장, 눈이 점점 커져요

선생님이 도와줄게요

- 집사들이 병원에 와서 고양이 눈이 편측 혹은 양쪽으로 커지는 것 같다고 호소하는 경우가 있습니다. 노령의 고양이에서는 비강이나 안구 후방에 종양이 있는 경우 눈이 앞 쪽으로 밀리면서 눈이 튀어나와 보이는 경우가 있습니다. 또 갑상선 질환에서도 눈이 커 보이는 경우도 있습니다. 하지만 눈이 편측 혹은 양측으로 두드러지게 커지는 이유 중 가장 중요한 원인으로는 '녹내장'을 꼽을 수 있습니다.

🐾 녹내장이란?

녹내장은 눈 안에 안압이 상승하는 질환을 말합니다. 눈 안에는 안방수라는 액체가 눈 안을 채우고 있는데 이 순환에 문제가 발생하여 눈 안의 압력이 상승하면서 발생합니다. 특히 안압 상승이 유지되는 경우 시력을 상실하는 경우가 많으며, 심한 통증을 유발하기도 합니다. 흰자위의 얇거나 두꺼운 혈관이 충혈되는 결막, 상공막 충혈이 동반되는 경우도 흔합니다.

녹내장을 가진 환자에서 높은 안압이 측정된 모습.

🐾 안압을 측정하여 진단하기

녹내장이 있는 경우 안압을 측정하여 진단할 수 있고, 안구 내를 관찰하여 녹내장의 성상을 확인해야 합니다.

안압이 올라간 경우 초기 바로 안압을 떨어뜨려야 시신경 손상으로 인해 시력 상실을 막을 수 있기 때문에 바로 적극적으로 치료를 받아야만 합니다. 다만 눈이 많이 커진 경우에는 이미 녹내장이 상당히 진행된 경우일 수 있습니다.

정상 안압은 12~26 mmHg 정도입니다. 안압계를 이용하여 손쉽게 측정할 수 있습니다.

06 눈꺼풀에 분비물이 많거나 염증이 생겼어요

선생님이 도와줄게요

- 눈을 게슴츠레 뜨거나 깜빡이지 않는데도, 눈 주변이 늘 축축하게 젖어 있는 고양이들이 있습니다. 얼굴이 동글납작한 종류에서 특히 심합니다. 대체로 큰 문제가 아닐 수 있지만, 관리를 소홀히 하면 질환이 심해질 수도 있습니다.

🐾 염증이 잘 생기는 납작한 얼굴의 고양이들

페르시안과 같이 납작한 얼굴을 가진 고양이들은 눈 주변이 잘 젖고, 그 때문에 눈과 코 주변으로 염증이 잘 생깁니다. 평소에 솜으로 가볍게 톡톡 두드려서 건조하게 유지해 주어야 합니다. 눅눅하게 유지되는 경우 피부가 접힌 부분이 염증이 심각하게 발생하기도 하기 때문에 잘 관리해 줍니다. 관리를 잘 해주어도 염증이 심한 경우에는 알레르기나 면역계 질환과 관련된 경우도 의심 가능합니다. 이때에는 동물병원을 찾아 원인을 감별하고, 의심되는 항원은 기피하고, 적합한 안약이나 경구제를 복용합니다.

눈 주위에 염증이 생긴 환자

납작한 얼굴의 고양이들은 눈, 코 주변에 염증이 잘 생겨요.

🐾 고양이의 다래끼

한편 눈꺼풀에 흔히 말하는 다래끼와 같은 염증이 발생하는 경우도 있습니다. 이를 검판선염(meibomianitis)이라 하는데, 이는 검판선이라는 조직에 발생한 염증을 말합니다. 검판선은 눈에 지방성의 분비물을 분비하는 역할을 하는 곳으로, 이 분비물로 인해 눈이 촉촉하게 유지되고 눈의 움직임이 매끄러울 수 있습니다.

염증은 대체로 수일이 지나면 자연스럽게 호전되기도 하지만, 심한 경우에는 이차 감염이 유발되거나 파열되기도 하기 때문에 이런 경우 병원에서 배액 및 안약 처방을 받는 것이 좋겠습니다. 또 눈꺼풀에 있는 덩어리가 모두 염증은 아니고 안검에 발생한 종양의 경우일 수도 있으므로 없어지지 않는 경우에는 병원에서 확인을 받는 것이 안전합니다.

고양이 눈 구조에 대해 더 알아보아요

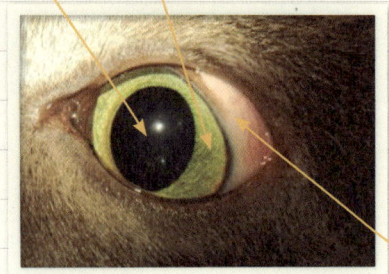

• 고양이의 눈 외부 구조

그렇다면 고양이의 정상 눈은 어떻게 생겼을까요? 눈의 구조를 살펴봅시다. 고양이의 눈을 정면으로 보면 왼쪽과 같은 형태입니다.

• 홍채와 결막이란?

홍채는 위의 사진처럼 고양이 눈동자의 색깔을 결정하는 곳입니다. 수정체(렌즈) 앞에 위치하면서 빛의 양에 따라 수축되거나 이완되어서 고양이 동공의 크기를 조절합니다. 밝은 곳에서는 실눈이 되고, 어두운 곳에서는 장화신은 고양이처럼 동그란 눈이 되는 것은 홍채의 작용 때문입니다. 결막은 눈의 하얀 살 부분을 말합니다.

• 3안검이란?

안검은 눈꺼풀을 의미합니다. 사람은 윗 눈꺼풀과 아래 눈꺼풀, 2가지 종류만 존재하지만, 고양이는 여기에 3안검이라는 3번째 눈꺼풀이 오른쪽의 사진에서와 같이 존재합니다. 눈을 감을 때 자세히 보면 3안검이 코 쪽에서부터 귀 쪽 방향으로 덮히는 것을 볼 수 있답니다.

3안검이 올라온 모습

• 고양이 눈 내부 구조

그렇다면 눈의 내부 구조는 어떨까요? 눈의 제일 바깥쪽은 각막으로 덮여 있습니다. 각막 내측에는 수정체, 즉 렌즈가 있는데 이 사이에는 안방수라고 하는 물이 차 있습니다. 이 구조를 전안방이라고 합니다. 렌즈 뒤쪽은 초자체라고 하는 젤과 같은 물질로 채워져 있으며 그 뒷면은 통과한 빛이 맺히는 일종의 스크린인 망막이 존재합니다. 망막에 맺힌 상은 시신경을 통하여 뇌로 전달되게 됩니다.

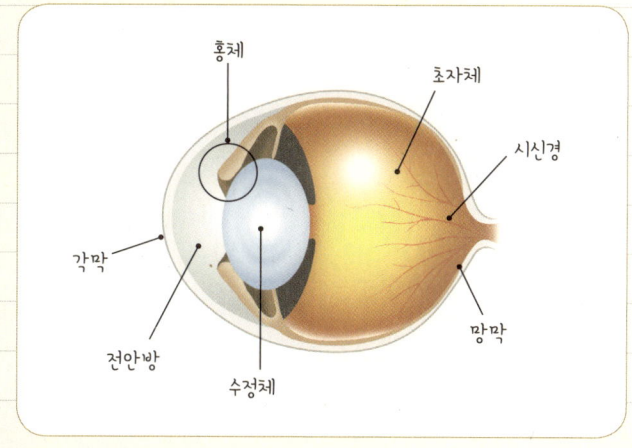

눈의 질환은 치료 적기가 손상 후 2~3일 이내인 경우가 많습니다. 집사가 모르는 사이 시력을 잃거나, 영구한 손상을 입게 되는 경우도 흔합니다. 따라서 안과 질환이 있다고 생각되는 경우에는 다른 질환보다 빨리 병원을 찾는 것이 안전합니다. 특히 눈이 보이지 않는다고 생각되면, 이 책을 뒤적이는 것보다는 바로 병원을 찾아야 합니다. 앞서 언급한 바와 같이 전신 질환이 있어서 눈이 아픈 경우도 종종 있으니 유의해야 합니다.

치아

고양이도 치석이나 치아 골절과 같은 사람이나 다른 동물에서 일반적으로 나타나는 치과 질환을 가지고 있습니다. 다만 구강 생태가 사람과 다르기 때문에 충치의 발현은 양치질 횟수나 관리에 비해서는 적은 편인 데 비해, 치석이 훨씬 쉽게 낍니다. 무엇보다 바이러스 질환이나 면역 질환과 관련된 특이적 질환이 많은데, 본 챕터에서는 고양이의 다양한 치과 질환을 소개하도록 하겠습니다.

01 혓바닥에 염증이 생겼어요

선생님이 도와줄게요

사람도 혓바늘이 나면 밥 먹기가 어렵고, 꽤나 고통스럽지요? 고양이도 혀나 잇몸에 궤양이 자주 발생하는데 이 경우 침을 흘리거나 밥 먹기 어려워 할 수 있어요.

🐾 혀나 잇몸이 아플 때

혓바닥에 염증이 생기는 고양이들이 많습니다. 입 안의 통증 때문에 고양이는 침을 흘리거나, 밥에 관심을 보이지만 막상 먹기 시작하면 제대로 먹지 못하는 증상을 보이기도 합니다. 반대로 혀를 미처 확인하지 못했지만 고양이가 이런 임상 증상을 보인다면, 입을 열어 혀를 확인해 볼 필요가 있습니다.

🐾 구내염에 걸렸을 때 입 속 모양

입을 열어 보면 이로 인한 구내염, 즉 입 안에 염증 발생이 종종 관찰됩니다. 혀에 발생하는 경우 오른쪽 사진 속 빨간 동그라미 속의 모습처럼 나타나기도 하고, 혀의 테두리를 따라 허는 듯한 모습으로 관찰되기도 합니다.

염증은 혀에만 국한되는 것이 아니라, 잇몸과 입술 등에도 나타날 수 있습니다. 잇몸에 나타나는 경우에는 잇몸에 붉게 발적되고, 울룩불룩하게 육아종성으로 자라나기도 합니다. 오른쪽의 사진에서 노란 동그라미 속에 잇몸이 증식된 모습이 확인됩니다.

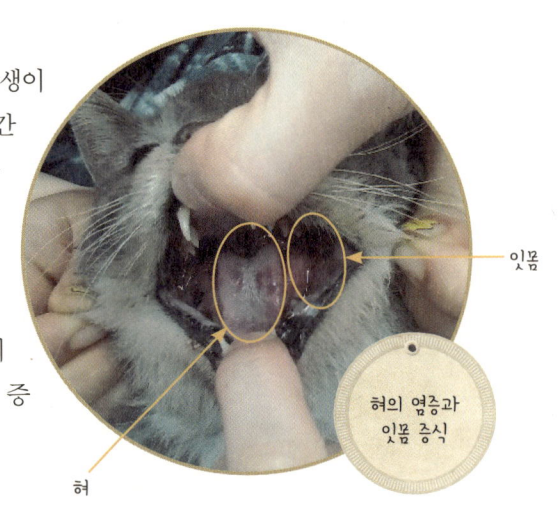

잇몸

혀의 염증과 잇몸 증식

혀

아주 심한 경우에는 입 전체가 다 헐면서 목구멍까지 헐기 때문에 섭식이 거의 힘들 정도가 됩니다. 이런 경우에는 특히 전염병 파트에서 소개되었던 고양이 백혈병 바이러스나 면역결핍바이러스가 같이 감염되어 있으면서 증상을 심화시켰을 가능성도 있습니다.

🐾 구내염의 원인

혀나 잇몸에 염증을 유발하는 원인은 바이러스 질환이나 구강 세균, 면역 작용에 의한 것까지 다양합니다. 이중 특히 주로 어린 연령에서 재채기나 안과 질환을 동반하는 경우에는 칼리시 바이러스에 의한 구내염의 가능성이 높습니다.

칼리시 바이러스는 이 책을 처음부터 읽어온 독자라면, 혹은 고양이 질병에 관심이 많은 해박한 집사라면 아주 익숙한 병원체일 것입니다. 바로 고양이에게 재채기와 같은 호흡기 질환뿐 아니라 안과 증상 등을 유발하는 고양이 상부 호흡기 증후군의 대표적 원인체 중 하나이기 때문입니다.

🐾 어떻게 치료할까?

치료를 위해서는 이와 같이 감염된 원인체를 확인하는 것이 좋고, 원인체에 맞는 전신 치료를 시행합니다. 전신적인 치료는 '고양이 상부 호흡기 증후군' 편(260쪽)을 참조할 수 있습니다. 이에 덧붙여 치과 치료를 병행하는데 경도의 경우 오랄 젤 적용 등 간단한 수준에서부터 심각한 경우 스케일링 및 발치에 이르는 치료가 필요할 수 있습니다.

만성적인 경우 면역 반응을 유발하여 잇몸이나 혀가 심각하게 증식될 수 있습니다. 이때에는 면역 억제 치료가 필요할 수 있는데, 다른 감염이 있는 경우 증상을 악화시킬 수 있기 때문에 원인체 진단 및 치료가 중요합니다. 면역 반응에 의한 질환은 다음 장의 내용을 참조하면 더 도움이 될 것입니다.

02 혀나 잇몸이 붉게 부었어요

선생님이 도와줄게요

혀뿐 아니라 잇몸이 붉게 변하거나 증식되는 경우도 흔합니다. 증식된 조직을 잘라 조직 검사를 해보면 면역세포가 침윤되어 있는 것이 확인되는데, 이렇게 고양이에서는 면역 질환으로 인한 구강 질환도 흔합니다.

🐾 침을 흘리거나 밥을 잘 못 먹을 때

고양이가 침을 흘리거나 밥을 먹는데 아파하는 모습을 보고 입 안을 관찰해 보았을 때, 붉고 증식된 덩어리가 잇몸이나 혀에 있는 것을 발견하는 경우가 있습니다. 심하지 않은 경우에는 붉게 붓거나 궤양만 있는 경우도 있습니다.

이런 증상은 앞서 설명된 칼리시 바이러스에 의한 구내염, 호산구성 육아종, 노령묘에게 생기는 종양 등 다양한 원인이 있을 수 있지만, 고양이에서는 '림프구성 형질구성 치은염'이라는 질환이 흔한 편입니다.

림프구성 형질구성 치은염 환자. 잇몸이 증식되고 궤양이 생긴 모습입니다.

🐾 림프구성 형질구성 치은염

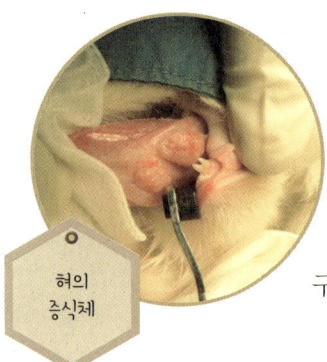

혀의 증식체

만성적인 염증 혹은 잘못된 면역 작용으로 인해 백혈구 중 림프구나 형질구 등의 세포들이 잇몸에 침착하여 증식되는 질환입니다. 앞 장에서 언급된 칼리시 바이러스나 고양이 백혈병 바이러스 등이 이러한 작용의 원인으로 작용하기도 하고, 구강 세균 등 위생적이지 못한 구강 상태가 이러한 증상의 진행을 자극하기도 합니다.

🐾 병원에서의 치료

일부 조직을 채취해서 조직검사를 하면 확정진단을 할 수 있습니다. 또한 병재한 바이러스나 세균성 질환은 림프구성 형질구성 치은염의 원인이 될 수 있을 뿐 아니라, 면역 억제제 사용 시 문제가 될 수 있기 때문에 치료 전에 검사하는 것이 좋습니다.

치료 시에는 기저 질환 치료 외에 면역 억제제의 사용이 필요합니다. 초기 면역 반응을 억제할 정도로 사용한 이후 소량씩 감량하여 중단합니다. 고양이 인터페론과 같이 면역을 조절해주는 약물도 사용할 수 있습니다.

심각한 경우에는 스켈링을 하면서 치료제를 도포하고 증식된 조직의 일부를 제거해야 할 수 있습니다. 드문 경우 치아의 발치가 필요하기도 한데, 문제가 되는 치아의 경우 뿌리까지 잘 제거되어야만 원하는 치료 효과를 얻을 수 있습니다.

🐾 고양이 잇몸 건강, 평생 관리하기

알레르기가 평생 관리해야 되는 질병인 것처럼, 본 질환 역시 많은 경우 평생 관리 해야 할 수 있습니다. 구강 내 세균 및 비위생적인 구강 상태가 염증을 유발할 수 있으므로, 평소 치아관리를 잘 해주고 주기적인 스케일링을 시행하는 것이 권장됩니다. 실제로 구조 시에 심각한 림프구성 형질구성 치은염을 가졌던 고양이가 좋은 가정에 입양되어 관리된 이후로 현저히 증상이 좋아지는 경우를 심심치 않게 볼 수 있습니다.

03 이빨이 부러졌어요

선생님이 도와줄게요

양치를 하다가 고양이 치아가 부러진 것을 발견하면 집사들은 깜짝 놀라고, 어떻게 해야 할지를 몰라 덜컥 겁부터 납니다. 유치와 같이 정상적으로 이빨이 빠지는 경우부터 성묘의 치아가 부러졌을 때 받을 수 있는 치료까지 알아봅시다.

🐾 1살 미만, 유치갈이

1살 미만의 고양이를 키우는 집에서는 더러 이불이나 방바닥에서 치아를 발견하거나, 입술에 피가 묻어 있어서 확인해 보면 치아가 뽑힌 것을 발견하는 경우가 있습니다. 하지만 이 경우에는 대부분 젖니가 빠지는 유치갈이이기 때문에 너무 걱정할 필요는 없습니다. 유치를 고양이가 삼켜도 무방합니다.

🐾 다 큰 고양이의 경우

다 큰 고양이의 경우는 이빨이 통째로 빠지는 것을 보기는 쉽지 않습니다. 하지만 더러 양치를 하는 과정 등에서 고양이 이빨이 마모되거나, 부러져 있는 것을 확인하는 경우가 있습니다. 다행히 대부분 응급은 아니지만, 치료가 필요합니다.

🐾 왜 이빨이 부러졌을까?

기본적으로 왜 이빨이 부러졌는지 고민해 보아야 합니다. 외상으로 인해 단독으로 치아가 부러질 수도 있지만, 이런 경우 다른 부분에 손상은 없는지 살펴보는 것이 좋습니다. 마모가 심한 경우에는 단단한 장난감을 지나치게 가지고 놀거나, 철장 등을 물어뜯는 습관은 없는지 관찰하고, 그런 행동을 못하도록 합니다.

잇몸이나 치아가 전반적으로 좋지 않아서 치아가 부러지는 경우도 많습니다. 치은염이 있는 경우 치아를 잡아주는 지지 조직이 약해지면서 치아가 부러지거나 뽑힐 수 있습니다. 치아 흡수성 병변(386쪽 참고)이 있는 경우 역시 해당 치아가 중간에서 부러질 수 있습니다. 단순히 치석이 심한 경우에도 잇몸 안쪽으로 치석이 파고들면서 치아 주위 인대를 손상시키기 때문에 치아가 부러지거나 뽑힐 수 있습니다.

어떻게 치료할까?

부러진 치아가 있는 경우 치과 방사선을 촬영하여 치아가 어느 정도 손상되었는지 평가해 봅니다. 이에 따라 보존이 가능한 경우 레진치료 등을 통해 수복해 줄 수 있습니다. 다만 치료 후에 고양이가 조심해 주지 않기 때문에 수복된 부분이 유지되지 않는 경우도 비교적 흔합니다. 치아를 보존할 수 없을 만큼 뿌리나 신경이 손상된 경우에는 해당 치아를 발치해야 할 수 있습니다. 고양이는 육식동물로 뾰족한 치아를 가지고 있는데, 저작, 즉 씹는 행위에 많이 의존하지 않기 때문에, 대부분의 경우 발치 후에도 밥을 먹는 데에 어려움을 겪지 않습니다. 하지만 이렇게 되기 전에 관리할 수 있도록 평소 꾸준히 양치해주면서 치아 상태를 확인하는 것이 필요합니다.

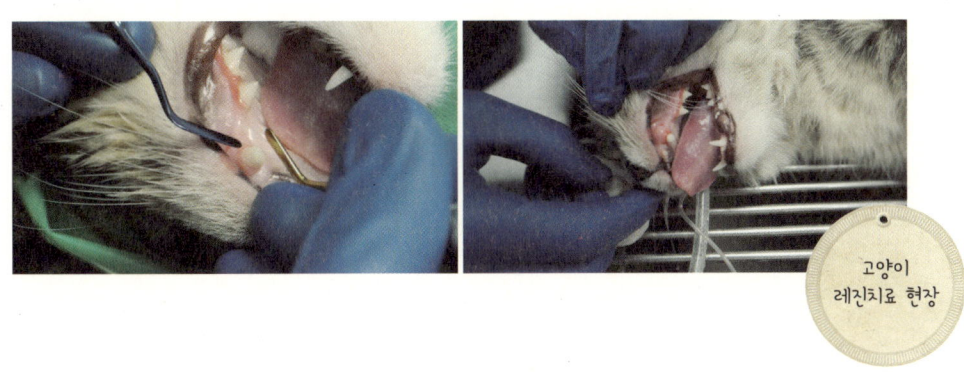

고양이 레진치료 현장

04 치아가 녹은 것 같아요

선생님이 도와줄게요

- 앞서 소개한 림프구성 형질구성 치은염은 자가면역성으로 잇몸이나
- 혀에 궤양이 발생하는 질환이었는데요. 비슷하게 자가면역 반응으로
- 인해 고양이의 치아가 녹을 수도 있습니다. 치아가 녹으면 고통이 심
- 하기 때문에 발치가 필요합니다. 심해지지 않도록 평소 구강 위생에
- 신경 써야 해요.

🐾 이빨이 아파서 잘 못 씹는 경우

치석이나 충치와 같은 일반적인 질환 외에 고양이의 경우 치아가 일부 녹는 치아 흡수성 병변(Feline odontoclastic resorptive lesion: FORL)이 발견되는 경우가 왕왕 있습니다. 말 그대로 치아가 녹는 질환으로 통증이 심하기 때문에 고양이는 침을 흘리고, 밥을 잘 먹지 못하거나, 씹는 것을 기피하고 꿀꺽 삼키는 등의 증상을 보일 수 있습니다.

🐾 올바른 치과 검사 방법

치과 검사를 통해 치아 흡수성 병소를 확인할 수 있어요. 앞서 설명된 치과 질환들과 유사하게 고양이 백혈병 바이러스나 면역 결핍 바이러스 감염에 속발하는 경우가 있기 때문에 선행하여 감별

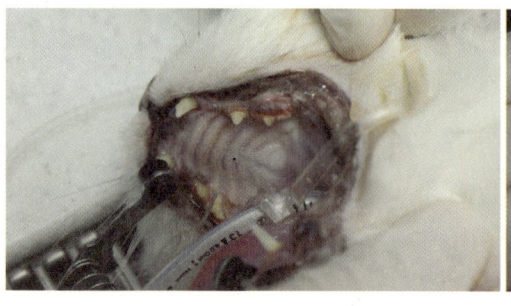
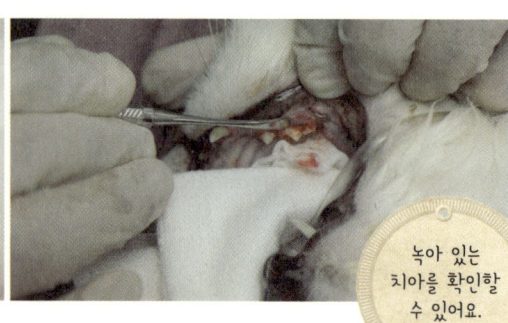

녹아 있는 치아를 확인할 수 있어요.

하는 것이 필요합니다. 치과 진단 시에는 탐침자를 이용하거나 치과 방사선을 촬영하여 녹아 있는 치아를 확인해야 합니다.

🐾 고양이를 위한 선택, 발치

녹아 있는 치아가 확인된다면 해당 치아는 치아로서의 구실보다는 주변 조직을 녹이고, 통증을 유발하기 때문에 발치해주는 것이 고양이를 위해 더 좋은 선택입니다. 역시 발치 시에는 치아가 부러지거나 남은 조직이 있어서는 안 되고 뿌리까지 완전히 발치되어야 합니다. 평소 치아 관리를 꾸준히 해주어야 발치에 이르지 않도록 관리할 수 있습니다.

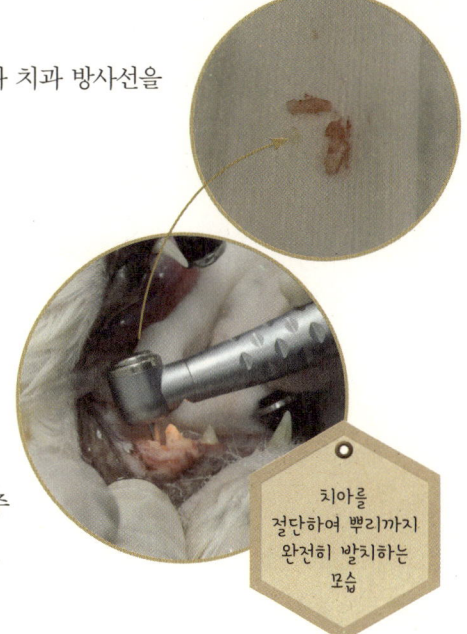

치아를 절단하여 뿌리까지 완전히 발치하는 모습

> **TIP. 치아 관리, 정말 중요해요!**
>
> 평소 건강 관리 및 치아관리를 잘 해주어야 질병이 심화되는 것을 막을 수 있습니다. 이를 위해 기본적인 사양관리 외에 매일 양치질을 해주고, 주기적인 스켈링을 시행하는 것이 좋습니다.

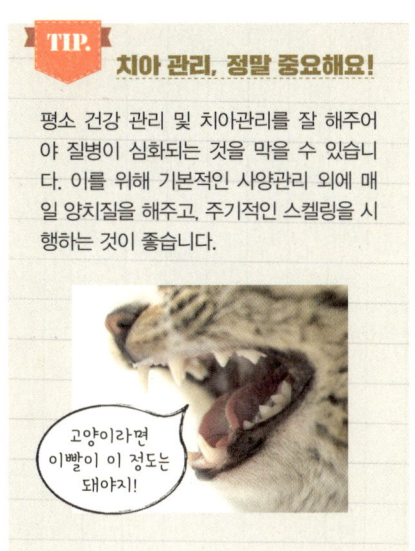

고양이라면 이빨이 이 정도는 돼야지!

05. 스켈링 등 치석 관리법을 알아보아요

선생님이 도와줄게요

사람들은 매일 양치를 하는데도 치아에 쌓이는 치석 때문에 1년에 1~2회 스케일링을 하면서 치아관리를 합니다. 앞에서 언급한 바와 같이 고양이는 다행히 충치가 많은 편은 아니지만, 치석은 사람보다도 훨씬 많이 발생하는 편일 뿐 아니라 이차적인 구강 내 염증도 흔하기 때문에 치아 관리가 중요합니다.

🐾 고양이의 치석

플라크는 침 안의 성분과 구강 내 세균들이 엉겨 붙어 만들어지는데, 이것이 단단하게 굳어진 것이 치석입니다. 플라크는 먼저 잇몸 안쪽, 잇몸과 치아 사이에 빈 공간에서 증식하며, 점점 커지면서 염증을 유발하고, 치아를 붙잡고 있는 인대를 손상시키면서 치아 손실까지 일으킬 수 있습니다. 원래 잇몸과 치아 사이의 공간은 0.5mm 미만이어야 하지만, 이렇게 플라크가 증식되면 이 부분이 넓어지고 이후에는 치아 표면에까지 플라크나 치석이 축적됩니다. 이때에는 보호자가 육안으로 치석을 관찰할 수 있으며, 잇몸에 염증이 생기거나 붉게 발적되고, 피가 날 수도 있습니다.

노랗게 된 부분이 치석입니다.

🐾 치석, 스케일링으로 제거하기

단단한 치석은 양치와 같은 관리 만으로는 제거되지 않기 때문에 치석 제거, 즉 스케일링을 통해서 제거해야만 합니다. 스케일링 시에는 보이는 부분의 치석만 제거해서는 안 되고 위에서 언급한 바와 같이 반드시 잇몸 아래 부분의 치석을 제거해 주어야 합니다. 고양이는 남아있는 플라크 등에 대한 염증 반응으로 인한 구강 질환이 많기 때문에 반드시 잇몸 안쪽까지 꼼꼼히 치석을 제거해 주어야 합니다.

잇몸 안쪽의 치석을 제거한 이후에는 치아 표면의 치석을 제거해 줍니다. 이렇게 치석을 갈아내는 과정에서 치아 표면에는 미세한 홈집이 남는데, 그대로 남겨두면 치석이 빠르게 쌓일 수 있기 때문에 매끈매끈하게 치아 표면을 연마해 주어야 합니다.

병원에서 스케일링하는 과정 미리 보기

앞서 소개된 몇 가지 질환에서와 같이 만성적인 구강 질환을 가진 고양이는 주기적으로 스케일링을 받으면서 관리하여야 질환이 심화되는 것을 막을 수 있고, 고양이의 통증도 줄여줄 수 있습니다.

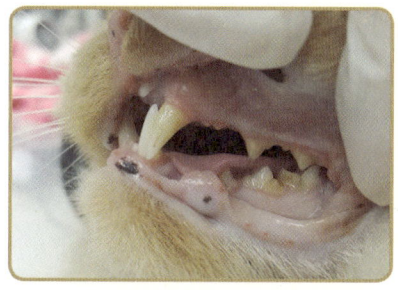

1. 고양이 치석과 치석 주변으로 붉게 발적된 잇몸을 확인합니다.

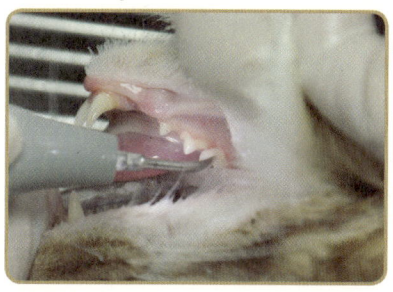

2. 스케일러로 잇몸 경계 안쪽과 치아 표면의 치석을 갈아냅니다.

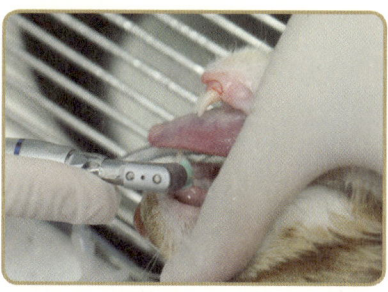

3. 거칠어진 치아 표면을 부드럽게 연마해줍니다.

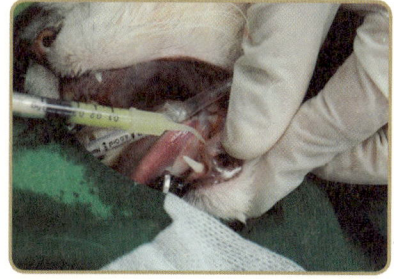

4. 치은염이 발견된 경우 약물을 도포하는 등의 치료를 해줍니다.

스케일링 받기 전 주의사항

보호자들이 스케일링에 대해 가장 우려하는 부분은 경도의 마취, 즉 진정이 필요한 처치라는 점입니다. 치석을 갈아내거나 치아 표면을 연마하는 과정을 진정 없이 했다가는 고양이의 입술이나 혀, 잇몸이 남아나지 않을 터이니, 대부분의 고양이 스케일링 시에 진정은 꼭 필요합니다.

다만 스케일링 시에 필요한 진정은 수술 시의 마취에 비해서는 경도의 진정이며 진정 시간도 짧기 때문에 부담이 적습니다. 더불어 진정 전 고양이의 신장, 간, 심장 상태를 잘 평가하고, 진정 전/후로 충분한 수화를 시행하며, 진정 중 혈압, 체온 등을 잘 관리해주면 안전하게 시행할 수 있습니다.

치석을 없애는 고양이 양치질 노하우

진정이 필요한 스케일링 간격을 늘이기 위해서는 평소 양치 등 치아 관리를 철저히 하는 것이 중요합니다. 가장 좋은 것은 매일 양치하는 것입니다. 고양이가 양치 후에 가글을 하고 양치액을 뱉어낼 수는 없는 노릇이니, 동물 전용 치약은 필수입니다. 고양이 칫솔과 치약을 이용해 매일 양치를 하면 깨끗한 치아를 상당히 오래 유지할 수 있습니다. 치아에 있어서는 건 사료의 효용도 높고, 간식으로 나와 있는 단단한 덴탈 제품도 도움을 줄 수 있습니다. 다만 이러한 보조적인 제제가 절대 양치를 대체할 수 없다는 점을 인지해야 합니다. 더불어 습식 사료를 먹는 고양이는 섭식 후 음식물이 입 안에 남아 있는 경우가 흔하기 때문에, 보호자가 식후에 추가적으로 물을 급여해주는 것도 추천합니다.

06. 입술 주름 사이로 피부염이 생겼어요

선생님이 도와줄게요

고양이 입을 들여다보면, 송곳니나 어금니 주변의 입술 주름 사이에 침이 고여서 심한 염증이 생긴 것을 발견할 때가 있습니다. 고양이 입술 주위에 생기는 피부염은 치과 질환 때문에 발생할 수도 있으니 치아를 잘 살펴보아야 합니다. 동시에 피부 자체도 잘 관리해주어야 합니다.

치아 상태를 확인하기

엄밀히 말하면 치과 질환은 아니지만 고양이 치아 질환을 확인하다 보면 입을 다물고 있을 때에는 보이지 않았던 입술 주위의 피부 염증이 확인되는 경우가 있습니다.

입술 주위 피부염은 치과 질환을 가진 고양이에서 속발하는 경우가 많습니다. 치아 질환에 따른 통증으로 인해 흘린 침이 고여서 주름진 피부가 젖으면서 발생하는 경우가 있고, 잇몸이나

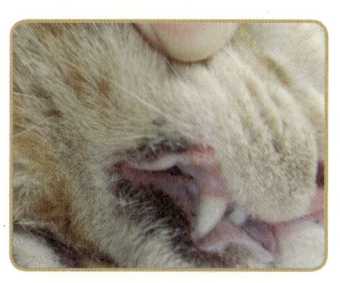

혀와 동일한 염증 질환이 입술 주위 피부에까지 영향을 주면서 발생하기도 합니다. 이런 경우 피부염 치료와 더불어 원발질환 치료가 필수적이기 때문에 입술만 볼 것이 아니라 치아 상태를 확인해 볼 필요가 있습니다.

피부병일 가능성

치아 질환과 전혀 상관없이 피부 질환이 발생하는 경우도 있습니다. 구조적으로 주름져 있고, 습하기 때문에 감염도 쉽게 발생합니다. 또 고양이 여드름과 같이 알레르기성 피부염도 흔한데, 이 경우 접촉하면서 항원으로 작용할 수 있는 식기나 사료의 관리가 필요합니다. 관리는 고양이 여드름 편을 참조하면 더 자세하게 확인할 수 있습니다.

전신 증상

지금까지 눈, 치아 등 국소적인 부분이나, 설사와 호흡곤란과 같은 특정한 임상 질환에 대해 살펴보았습니다. 그런데 고양이의 증상을 살펴보다 보면 이렇게 한 부분에 국한되어서 증상이 나타나는 것이 아니라 전신에 걸쳐 증상이 나타나거나 증상 자체가 애매한 경우도 많습니다.

01 전체적인 건강 상태를 체크하세요

선생님이 도와줄게요

거듭 강조했듯, 고양이는 아프다고 너스레를 떠는 동물이 아닙니다. 명확하게 아픈 징후가 나타났을 때는 이미 질병의 합병증까지 진행되었을 확률이 높습니다. 때문에 평소 집사는 고양이의 전신 상태를 잘 체크해야 합니다.

🐾 기운이 없고 점점 말라갈 경우

전반적으로 기력이 저하된다거나, 식욕이 떨어진다거나, 점차 마르고, 털이 푸석푸석해지는 경우 등이 대표적입니다. 그런데 이런 증상은 어떤 질환에 대한 특이적인 증상이라기보다 고양이의 몸이 만성적으로 많이 안 좋을 때 나타날 수 있는 일반적인 증상입니다. 의학적으로는 비특이적 증상이라고 통칭합니다. 장년 이상의 고양이에서는 신부전, 간 질환을 포함한 만성 소화기 질환이 대표적 질환이고, 비교적 어린 연령이라면 만성 경과를 취하는 전염성 질환 등이 흔하지만, 어떤 질환이든 고양이가 많이 아플 때에는 위와 같은 증상이 유발될 수 있습니다.

비특이적 증상
- 활력이 떨어집니다.
- 식욕이 조금씩 떨어집니다.
- 조금씩 체중이 줄어요.
- 털이 푸석푸석해지는 것 같습니다.

점점 살이 빠지거나 기운이 없어지면 비특이적 증상을 의심할 수 있어요.

🐾 고양이는 아픔을 숨기는 동물

고양이가 조금씩 마르거나, 식욕이 떨어지는 것을 초기에 잘 알아차리는 보호자가 있는가 하면, 체중이 2~3kg 정도 빠졌는데도 고양이가 아프다는 것을 잘 눈치채지 못 하는 경우도 많이 보았습니다. 사실 고양이란 심각한 수준이 아니면 외출하고 돌아온 보호자를 반기고, 여기저기 돌아다니고, 조금씩 밥을 먹기 때문에 얼핏 보기엔 정상적인 상태로 일상을 유지하는 것처럼 보입니다. 때문에 세심한 관찰이 없으면 고양이가 아픈 것을 잘 알기 어렵습니다. 특히 털이 북실북실한 경우라면 몸무게가 감소한 것을 잘 알아차리기 힘들 수도 있고, 여러 마리를 함께 키우면서 자율급식을 하는 경우 밥 먹는 양이 줄어든 것을 모를 수도 있습니다.

🐾 고양이를 세심하게 관찰하기

사실 이 단원의 목적은 394쪽에서 소개한 '비특이적 증상'을 보일 때 '어떤 질환이 의심되고, 어떻게 관리하자.'라기보다, 이런 증상이 있다는 것을 집사가 되도록 빨리 알아차리자는 데에 있습니다.

고양이 건강 관리 캘린더

	월	화	수	목	금	토	일	체중
밥 먹는 양								
물 마시는 양								
배뇨								
배변								
특이사항								

위의 표는 이러한 고양이의 만성 질환 경과를 알아차리기 위한 도구입니다(382쪽 참고). 여러 마리의 고양이를 키우는 경우에는 특히 고양이 한 마리당 하나씩 표를 만들어서 냉장고 등에 붙여놓고 최소 1주일에 한 번씩 체크하면서 관찰하는 것을 추천합니다. 이런 과정에서 고양이가 아프다는 의심이 든다면 병원을 찾아 검진을 통해 원인을 파악하는 것이 무엇보다 중요합니다.

02
식욕은 좋지만 살이 자꾸 빠져요

선생님이 도와줄게요

- 앞의 장과는 달리 너무 잘 먹는데, 자꾸 살이 빠지는 경우도 있습니다. 이렇게 많이 먹는다면 살이 찌는 것이 당연한데, 의당 이상한 일입니다. 이렇게 잘 먹는데도 계속 살이 빠지는 경우, 다양한 질환을 의심해볼 수 있는데요. 이번 챕터에서는 특히 노령 고양이에서 많이 발생하는 '갑상선 기능 항진증'에 대해 알아보기로 합시다.

🐾 갑상선 기능 항진증의 원인

특히 식욕이 유독 왕성해진 7,8살 이상의 나이가 많은 고양이가 점점 마른다면, '갑상선 기능 항진증'을 가장 먼저 의심할 수 있습니다. 미국에서는 300마리에 한 마리꼴로 상당히 흔하게 발생하는 질환이고, 한국에서도 노령 반려묘의 수가 점점 늘어나면서 심심치 않게 진단되는 질환입니다.

그렇다면 '갑상선 기능 항진증'은 왜 생기는 걸까요? 대부분은 갑상선 조직이 양성 증식되거나, 양성 종양이 발생하여 생깁니다. 때문에 목 아래에서 만져보면 만져지는 경우도 있습니다. 사람과 비슷하게 나비 넥타이를 매었을 때와 유사한 위치에서 나비 모양으로 만져집니다. 특히 나비 모양의 양쪽 엽을 가지고 있기 때문에, 편측으로 종양이 발생한 경우에는 비대칭으로 만져져서 잘 확인됩니다. 다만 70% 정도의 고양이는 양측성 비대를 가지고 있기 때문에 촉지만으로 진단할 수는 없습니다. 사람과는 달리 악성 종양은 1% 수준으로 굉장히 드물기 때문에 너무 걱정하지 말고, 열심히 관리해 주면 좋습니다.

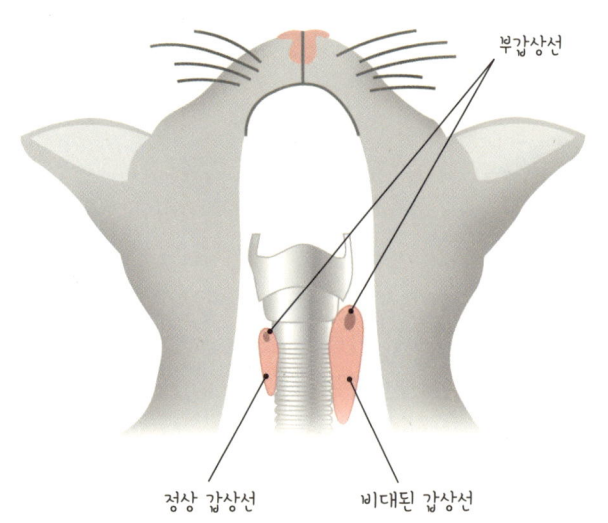

🐾 어떤 증상이 있을까?

고양이가 갑상선 기능 항진증에 이환되게 되면 식욕이 항진될 뿐 아니라, 물 마시고 오줌 싸는 양이 늘어나기도 하고, 마르고 성격도 까칠해지는 경우가 많습니다. 예민한 보호자들은 안았을 때 심장이 빠르게 뛰는 것을 느끼는 경우도 있는데, 심장 질환이 동반되는 경우도 많습니다. 고혈압 역시 많이 속발하는데, 이로 인해 신부전, 망막 출혈로 인한 시력 소실 등 다양한 합병증이 발생할 수 있습니다. 한편 10% 수준에서는 갑상선 기능 항진증이지만 식욕이 줄어드는 경우도 있고, 특히 위중한 고양이들에게서 경험적으로 이러한 경향이 관찰되기도 합니다.

갑상선 기능 항진증 증상
- 식욕이 늘어나요.
- 마시는 물의 양, 오줌양이 늘어나요.
- 많이 마르고 성격도 까칠해져요.
- 심장이 빠르게 뛰어요.
- 고혈압, 심장 질환도 생길 수 있어요.
- 고혈압으로 인한 합병증이 발생해요.

TIP. 식욕은 좋은데 살이 빠지는 경우 의심 질환
- 갑상선 기능 항진증
- 흡수 장애를 동반하는 다양한 만성 소화기 질환
- 소화기 림프암과 같은 종양
- 심화된 당뇨

🐾 어떻게 치료할까?

일단 의심되는 7~8세 이상의 고양이에서는 혈액 검사를 통해 갑상선 호르몬을 측정하여 진단할 수 있습니다. 통상적으로는 혈 중 Total T4를 측정하여 진단하나, 질병 상태나 하루 중 변화가 있을 수 있기 때문에 의심 시 재검 혹은 free T4, T3 측정 등 추가적인 호르몬 검사가 필요할 수 있습니다. 또한 심부전, 신부전, 고혈압 등의 질환이 동반된 경우가 많기 때문에 이들 질환이 혹시 발생하지 않았는지 확인해 보고 같이 관리해 주어야 고양이의 건강 상태를 잘 유지할 수 있습니다.

🐾 반드시 초기에 치료를 받기

사람에서도 갑상선 기능 항진증은 제법 흔한 질환이지요? 젊은 여성에서도 꽤 많이 나타나고, 대체로 약물 치료로 좋은 호전을 보입니다. 고양이 역시 85% 이상은 약물 치료를 하면 좋은 효과를 보입니다. 심한 경우에는 수술이나 방사성 요오드를 이용한 치료를 시행할 수도 있습니다.

치료하지 않으면 고양이는 결국 심장, 신부전, 고혈압 등의 합병증으로 진행하여 위중해지는 경우가 많습니다. 이 말은 즉, 이러한 합병증이 발생하지 않은 시점에서 조기 진단 후 관리하면 좋은 예후가 기대된다는 말이죠. 따라서 외국에서와 마찬가지로 고령의 고양이에서는 건강검진에서 진단항목으로 포함되어야 합니다. 또한 증상이 의심되는 경우, 즉 우리 집 나이든 고양이가 밥을 많이 먹지만 살이 빠지는 경우에는 병원에 꼭 내원해서 조기에 치료를 받아야 합니다.

03 당뇨, 오줌양과 물 마시는 양이 늘었어요

선생님이 도와줄게요

- 당뇨 고양이 역시 밥을 많이 먹지만 살이 빠질 수 있습니다. 하지만 다식의 정도는 갑상선 기능 항진증에 비해 낮은 경우가 대부분이고, 질병이 심화되면서 식욕이 저하되는 경우도 많습니다. 또한 체중 역시 초기에는 뚱뚱한 고양이가 많으나 질병 경과에 따라 마르는 경우가 있는 등 다양한 경우의 수가 있을 수 있습니다.

🐾 고양이 당뇨의 대표적 증상

대표적인 증상은 다음, 다뇨입니다. 당뇨에 이환되면 희석뇨를 보기 때문에 오줌양이 늘어나고, 탈수로 인해 갈증을 느낀 고양이가 물을 많이 마시는 것을 볼 수 있습니다. 하지만 신부전 고양이 역시 신장이 오줌을 농축하는 능력이 줄어들어 희석된 오줌을 보고 물을 이전에 비해 많이 마시는 모습을 볼 수 있기 때문에 증상만으

당뇨 고양이 중 일부는 뒷발 관절을 바닥에 대고 걸어요 (척행보행)

당뇨 고양이의 대표적 증상

- 오줌을 많이 싸고, 물을 많이 마십니다.
- 밥을 많이 먹지만, 살이 빠지는 경우가 있을 수 있습니다.
- 활력이 떨어지고 기력이 없기도 합니다.
- 근육량이 줄어들고, 점프 등을 잘 하지 못합니다.
- 뒷다리를 붙이고 걷는 척행보행을 보이기도 합니다.

로 예단할 수는 없습니다.

🐾 요 검사, 혈당 측정이 필요

의심이 되는 경우 사람과 마찬가지로 요 검사나 혈당 측정이 필요합니다. 다만 고양이는 혈당이 높다고 해서 바로 당뇨로 진단하지는 않습니다. 병원에 내원해서 채혈을 하는 고양이는 대부분 스트레스를 받게 되는데, 고양이는 섬세한 동물이어서 스트레스 상황에 처하면 정상의 경우에도 높은 수준의 혈당을 보일 수 있기 때문입니다. 당뇨 고양이의 경우 혈당 수준이 이러한 스트레스 수준을 훨씬 넘어서는 경우가 대부분이지만, 좀 더 정확하게 진단을 내리기 위해서는 프룩토사민(Fructosamine)과 같은 추가 검사가 필요합니다. 프룩토사민은 당과 결합하는 단백질로 이것을 측정하면 대략 지난 2, 3주간의 평균 혈당을 알 수 있습니다.

🐾 집에서 인슐린 주사 맞는 방법

일단 고양이가 당뇨로 진단되면 치료는 사람과 유사하게 인슐린 주사를 맞추는 경우가 많습니다. 인슐린의 종류는 굉장히 다양한데, 인슐린 주사를 맞추고 하루 동안 고양이의 혈당이 어떻게 변화하는지 확인하는 혈당 곡선을 그려서 작용 기간이 적당한 인슐린을 선택합니다. 고양이는 개에 비해서 더 오래 지속하는 인슐린을 선택하는 경우가 많습니다.

* 주사 놓는 요령 : 배 부위 피부를 손가락으로 들어 올려 텐트와 같이 삼각형 모양으로 만들어 줍니다. 가운데 빈 공간에 인슐린 주사를 놓습니다.

🐾 당뇨 치료 중 집사가 특별히 체크할 사항들

치료 중에는 체중, 물 마시는 양, 요당을 주기적으로 체크해야만 합니다. 특히 물 마시는 양은 집에서 측정하기도 쉽고, 가장 중요한 임상 지표이기 때문에 잘 관찰해야 합니다. 일정한 양의 물을 계량컵으로 준 후, 다시 갈아주기 전에 남은 양을 측정하여 매일 어느 정도 물을 마셨는지 체크합니다. 적절한 기간 동안 혈당이 조절된다면 요스틱을 이용해 집에서 요당을 체크하는 것도 효과적인 방법입니다. 효과적일 뿐 아니라, 병원 내원 횟수를 줄여줌으로써 고양이의 스트레스를 조금이라도 덜어줄 수 있는 장점이 있습니다.

당뇨병이 걸린 줄 모르고 오랜 시간이 지난 고양이의 경우 응급 상태가 되어 병원에 내원하는 경우도 흔합니다. 이런 경우에는 굉장히 위험하기 때문에 입원하여 수액을 통해 탈수를 교정하고, 심각한 전해질 불균형을 해소하는 동시에 혈당 관리를 시행합니다. 점차 안정이 되면 퇴원하여 앞서 소개한 바와 같이 혈당 관리를 시행합니다.

🐾 당뇨 치료 시 주의해야 할 점

한편 당뇨 치료 시에 주의해야 할 점은 과량 투여로 인한 저혈당입니다. 영화에서도 더러 인슐린을 과다 투여해서 사람을 살해하는 장면이 나오곤 하는데, 저혈당 상태에 이르면 고양이도 매우 위험합니다. 인슐린 투약 기간 중 고양이가 기력이 떨어지고, 힘이 없고, 몸을 떠는 등 이상한 증상이 보이는 경우 설탕물이나 꿀을 급여해서 응급처치를 한 후 병원에서 정맥 제제를 통해 관리를 받아야 합니다.

이처럼 투여하는 인슐린의 종류와 양은 매우 중요합니다. 진단 후 초기에는 수주 간격으로 병원을 내원하여 적절한 혈당 유지를 위한 인슐린 농도를 조절해야 합니다. 다만 당뇨병이라고 하면 평생 인슐린 주사를 맞아야 할 것 같지만, 의외로 당뇨병에 걸린 고양이의 경우에는 1~4개월 정도 혈당 관리를 잘 해주면 호전되는 경우가 많으니 초기에 열심히 치료해 주는 것이 중요합니다. 물론 평생 관리가 필요한 경우도 있습니다.

🐾 운동, 식이관리를 병행하기

가장 좋은 것은 무엇보다 고양이가 당뇨에 걸리지 않도록 주의하는 것이겠지요? 재미있는 점은 고양이는 개와는 달리 제2형 당뇨가 많이 발생한다는 점입니다. 여기서 잠깐 당뇨병에 대해 알아보면, 제1형 당뇨병은 췌장에서 인슐린이 생산되지 않아서 발생하는 것으로 흔히 말하는 소아 당뇨병이 여기에 해당합니다. 반면 제2형 당뇨병은 인슐린이 분비되기는 하지만 여러 원인으로 인해 인슐린이 제대로 작동하지 못해서 발생하는 것으로, 흔히 성인 당뇨병이라고 합니다. 고양이는 제2형 당뇨병이 흔하고 사람의 성인 당뇨병과 마찬가지로 비만하거나 운동 부족 상태가 되면 당뇨병에 걸리기 쉽습니다.

> **당뇨를 예방하는 식습관**
> - 고단백 저탄수화물 섭식이 중요해요.
> - 건 사료보다는 습식 사료가 좋아요.
> - 사람 먹는 음식, 조미된 간식은 피하세요.
> - 간식은 조금만 줍니다.
> - 날씬하게 관리합니다.

따라서 비만한 고양이는 이전에 자세히 소개된 바와 같이 체중을 줄이려는 노력이 필요합니다. 단기간에 급격히 체중을 줄이는 경우 치명적 지방간증을 유발할 수 있으므로 주당 1,2% 미만의 체중관리가 필요합니다. 목표는 너무 마른 것도 아니고, 사람 당뇨병 환자에서와 같이 이상적인 체형을 유지하는 것입니다.

식이관리 역시 중요한데, 고단백 저탄수화물 섭식이 중요합니다. 단백질은 사료에 이미 풍부히 들어 있기 때문에 단백질을 더 먹이려는 노력보다는 탄수화물을 줄이려는 노력이 중요합니다. 고양이 영양학에서 강조한 바와 같이 고양이는 육식동물이기 때문에 탄수화물 대사는 적합치 않습니다. 사람 먹는 음식이나, 조미된 간식 등을 피하는 것이 탄수화물을 줄이는 데에 도움이 되고, 건 사료보다는 습식 사료를 주는 것이 물 마시는 양을 늘려주고 영양 조성상 좋습니다(앞서 소개된 바와 같이 습식 사료와 캔 간식은 다른 것입니다).

04
배가 자꾸 부풀어요

선생님이 도와줄게요

입양할 때에는 이집트 벽화에 나올 법한 날씬한 체형을 가졌던 고양이가 한 해, 한 해 지날수록 동글동글해지는 경우가 많습니다. 귀엽긴 하지만 앞서 누차 강조된 바와 같이 비만은 사람에서나, 고양이에서나 만병의 근원이므로 관리가 필요합니다. 그런데 정말 우리 집 고양이가 단순히 비만하기만 한 걸까요? 복수나 복강 내 종양이 있을 수도 있습니다.

🐾 우리 고양이는 비만일까?

실제로 복강 내 큰 종양이 파열되어왔던 고양이의 보호자는 고양이가 살이 찌고, 변을 잘 보지 못해서 배가 불러온 것이라고 생각했다며 무척이나 안타까워한 적이 있습니다.

실제 비만한 경우와 병적인 이유로 배가 부르는 경우는 외관상 일부 차이가 있을 수 있습니다. 아래 그림은 비만한 고양이입니다. 전체적으로 통통하고, 배 역시도 전체적으로 불룩하면서, 대체로 아랫배가 늘어져 있으며 헐렁합니다. 팔과 다리도 통통합니다.

비만 고양이

배에 복수가 찬 고양이

🐾 병원에 가야 하는 복부 팽만

　반면 위의 고양이는 전체적으로는 마른 가운데 배만 볼록하게 튀어나와 있습니다. 이렇게 팔, 다리는 가늘면서 가운데 배만 볼록 나온 항아리와 같은 배(pot belly)는 병적인 이유 때문일 가능성이 높습니다. 일단 배 안에 공간을 차지하는 병소가 있을 가능성이 있습니다. 예를 들어 복강 내 종양이라든가, 일부 기관이 비대할 수도 있습니다. 어린 고양이라면 복수가 차는 경우도 제법 흔합니다. 또 호르몬 이상 등으로 복부 근육은 약해지고, 복강 내 압력이 증가하면서 볼록한 형태를 취할 수도 있습니다. 여하간 이런 형태의 복부 팽만에 있어서는 체중 관리 등을 하면서 지켜보아서는 안 되고, 위중한 문제가 있을 수 있기 때문에 병원을 찾는 것이 좋겠습니다.

05 고양이 신경계 질환을 알아보아요

'고양이도 그런 질병에 걸려요?' 고양이를 진료하다 보면 정말 많이 듣는 질문 중에 하나입니다. '그런 질병'이 어떤 질병이든 간에, 사실 사람이 걸리는 대부분의 질환은 고양이도 걸립니다. 사람들이 잘 예상하지 못하는 고양이 질병 중 하나가 바로 신경계 질환입니다.

🐾 신경계 질환이란?

신경계 질환이란 뇌와 척수를 이르는 곳에서 질병이 일어나는 것을 말합니다. 종양, 염증, 외상, 복막염 바이러스 등 다양한 원인으로 인해 고양이에게 신경계 질환이 유발될 수 있고, 그 경우 병소의 위치에 따른 신경계 증상이 유발될 수 있습니다. 가장 대표적인 증상들은 다음과 같습니다.

🐾 경련을 할 경우

경련은 사람의 증상과 매우 유사합니다. 경련 직전 고양이는 약간의 불안 증상을 보일 수도 있고, 아무런 전조 증상을 눈치챌 수 없을 수도 있습니다. 이후 경련이 시작되면 앞다리와 뒷다리를 뻗고 강직된 자세로 부들부들 떠는 경우가 많고, 고개가 뒤로 넘어가거나 거품이나 침을 흘릴 수도 있습니다. 부분적으로 증상이 유발되는 경우에는 경미한 수준에서만 증상을 보이기도 합니다.

보통 경련은 3분 내외의 짧은 시간 동안 지속되는 경우가 많지만, 심한 경우에는 중단되지 않고

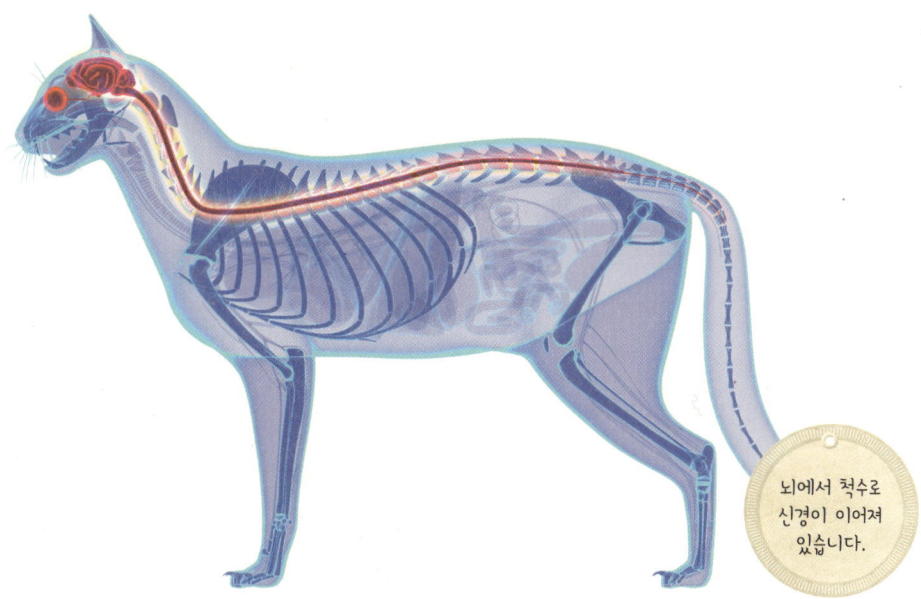

뇌에서 척수로 신경이 이어져 있습니다.

경련이 일어날 수 있습니다. 이렇게 경련이 멈추지 않는 경우는 생명이 위험할 수 있기 때문에 바로 병원에 내원해야 합니다. 혹시라도 경련이 발생한 경우에는 '사지를 뻣뻣하게 뻗고 경련을 일으켜요' 편(424쪽)을 참고하여 대응합니다. 경련 후에는 잠시 멍한 후 아무렇지도 않은 듯 돌아오는 경우가 있고, 침을 계속 흘리거나 이후 부분적으로 마비 증상 등을 보이는 경우도 있습니다. 경련 시간이 짧은 경우 보호자가 관찰하지 못하고 침을 흘리고 멍한 증상으로 병원을 찾는 경우도 제법 있습니다.

고양이 신경계 질환의 대표적 증상들

- 경련을 해요.
- 고개가 한쪽으로 돌아가요.
- 눈동자가 좌우나 위아래로 움직여요.
- 한쪽 방향으로만 돌아요.
- 집 구석에 머리를 박고 있거나, 돌아다니다가 갇혀 있어요.
- 다리에 힘이 없거나, 뻣뻣하게 굳어 있는 것 같아요.
- 성격이 변하고, 집사를 잘 못 알아보는 것 같아요.
- 밤에 잠을 자지 않고, 많이 울거나 이상한 행동을 해요.

다리에 힘이 빠지거나 뻣뻣해질 경우

비슷하게 신경계 증상과 관련해서 다리에 힘이 빠지거나 뻣뻣하게 강직된 상태를 보이는 경우도 있습니다. 물론 다리에 이상이 있는 경우에도 이런 증상을 보일 수 있지만, 다리에 통증이 있는 경우 힘이 없이 흐물거리기보다는 다리를 절거나 아픈 다리를 드는 증상이 더 일반적으로 나타납니다. 한편 앞서 소개된 비대성 심근병증(HCM)의 경우에도 뒷다리 마비가 오는 경우가 있는데, 한쪽이나 두 다리 모두 갑자기 마비가 되는 증상을 보일 수 있습니다. 비대성 심근 질환과 관련된 경우에는 대체로 다리를 만지면 고양이가 아파 하고, 발바닥이 차가운 경우가 많습니다. 원인이 무엇이든 다리를 잘 쓰지 못하는 경우 위중할 뿐더러, 고양이가 이차적으로 다칠 수도 있기 때문에 조속히 병원을 찾는 것이 좋습니다.

🐾 의지와는 상관없이 고개, 눈동자가 움직일 경우

양쪽 눈동자의 크기가 다른 동공부동증 환자의 모습.

균형 감각을 관장하는 뇌나 말초의 신경계가 손상되는 경우, 혹은 중이 내이염이 동반되는 경우에는 고개가 한쪽으로 돌아가는 사경 증상을 보이거나, 눈동자가 좌우 또는 위아래로 반복적으로 움직이는 모습을 보일 수 있습니다. 증상이 일시적이거나 움직임에 따른 것이 아니라 고양이의 의지와 상관없이 지속적으로 고개가 꺾여 있거나 눈동자가 움직입니다. 갑자기 이런 증상이 발현하는 경우, 고양이는 균형을 잡지 못하기 때문에 일어나려 하다가 쓰러지거나, 휘청거리면서 걷다가 고꾸라질 수 있습니다. 고양이도 이럴 때에 매우 놀라기 때문에 여기저기 박으면서 상처를 입을 수 있습니다. 눈을 다치거나, 골절이 생길 수도 있으므로 조용히 다가가 담요 등으로 안아준 후 몸에 밀착해서 안정감을 갖도록 해줍니다. 눈을 살짝 감겨 주는 것도 도움이 될 수 있습니다. 약간 안정이 되면 이동장에 담요 등을 충분히 넣은 후 고양이를 병원으로 데려갑니다. 사진처럼 비슷하게 양쪽 눈동자의 크기가 서로 다른 경우도 있는데, 눈의 문제일 수도 있지만 신경계 문제일 가능성도 있습니다.

🐾 갑자기 성격이 변하고, 이상 행동을 할 경우

사람의 치매와 같이 성격이 변화하여 이유 없이 까칠해지거나 멍해지고, 집사와의 유대감도 예전보다 못해지는 경우, 평소와는 다르게 밤에 잠을 자지 않고 이상 행동을 하거나, 정처 없이 집 안을 한 방향으로 돌아다니는 경우 신경계 증상을 의심할 수 있습니다.

🐾 신경계 질환은 어떻게 진단할까?

신경 증상은 뇌가 아닌 다른 곳의 문제로 인해 발생하기도 합니다. 예를 들어 신부전으로 인해 요독증이 심화되거나, 간부전으로 암모니아 수치가 상승한 경우, 전해질 불균형이나 중독 물질에 노출되는 경우에도 신경 증상이 유발될 수 있기 때문에 전신적인 문제에 대한 감별이 필요합니다. 이러한 문제가 없다는 것이 확인되고, 신경 검사 등을 통해 신경계 문제로 의심되는 경우에는, MRI 촬영과 뇌척수액 검사 등을 통해 신경계 문제에 대한 진단을 하고 그에 맞는 치료를 시행해야 합니다. 다만 MRI나 CT 촬영의 경우 촬영 기간 동안 고양이가 촬영에 협조해서 가만히 있어주지 않기 때문에 대체로 진정이 필요합니다.

🐾 신경계 치료는 어떻게 하나요?

신경계 문제라고 하면 무조건 치료가 쉽지 않을 것이라고 생각해서 치료를 포기하는 경우도 있는데, 실제로 내과 치료에 잘 반응하는 경우가 많습니다. 따라서 이런 증상을 유발한 원인이 무엇인지 확인한 후 그에 따라 잘 치료해주는 것이 좋습니다.

실제로 제가 근무하는 병원의 마스코트 고양이 시로 역시 이렇게 고개가 돌아가는 증상인 사경을 보이고 있습니다. 만성적인 상태로 컨디션이 저하되면 고개가 좀 더 돌아가기도 하지만, 약물 처방 등에 따라 호전을 보였습니다.

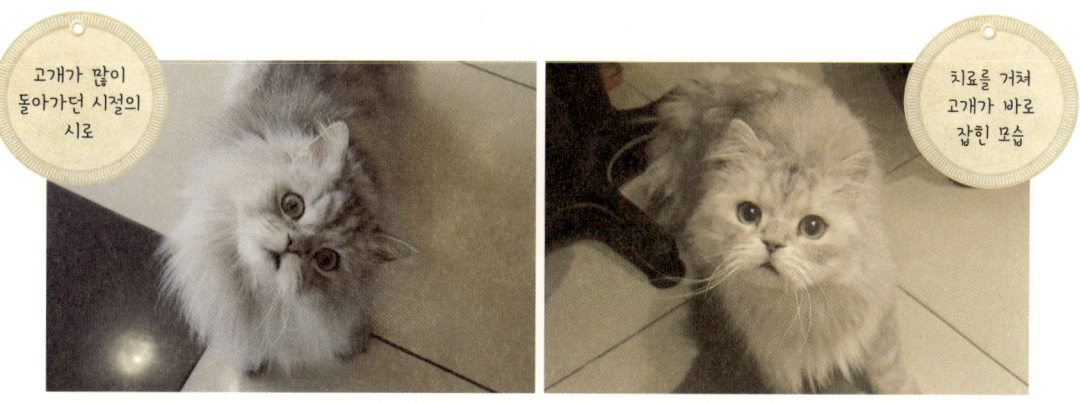

고개가 많이 돌아가던 시절의 시로

치료를 거쳐 고개가 바로 잡힌 모습

갑자기 다쳤을 때 응급처치

고양이가 갑작스레 다치거나, 피를 흘리는 등 응급상황에 처하게 되면 초보 집사는 당황하게 됩니다. 본 장에서는 이러한 응급상황에서 고양이 보호자가 시행할 수 있는 간단한 처치들을 소개하고자 합니다. 일단 처치가 끝난 경우에는 앞서 소개한 각각의 질환에 대한 내용을 참조하거나, 병원으로 이동하여 후속 조치를 받도록 합니다.

01 눈을 다쳤어요

선생님이 도와줄게요

고양이가 눈을 다치는 경우는 상당히 흔합니다. 빠른 속도로 우다다를 하면서 뛰다가 혹은 같이 키우고 있는 고양이와 장난을 치다가 다칠 수도 있고, 목욕을 하면서 각막에 손상을 입기도 합니다. 외출하고 돌아왔더니 이미 눈을 다친 경우도 있습니다. 집사가 어떻게 응급처치를 하면 좋을까요?

🐾 고양이가 눈을 비비지 못하게 하는 경우

가장 기본적으로 할 일은 고양이가 아픈 나머지 눈을 비비거나, 긁어서 상처를 내지 못하도록 하는 것입니다. 사람도 눈이 가렵거나 아프면 비비면 안 되는 것을 알면서도 참지 못하고 비비는 경우가 있지요? 고양이는 심지어 아플 때 눈을 비비면 안 되는 것을 모르기 때문에, 스스로 자가 손상을 해서 상처를 심각하게 만드는 경우가 다반사입니다. 이를 위해 가장 좋은 선택은 넥 칼라를 씌우는 것입니다. 잠깐 불편해 하더라도 눈을 다친 것이 분명한 경우에는 무조건 넥 칼라를 씌워두는 것이 안전합니다.

눈이 아픈데 도와주세요!

🐾 집에서 넥 칼라 만들어주기

집에 넥 칼라가 없는 경우에는 다음과 같이 간이로 넥 칼라를 만들어 줄 수도 있습니다.

1. 마분지, 얇은 상자, 잡지 표지 등 충분히 큰 두꺼운 종이와 박스 테이프, 가위가 필요합니다.
2. 짧은 부분이 고양이 목 부분이 될 수 있도록 부채꼴을 그립니다. 일단 넉넉한 사이즈로 만들어 줍니다. 고양이 목 사이즈는 실로 한 번 감아서 측정해 볼 수도 있습니다.
3. 고양이 목에 감아보는데 목 아래까지 쑥 눌러서 씌워봅니다. 목 쪽은 손가락이 2개 정도 들어가도록 여유가 있게 표시합니다.
4. 바깥쪽으로는 고양이 코가 나오지 않을 정도로 표시합니다.
5. 표시된 부분을 잘라낸 후 목 쪽과 끝단은 박스 테이프를 감아 스치거나, 물이 닿으면 젖지 않도록 해줍니다.
6. 다시 한 번 씌워서 크기를 조정하고, 맞지 않는 경우 세로로 잘라서 크기를 조정할 수 있습니다.

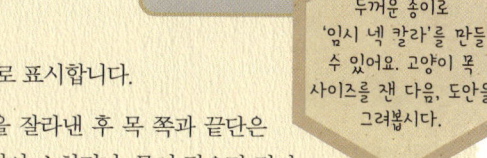

두꺼운 종이로 '임시 넥 칼라'를 만들 수 있어요. 고양이 목 사이즈를 잰 다음, 도안을 그려봅시다.

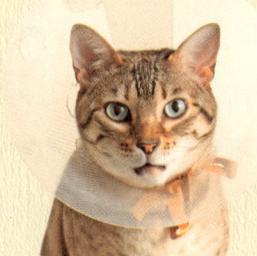

🐾 눈에 모래나 이물질이 들어간 경우

눈에 모래나 털과 같은 이물이 들어간 경우에는 사람이 쓰는 인공 눈물 점안제를 몇 방울 떨어뜨려 눈을 깜빡이게 한 뒤 흘러나온 것을 탈지면이나 깨끗한 티슈로 닦아냅니다. 이물이 있는 상태로 눈을 비비면 각막 표면이 훼손될 수도 있으니 주의해야 합니다.

안약 점안하는 모습

🐾 눈에 외상을 입었을 때

외상으로 인해 눈을 다친 경우에는 눈의 흰자위에 출혈이 있을 수도 있는데, 겉으로 보이는 부분

chapter 9. 갑자기 다쳤을 때 응급처치 • **411**

>
> **눈을 다쳤을 때 각막궤양이 발생할 수 있어요!**
>
> 눈을 다쳤을 때 가장 흔하게 발생하는 것은 눈의 가장 표면인 각막이 손상되는 것입니다. 이를 '각막궤양'이라고 하죠. 이에 대한 자세한 내용은 369쪽을 참고합시다!

뿐 아니라 안구 안쪽으로도 출혈이 있을 수 있습니다. 사람에서와 마찬가지로 눈을 둘러싸고 있는 뼈가 부러지기도 합니다. 또한 외출하고 돌아왔는데 고양이가 눈을 다친 상태라면, 눈만 다친 것이 아닐 수도 있으니 응급처치 후 병원에 내원해 고양이의 전체 상태를 면밀히 관찰하는 것이 바람직합니다.

02 코피가 나요

선생님이 도와줄게요

고양이가 코피가 나는 경우에 보호자는 굉장히 당황하게 됩니다. 기본적으로 사람이 코피 났을 때처럼 고양이 역시 지혈해주면 되지만, 지혈이 쉽지 않은 경우라면 병원을 찾는 편이 안전합니다. 고양이가 밤새 공부하다가 피로해서 코피가 난 것도 아니기 때문에, 코피가 난 원인이 어디에 있는지 꼭 확인해보아야 합니다.

상황에 따른 코피의 원인 알아보기

상황	원인
어린 고양이의 경우	외상으로 인해 코피가 날 수도 있어요.
코피를 흘리면서 고개를 계속 흔드는 경우	코 안에 이물질이 들어가 자극을 일으켜 코피가 났을 수도 있어요.
외출묘의 경우	낱알이나 풀의 낱씨와 같은 것들이 코에 들어가서 코피가 났을 수도 있어요.
곰팡이가 코에 감염된 경우	외국에서는 곰팡이가 코 안에 감염되어서 덩어리를 만들고, 이것이 파열되면서 코피가 나는 경우도 흔하게 발생해요.
나이든 노령묘의 경우	의외로 비강 내 종양이 있는 경우가 많아요.
치아 질환, 응고계 질환의 경우	치아 질환이 심화되어서 코피가 날 수도 있고 지혈이 잘 되지 않는 응고계 질환이 있는 경우도 있어요.

고양이 코피, 어떻게 치료할까?

코피가 나면 고양이를 안정시킨 후, 고개를 살짝 45도 수준으로 올려준 후 화장솜 등으로 해당

쪽 콧망울을 압박하여 지혈합니다. 고양이의 반항이 심한 경우에는 고개만 살짝 들어올린 상태로 안정을 취하도록 합니다. 고개를 너무 많이 꺾는 경우 코피가 기도 내로 유입될 수 있으니 주의해야 합니다. 더불어 코피 양이 많은 경우에도 기도 내로 코피가 유입될 수 있으니 살짝 압박한 상태로 병원으로 내원하는 편이 좋습니다. 코피 양이 많거나, 20~30분이 지나도 지혈이 되지 않는 경우에는 자발 지혈이 되지 않을 가능성이 높으므로 병원에 내원해야 합니다.

03. 피부가 찢어지거나 다쳤어요

선생님이 도와줄게요

- 겨드랑이나 배 아래의 털이 뭉쳐 있길래 털을 잘라주다가, 혹은 집사가
- 미용을 해주다가 고양이 피부를 함께 자르는 경우가 제법 많습니다. 또
- 는 다묘 가정에서 고양이끼리 싸우는 경우에도 고양이의 얇은 피부가
- 쉽게 찢어질 수 있습니다. 이런 경우 넥 칼라를 씌워서 그루밍을 하지
- 못하게 하고, 감염이 되지 않도록 피부를 소독해주어야 합니다.

🐾 털을 자르다가 고양이가 다친 경우

고양이 피부는 부드럽고 잘 늘어나기 때문에 다치는 경우 잘 찢어집니다. 특히 집에서 고양이 보호자가 고양이 털을 잘라주다가 상처가 나는 경우가 압도적으로 많습니다.

이를 방지하기 위해서 가위를 이용해서 털을 자르는 경우에는 대충 자르지 말고 피부와 털의 경계선을 확인한 후 잘라야 합니다. 털이 뭉쳐 있는 경우는 뭉쳐진 부분 가운데를 자른 후 털의 엉킨 부분을 풀어준 이후 피부와 경계선을 확인하고 자르는 것이 좋습니다. 클리퍼를 이용해 털을 미는 경우에는 겨드랑이, 사타구니와 같이 피부가 접히는 부분은 반드시 손으로 납작하게 펴 준 다음 밀어야 합니다.

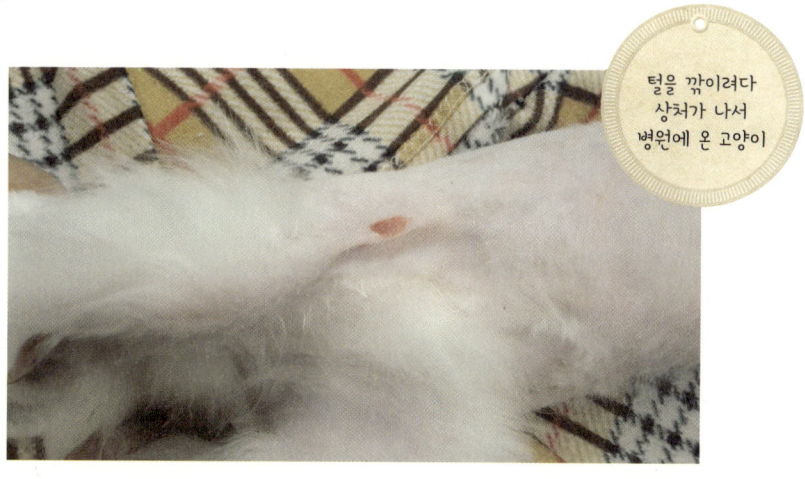

털을 깎이려다 상처가 나서 병원에 온 고양이

집에서 소독하고 치료하는 방법

넥 칼라를 사용해요

일단 상처가 나면 고양이가 환부를 핥으려 하기 때문에 넥 칼라를 적용해서 핥지 못하도록 해야 합니다. 금방 나을 상처도 고양이가 까슬까슬한 혀로 핥으면 더 넓게 벌어지거나, 감염이 되어 오랫동안 치료를 받거나 수술을 해야 할 수도 있습니다.

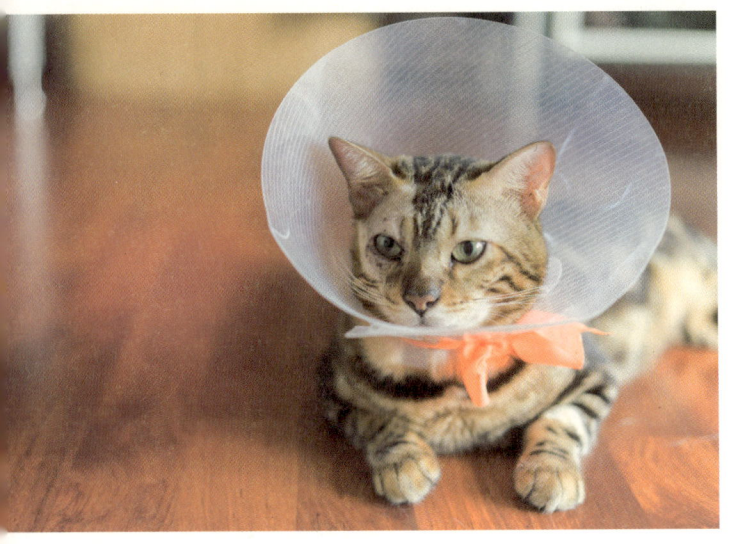

집에서 소독제 만드는 방법

다친 곳의 상처가 깊지 않고, 크기도 작다면 집에서 소독하면서 관리해 볼 수 있습니다. 기존의 동물용 소독제를 이용해도 되고, 급한 경우 클로르헥시딘이나 포비딘 용액을 이용하여 소독할 수 있습니다. 알코올은 사용하지 않습니다.

클로르헥시딘의 경우 핑크색의 소독제로 환부에 따라 서로 다른 농도로 적용합니다. 약국에서 파는 것은 5% 농도가 흔한데, 보호자가 임의로 소독할 경우에는 10배 희석하여 0.5% 수준으로 적용하는 것이 안전합니다. 약국에서 주사용수 혹은 정제수(distilled water)를 구입하여 클로르헥시딘 1에 정제수 9의 비율로 섞어서 적용합니다. 용기는 반드시 깨끗한 통을 이용해야 하고, 정제수 통을 그대로 이용할 수도 있습니다. 소독 후에는 마찬가지로 고양이가 핥지 못하도록 넥 칼라를 적용해 주세요.

Q. 다친 부위가 너무 커요!

환부가 크거나 깊은 경우에는 깨끗한 거즈나 세탁된 수건 등으로 환부를 감싸고, 고양이가 핥지 못하도록 주의하거나 넥 칼라를 씌워서 병원으로 이동해서 환부를 봉합하거나, 생체 본드 등으로 접합해야 합니다.

04 발톱이 부러졌어요

선생님이 도와줄게요

고양이의 발톱은 동그랗게 안 쪽으로 휘면서 자라는데, 제대로 관리 해주지 않으면 살을 파고들어 박힐 수 있습니다. 또 뛰거나 점프할 때 걸리면서 부러질 수도 있어요. 평소 발톱 관리를 잘 해주는 것이 무엇 보다 중요합니다. 발톱이 부러진 경우 할 수 있는 응급처치를 소개하 겠습니다.

🐾 발톱이 부러지지 않도록 예방하는 법

갑자기 고양이가 절룩이거나, 방바닥에 피가 묻어 있어서 확인해 보면 고양이의 발톱이 부러 진 경우가 왕왕 있습니다. 대체로 발톱이 너무 긴 경우에 어딘가에 걸리면서 부러지는 경우가 많습니다. 때문에 평소에 발톱이 너무 길지 않 도록 스크래처를 잘 이용하도록 배려해주고, 최 소 1주일에 1번씩은 발톱을 확인해서 길게 자라난 것은 잘라주어야 합니다. 혹시 발톱 자르는 요령 을 모르는 집사는 '발톱을 깎아주세요' 편(185쪽)을 참조해서 주기적으로 발톱을 관리해주세요.

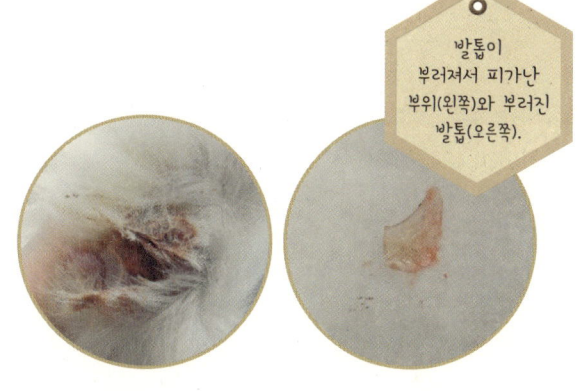

발톱이 부러져서 피가난 부위(왼쪽)와 부러진 발톱(오른쪽).

🐾 상처 유형별 응급처치하는 법

• 출혈이 없는 경우

발톱의 겉 부분이 벗겨지거나, 끝 부분이 조금 부러졌는데 출혈이 없는 정도라면 고양이 전용 발 톱깎기로 끝부분을 매끈하게 다듬어 주고 경과를 보아도 좋습니다. 고양이가 아파서 환부를 핥거 나, 걷는 것이 불편해 보인다면 병원에 데려오는 것이 좋습니다.

• 경미한 출혈이 있는 경우

경미한 출혈이 있는 경우라면 앞 장에 소개된 바와 같이 소독제를 이용하여 가볍게 닦아낸 이후 거즈로 몇 분간 압박하여 지혈합니다. 출혈이 있는 부분은 발톱 안 쪽의 혈관이 드러난 경우이기 때문에 고양이가 핥지 않도록 넥 칼라를 씌워두는 편이 안전합니다. 고양이가 열심히 핥으면 염증이 생길 가능성이 높습니다. 또 고양이가 화장실을 다녀온 이후에는 환부에 모래나 배설물로 오염이 될 수도 있으니, 출혈이 바로 멎더라도 다친 후 3~5일간은 매일 소독해주면서 관찰하는 것이 좋습니다. 출혈이 다시 생기거나, 고양이가 아파하는 것 같으면 병원에 내원해야 합니다.

• 피가 나고, 발톱을 만지면 고양이가 아파하는 경우

발톱이 417쪽의 사진처럼 박히거나, 피가 나고, 만지면 아파하는 경우라면 병원에 데려와서 다친 발톱을 정리하고 소독하는 것이 좋습니다. 집사가 모르는 사이 다친 경우라면 발가락을 같이 다쳤을 가능성도 있기 때문에 확인하는 것이 안전합니다. 필요하면 붕대를 해야 하고, 드물게는 끝단을 제거해야 하는 경우도 있습니다.

05 다리를 절어요

선생님이 도와줄게요

보호자의 입장에서 고양이가 다리를 아파하는 경우를 크게 다음과 같이 3가지로 분류해볼 수 있습니다. 발을 딛지 못하고 들고 다니는 경우, 발을 딛지만 절뚝거리는 경우, 다리를 아예 쓰지 못하고 힘을 주지 못하는 경우 등 각 경우에 대해 알아봅시다.

🐾 발을 땅에 딛지 못하고 들고 다닐 때

골절

발을 땅에 딛지 못하고 들고 다니는 경우에는 골절을 의심할 수 있습니다. 주로 외출을 하는 고양이들이 갑자기 이런 증상을 보이는 경우에는 교통사고 등의 가능성도 있습니다. 물론 집 안에 있는 고양이도 점프를 하다가 발을 헛디뎠거나, 책장에 깔리는 등 사고를 당할 수 있습니다. 이런 경우 시간이 지나면 골절 치유가 지연될 수 있을 뿐더러, 만약 고양이가 다리가 골절될 정도의 충격을 받았다면 다른 장기에도 손상을 입었을 가능성이 있으므로 병원에 고양이를 데리고 오는 것이 필요합니다.

고양이가 아파할 수 있기 때문에 평소에 쓰던 담요 같은 것으로 고양이를 감싼 후 이동장을 이용하여 병원에 데리고 옵니다. 평소에는 병원에 곧잘 오는 고양이도 통증이 있는 경우 돌발행동을 하고 뛰어내릴 수 있는데, 몸이 평소와 같지 않아서 다칠 수 있기 때문에 이동장 안에 넣는 것이 좋습니다.

🐾 발을 땅에 잘 딛지만 절뚝거릴 때

발을 땅에 잘 딛지만 절뚝거리는 경우에는 염좌, 인대 손상 혹은 미세한 골절이 있을 가능성이 있습니다. 사람도 다리를 삐거나 다칠 수 있는 것처럼, 고양이도 집 안에서 격하게 상하 운동을 하거

염좌, 인대 손상, 미세한 골절

나 하는 경우 충분히 다칠 수 있습니다. 특히 발톱이 긴 경우에는 여기저기 걸리면서 다칠 가능성이 높아지기 때문에 평소 발톱관리를 잘해줍니다.

이런 경우 당분간 놀아주거나, 털을 깎는다거나 목욕을 시키는 등 고양이가 격하게 움직일 수 있는 행동은 하지 않아야 합니다. 고양이가 점프나 '우다다' 등 심하게 움직이는 것을 되도록 하지 못하도록 제지합니다.

이런 증상을 잠깐 보였다가 바로 괜찮아지는 경우에는 일시적인 증상일 수 있지만, 증상이 지속되는 경우에는 인대 손상 및 미세 골절이나 심장 문제 등의 좀 더 심한 문제일 수 있으므로 병원에 내원합니다. 병원에서는 촉지(만져보는 것)를 통해 아픈 부분을 특정하고, 방사선 검사를 통해 골절이 없는지 확인합니다. 다만 고양이가 예민해진 경우 병원에 내원해서 통증을 확인하는 것은 어려운 경우도 많기 때문에, 고양이의 이상 보행 상태를 동영상으로 다각도로 촬영해 오면 진료 시에 도움이 됩니다. 일부에서는 필요에 따라 진정을 해서 이완한 상태에서 인대 등을 평가해야 할 수 있습니다.

진단에 따라 약물치료, 붕대, 수술 등의 치료가 필요합니다. 근골격계 통증을 조절하기 위한 소염진통제의 경우 노령의 고양이에서는 주의해서 처방 받아야 합니다. 노령 고양이의 상당수는 경계선 수준의 신부전을 가지고 있을 수 있는데, 이때 소염진통제를 장기로 적용하는 것은 신장에 부담을 줄 수도 있습니다. 의심되는 경우 처방 전 이에 대한 평가를 시행할 수도 있고, 단기 처방을 하거나 다른 유형의 진통 처방을 할 수도 있습니다.

호전이 되지 않고 심한 경우에는 인대나 연골 등을 평가하기 위해 CT나 MRI 촬영을 해야 할 수도 있습니다. 더러 관절의 인대가 끊어지는 고양이들이 있는데, 물리치료나 보조치료, 수술로 치료를 해야 하는 경우가 있습니다.

> 지속적으로 다리를 저는 고양이의 어깨에서 인대가 손상된 것이 MRI 영상을 통해 확인됩니다.

🐾 다리를 아예 못 쓸 때

다리를 아예 못 쓰는 경우에는 마비 증상이 아닌지 의심해 보아야 합니다. 감각이 있는지 만져보고, 통증을 느끼는지도 확인해봅니다. 교통사고 등으로 목을 다친 사람이 목 아래 전신이 마비되는

신경 질환, 마비 증상

것과 같이 고양이도 신경 질환으로 사지, 혹은 뒷다리 마비가 올 수 있습니다. 이때에는 보통 통증을 느끼지 못하는 경우가 많지만, 부분 마비인 경우에는 뒷다리에 힘이 빠진 듯 휘청이며 걸을 수 있습니다.

한편 한쪽 혹은 양쪽 뒷다리를 쓰지 못하는데, 만지면 통증이 심해서 고양이가 공격적으로 군다면 비대성 심근 병증(HCM)은 아닌지 의심해 보아야 합니다. 이런 경우 발바닥이나 다리가 전체적으로 만져보면 차가운 느낌이 드는 경우가 많습니다. 자세한 내용은 본 장의 첫 번째 파트 호흡 이상과 심장 질환 중 고양이 심장병 편을 참조해서 알아봅시다.

다리를 아예 들고 다니는 경우 골절이 의심되지만, 골절로 사망하는 경우는 많지 않습니다. 하지만 다리가 마비된 경우에는 급성으로 사망하거나, 통증이 심하거나, 치료가 지연되는 경우 회복되지 않을 수 있기 때문에 고양이를 바로 병원에 데리고 가야 합니다. 통증을 느낄 수 있기 때문에 고양이를 자신의 냄새가 묻어 있는 평소 사용하던 담요 등으로 감싸서 내원합니다. 되도록 이동장 안에 넣어서 이동하는 것이 역시 안전합니다.

TIP.
다리를 아예 못 쓰는 경우라면 가장 응급한 상황이에요.

06 먹어서는 안 되는 것을 먹었어요

선생님이 도와줄게요

고양이가 먹어서 안 되는 것을 먹는 경우도 종종 있습니다. 사람은 먹을 수 있는 것이지만 고양이에게는 문제가 되는 음식들이 있는가 하면, 먹을 것은 아니지만 고양이가 가지고 놀다가 그만 삼켜버리는 경우도 있습니다. 조심하려고 해도 고양이는 점프도 잘 하고, 문이나 서랍을 잘 열기도 하고, 앞발도 잘 쓰기 때문에 관리하기가 개에 비해서 쉽지 않은 경우가 많습니다. 고양이가 먹어서 안 되는 것들은 156쪽에서 좀 더 자세히 알아볼 수 있습니다.

🐾 어떤 것을 얼마나 먹었는지 파악하기

일단 고양이가 어떤 것을 얼마만큼 먹었는지 정확히 확인해야 합니다. 예를 들어 사람이 먹는 약이나 바퀴벌레 약 같은 것을 먹은 경우에는 포장지를 챙겨 와야 어떤 성분을 섭취했는지 확인할 수 있고 그에 맞는 처치를 할 수 있습니다. 또 실이나 핀 같은 것을 먹었을 때에도 어느 정도 굵기와 길이로 섭취했는지 자세히 알수록 처치에 유리합니다. 남아 있는 것을 가져오거나, 짝이 있는 물건이 있으면 챙겨오는 것도 좋습니다.

🐾 이물질을 먹고 구토할 때 처치법

이물 섭식으로 인해서 고양이가 구토를 하기도 합니다. 구토를 하는 경우에는 고양이를 일으켜 세워서는 안 되고, 머리가 아래로 위치하도록 해야 합니다. 사람도 구토를 하는 경우에 고개를 숙이지요? 같은 원리입니다. 황급히 고개를 들어 올리다가는 토사물이 기도 내로 들어가서 숨이

> **TIP.**
> **고양이가 절대 먹어서는 안 되는 것들** (156쪽 참고)
>
> 우유, 사람용 참치캔, 백합류의 꽃, 초콜릿, 양파와 마늘, 커피, 포도, 마카다미아, 사람이 먹는 약, 백합류의 꽃이나 실

고양이 입이나 항문에 걸린 실을 잡아빼지 마세요!

더러 고양이 입이나 항문에 실이 걸려 있는 경우가 있는데, 절대 잡아 당겨서는 안 됩니다. 실이 소화관에 넓게 분포한 경우에는 실을 잘못 잡아 당기면 소화관이 찢어지거나 잡아 당겨지면서 혈액이 통하지 않게 되는 등 증상이 심각해지는 경우가 많습니다.

구강에 섭식한 실이 걸려 있는 모습

막히거나, 폐로 유입되어 염증을 유발할 수 있습니다. 섭식 후 중독 증상으로 인해 경련을 하는 경우도 흔합니다. 경련이 있는 경우 424쪽의 내용을 참조하여 침착하게 대응해야 합니다.

🐾 병원에 데려가면 어떤 처치를 받을까?

먹어서는 안 되는 것을 먹은 후 병원에 내원하는 경우 기본적으로는 섭취한 이물을 제거하기 위한 처치를 받습니다. 먹은 후 대략 3~4시간 이내에서는 섭취한 이물이 위 내에 머무르고 있을 가능성이 있으므로 구토 처치를 하거나, 내시경을 통해 이물을 제거할 수 있습니다.

이미 이물이 장으로 내려간 경우라면 수술적으로 제거해야 될 가능성이 높아집니다. 물리적 이물이 아니라 약과 같은 경우 흡수되면서 중독 증상을 유발할 수 있기 때문에 필요에 따라서는 위세척을 시행하는 것이 필요한 경우도 있습니다. 이러한 처치들은 식도 및 위장관에 손상을 줄 수 있기 때문에 이에 대해 적절한 후속 치료도 같이 해주어야 합니다.

🐾 삼킨 음식 종류에 따른 증상과 치료법

이미 중독 증상이 유발된 경우에는, 그 섭식물 특성에 따라 치료가 시행되어야 합니다. 각각의 섭식물에 따라 서로 다른 중독 증상을 보입니다.

음식에 따른 중독 증상

고양이가 먹은 음식	중독 증상
우유, 참치캔	설사, 췌장염
백합류의 꽃, 포도	신부전
양파, 마늘	적혈구가 깨지면서 빈혈 유발
소염진통제와 같은 사람 약	간부전

*그러므로 위 음식은 고양이가 절대로 먹으면 안 돼요!

또한 중독물에 따라 체내에 머무르고 배설되는 시간이 다른데, 그 기간 동안에는 흡착제를 쓰거나 입원하여 수액을 통해 희석시키거나 빠르게 배설하도록 하는 것이 좋습니다. 심각한 경우에는 사망에 이르는 경우도 있기 때문에 빠른 처치가 무엇보다 중요합니다.

07 사지를 뻣뻣하게 뻗고 경련을 일으켜요

> 선생님이 도와줄게요
>
> 고양이도 경련을 일으킬 수 있습니다. 보통 사지를 뻣뻣하게 뻗고, 의식을 잃는 경우가 많습니다. 다행히 대다수의 경련은 3분 이내로 아주 짧지만, 고양이 집사들은 너무 당황해서 제대로 대처하기 힘들 것입니다. 고양이가 경련을 할 때 어떻게 대처할 수 있는지 미리 알아두는 것이 좋습니다.

🐾 경련을 일으킬 때 증상

고양이가 경련을 하면 사지를 뻣뻣하게 뻗고 근육이 수축되는 모습을 보입니다. 고개가 꺾이거나 돌아가기도 하고, 침을 흘리거나 배뇨, 배변이 동반되기도 합니다. 눈동자가 돌아가거나 의식을 잃기도 하는데, 대체로 경련의 지속 시간은 몇 분 내외로 짧습니다. 다만 아주 심한 경우나 경련이 여러 번 반복되는 경우 점점 경련의 시간이 길어지면서 스스로 회복하지 못하는 상태로 발전할 수 있습니다.

고양이가 경련을 할 때

- 안정을 취해줍니다.
- 혀를 깨물거나, 혀가 말려서 기도를 막지 않도록 유의합니다.
- 체온이 오르지 않도록 유지해 줍니다.
- 구토 시에는 기도로 유입되지 않도록 주의해야 합니다.
- 눈을 지그시 눌러 줍니다.
- 회복 직후에는 물이나 밥을 주지 않습니다.

🐾 집사가 바로 해줄 수 있는 응급처치법

고양이가 경련을 하면 보호자는 굉장히 당황하게 됩니다. 하지만 보호자가 흥분하는 것은 되려 고양이의 증상을 심화시킬 수 있습니다. 가장 중요한 것은 안정을 취하도록 해주는 것입니다. 가만히 안아주거나 조용히 기다리는 것이 좋습니다. 안아줄 때에는 배가 보이도록 뒤집어서 안지 말고, 등이 보이는 자세로 안아주는 것이 낫습니다. 의식이 없는 경우라면 침이나 구토가 기도를 막지 않도록 고개를 옆으로 눕혀 줍니다.

혀를 깨물거나 혀가 말려 들어갈 때

이때 고양이가 혀를 깨물거나 혀가 말려 들어가서 응급 상황이 발생할 수 있습니다. 이때 절대로 집사는 자신의 손을 넣어서 혀를 꺼내려고 해서는 안 됩니다. 강직 증상이 동반되기 때문에 이 과정에서 고양이가 손을 깨물면 쉽사리 뺄 수 없어서 큰 사고로 이어질 수 있습니다. 양말이나 수건을 살짝 말아서 이빨 사이에 끼우고 혀를 제 위치에 옮겨주어야 합니다. 특히 혀가 말려서 기도를 막는 경우 숨을 쉴 수 없을 수 있기 때문에 주의해야 합니다.

Q. 경련이 멈추지 않을 때는 어떻게 해야 하나요?

대부분의 경련은 3분 내외로 짧게 끝나지만, 경련이 멈추지 않는 지속성 경련의 경우에는 당장 위험한 경우가 많습니다. 고양이를 안정시키면서 기다려도 경련이 지속되는 경우에는 병원으로 즉시 내원해야 합니다. 짧게 경련이 끝난 경우에도 경련의 원인은 대부분 위중한 경우가 많기 때문에 고양이가 안정을 취하는 대로 병원을 찾는 것이 좋습니다.

경련을 일으키다 구토하는 경우

경련 과정에서 구토하는 경우 고개를 들어서는 안 됩니다. 가슴보다 머리를 낮게 위치해야 토사물이 기도를 막는 것을 막을 수 있습니다. 마찬가지로 회복 직후에는 의식 상태가 명료하지 않을 수 있기 때문에 물이나 밥은 주지 않습니다.

눈을 지그시 눌러주기

경련 시 눈을 감긴 상태로 눈을 지그시 5~10초 정도 눌러주면 안정을 도모할 수 있습니다. 다만 이 과정에서 고양이가 도리어 흥분한다면 시행하지 않습니다.

뜨겁지 않게 체온 유지

경련 과정에서 근육이 수축하기 때문에 체온이 오르는 경우가 많습니다. 헌데 체온이 오르면 뇌 손상이 가속화될 수 있기 때문에 체온은 약간 시원하게 유지해 주는 것이 좋습니다. 다만 너무 차갑게 해서는 안 됩니다.

08 화상을 입었어요

선생님이 도와줄게요

'집 안에서만 기르는데 무슨 화상이야?' 싶지만, 화상을 입은 고양이를 치료하는 경우가 제법 흔하답니다. 집 안의 인덕션, 세탁기, 뜨거운 물, 양초, 고데기 등등 모두 주의해야 합니다. 조심했는데도 고양이가 화상을 입었다면, 다음과 같이 응급처치하고 곧바로 병원에 가기 바랍니다.

🐾 집 안의 가전제품 조심하기

의외로 집 안에는 고양이가 화상을 입기 쉬운 위험물이 많이 있습니다. 최근 가정에 드럼 세탁기와 건조기를 갖추는 경우가 많은데, 고양이 입장에서는 들어가 있기에 이보다 최적의 장소는 없습니다. 따뜻하고 집사의 냄새로 가득한 곳에서 쾌적하게 낮잠을 자고 있는 고양이를 보호자가 알아차리기는 쉽지 않습니다. 하지만 이 상태로 빨래나 건조를 시작하는 경우에는 상상하기 힘든 일이 벌어지게 됩니다. 저자가 이 글을 쓰고 있는 중간에도 세탁기 안에서 온수로 화상을 입은 고양이가 치료를 받기도 하였습니다.

전신의 1/3 이상 화상을 입은 경우 사망에 이를 정도로 화상은 위험하기 때문에 고양이 보호자는 고양이가 화상을 입지 않도록 주의해야 합니다. 세탁기뿐 아니라 다음 쪽의 박스에서 열거한 나머지 구조물 역시 마찬가지입니다. 세탁기나 건조기에는 고양이가 접근하지 못하도록 철망을 설치하고, 세탁 전에는 반드시 확인을 해야 합니다. 인덕션 덮개를 설치하거나, 접시를 덮어주고, 사용하지 않을 때에는 반드시 인덕션을 꺼두어야 합니다. 양초나 촛

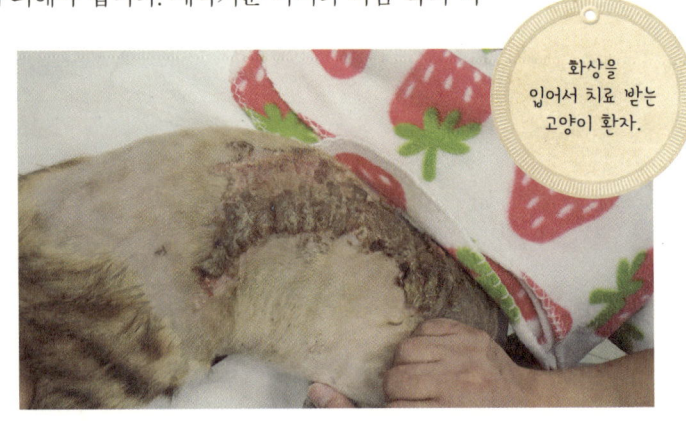

화상을 입어서 치료 받는 고양이 환자.

불을 켜는 경우에도 보호자가 고양이가 접근하지는 않는지 늘 관찰해야 합니다.

> **고양이가 화상을 입기 쉬운 경우**
> - 세탁기나 건조기 안에 들어가 있다가 뜨거운 물이나 바람에 화상을 입는 경우
> - 인덕션 위를 지나가다가 발에 화상을 입는 경우
> - 양초에 얼굴을 가까이 대다가 수염이 타거나, 각막에 상처를 입는 경우
> - 집에 불이 나는 경우

화상을 입었을 때 바로 해야 할 응급처치법

화상을 입은 경우에는 즉시 상처 부위를 찬물로 깨끗이 세척합니다. 이때 중요한 것은 물에 담그는 것이 아니라 흐르는 찬물에 세척해야 합니다. 가능하다면 5분 이상 세척해서 환부의 온도를 낮춰 줍니다. 알코올 류의 소독제를 적용하거나 무조건 붕대로 꽁꽁 싸매두어서는 안 됩니다.

화상은 초기에는 별로 심각해 보이지 않는 경우가 많지만, 대체로 2~3주의 경과를 두고 점점 심화될 수 있습니다. 때문에 기초적인 응급처치를 한 이후 아이스팩에 깨끗한 수건을 한 겹 싸서 대준 상태로 이동장에 넣어 병원에 내원하여 환부를 확인하는 것이 좋습니다. 화상이 심하지 않아 통원치료하는 경우에도 환부가 직사광선에 노출되지 않도록 주의해야 합니다.

PART 5

고양이 마음과 생각을 이해하는 법

우리 고양이 지금 무슨 생각을 할까?

고양이는 도도하고 새침하다고 하지만, 실제로 겪어보면 감정이 풍부할 뿐 아니라 감정을 잘 표출하는 동물입니다. 반려동물 계의 양대산맥 '개'의 강렬한 감정 표현에 밀려 왠지 생각을 알 수 없는 것처럼 잘못 인식되기도 하지만, 실제로 보호자와 편안한 시간을 보낼 때에는 다양한 의사 표현을 느낄 수 있습니다.

고양이의 감정 표현을 잘 읽기 위해서는 얼굴 표정, 꼬리 움직임을 포함하여 취하는 자세, 어떠한 행동을 하는지 관심을 기울여야 합니다. 또한 울음소리 역시 감정 상태에 따라 다양하게 나타납니다. 이번 챕터에서는 고양이의 표정, 자세, 행동, 울음소리에 따라 고양이가 어떤 상태인지를 나누어서 알아보도록 하겠습니다.

01 눈으로 심리 상태를 파악해요

선생님이 도와줄게요

- 웃는 표정, 찡그린 표정 등 사람도 얼굴에 다양한 감정이 나타나는 것처럼, 고양이도 다양한 감정이 얼굴 표정을 통해 드러납니다. 고양이 얼굴 표정을 감별할 때 중요한 요소는 눈, 귀, 수염입니다. 동공의 모양과 눈동자의 움직임만으로 고양이 심리를 파악하는 방법을 배워봅시다.

🐾 동공의 모양으로 심리 파악하기

고양이 눈의 아름다운 색깔을 띠는 부분을 홍채라고 합니다. 홍채 안쪽에 검게 보이는 부위를 '동공'이라 하고, 이곳으로 빛이 전달됩니다(눈의 자세한 구조는 376쪽을 참조하면 더 자세하게 알 수 있습니다). 자연스러운 상태에서 고양이의 동공은 세로로 세워진 아몬드와 같은 형태를 하고 있습니다.

축동

- 밝은 곳에 있을 때
- 긴장하거나 경계하는 상태
- 공격하기 전에 집중할 때

산동

- 어두운 곳에 있을 때
- 불안하거나 두려운 상태
- 갑자기 놀랐을 때

• 축동

고양이가 밝은 곳에 있게 되면 빛이 들어오는 양을 줄이기 위해 동공이 줄어들게 되는데, 이렇게 세로로 길쭉하게 줄어든 동공의 상태를 '축동'이라고 부릅니다. 아무런 감정 변화가 없는 경우에도 밝은 곳이라면 이러한 형태로 동공이 축소됩니다. 반면 빛의 변화가 없는 상태에서 갑자기 동공이 축소된다면 이것은 고양이가 긴장된 상태라는 뜻입니다. 또는 긴장 상태에서 공격을 하기 위한 태세를 취할 때에도 한곳으로 집중하면서 동공이 수축됩니다.

예를 들어 길고양이에게 밥을 주고 쓰다듬어 주고 있는데, 동공이 수축된다면 갑작스런 공격이 있을 수도 있으니 가만히 내버려두는 편이 좋습니다. 또 여러 마리의 고양이가 함께 사는 집에서 한 마리가 다른 고양이를 보고 동공이 확 수축된다면 공격하려는 신호일 수도 있으니 주의가 필요합니다.

• 산동

반대로 어두운 곳에 있으면 동공이 확장되어서 동그란 눈동자가 됩니다. 이것을 '산동'이라 부릅니다. 애니메이션 슈렉에 등장하는 '장화 신은 고양이'의 필살기 표정에서 특징적으로 나타나지요? 흔히들 이런 고양이 눈을 귀엽다고 하는데, 사실 이때 고양이는 불안하거나 놀란 상태일 가능성이 높습니다. 물론 어두운 곳에서는 정상적일 수 있습니다. 어두운 곳에서는 고양이 눈의 반사판이라는 구조 때문에 동그란 동공에 덧붙여 빛을 반사하여 번쩍이는 경우도 볼 수 있습니다.

집 안에 새로운 가구가 들어왔거나, 고양이를 데리고 여행을 갔을 때 동공이 확장되어 있다면 단순히 어리둥절한 것일 수도 있지만, 불안감을 느끼고 있을 가능성도 높으니 안정감을 취할 수 있도록 배려해 주는 것이 좋습니다.

🐾 눈의 움직임으로 생각 읽기

동공의 크기뿐 아니라 눈의 움직임을 통해서도 고양이의 감정을 알 수 있습니다. 당연히 눈을 반짝 뜨고 있는 경우에는 경계하거나 주의하고 있는 경우가 많습니다. 특히 이 상태로 동공이 수축되어 있다면 흥분하거나 공격의 의사가 동반되어 있을 수 있습니다.

• 상대방의 눈을 똑바로 쳐다볼 때

상대 고양이나 사람을 공격하려는 경우 눈을 똑바로 쳐다봅니다. 위기 상황이라도 공격을 원치 않는 경우에는 눈을 똑바로 쳐다보지 않고 살짝 피합니다. 따라서 처음 보는 고양이를 예쁘다고 너무 뚫어지게 쳐다보는 행위는 오해를 살 수 있으니 주의합시다.

• 눈을 살짝 게슴츠레 뜰 때

평온한 상태에서는 눈을 잘 뜨고 있더라도 약간 힘이 덜 들어간 상태이거나, 평온하게 눈을 감고 있거나 살짝 게슴츠레 뜰 수도 있습니다. 특히 사람 옆에서 편안한 표정으로 양쪽 눈을 슬며시 절반쯤 감고 있는 표정을 취하고 있는 경우에는 완전히 안심하고 있는 경우입니다.

TIP. 아파서 눈을 게슴츠레 뜰 수도 있어요.

다만 '눈' 편에서 소개된 바와 같이 안과 질환이 있는 경우에도 눈을 게슴츠레 뜨는 것과 구별해야 합니다. 질환이 있는 경우 눈이 시린 듯 감는 것으로 양쪽 눈이 동일한 정도로 감겨 있지 않을 가능성이 높고, 눈물이 나거나, 3안검이 올라와 있을 수도 있습니다(자세한 내용은 '눈' 편을 참조합시다). 편안한 표정을 취한 얼마 이후에는 원래의 표정으로 돌아온다면 정상일 가능성이 높습니다.

🐾 고양이가 집사를 보며 눈을 깜빡일 때 심리

나를 지그시 쳐다보면서 가볍게 눈을 깜빡이는 것을 흔히 '고양이 인사'라고 합니다. 너를 보고 있긴 하지만, 눈을 깜빡임으로써 공격 의사는 없다고 말해주는 것입니다. 처음 보는 고양이와 눈이 마주쳤다면 천천히 눈을 감았다 뜨는 이런 제스추어를 취해주는 것도 좋습니다. 우리 집 고양이가 평온한 상태로 앉아서 나를 바라보며 이런 눈 인사를 해주는 것은 좀 더 애정을 표하는 경우입니다.

'시로(오른쪽)'를 뚫어지게 응시하는 '하트(왼쪽)'. 하지만 시로는 모르는 척 슬며시 고개를 돌리죠? 고양이는 위기 상황이라도 공격을 원치 않는 경우, 상대의 눈을 똑바로 쳐다보지 않고 살짝 피한답니다.

02. 귀의 움직임으로 심리를 파악해요

선생님이 도와줄게요

- 눈만큼 고양이의 얼굴 표정에서 중요한 요소를 차지하는 것은 바로 '귀'입니다. 고양이의 귀는 근육이 잘 발달되어 있어서 앞, 뒤, 위, 아래로 자유롭게 움직일 수 있습니다. 또 양쪽으로 서로 다르게 움직일 수도 있습니다.

🐾 소리가 나는 쪽으로 귀를 움직일 때

고양이는 기본적으로 소리를 잘 듣고자 하는 방향으로 귀를 돌립니다. 예를 들어 저의 고양이 '냥이'의 사진을 보세요. 앞면, 옆면, 뒤통수 어느 곳을 사진 찍어도, 대체로 귀는 저를 향하고 있습니다. 이는 무심한 척해도 관심을 두는 곳이나 소리가 나는 쪽으로 고양이가 귀를 돌리고 있기 때문입니다.

뒤에서 나는 소리도 다 듣고 있다냥.

🐾 귀를 앞쪽으로 쫑긋하게 세울 때

앞쪽을 똑바로 주시하면서, 귀도 앞쪽으로 쫑긋하게 세우는 경우에는 대상에 대해 경계하고 있거나 공격을 하기 위한 태세일 수 있습니다. 장난감을 덮치기 전에 보이는 형태이기도 합니다.

🐾 귀를 완전히 뒤쪽으로 눕혔을 때

반대로 귀를 완전히 뒤쪽으로 눕힌 상태는 귀 안쪽을 감추려는 행동으로 상대의 공격에 대해 대비하기 위한 반사적인 행동입니다. 즉, 매우 무섭고, 공격을 준비하기 위한 자세입니다. 이때 무리하게 손을 대면 고양이가 할퀴거나 깨물 수 있습니다. 다른 고양이에게 이런 자세를 취한다면, 곧 싸움이 벌어질 수 있는 상황이니 중재가 필요합니다. 깜짝 놀라면 순간적으로 귀를 접었다가 펴는 경우도 있는데, 역시 자신을 보호하기 위한 반사적 행동입니다.

🐾 귀가 위로 서 있을 때

소리와 관계없이 고양이 감정에 따라 귀가 위, 아래로 움직이기도 합니다. 귀가 가볍게 위로 서 있는 자세가 자연스러운 상태인데, 이에 비해 쫑긋하게 서 있는 경우는 특정한 소리나 사물에 관심을 두거나 주시하는 상태입니다. 그렇다 해도 기분은 썩 나쁘지 않은 상태입니다.

🐾 귀가 아래로 내려가 '마징가 귀'가 되었을 때

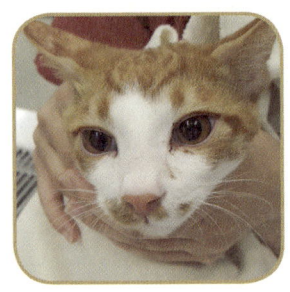

반면 귀가 아래로 내려갈수록 고양이는 불안감이나 두려움을 느끼고 있는 상태입니다. 집사들이 흔히 '마징가 귀'라고 칭하죠? 수평으로 기울어진 귀는 현재의 상황에 상당한 불안감을 느끼고 있는 상태입니다.

사진은 병원에 오자 겁을 먹고 불안한 마음에 마징가 귀를 만든 고양이의 모습입니다. 짜증이 나거나 현재의 상태에 불만이 있는 경우에도 종종 이런 귀 형태를 만들기도 합니다. 여기에서 더욱 공포감이 생기게 되면 귀를 양 옆으로 바짝 눕히게 됩니다. 이는 상대에게는 항복하겠다는 표현이기도 합니다.

🐾 귀의 모양으로 알아보는 고양이 심리 상태

고양이의 귀 모양은 아주 다양합니다. 대략적으로 구분하면 위의 그림과 같습니다. 귀가 밑으로 내려갈수록(화살표 방향) 고양이는 불안감이나, 공포를 느끼고 있는 상태이지요. 더불어 수염은 공격적일 때 앞 쪽을 향하고, 방어적일 때에는 뒤로 납작하게 붙습니다. 눈은 공격성을 띨수록 축동으로 변합니다.

수염과 표정으로도 기분을 알 수 있어요

나는 아무 생각이 없다…. 그래서 내 수염도 아무 생각이 없다냥….

• 우리 고양이 컨디션, 수염으로 체크해요

수염은 대다수의 보호자가 잘 인지하지 못하는 표정 요소 중 하나입니다. 하지만 고양이는 수염을 통해서도 자신의 감정을 표시합니다. 고양이의 아름다운 수염은 평소에는 옆쪽으로 긴장감 없이 늘어뜨려져 있습니다. 하지만 공격을 하려하거나 경계 태세에서는 수염에 힘이 들어가면서 앞쪽을 향하게 됩니다. 반대로 수염이 뒤 쪽으로 빳빳하게 젖혀진 것은 귀를 뒤쪽으로 눕힌 것과 유사하게 매우 겁을 먹은 상태입니다. 자신을 방어하기 위한 공격을 할 수도 있습니다.

• 고양이에게도 다채로운 표정이 있어요

인터넷에 떠도는 사진들을 보면 참으로 다채로운 표정의 고양이들이 있습니다. 지구촌 대스타인 그럼피 캣(Grumpy cat)의 뾰로통한 표정부터 JTBC〈효리네 민박〉에서 사람들이 식사할 때 부담스러운 눈빛으로 쳐다보던 미미까지(사실 저는 미미의 빅팬입니다!). 얼핏 보면 약간 화가 난 듯도 보이고 불만이 있는 듯도 보이지만, 그들의 귀와 눈을 보세요. 바라는 것을 살짝 어필하고 있기는 하지만 대체로 아주 평온한 상태입니다. 불만스러워 보이는 고양이들의 사진은 마징가 귀를 한 경우가 아니라면 대체로 평온한 상태가 많습니다.

반면 고양이의 표정이 귀엽다고 올린 사진들을 보면 귀가 뒤로 접혀 있고, 동공은 커다랗게 산동되어 있으며 꼬리가 말려 있기도 합니다. 사진을 찍는 사람은 재미있게 느꼈지만, 사실 고양이는 매우 겁을 먹고 두려움을 느끼는 상태입니다. 청소기를 돌렸을 수도 있고, 낯선 이가 방문하여 카메라를 들이댔을 수도 있습니다. 이제부터는 고양이가 이런 표정을 짓는다면 '장화 신은 고양이' 같다며 귀엽다고 할 것이 아니라, 고양이가 안정감을 취할 수 있도록 돌봐 주어야 합니다.

• "냄새가 지독해!" 고양이의 플레멘 반응

200쪽에서도 이야기했듯이, 고양이는 이상한 냄새를 맡고 충격을 받은 듯한 표정을 지을 때도 있습니다. 고양이의 이상한 표정 중에는 냄새를 맡고 나서 충격을 받은 듯한 표정도 더러 있습니다. 보호자의 발 냄새를 맡고 경악한 표정을 짓는 유명한 동영상도 있지요? 그렇다면 이 표정의 의미는 무엇일까요? '냄새가 너무 심각하다!'라는 뜻일까요?

사실 이러한 표정은 플레멘 반응이라고 불리는, 페로몬과 같은 특정 냄새를 잘 맡기 위해 고양이가 취하는 표정입니다. 고양이는 입 천장 안쪽에 서골비기관(야콥슨 기관)이라는 후각 수용 기관이 있습니다. 이곳에서는 주로 페로몬과 같은 냄새를 맡게 되는데, 오줌이나 배변, 생식기와 관련된 냄새를 포착했을 때 고양이는 이를 더 잘 맡기 위해서 입을 벌리고 입술을 살짝 들어올려서 냄새 입자가 구강 안쪽으로 잘 이동하도록 합니다. 이때 마치 사람이 헤벌레 하거나, 충격을 받았을 때의 표정과 비슷하기 때문에 보는 이로 하여금 웃음을 짓게 하지만, 고양이 나름에게는 이유가 있는 표정이랍니다.

> "꺅! 이게 무슨 냄새냥?" 이상한 냄새를 맡고 충격을 받은 고양이! 이를 '플레멘 반응'이라고 합니다.

03
꼬리 모양으로
마음을 알 수 있어요

살랑이는 고양이의 예쁜 꼬리는 감정을 표현하는 중요한 수단입니다. 우리 고양이 마음을 도무지 알 수가 없을 때, 반드시 꼬리 모양을 잘 살펴보기를 바랍니다. 꼬리를 세우고 흔드는 방향이나 모양에 따라 고양이가 어떤 생각을 하고 있는지, 또 어떤 상황에 처해 있는지 알아봅시다.

🐾 꼬리를 위쪽으로 세울 때

고양이가 꼬리를 위쪽으로 고양이가 꼬리를 위쪽으로 세우는 것은 약간 흥분된 상태입니다. 좋은 의미로도, 나쁜 의미로도 가능합니다. 꼬리를 일자로 세우고 다가오거나, 세운 상태로 살짝 살랑이는 행동은 대체로 친근함의 표시입니다. 어느 한쪽을 주시하면서 꼬리를 일자로 확 세우는 경우는 살짝 경계하는 태세일 수도 있으나, 놀거나 장난칠 때도 볼 수 있습니다.

🐾 꼬리를 부풀릴 때

하지만 꼬리를 세운 상태에서 꼬리털을 곤두세워 털을 부풀리는 행위는 고양이가 굉장히 화가 난 상태임을 보여줍니다. 털을 세우고 꼬리를 세워서 상대에게 최대한 몸을 크게 보이려고 하는 행동이죠. 같은 의미에서 등 역시도 위쪽으로 둥글게 말아 올리는 경우가 많습니다. 이 경우 고양이는 상대에 대한 공격 의사를 표시하고 있습니다.

🐾 꼬리가 완만한 수평 모양일 때

꼬리를 약간 내려서 수평 수준에서 약간 위, 아래에 위치하고 편안하게 늘어뜨린 경우는 평상심을 의미합니다. 딱히 긴장하지도, 무언가를 경계하지도 않는 상태이죠. 다만 양 옆으로 움직임이 동반되는 경우에는 다른 의미일 수 있으니, 이어서 소개하는 '꼬리의 좌, 우 움직임'을 참조합니다.

🐾 꼬리가 아래로 내려갈 때

꼬리가 그보다도 아래로 내려가는 경우 슬슬 기분이 안 좋아지는 상태입니다. 아예 꼬리를 말아서 다리 사이에 넣은 경우에는 굉장히 겁을 먹은 고양이가 몸을 웅크리려는 자세입니다. 몸을 최소한으로 줄여 공격당할 부위를 최소화하는 것입니다. 최대한 방어적인 자세로 적극적인 공격 의사는 없지만, 이 상태의 고양이를 계속 만지려들면 자신을 보호하기 위한 방어적인 공격을 당할 수도 있습니다.

만약 꼬리를 바닥에 내려놓은 상태로 위, 아래로 탁탁 치는 행동은 약간의 흥분, 경계를 뜻합니다. 편안한 상태에서 꼬리를 바닥에 내려놓았으나 낯선 이가 만지는 것이 귀찮은 경우, 바닥의 벌레 등을 발견하고 살짝 흥분되는 경우 등에서 보일 수 있습니다.

🐾 꼬리가 거꾸로 꺾인 듯한 모양일 때

꼬리의 시작 부분은 약간 곧추섰으나 나머지 부분은 아래로 내려가서 거꾸로 꺾인 듯한 경우도 있습니다. 이것은 안 좋은 기분, 즉 내려간 꼬리에서 공격으로 전환되기 위해 꼬리가 세워지는 상태로 두려움과 동시에 공격 의사를 일부 밝히고 있는 상태입니다. 길고양이가 같은 영역 내에서 서로 마주쳤을 때 이러한 동작을 자주 보게 됩니다.

🐾 꼬리를 좌우로 움직이는 경우

고양이 꼬리는 좌우로도 아주 유연하게 움직입니다. 꼬리를 높게 세운 채 가볍게 살랑이는 움직임은 친밀함의 표시입니다. 또한 옆구리를 밀착하고 스윽 비비면서, 꼬리를 보호자의 다리나 친구에게 감는 행동 역시 친근함을 표시하는 것입니다.

반면, 꼬리를 그보다 낮춘 상태에서 양 옆으로 슬렁거리는 경우에는 약간 기분이 나쁘거나, 상태에 대한 주시, 경계입니다.

이보다 더 강하게 채찍질하듯 양쪽 몸에 닿을 정도로 꼬리를 휙휙 움직이는 경우는 짜증이 나거나, 공격 상대에 대한 흥분을 표시하는 것입니다. 집 안에서만 기르는 고양이의 경우 놀이를 시작하기 전이나, 다른 고양이를 공격하기 전에 이러한 행동을 보이는 경우가 많습니다. 놀이를 시작하는 경우라면 재미있게 놀아줄 수 있고, 쓰다듬어 주고 있는 경우라면 휴식을 방해하는 것일 수도 있으니 손길을 거두는 쪽이 좋습니다.

🐾 그 외의 꼬리 모양 변화 알아보기

• 꼬리를 수직 일자로 올릴 때

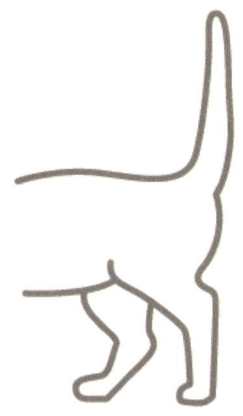

좋고 싫음에 관계 없이 고양이 기분이 '업(up)'된 상태입니다.

• 꼬리를 일자로 하여 아래로 내릴 때

무슨 일인지 기분이 '다운(down)'되어 있습니다.

• 꼬리를 약간 살랑거릴 때

"반갑다옹!" 친근감을 느끼며 반가워하고 있습니다.

• 다리 사이에 꼬리를 말아서 넣을 때

복종의 자세로 몸을 최대한 숨기려는 상태입니다.

• 앉아서 꼬리를 옆으로 휙휙 흔들 때

짜증이 났거나 장난감, 새 등을 보고 흥분했을 때 이러한 움직임을 보입니다.

• 앉아서 꼬리를 위 아래로 탁탁 움직일 때

고양이가 무언가에 흥미로움을 느낄 때 보이는 모습입니다.

chapter 1. 우리 고양이 지금 무슨 생각을 할까? • 443

04 고양이 자세를 보면 생각이 보여요

선생님이 도와줄게요

고양이 자세를 통해서도 고양이의 심리를 파악할 수 있습니다. 기본적인 원칙은 몸을 크게 부풀릴수록 공격하겠다고 위협하는 것이고, 몸을 작게 말아서 웅크릴수록 무섭고 방어적인 자세를 취하는 것입니다.

🐾 평온한 상태일 때 자세는 어떨까?

평상시의 고양이는 귀도 적당히 펴져 있고 수염도 늘어져 있으며 동공은 빛 수준에 따라 적정한 수준으로 몸은 일자로 퍼진 상태에서 꼬리는 수평보다 약간 아래로 늘어져 있습니다. 아주 즐거운 일도 없지만, 평온한 상태입니다.

🐾 점점 몸을 웅크릴 때

위험으로 인해 자신을 방어하려는 고양이는 점점 몸을 웅크리는데, 이 때 다리는 모두 몸통에 붙여서 최대한 적에게 드러나는 공간을 줄입니다. 귀도 안 쪽이 보이지 않게 뒤로 납작하게 붙여 버리고, 수염도 얼굴에 착 달라붙습니다. 이런 고양이는 내버려두면 공격하지 않지만, 건드리면 방어적인 형태의 공격, 즉 배를 보이되 이빨과 사지의 발톱 모두를 이용해 할 수 있는 모든 공격을 시행할 수도 있습니다.

🐾 갑자기 몸을 부풀릴 때

　반면 좀 더 공격적으로 대응하려고 하는 경우에는 몸을 부풀려서 자신을 더 크게 보이도록 합니다. 네 발을 꼿꼿이 세우고 등을 위쪽으로 구부려 부풀립니다. 꼬리도 가능한 한 곧게 세우고 온몸의 털 역시 곤두섭니다. 영역 분쟁 중인 길고양이끼리 마주친 경우 이런 모습을 왕왕 볼 수 있는데, 공격 자세를 취한 후 다른 고양이를 쫓아가서 싸움이 벌어지는 경우가 많습니다.

05 고양이 감정이 잘 드러나는 3가지 행동을 살펴보아요

선생님이 도와줄게요

자세뿐 아니라 행동을 통해서도 고양이의 감정을 유추할 수 있습니다. 고양이의 감정이 잘 드러나는 고양이의 행동을 몇 가지 알아보겠습니다.

🐾 집사에게 다가와 머리를 쿡 박을 때

더러 고양이가 보호자에게 머리를 쿡 박는 듯한 행동을 취하는 경우가 있습니다. 이를 번팅(bunting; 머리 받기)이라고 하는데, 만족스런 표정으로 보호자에게 머리를 받고 이때 고로롱 소리를 내기도 합니다. 이러한 행동은 얼굴에 호르몬이 분비하는 부분을 비벼서 자신의 냄새를 묻히는 친근함의 행동입니다.

🐾 고양이의 귀여운 행동, 꾹꾹이

시로는 행복해서 꾹꾹이가 절로 나온다옹!

고양이를 키우지 않는 사람들에게도 이제는 일반 상식 용어가 되어버린 '꾹꾹이'는 앞발을 꼭 쥐었다가 쫙 펴는 방식으로 교대로 움직이면서 보호자의 몸이나 이불 등에 대고 주무르는 듯한 행동을 말합니다. 이 행동은 아직 엄마 젖을 먹던 시절 아기 고양이가 젖을 더 나오게 하기 위해 엄마 가슴에 대고 하던 행동에서 유래합니다. 발바닥 분비선에서 유래하는 자신의 향취를 묻힐 수

길냥이의
옆구리 비비기
매력 발산!
"반가워옹~"

도 있습니다.
 다 큰 고양이 역시 이러한 행동을 보호자와 같이 친밀한 대상 혹은 부드러운 감촉의 이불이나 인형 등에 대고 할 수 있는데, 이는 행복감이나 만족감을 표현하는 귀여운 행동입니다.

🐾 옆구리 비비기

 이 역시 머리 받기와 비슷하게 친근함을 표시하기 위한 행동입니다. 고양이끼리 서로 인사를 하면서 이런 행동을 보이기도 하고, 보호자의 다리 사이를 지나거나 다리를 스윽 비비면서 지나갈 수도 있습니다. 이럴 때 가볍게 머리를 쓰다듬어 주거나, 꼬리가 시작되는 앞 부분을 살짝 두드려 주면서 기분 좋게 응답할 수 있습니다.

06 고양이의 다양한 울음소리를 알아보아요

선생님이 도와줄게요

- 고양이는 울음소리가 아주 예쁜 동물입니다. 특히 고양이와 일정 기
- 간 살아본 보호자라면 고양이가 사람의 언어만큼이나 다양하게 야옹
- 을 구사한다는 것을 알고 있을 것입니다. 물론 수다스러운 고양이가
- 있는가 하면, 하루 종일 "냐?" 한 마디도 안 하는 고양이도 있긴 합니
- 다. 이번 장에서는 고양이 음색에 따른 고양이의 대체적인 의사 표시
- 를 알아보도록 하겠습니다.

🐾 야옹

사실 고양이끼리 또렷하게 '야옹'이라고 대화하는 경우는 거의 없습니다. 그보다는 좀 더 뚜렷하지 않고, 웅얼거리는 형태로 가볍게 표현하거나, 길게 늘어서 불만을 표현하는 경우 정도로 사용합니다. 기본적으로 고양이끼리는 대화를 그리 많이 하지 않습니다. 또렷한 형태의 "야옹"은 대개 원하는 것이나 관심을 끌기 위한 의사표시인 경우가 많아서 되려 보호자나 밥을 주는 사람이 듣는 경우가 많습니다.

야옹은 높낮이나 길이에 따라 더욱 다양하게 해석될 수 있습니다. 적당히 높거나 중간 정도 높이의 발랄한 음색으로 하는 야옹은 인사나 좋은 기분을 표시하는 경우가 많고, 조르듯이 야옹대는 경우에는 간식이나 사료, 놀이에 대한 기대를 표하는 경우가 많습니다. 대체로 아주 높은 경우가 아니라면 좋은 기분을 반영하는 경우가 많습니다.

반면 음의 높이가 중간보다 낮아지기 시작하면 기분이 좀 더 가라앉은 상태입니다. 중증도에서 시작해서 내려가는 "야~옹~↓" 같은 경우에는 현재의 상황이 불만이며, 보호자에게 이를 해소해주기 바라는 경우가 많습니다. 예를 들면 막 입원한 고양이를 보호자가 면회할 때 이러한 소리를 낼 수 있습니다. "이 곳은 싫으니, 나를 꺼내다오." 정도로 해석할 수 있겠습니다.

아예 낮고 길에 "미야아~옹"이라고 하는 경우에는 음색에서도 느껴지듯 매우 화가 나거나 싫은 상태입니다. 보호자에게도 화가 나 있을 수 있습니다.

🐾 웅얼대는 소리

사실 고양이가 야옹이라고 하는 경우보다, 정체불명의 소리를 내는 경우가 더 많습니다. 이쪽이 되려 고양이의 자연스러운 소리일 수도 있습니다. 이러한 소리 역시 몇 가지로 분류되는데, 음색이 아주 낮지 않은 경우라면 대체로 즐겁거나 만족스러운 경우가 많습니다. 웅얼대더라도 아주 낮은 소리로 불만을 토로하는 경우도 일부 있습니다.

🐾 그릉그릉

고양이가 입을 다문 상태에서 낮고 조용하게 그릉그릉대는 것도 흔히 들을 수 있는 소리입니다. 이때 가만히 고양이의 머리나 턱을 쓰다듬으면 가는 진동을 느낄 수 있습니다. 대부분 고양이가 기분이 좋거나 즐거울 때 내는 소리로 표정 역시 만족감에 차 있는 경우가 많습니다.

한편 그릉거릴 때의 진동은 고양이의 통증을 덜어주는 역할도 하기 때문에 고양이가 출산 후나 통증이 있거나 심적으로 두려운 경우에서도 일부 그릉거리는 소리를 들을 수 있습니다. 이 경우 기분 좋은 상황에 한정되지 않고 길고 오랫동안 진동이 유지되고, 고양이는 활동력 없이 가만히 앉아 있는 경우가 많습니다. 흔하지는 않지만 고양이가 기분 좋을 이유가 없는데도 가만히 앉아서 혼자 오랫동안 골골대고 있다면 아픈 곳이 있지 않은지 관찰해 보아야 합니다.

🐾 으르릉

고르릉과는 달리 누가 들어도 아주 낮은 음색의 으르릉거리는 소리는 몹시 화가 난 상태에서 고양이가 내는 소리입니다. 혹시라도 이런 소리를 "그릉그릉"으로 착각하고 접근하였다가는 할큄을 당하기 십상입니다.

🐾 하악!

"으르릉"과 마찬가지로 위협을 느낀 상태의 고양이가 상대에게 경고하기 위해 내는 소리입니다. 다가오지 말라, 더 다가오면 공격하겠다는 의미가 내포되어 있습니다.

이를 가는 듯한 소리

고양이가 흥분한 상태에서 이를 부딪히면서 내는 소리입니다. 창 밖의 새를 쳐다보거나, 장난감을 공격하기 전에 낼 수 있습니다.

발정기에 우는 '콜링'

봄, 가을 발정기에 골목의 고양이가 울어대는 소리를 말합니다. 크고 높은 목소리로 우는데, 갓난아기가 우는 소리와 비슷하기도 합니다.

> 봄, 가을 발정기에 골목의 고양이가 울어대는 소리를 말합니다. 크고 높은 목소리로 우는데, 갓난아기가 우는 소리와 비슷하기도 합니다.

고양이의 언어를 이해한다는 것

사담입니다만 고양이의 울음소리를 통한 의사표현은 언어에 싣는 사람의 감정 표현과 상당히 유사한 부분이 있다고 생각됩니다. 예를 들어 내가 "야옹-"이라는 말밖에 하지 못한다고 상상했을 때, 그에 내 감정을 담아서 표현하는 식이죠. 기분이 좋다면 높고 가볍게 "야옹!"이라고 하고, 화가 나면 낮고 으르렁 대면서 "야아아~옹!" 하는 식입니다.

보호자의 말을 두세 가지만 알아듣는 고양이가 있는가 하면, "얘 사람 아니야?"라는 생각이 들 정도로 얼추 모든 말을 이해하는 것처럼 보이는 고양이도 있지요. 집사도 고양이 울음소리에 깃든 의미를 더 알아보려고 노력한다면, 더 많은 고양이의 의사표현을 알아들을 수 있게 될 겁니다. 고양이도 속으로 "어라? 우리 집사 고양이 다 됐네." 이렇게 생각할지도 모릅니다.

함께 살기 위한 기본 교육

지금까지 고양이의 언어에 대해 알아보았습니다. 그렇다면 이제 고양이에게도 집사의 의사를 알려주는 방법을 배워보도록 합시다. 이를 통해서 고양이에게 보호자가 바라는 몇 가지 사항들을 교육시킬 수 있습니다. 어린 아이에게도 교육이 필요하듯, 고양이도 적절한 교육을 통해 반려동물로서 더 나은 삶을 누릴 수 있습니다.

01 우리 고양이에게 교육이 꼭 필요할까요?

선생님이 도와줄게요

흔히 고양이는 교육이 잘 되지 않는 동물로 인식되어 있습니다. 하지만 고양이는 매우 똑똑한 동물이어서 보호자가 하는 말을 잘 알아듣습니다. 몇 가지 규칙을 이용하면 더욱 쉽게 보호자의 말을 알아들을 수 있을 뿐 아니라, 이런 규칙들을 준수하는 것이 본인에게 이롭다는 것을 이해하게 됩니다.

어느 정도까지 교육을 시켜야 할까?

반려동물을 '교육'한다고 하면 흔히 '앉아', '손!' 이런 류의 명령어를 알려주는 것을 떠올리게 됩니다. 고양이의 비교 대상으로 항상 언급되는 반려동물계의 양대산맥, 개의 경우에는 보호자에게 인정받고자 하는 욕구가 워낙 커서 상대적으로 고양이에 비해 교육이 쉬운 편인 것은 사실입니다.

사실 저는 반려동물에게 이런 훈련은 그다지 시키지 않는 보호자입니다. 예를 들어 18살 넘게 키웠던 시츄 '토토(옹)'에게도 "손!"을 가르치지 않았습니다. 하지만 토토는 머리 끈을 풀고 바로 묶어주지 않으면, 목욕하는 날인 것을 눈치 채고(약간 슬퍼하면서) 화장실 앞에서 기다리고는 했지요. 또한 토토는 바닥 접시에 놓인 음식은 절대 먹지 않는 것 등등 함께 하면서 필요한 규칙에 대해서는 잘 습득했습니다.

작고한 '냥이' 군이나 다른 고양이들에게도 딱히 이런저런 교육을 하지는 않았지만, 손톱을 깎거나 털을 빗겨주기 위한 참을성을 길러주고, "안돼."라는 단어를 알아듣도록 한다거나, 올라가서는 안 되는 곳을 지정해주는 정도의 교육은 시행하였습니다.

"고양이 학교 우등생이다옹." 고양이의 행복을 위해서 생활규칙에 대한 교육은 꼭 필요합니다!

🐾 고양이의 삶의 질을 높여줄 교육

어릴 때 전혀 교육을 하지 않고, 어느 날 갑자기 익숙치 않은 행동을 하려 하면 고양이는 겁을 먹고 다음부터 그 행동을 전혀 하지 않으려고 할 수 있습니다. 또한 어릴 때 귀엽다고 내버려 두었던 행동들로 인해 손을 물거나, 화장지나 비닐을 마구 물어뜯는 고양이가 될 수도 있습니다. 다 큰 후에 이런 것을 갑자기 교육하려 들면 고양이가 납득하지 못할 수도 있습니다.

TIP. 반려동물 교육, 고양이의 행복을 위해 실천하세요

반려동물에게 하는 교육은 특별히 재주를 부리거나, 특별한 능력을 남들에게 보여주기 위한 것은 아닙니다. 함께 살기 위해 위험한 요소를 배제하고, 집 안의 규칙을 함께 준수하기 위해 교육이 필요합니다.

반면 기본적인 생활규칙들을 입양 후 안정이 된 후부터 꾸준히 알려주면 향후의 불화나 파양 없이 오랜 시간 서로 행복한 시간을 보낼 수 있습니다. 특히 병원에 내원하거나, 약을 먹거나, 손님이나 외부 환경 변화 등에 어느 정도 스트레스 저항성을 가질 수 있도록 하면 향후의 어려움을 최대한 줄여줄 수 있습니다.

🐾 고양이에게 꼭 필요한 교육 알아보기

일단 무엇을 교육할 것인지 정하는 것이 좋습니다. 생각나는 대로 이것저것 가르치려 들면 고양이는(늘 말하지만 한국말을 못 알아들으므로) 혼란스럽습니다. 보호자가 생각하기에 꼭 필요한 것들을 정하고 하나씩 차례로 가르치고, 고양이가 습득한 규칙은 지속적으로 지켜야 합니다.

다음은 고양이에게 꼭 필요하다고 생각되는 교육입니다.

> **고양이에게 꼭 필요한 교육**
> - "안돼." "좋아." "잘했어."와 같은 기본 표현 익히기
> - 위험한 곳에 접근하지 못하도록 하기(461쪽 참고)
> - 안아주기 교육(464쪽 참고)
> - 스트레스 적응(468쪽 참고)
> - 이동장 훈련(212쪽 참고)

🐾 고양이에게 기본 단어 가르치기

고양이가 기본적인 교육 단어를 알아야만, 모든 교육의 기본으로 삼을 수 있습니다. 원하는 행동

을 강화하고 잘못된 행동을 하는 경우 제지할 수 있지요. 특히 이러한 표현을 통해 위험한 곳에 접근하지 못하게 하거나, 위험한 상황에서 행동을 제지할 수 있습니다.

• 1단계. 단어 지정하기

먼저 집사는 '칭찬' 상황, '금지' 상황마다 각각 고양이게 어떤 표현을 해줄지 정합니다.

• 2단계. 해당 상황마다 동일하게 말해주기

칭찬 시에는 다정한 어조로 쓰다듬어 주면서 "잘했어."

행동을 제지하는 경우에는 단호하고 약간 강한 어조로 "안 돼."

* 주의 사항
- 부연설명을 덧붙이지 않고 '상황에 맞는 단어 하나'만을 고양이에게 말해주어야 합니다.
- 보통 다정하게 대해주고 싶은 마음에 이러쿵저러쿵 말을 많이 하게 되면, 오히려 특정 단어에 대한 인지가 떨어질 수 있습니다.
- 초기 어휘 교육 시에는 상황별로 정해둔 단어만 사용합니다.
- 귀찮더라도 초기 교육 시에는 칭찬 및 꾸중 상황에서 빼먹지 않고 단어 훈련을 해야 고양이가 헷갈리지 않을 수 있습니다.

• 3단계. 고양이가 말을 알아듣기 시작합니다

이름을 모르는 고양이가 없는 것처럼 반복적으로 동일한 어휘를 적용하는 경우 며칠 안에 해당 단어에 대한 의미를 고양이는 곧잘 알아듣게 됩니다. 이러한 단어 습득은 이후 교육의 기본으로 활용할 수 있습니다.

02 고양이 교육의 기본 원칙은 무엇인가요?

선생님이 도와줄게요

어느 범위까지 교육할지는 보호자의 바람, 집 안의 환경 특성, 함께 키우는 고양이나 동물의 종류, 가족 구성원의 특성 등에 따라 판이하게 달라집니다. 하지만 교육의 내용에 관계없이 교육을 시행하는 데에 있어 일반적으로 준수해야 할 원칙은 다음과 같습니다.

첫째, 일관성 가지기

첫 번째 절대 원칙은 일단 교육을 시작하면 일관성을 가지고 교육해야 한다는 점입니다. 교육 자체는 일정 시간을 할애해서 교육하되, 고양이에게 언어적으로 주지시킬 수 없는 만큼 나머지 시간에도 동일한 원칙을 준용해야 합니다. 영어 공부 하듯이 하루에 1시간만 열심히 교육시키고, 나머지 시간에는 멋대로 내버려두면 고양이는 혼란스럽게 됩니다.

예를 들어 고양이에게 부엌에 올라가지 못하도록 교육을 열심히 시킨 후 잠시 집사가 쉬고 있는 상황이라고 생각해봅시다. 이때 고양이가 몰래 싱크대에 올라가는 것을 보았다면 아무리 피곤하더라도 못 본 채 해서는 안 됩니다. 반드시 "안 돼!"라고 주지시키고, 고양이를 바닥에 내려야 합니다. 교육기간 동안에는 고양이를 관찰하면서 동일한 원칙을 적용하고, 외출 시와 같이 고양이를 관찰할 수 없는 기간에는 아예 접근할 수 없도록 막아두는 것이 좋습니다.

"싱크대는 안 돼!" 늘 동일한 원칙을 적용해요.

🐾 둘째, 단순한 명령어를 사용하기

두 번째 원칙은 명령어를 단순하게 사용하라는 것입니다. 누차 말하지만 고양이는 한국어를 할 수가 없습니다. 어린 아이에게 설명하듯 친절한 어투로 자세하게 설명해주면, 오히려 고양이는 어리둥절하게 됩니다. 고양이의 기분을 얼러주거나 함께 좋은 시간을 보낼 때에는 다양한 말을 걸어주어도 좋지만, 교육 시에는 "안 돼." "좋아." "옳지." 등 짧고 단순한 명령어를 사용하는 교육을 수월하게 할 수 있게 할 뿐 아니라, 여타의 교육에도 준용할 수 있어 바람직합니다.

🐾 셋째, 칭찬하고 포상해주기

세 번째 원칙은 고양이에게 교육을 잘 따랐을 때 즐거움이 동반된다는 것을 알려주어야 합니다. 개와는 달리 고양이는 보호자의 명령에 무조건 복종하거나, 위계질서 내에 편입하고자 하는 욕구가 적습니다. 무작정 안 된다고만 하면 교육이 잘 되지 않을 뿐 아니라 겁을 먹고 이후에는 교육에 응하지 않으려 할 수 있습니다. 고양이를 교육할 때에는 꾸중보다는 포상을 하는 것이 좋습니다.

고양이가 바람직한 행동을 하면 즉각 칭찬하고, 간식 등으로 포상할 수 있습니다. 따라서 배가 부른 상태에서 교육을 하기 보다는 배가 살짝 고픈 상태에서 교육을 하는 편이 좋습니다. 간식을 큰 조각으로 주면 금방 먹을 수 없기 때문에, 다음 교육으로 이어지는 기간이 길어집니다. 따라서 포상용 간식은 손톱 크기 정도로 작게 잘라서 주는 것이 좋습니다. 특히 간식을 많이 먹게 되는 경우는 살이 찔 뿐 아니라, 정상 식이를 방해하므로 조금씩 먹여야 한다는 점을 잊어서는 안 됩니다.

일단 고양이가 특정 행동을 하면 포상을 받는다는 것을 인지하였다고 생각되면, 즉, 바람직한 행동 후 간식이나 칭찬을 요구하는 표정이나 행동을 보호자에게 보인다면, 이후에는 포상을 '간헐 포상'으로 바꾸어줍니다. 간헐 포상이란 말 그대로 간식과 같은 포상을 매

> **Q.** 간식을 먹을 수 없는 경우에는 어떻게 하나요?
>
> 건강상의 문제로 간식을 줄 수 없는 경우에는 '칭찬해주기'만 시행해도 괜찮습니다.

번 주는 것이 아니라 간헐적으로 2회에 한 번, 3회에 한 번과 같이 가끔씩 주는 것을 말합니다. 간헐 포상의 간격은 점점 늘어가고, 이후에는 아주 가끔씩만 포상해 줍니다. 실제로 매번 포상하는 것보다 간헐 포상이 그 효과가 훨씬 좋습니다. 간헐 포상 중간에 간식을 주지 않는 경우라도, 쓰다듬어 주거나 언어적 포상 '좋아', '잘했어' 등의 칭찬은 늘 계속합니다.

넷째, 교육은 어릴 때부터 시작하기

앞서 설명한 방법으로 발톱을 깎으려고 해도 고양이가 매섭게 화를 내며 도망가는 통에 시도도 제대로 하지 못하는 집사들도 많을 것입니다. 고양이가 나름의 방어적인 행동을 익힌 후에 집사가 갑자기 교육을 하려고 들면, 시간도 오래 걸릴 뿐 아니라 실패할 확률도 높습니다.

예를 들어 안아주기 교육은 어린 고양이에게는 별다른 저항 없이 곧바로 가능한 교육이지만, 나이가 든 이후에는 안아주기까지 발톱에 할큄을 당하는 일을 감수해야 할 수도 있습니다. 때문에 입양 후 고양이와 보호자가 어느 정도 친숙해진 이후에는 단계적으로 생활 교육을 시작하는 것이 좋습니다. 어릴 때 귀엽다고 잘못된 행동을 내버려 두었다가는 고양이가 다 자란 이후 크게 고생할 수 있습니다.

뻔한 내용인 듯하지만, 고양이의 문제 행동을 호소하는 집사의 경우 본인도 모르게 이러한 원칙들을 지키지 않는 경우가 많습니다. 반면 이러한 기본 원칙을 숙지하고 있다면 추후의 교육은 좀 더 쉽게 접근할 수 있습니다.

> **고양이 교육의 기본 원칙 총 정리!**
> - 일관성 있게 교육하자.
> - 단순한 명령어를 사용하자.
> - 꾸중과 포상 : 고양이에게는 꾸중보다는 포상을 하자.
> - 포상의 원칙
>   - 언어적인 칭찬을 해주자.
>   - 포상 간식은 손톱 크기 정도로 작게!
>   - 일단 익숙해지면, 간헐 포상으로 전환하자.
>   - 잘못된 행동은 일관적으로 알려주되, 공포심을 주어서는 안 됩니다.
> - 조기 교육의 중요성 : 교육은 어릴 때부터 시작하기

Q. 고양이 성격에 따라 교육법도 바뀌나요?

얌전하고 스트레스를 많이 받는 고양이에서는 적은 수준의 교육이 적당합니다. 반대로 집사와 많은 교류를 원하고 포상을 좋아하는 활동적인 고양이에게는 다양한 교육이 즐거움이 될 수 있습니다.

고양이 조기 교육의 중요성

지금은 무지개 다리를 건넌 냥 군이 아깽이였던 시절. 얼떨결에 친구에게 넘겨받아 키우게 된 냥이를 보며 '어떻게 하면 이 아이를 잘 키울 수 있을까?'라고 고민하던 시절이 저에게도 있었습니다. 고양이 행동학 서적을 뒤적이며 많은 시간을 보냈는데요. 그때 알게 된 것이 '안아주기 훈련'이었습니다. 하지만 이 훈련이 왜 필요한가에 대한 서술은 부족했지요. 어쨌든 훈련을 하라고 하니까 매일 몇 분씩 고양이를 안아주고, 귀 청소와 발톱 깎기도 4개월 정도의 연령부터 시작하였습니다. 당시에는 딱히 이러한 훈련을 해야 하는 필요성을 느끼지는 못했지만, 그래도 책에 쓰인 대로 그냥 부지런히 매일 빗질을 하고 양치를 시키곤 했습니다.

이미 20년 가까이 지난 일이지만 돌이켜보면 이러한 훈련의 효과가 진정 빛을 본 것은 냥 군이 할아버지가 되었을 때입니다(물론 냥이는 청소년기와 성묘 시절에도 귀도 잘 닦고 발톱도 잘 깎고, 빗질도 잘 하는 '모범 고양이'였어요). 나이가 들어 신부전으로 고생하게 되었을 때 투약, 핸드 피딩, 피하 수액과 같은 처치를 하루에도 몇 회씩 받았지만, 냥 군은 그럭저럭 스트레스 받지 않고 감내하곤 했지요. 너무나 많은 고양이들이 이런 처치를 잘 받지 못하는 반면에 말입니다.

결론은 모든 훈련은 어린 시절에 시작해서 고양이 입장에서 자연스럽게 받아들이도록 하는 것이 가장 좋다는 것입니다. 어릴 때는 고양이도 스트레스 받지 않고 집사의 교육을 쉽게 받아들이기 때문이에요.

03 위험한 곳에 접근하지 못하도록 훈련시켜요

- 본 장의 제일 처음에 소개한 바와 같이 고양이를 교육하는 가장 큰 목적은 좀 더 행복한 생활을 위한 규칙을 설정하는 데에 있습니다. 이러한 규칙들을 고양이에게 소개하기 위해 먼저 반복적인 명령어 사용을 통해 "안 돼." "좋아." 등의 단어를 가르칩니다. 그 다음에는 해서는 안 되는 '위험한 행동'에 대해 알려주는 것이 필요합니다.

🐾 고양이에게 위험한 장소

위험한 곳에는 부엌칼, 인덕션 등이 있는 부엌 조리대나 식탁, 세탁기나 건조기 등이 있을 수 있습니다. 이러한 곳에 올라가거나 들어가지 못하게 하는 것은 입양 후 고양이가 공간에 어느 정도 적응하였다면 바로 시행해야만 하는 교육입니다. 꼭 위험한 곳이 아니더라도 작업용 책상이나 화장대, 물건이 많은 책장 등과 같이 고양이가 접근하길 원하지 않는 높은 곳이 있다면 동일한 원칙을 적용합니다.

위험한 곳의 경우는 교육도 중요하지만 아예 고양이가 접근하지 못하도록 방묘창이나 방묘문을 설치하거나 보호자가 자주 확인해야 합니다. 한국에서 고양이에게 위험한 곳으로 인덕션, 싱크대, 세탁기 등이 있을 수 있습니다. 특히 최근 세탁기에서 화상이나 사망 사고를 입는 예가 아주 많이 늘어나고 있으니 주의합시다.

부엌의 싱크대를 예로 들어보면, 이곳은 고양이에게 매우 매혹적인 장소입니다. 고양이가 아래에서 올려다보았을 때, 보이지 않는 곳에서 집사가 온갖 바스락, 달그락거리는 소리를 내며 무언가에 몰두해 있습니다. 맛있는 사료나 통조림도 그곳에서 나옵니다. 막상 올라가 보니 이곳은 높고, 흐르는 물도 있는 고양이로서는 상당히 만족스러운 장소입니다.

일단 교육에 앞서 고양이가 해당 장소를 더 이상 좋은 곳으로 여길 수 없도록 하는 것이 좋습니다. 부엌에

> **TIP.** 세탁기 문을 꼭 닫으세요!
> 세탁기 속 푹신하고 따뜻한 세탁물은 항상 고양이를 유혹합니다. 세탁물을 세탁기 안에 쟁여놓지 않거나, 평소 문을 닫아두는 습관을 들이는 것이 좋습니다. 물론, 세탁 전 확인은 필수입니다.

서 할 일을 마치는 즉시 음식을 모두 안으로 치우고, 수도꼭지도 꼭 잠급니다. 고양이가 흥미를 느낄 만한 비닐이나 작은 물건 등은 모두 치우는 것이 좋습니다.

1. 일관성 있는 교육을 시작합니다

고양이가 부엌 위로 오르는 것을 발견하면 즉시 "안 돼."라고 단호하고 약간 강한 어조로 제지한 후, 바로 고양이를 바닥에 내립니다. 야단법석을 떨면서 소리를 지르는 것은 고양이에게 적당한 교육이 아니라 공포감만을 줄 수 있으므로 지양합니다. 반대로 "인덕션에는 발을 댈 수 있으니까, 올라가면 안 돼요."라는 식으로 길고 다정하게 설명해주는 것 역시 고양이에게 혼란을 주어, 오히려 교육 효과를 낮출 수 있습니다.

2. 이 행위가 잘못되었다는 점을 꼭 알려주기

다음으로 중요한 것은 '이 행위는 잘못되었고, 집사는 이런 행동을 원치 않는다.'는 것을 알려주는 것입니다. 많은 보호자가 교육에 실패하는 부분은 이렇게 행동을 교정하는 과정에서 칭찬을 해줌으로써 고양이를 혼란스럽게 만드는 것입니다. 예를 들어 싱크대에 올라간 고양이를 내린 직후 쓰다듬어 주는 경우, 고양이는 이 행동을 좋은 것, 혹은 놀이로 여길 수 있습니다. 따라서 "안 돼."라고 단호하게 말하고, 고양이를 내린 이후에는 5분 정도 고양이에게 무관심한 듯한 태도를 취하는 것이 좋습니다. 의외로 이러한 냉각 기간을 잘 지키지 못하는 보호자들이 많은데, 이럴 때 권유하는 방법은 고양이를 제지한 직후 시계로 가서 5분이 될 때까지 고양이를 외면하는 것입니다. 물론, 그 동안에 고양이가 다시 싱크대로 올라간다면 "안 돼."라고 단호히 말하면서 고양이를 내려야 합니다.

3. 집사, 고양이와 타협하지 마세요

또한 이 과정에서는 타협이 없다는 것을 알려주어야 합니다. 일부 고집쟁이 고양이가 계속 싱크대로 올라간다면 지속적으로 교육을 해야 합니다. 타협 시에는 절대로 포상을 해서는 안 됩니다. 더불어 고양이가 계속 그 행동을 지속할 때에는 '너의 행위가 잘못되었다.'라는 보호자의 표시가 적절치 못해서 고양이가 잘못된 행위를 일종의 놀이로 인식하고 있지는 않은지 돌아보아야 합니다.

4. 고양이가 혼자 있다면, 위험한 장소를 가리세요

이런 과정을 반복하면 대부분의 고양이는 1주에서 한 달 이내에 보호자의 눈 앞에서 부엌 싱크대로 오르지는 않습니다. 다만 집을 비우는 시간이 많은 경우 보호자가 없는 동안 해당 장소에 오를 수 있기 때문에 위험을 방지하기 위해 인덕션 덮개나 전체적으로 덮을 수 있는 장치를 설치하는 것이 필요할 수 있습니다. 세탁기와 같은 다른 위험한 공간도 마찬가지입니다. 최근에는 인터넷을 통해 이런 제품들을 쉽게 구입할 수 있습니다.

5. 대체할 수 있는 공간을 만들어주세요

한편 고양이 입장에서는 이러한 곳에 접근하지 못하도록 하는 것이 억울할 수도 있습니다. 예를 들어 집 안의 식탁, 책상, 부엌에 올라가지 말라고 하는데 그 외에는 적당히 올라갈 높은 곳이 없을 수도 있습니다. 따라서 고양이가 그 공간을 선호하는 이유를 생각해보고 대체할 수 있는 공간을 만들어 주는 것이 필요합니다.

"싱크대에는 왜 올라가냐옹? 이렇게 좋은 캣타워가 있는데!" 고양이가 높은 공간을 좋아한다면 캣타워 등 놀이기구를 설치해주세요.

높은 공간이 필요하다면 캣타워나 비슷하게 높은 곳에서 휴식할 수 있는 공간을 만들어 줍니다. 수도꼭지의 물을 마시러 올라가는 경우라면 정수기를 구입해 주는 것도 좋습니다. 세탁기의 경우 폭신한 구석 잠자리가 필요한 것일 수도 있으니 마련해 줍니다.

04 스킨십, 안아주기를 교육해요

선생님이 도와줄게요

- 집사도 고양이도 행복해지는 안아주기 교육! 안아주기 교육을 바탕으로 손톱을 깎거나 빗질, 양치질 교육까지 이어갈 수 있습니다. 더불어 나이가 들어 아플 때에 약을 먹이거나 안약을 넣는 등 기본적인 처치를 위해서도 필요합니다. 자세한 내용은 이번 장을 참조해 배울 수 있습니다.

🐾 '안아주기 교육'은 모든 훈련의 기본

기본적으로 보호자가 안아주는 행동에 저항감이 없는 고양이는 이후에 이어지는 귀청소, 발톱 깎기, 양치 등에도 쉽게 적응할 수 있기 때문에 '안아주기' 교육은 모든 교육의 기본이라고 할 수 있습니다. 보호자와의 친밀감도 동시에 올릴 수 있기 때문에 고양이가 어릴 때 가장 먼저 시행하기에 좋은 교육입니다.

TIP. 안아주기 훈련은 일상생활에 도움이 돼요!

발톱 깎기, 귀 청소, 양치질뿐만 아니라 약을 먹이거나, 안약을 넣고 빗질을 하는 등 여타의 행동에 대해서도 굉장히 쉽게 적응합니다. 다른 생활 관리 역시 결국 비슷한 요령, 즉 고양이가 싫어하지 않는 수준으로 조금씩 진행하고 포상하는 방식으로 교육시킬 수 있습니다.

이렇게 안으면 고양이가 싫어해요!

- 목덜미를 잡고 들어 올리지 마세요.
- 앞다리나 허리춤으로 끌어 올리는 것도 부적당합니다.
- 아기 안 듯이 배가 보이도록 뒤집어 앉는 것도 길들여진 고양이가 아니라면 좋아하지 않습니다.

🐾 고양이를 어떻게 안아주는 것이 좋을까?

한 손으로 고양이 앞다리 사이 부분 가슴을 받쳐 고양이를 살짝 들어올리는 동시에 반대 손으로 고양이 엉덩이를 살짝 받쳐줍니다. 이와 동시에 고양이를 몸에 밀착시켜주면, 고양이가 안긴 상태에서 안정감을 느낄 수 있습니다.

작은 고양이가 바깥 상황에 대해 경계하고 있다면 한 손으로 고양이 가슴뿐 아니라 배까지 받쳐 주고 반대 손으로 엉덩이를 잡아 안정감을 줄 수 있습니다. 고양이는 좀 더 보호자의 품에 꼭 안길 뿐 아니라, 고개를 숙여 보호자 팔꿈치 안으로 숨을 수도 있기 때문에 불안감을 줄여줄 수 있습니다.

🐾 성묘가 스킨십을 싫어할 때 해결법

교육을 하지 않은 상태로 훌쩍 커버린 고양이의 경우, 차근차근 스킨십 자체에 길들여지도록 해야 합니다. 처음에는 고양이 몸에 손을 올려두고 고양이가 일어나려 하면 살짝 누르는 동시에 쓰다듬어 줍니다. 몸에 밀착한 상태로 할 수도 있습니다. 고양이가 감내할 수 있는 수준, 즉 몇 초에서 몇 분 정도 지나면 풀어줍니다. 이때 고양이 기분은 '약간 참기는 했지만 좋은 상태'여야 합니다. 어느 정도 익숙해지면 고양이가 앉아 있거나 누워 있는 상태에서 안아서 몸에 살짝 밀착하여 쓰다듬어 주거나 칭찬해 준 후 풀어줍니다. 익숙해지면 안고 있는 시간을 점점 늘려줍니다. 익숙해졌다고 생각되면 고양이를 무릎 위에 올린 후 비슷하게 안았다가 풀어주고, 시간을 점차 늘려갑니다. 이런 단계는 고양이가 허용할 수 있는 정도에 따라 며칠, 몇 달에 걸쳐 천천히 진행합니다.

일단 고양이를 안을 수 있게 되었다면 이후에는 비슷한 요령으로 안는 시간을 늘려 봅니다. 고양이를 안은 후 살짝 밀착하고 쓰다듬어 주거나 포상으로 간식을 준 후 내려줍니다. 고양이가 불안해 보이면 자리에 앉은 상태에서 안아줘도 무방합니다. 안고 있는 시간을 조금씩 늘려 보는데, 기분 좋게 쓰다듬어 주고 만져주다가 어느 정도 시간이 지나면 간식으로 포상하고 고양이를 내려줍니다. 고양이의 인내심이 바닥나지 않는 수준에서 안아주어야 합니다.

🐾 응용 동작 1 : 발톱깎기

고양이가 안아주기 교육에 어느 정도 익숙해졌다면 응용 동작을 취해 봅니다. 첫 번째는 '발톱 깎기'입니다. 발은 고양이에게 민감한 부위이므로, 처음에는 발에 손을 살짝 대었다가 포상을 해주고 부드럽게 쓰다듬어 줍니다. 고양이가 발을 만지는 것에 조금씩 익숙해지면 다음의 순서로 발톱을 깎아봅니다.

1. '발톱깎이' 기구를 보여주고 냄새를 맡게 한 후 한쪽 발에 대었다가 뗍니다.
2. 발톱깎이에 익숙해지면 발톱 한 개를 깎아봅니다. 이때 피가 나거나 아프지 않도록 주의합니다.
3. 발톱 깎기에 성공하면 포상하고 칭찬해준 후, 쓰다듬어 줍니다.
4. 싫어하는 경우에는 고양이를 살짝 눌렀다가, 고양이가 안정되면 칭찬해주고 다시 시도합니다.
5. 이런 식으로 고양이가 감내할 수 있는 수준부터 발톱 깎기 교육을 시작합니다. 점점 깎는 발톱 수를 늘려보고, 나중에는 한 번에 모든 발톱을 깎는 단계까지 천천히 진행합니다.

응용 동작 2 : 귀 청소하기

귀 청소도 집사들이 어려워하는 것들 중 하나입니다. 스킨십을 통해서 은근슬쩍 귀 청소로 넘어갈 수 있어요. 아래의 순서로 시도해보세요.

1. 안은 상태에서 귀를 살짝 만지고 바로 칭찬하고 포상합니다.
2. 매일 반복해서 귀를 만져도 별로 싫어하지 않으면 화장솜에 귀 세정제를 묻혀서 귀에 살짝 대었다가 뗀 후 포상합니다. 궁금해 하면 냄새를 맡도록 내버려 둡니다.
3. 처음부터 귀를 다 닦으려 할 필요는 없습니다.
4. 고양이가 익숙해지면 귓바퀴 부분을 조금씩 닦으면서 점점 완전한 귀 청소를 진행할 수 있습니다.

응용 동작 3 : 양치질하기

귀 청소처럼 양치질 역시 고양이가 잘하면 포상을 해주세요.

1. 얼굴의 좋아하는 뺨 부위를 쓰다듬어 주다가 옆쪽 입술 사이로 손을 살짝 넣어 치아를 살짝 스치듯 지나갑니다.

2. 즉각 칭찬해주고 포상하고 쓰다듬어 줍니다.

3. 1~2를 조금씩 연장하다가 익숙해지면 고양이 전용 치약을 살짝 짜서 코에 대고 냄새를 맡게 한 후, 치아에 대고 마사지합니다.

4. 고양이가 바깥쪽 치아에 손으로 치약을 바르는 식의 양치에 익숙해졌다면, 칫솔을 이용하거나 안쪽 치아에까지 양치를 진행할 수 있습니다.

5. 얼굴을 쓰다듬은 다음 한쪽 손으로 고개를 살짝 올리고 반대 손으로 아래 턱을 살짝 내려 입을 벌립니다. 이때 얼른 칭찬해줍니다.

6. 고양이가 가만히 있으면 안쪽 치아에 대한 양치를 진행합니다.

* 주의사항
- 모든 과정의 직후에는 칭찬 및 포상, 쓰다듬기를 해줍니다.
- 1~6까지의 모든 단계는 최소 1주, 길게는 몇 달에 걸쳐 진행합니다.

05 각종 스트레스 상황에 적응해요

선생님이 도와줄게요

스트레스 교육은 우선 가장 기본적으로 청소기, 헤어 드라이기 소음에 적응하는 것이 필요합니다. 특히 이런 소음에 잘 적응한 고양이는 바깥의 공사음과 같이 조절할 수 없는 소음에도 잘 견딜 수 있는 등 스트레스 저항성을 가질 수 있습니다.

작은 변화에도 스트레스 받는 고양이

더러 지나치게 국한된 환경에서만 지낸 나머지 외부 환경의 조그마한 변화에도 극도로 스트레스를 받는 고양이들이 있습니다. 특히 한국의 경우 손님의 출입이 거의 없는 집 안에서 한 마리 고양이만 키우는 경우가 많기 때문에, 소심한 고양이들이 많은 것 같습니다.

이런 고양이들은 보호자가 발톱을 깎는 것도, 집에 가끔 손님이 오거나, 저 멀리 공사 소음 소리가 들리는 것도 모두 무서워서 어딘가로 숨은 뒤 벌벌 떱니다. 잠시 이러다 말면 그나마 다행인데, 스트레스로 인해 '하부 요로기 증후군'과 같은 이차적인 질환이 발생하는 경우도 허다하고, 위중한 경우에도 스트레스로 인해 질병 치료를 거의 받지 못하는 경우도 있습니다. 때문에 평소에 어느 정도 스트레스 상황에 익숙해지도록 하는 것이 좋습니다.

소리 자극에 익숙해지는 방법

가장 대표적인 소리 자극에는 청소기 소리나 헤어 드라이기 소리가 있습니다. 특히 헤어 드라이기 소리에는 고양이가 친숙해져야만 목욕 후 털을 꼼꼼하게 말려줄 수 있는데, 장모종의 경우 털을 적당히 말린 채 두면 뭉친 털 아래로 피부병이 생기기 쉽기 때문에 이에 대해 친숙하게 하는 교육이 필요합니다. 가장 중요한 것은 어느 날 갑자기 무서운 소리로 고양이에게 공포감을 조성하지 않는 것입니다.

헤어 드라이기 사용을 예로 들자면 처음에는 고양이와 충분히 멀리 떨어진 곳에서 낮은 강도로 잠깐 사용합니다. 이때 고양이와 놀아주거나 밥을 주거나 간식을 주는 것도 좋습니다. 사실 '머리카락이 긴 집사'가 키우는 고양이 중 상당수는 자신에게 직접 적용하는 경우가 아니라면 집사가 헤어 드라이기를 쓰는 것에 민감하게 굴지 않습니다.

고양이가 어느 정도 익숙해지면 소리를 키우거나 좀 더 가까운 거리에서 사용합니다. 고양이가 익숙해지면 모르는 척 살짝 한 번 드라이기 바람이 고양이에게 가도록 하고, 여전히 놀아주거나 포상을 해줍니다.

고양이가 헤어 드라이기 바람에 대해 '하악' 하거나 공격하는 자세를 취하지 않는다면 적용 시간이나 강도, 온도를 천천히 조절해 나갑니다. 다짜고짜 털을 말리려 들지 않고, 단계적으로 길게는 몇 달에 걸쳐 교육을 합니다. 어릴 때 이런 교육을 시작하는 경우 경험적으로 많은 수의 고양이가 헤어 드라이기 사용에 적응합니다.

진공청소기 역시 같은 요령으로 멀리서부터 짧은 시간만 사용한 후 천천히 다가옵니다. 이후 사용 시간을 늘리되, 훈련 기간 동안에는 고양이에게 밥을 주거나 놀아주는 것이 좋습니다. 일단 몇 가지 소리 자극에 대해 적응하게 되면, 새로운 소리에 대해 경계를 하더라도 그렇지 못한 고양이에 비해 쉽게 적응하는 경우가 많습니다.

🐾 집에 방문하는 사람을 두려워하지 않는 방법

낯선 이의 방문은 당연히 고양이에게 경계의 대상이 됩니다. 하지만 정도가 지나쳐서 손님이 갈 때까지 하루 종일 고양이가 구석에 숨어서 나오지 않는 경우도 많습니다. 이런 행동이 무슨 문제가 있을까 싶지만, 지나치게 소심한 고양이는 위기 상황에서 구출이 어렵거나, 이사와 같은 환경 변화 시에 보호자의 손길을 뿌리치고 도망가거나, 향후 병원 치료와 같이 고양이에게 필요한 자극에 대해 거부하는 경우가 많기 때문에 조금은 담대할 수 있도록 교정해 주는 것이 좋습니다.

🐾 집에 방문하는 손님에 익숙해지는 방법

가장 쉬운 방법은 어릴 때부터 꾸준히 집에 손님이 방문하는 것입니다. 손님이 굳이 고양이와 놀아주지 않더라도 자연스럽게 행동하다 보면 고양이는 숨어 있다가 살짝 나와서 상황을 살피고 손님에게 관심을 보이게 됩니다. 이럴 때 보호자는 자연스럽게 행동하되, 고양이를 쓰다듬어 주거나 가볍게 포상해줄 수 있습니다. 고양이가 손님에게 관심을 보인다면, 손님이 고양이와 놀아 주거나 간식을 줄 수 있습니다. 다만 손님이 고양이에게 공포심을 조장하는 행동을 해서는 안 됩니다.

🐾 도움이 되는 '손님 상황극'

하지만 손님이 방문했을 때 고양이가 숨어서 전혀 나올 기색이 보이지 않는 경우라거나 이미 성장해서 경계심이 있는 경우라면, 인위적으로 손님이 방문하는 환경을 설정해서 교육을 할 수 있습니다. 일단 친구를 섭외하여 방문을 부탁합니다. 보호자와 이미지가 비슷한 사람이 유리할 수 있습니다. 예를 들어 집사가 '머리 긴 여자'라면, 굵은 목소리의 남자 손님보다는 '긴 머리 여자 손님'을 고양이가 익숙하게 느낄 수 있습니다. 또 교육 기간 동안 되도록 자주 방문해 줄 수 있는 사람이 좋습니다.

일단 손님으로 친구가 섭외가 되면, 친구를 집에 방문하도록 합니다. 손님과 고양이가 숨어 있는 곳 근처에서 조금 떨어진 곳에 자리를 잡고 조용히 대화를 하며 20~30분 정도 시간을 보냅니다. 이때 고양이를 굳이 어르고 달랠 필요 없이 '이것은

집사야, 이불 밖은 위험하다옹….

아주 자연스러운 상황이야'라는 듯 행동합니다. 집사가 "괜찮아?" "무서워?" 이런 식으로 알려주는 것은 고양이에게 '지금은 무섭거나, 좋지 않은 상황'이라는 신호로 인식될 수 있으므로 평소와 다름없이 태연하게 행동하는 것이 좋습니다. 혹시라도 이 과정에서 고양이가 나온다면 자연스럽게 쓰다듬어 주고 포상해 줍니다.

🐾 고양이가 손님을 피해 은신처에 계속 숨어 있다면?

20~30분이 지나도 고양이가 은신처에서 나올 생각이 없다면, 고양이가 좋아하는 낚싯대를 꺼내서 보호자가 가볍게 휘두르면서 은신처 안으로 살짝살짝 들어갈 수 있도록 놀아줍니다. 조금씩 반응하면 조금 더 은신처 밖으로 나올 수 있도록 유도하며 놀아줍니다.

첫 날에는 은신처 안에서 놀거나, 은신처 밖으로 고양이의 앞발이 나오는 정도에 만족해야 하는 경우도 있습니다. 첫날부터 성공해서 고양이가 짜잔 나타날 수도 있지만, 그렇지 않다고 해서 손을 집어넣어 고양이를 꺼내서는 안 됩니다. 목표는 경계를 누그러뜨리는 데에 있습니다. 손님이 등장한 시점에 비해 경계가 조금이라도 누그러졌다면 한 단계 발전한 것입니다.

고양이가 쉽사리 나오지 않는 경우에는 짧은 간격으로 친구-손님을 초대합니다. 다음 날도 비슷하게 행동하되 대화하며 안정하는 시간을 줄이고 고양이와 놀아 줍니다. 고양이가 놀이에 응하면 더러 포상하고, 밖으로 조금씩 나올 수 있도록 유도합니다. 고양이가 밖에 나왔을 때에는 자연스럽게 대응하면서 역시 놀아주거나 포상합니다.

🐾 손님과 고양이가 친해지는 방법

고양이가 이전에 비해 잘 나오게 된다면 손님이 고양이와 조금 놀아줄 수 있고, 이에 응하면 간식을 줍니다. 이때 고양이가 손님에게 공격성을 보이지 않는다면 손님에게 캣닢을 조금 묻혀줄 수도 있습니다(캣닢의 효능은 한정된 시간 동안 지속되기 때문에 처음부터 뿌릴 필요는 없습니다). 간식까지 먹었다면 고양이가 좋아하는 부분을 손님이 쓰다듬어 줄 수도 있습니다.

한 명의 손님에게 적응하였다면 이후에는 다른 손님을 초대하면서 교육의 범위를 넓힐 수 있습니다.

이동장 훈련도 아주 중요해요!

앞서 '외출할 때는 이동장을 이용하세요' 편(212쪽)에서 이미 자세하게 설명한 바 있는데, 이동장 훈련은 여행, 이사, 병원 가기 등에서 필수적인 요소이므로 어릴 때부터 길들여두는 것이 좋습니다.

이외의 추가적인 교육을 시행하는 것도 상관없습니다. 기본적인 원칙에 따른다면 원하는 많은 수준의 교육이 가능합니다. 잘만 훈련하면 닭도 교육을 시키는 것이 가능합니다.

06 고양이를 춤추게 하는 최고의 칭찬법은 무엇인가요?

앞서 고양이 교육에서는 꾸중보다는 칭찬이 좋다고 배웠는데요. 고양이는 집사의 긍정적인 반응을 보면서 '아, 나도 칭찬 받고 있다옹! 집사가 좋아하는구나~' 하고 느낍니다. 어린 시절, 우리가 부모님이나 선생님께 칭찬 받았을 때와 비슷하지요? 고양이가 성취감을 느낄 수 있도록 어떤 목소리로 칭찬의 말을 해주면 좋을지, 또 어디를 쓰다듬어 주어야 고양이가 좋아할지 등에 대해 알아봅시다.

🐾 다정한 목소리로 칭찬하기

가장 기본은 다정한 목소리로 언어적 칭찬을 해주는 것입니다. 기본 원칙에서 천명한 것처럼 '좋아.', '잘했어.'와 같은 기본 언어를 사용합니다. 고양이가 칭찬 받는 것을 알아차린 상태이면 '세상에, 이렇게 똑똑하네~!'라는 식으로 좀 더 다양하게 언어적으로 칭찬해 주어도 좋습니다. 반면, 꾸중 시에는 다양한 어휘를 쓰는 것은 대체로 좋지 않습니다.

🐾 고양이가 좋아하는 부위 쓰다듬기

두 번째는 언어적 칭찬과 동시에 고양이가 좋아하는 곳을 쓰다듬어 주면서 기분을 좋게 해주는 것입니다. 그렇다면 어떤 곳을 쓰다듬어 주어야 좋아할까요?

고양이의 몸에는 여러 가지 호르몬이 분비되는 위치가 있는데, 고양이는 이 부분을 상대에게 문지르면서

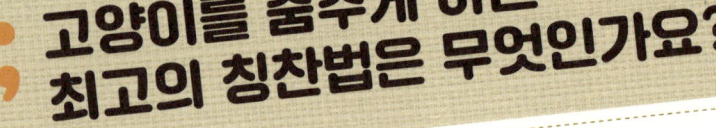

자신의 체취를 묻히고 친근감을 표시합니다. 여기에 해당하는 부분을 만져주거나 긁어주면 고양이가 좋아하는 경우가 많습니다.

• 뺨이나 턱 아래

가장 대표적인 곳은 코 옆, 눈 아래의 비스듬한 부분입니다. 이 부분을 쓱쓱 만져주는 것을 거의 모든 고양이가 좋아합니다. 턱 아래도 비슷하게 긁어주면 좋아합니다. 코 사이나 이마 역시 좋아하는 편인데, 경계하는 경우에는 눈 위로 사람의 손이 올라가는 것을 원치 않을 수 있습니다. 보호자가 기르는 고양이를 만져줄 때에는 전혀 거부감이 없겠지만, 길냥이와 같이 처음 만난 친구를 쓰다듬어 줄 때에는 얼굴 옆면과 턱 아래에서 시작한 뒤 경계를 풀면 이동하는 것이 좋습니다. 아래의 왼쪽 사진은 경계를 조금 풀었을 때의 모습이에요.

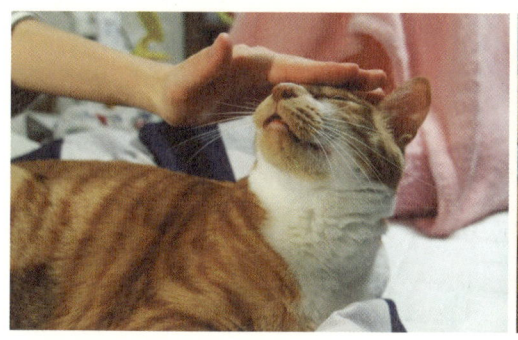 

도도하고 얌전한 천상 고양이, '수'는 이마, 코 옆, 턱 아래를 만져주면 너무 좋아한답니다.

• 꼬리 앞쪽

얼굴 외에도 꼬리가 시작되는 등 쪽 면도 만져주면 고양이들이 좋아하는 위치입니다. 특히 수컷 고양이들이 이쪽 분비선이 잘 발달되어 있기 때문에 더 좋아하는 경향이 있습니다. 이 부위는 쓰다듬어 줘도 좋고, 탁탁탁 살짝 두드려 주어도 좋습니다. 고양이는 꼬리를 살짝 위로 튕기면서 기분 좋아할 것입니다. 다만 역시 이 경우에도 처음 만난 고양이라면 불쑥 낯선 사람의 손이 자신의 눈이 닿지 않는 뒤쪽으로 향하는 것을 경계할 수 있습니다. 아직 친하지 않은 고양이라면 얼굴을 어루만지다가 등 위를 쓰다듬으면서 천천히 진행할 수 있습니다.

🐾 만지면 고양이가 질색하는 부위

반면 고양이들이 그다지 좋아하지 않는 곳도 있습니다. 가장 대표적인 곳은 배 안쪽과 발입니다. 배 안쪽은 사실 공격당했을 때 가장 약한 곳으로 고양이 입장에서는 보호해야 할 부위이기 때문에 민감할 수밖에 없습니다.

고양이의 발은 호르몬 분비가 되는 곳이기도 하지만, 신경분포가 잘 발달되어 있어 민감한 곳입니다. 고양이가 기분 좋게 보호자의 손길을 느끼다가 손이 배나 아래쪽으로 향하면 갑자기 네 발로 할퀴면서 짜증을 낼 수 있습니다. 칭찬을 해주는 경우라면 이런 부분은 제외하고 좋아하는 부분을 쓰다듬어 주세요. 물론 너그러운 고양이나 보호자의 손길에 길들여진 고양이 중에는 배도, 발도 다 좋아하는 고양이도 있답니다.

내 배 만지지 말라옹. 내 배는 소중하다옹….

🐾 간식으로 포상하기

마지막으로 가장 공격적인 칭찬 형태는 간식을 통한 포상입니다. 하나씩 교육하려는 목표를 세우고 단기적인 교육을 시행할 때 적용하는 것이 좋습니다. 간식은 고양이가 좋아하는 것으로 하되, 즉시 조금씩 주기 좋은 것으로 하는 것이 좋습니다.

줄줄 흐르는 간식 같은 것은 적당하지 않지요. 크기는 손톱 정도의 작은 크기로 하는 것이 배도 덜 부르고, 바로 다음 교육에 집중할 수 있기 때문에 좋습니다. 다이어트 중이라거나, 질환 관리를 위해 처방식을 먹고 있는 경우에는 배가 고플 때에 사료 몇 알을 이용하는 것도 괜찮습니다.

교육은 약간 배가 고픈 상태에서 하는 것이 간식에 대한 흥미를 돋울 수 있기 때문에 더 유리합니다. 평소 간식을 많이 주는 편이라면, 이러한 포상 효과가 떨어질 뿐 아니라 비만하고 삶의 즐거움이 없는 고양이가 되어 버린답니다. 따라서 정상 식이를 병행하는 것 역시 건강과 고양이의 삶의 질 측면에서 중요합니다.

> **집사의 간식 칭찬 노하우**
> - 조금씩 주기 좋은 간식을 선택합니다 (줄줄 흐르는 간식은 적당하지 않아요!).
> - 손톱 정도의 작은 크기만 떼어줍니다.
> - 아픈 고양이라면 배가 고플 때 사료 몇 알로 포상해줍시다.
> - 배가 약간 고픈 상태일 때 교육 효과가 훨씬 큽니다.
> - 평소에 간식에 길들이지 않는 건강한 식습관을 실천해야 합니다.

칭찬할 때 효과적인 클리커 훈련

"잘했어!"라는 말 대신 클리커 소리를 들려주세요.

• 찰나의 순간을 칭찬할 수 있어요

"잘했어."와 같은 칭찬 명령어는 고양이가 보호자가 원하는 행동을 하는 순간 말해야 효과가 훨씬 좋습니다. 말만 하는 것이 아니라, 쓰다듬어 주거나 포상을 동반하면 더 좋아요. 하지만 복잡한 행동 교정을 원하는 경우에는 찰나의 순간을 클리커가 포착한 후 포상할 수 있습니다.

예를 들어 집에 새로 입양 온 친구의 냄새를 맡는 것은 좋은 행동이지만, 그러다 갑자기 '하악' 하거나, 공격을 하면 어떻게 될까요(만약 공격하는 것을 나쁜 행동이라고 규정했을 경우). "잘했어."라는 말은 상대적으로 길어서, 말하는 도중에 고양이가 갑자기 나쁜 행동으로 전환될 가능성도 많습니다. 이럴 때에는 '클리커'와 같이 누르면 단순하고 특징적인 소리를 내는 기구를 이용하여 재빠르게 좋은 행동을 포착할 수 있습니다.

클리커는 손에 쥐기 편한 형태로, 누르면 마우스를 클릭할 때와 비슷하게 딸깍하는 소리가 나는 기구입니다. 사진 같은 형태가 많고, 다양한 형태가 있는데 인터넷에서 비교적 저렴한 가격에 구입할 수 있습니다. 잘한 순간에 즉시 클리커를 누르고 포상하면, 고양이는 클리커가 들리면 좋은 행동이라고 이해하게 됩니다.

• 좋은 행동을 했을 때만 적용하세요

한편 고양이 훈련에 있어서 클리커는 좋은 행동을 했을 때만 적용하는 것이 좋습니다. 나쁜 행동을 할 때도 들려주면, 클리커의 소리가 주는 의미를 혼동하게 될 수도 있습니다. 대체로 나쁜 행동의 순간에는 "안 돼."라는 보호자의 다급한 외침이 더 적절할 수 있겠습니다.

07 고양이와 놀아주세요

선생님이 도와줄게요

- 고양이 교육을 위한 내용에 왜 불쑥 '놀아주기'가 등장하는지 의아한 독자도 있겠습니다만, 고양이를 교육하고 행동 장애를 교육하는 데 있어 놀이만큼 중요한 것이 없습니다. 사실 고양이와 놀아주는 것을 마다하는 보호자는 없겠지만, 요령을 모르는 경우가 의외로 많습니다. 고양이와 놀아주기, 어떻게 하는 것이 좋을까요?

고양이의 본능을 존중해주기

늘 잊어서는 안 되는 점은 고양이는 육식동물이라는 점입니다. 사냥감을 쫓고, 사냥을 하는 데에서 보람을 느끼는 일이야말로 고양이 본능에 있어서 중요한 일입니다. 이러한 욕구가 해소되지 않은 고양이는 이를 잘못된 행동으로 표출하기 십상입니다.

고양이와 놀아줌으로써 공격성이나 과잉 행동, 스트레스를 줄여줄 수 있을 뿐 아니라, 놀아주는 대상자와 친밀한 유대감을 형성할 수 있습니다. 고양이에게 놀이란 굉장히 중요한 일이란 것을 이해해 주고, 고양이가 잘 놀 수 있도록 배려해 줄 뿐 아니라 집사가 직접 고양이와 놀이에 참여해 주어야 합니다.

놀이 시간 정하기

일단, 놀이 시간을 정해주는 것이 좋습니다. 추가로 놀아주거나, 고양이와 혼자 노는 것은 상관없지만 보호자가 하루 일과 중 15~30분 정도 일정한 시간에 놀아주는 것이 가장 좋습니다. 예를 들어 '9시 뉴스' 시간과 같이 일정한 시간에 놀아주면, 심심한 고양이도 곧 놀이 시간이 있다는 기대를 통해 불만을 억누를 수 있습

TIP. 간식은 일정한 시간에 주지마세요!

놀이는 간식과는 반대되는 개념입니다. 늘 일정한 시간에 간식을 주면 고양이는 정상 식이를 미루고 간식을 기대하게 됩니다. 따라서 간식은 포상 개념 이외에는 불규칙한 형태로 급여합니다.

니다. 놀이 시간은 보호자 편의대로 정해도 좋고, 고양이의 행동 특성에 따라 결정할 수도 있습니다. 예를 들어 '우다다'가 심해서 보호자가 수면에 지나치게 방해를 받는다면 취침 전 일정한 시간에 격하게 30분 정도 놀아주어서 놀고 싶은 욕구를 풀어주고, 이후에는 휴식을 취할 수 있도록 해줍니다.

🐾 장난감 선택하는 방법

어떤 장난감이 가장 좋을까요? 집사가 고양이와 놀아줄 때에는 낚싯대형 장난감이 가장 적당합니다. 이를 이용해서 사냥감이 움직이는 듯한 모습을 훌륭하게 연출할 수 있기 때문입니다. 고양이와 정해진 시간 낚싯대를 이용해서 놀아준 이후 낚싯대 장난감은 곧바로 치워야 합니다. 왜냐하면 낚싯대 장난감은 긴 끈 끝에 사냥의 대상이 되는 모형이 매달려 있는데, 고양이가 혼자 가지고 놀다가 끈을 먹는 경우가 발생할 수도 있기 때문입니다(앞서 고양이가 선형의 이물을 삼키는 것이 얼마나 위험한 일인지 알아보았지요?). 고양이가 혼자 놀 때 낚싯대를 걸어놓고 가는 방법은 고양이에게 장난감에 흥미를 잃게 할 뿐더러 위험합니다.

고양이가 보호자가 없을 때 혼자 노는 용도로는 쥐돌이나 공과 같은 형태를 줄 수 있는데, 뜯어먹지 못하거나 위험하지 않은 것으로 준비합니다.

한편 쥐돌이 같은 작은 장난감으로 집사가 직접 놀아주는 것은 추천하지 않습니다. 왜냐하면 이 과정에서 집사의 손을 같이 물기 십상인데, 이는 고양이에게 나쁜 습관을 길러줄 수 있습니다.

장난감은 매일 같은 것으로 놀아주면 고양이가 질려 하기 때문에 요일별로 다른 장난감을 이용하는 것도 좋습니다. 놀아주는 장난감은 서랍과 같이 고양이가 볼 수 없는 곳에 넣어두었다가 놀이 시간에만 꺼내서 놀아주고, 놀이 후에는 다시 치우는 것이 고양이의 흥미를 이끌어내기에 좋습니다.

집사가 놀아줄 때에는 낚싯대 장난감이 가장 좋습니다.

Q. 고양이에게 성취감, 자신감이 왜 필요한가요?

이러한 감정을 느끼지 못하는 고양이는 불만을 보호자에게나 같이 사는 고양이, 소파에 발톱 갈기, 아무데나 배뇨하기로 배출하기 때문입니다.

어떻게 놀아줄까?

그렇다면 장난감을 가지고 어떻게 놀아주는 것이 좋을까요? 앞서 이야기한 것처럼 놀이는 고양이의 사냥 본능을 해소해 주는 대체 활동입니다. 따라서 최대한 고양이가 사냥을 하는 것과 유사하도록 놀아주는 것이 좋습니다.

놀이가 끝난 후 소량의 간식을 주면, 고양이 입장에서는 한바탕 사냥을 하고 돌아와 성공적인 식사를 하는 셈입니다. 따라서 하루의 스트레스를 씻을 수 있는 즐거운 시간이 되지요.

> **고양이와 놀아주는 방법**
> 1. 낚싯대를 내려 고양이의 흥미를 따라 살살 움직입니다.
> 2. 갑자기 빠른 속도로 움직였다가 정지하는 듯한 동작을 반복하여 사냥감처럼 움직입니다.
> 3. 고양이가 장난감을 쫓기 시작하면 잡힐 듯 잡히지 않을 듯 속도감을 조절합니다.
> 4. 고양이가 장난감을 낚아채는 것에 성공하면, 잠깐 장난감을 물어뜯고 놀 수 있도록 놔둡니다.
> 5. 장난감을 물어뜯는 행위는 고양이에게 사냥에 성공한 느낌을 주어 성취감을 높여줍니다.
> 6. 15분에서 30분에 이르는 놀이가 모두 끝나면 간식을 조금 주고 포상합니다.

가장 피해야 할 놀이 방식

반면 잘못된 놀이 방식은 지양해야 합니다. 가장 대표적인 것이 아기 고양이 시절에 귀엽다고 손가락으로 놀아주는 것입니다. 또는 작은 장난감을 쥐고 인형극을 하듯이 고양이를 자극하면서 놀아주는 것입니다. 이러다 보면 고양이는 자연스럽게 보호자를 깨물게 되는데, 아무리 어리고 귀여운 고양이라도 이런 행동을 용인해서는 안 됩니다. 이것은 향후에 행동학 문제를 유발하는 가장 큰 요인의 하나입니다.

"손가락은 깨물고 싶어진다옹!" 절대로 집사의 손가락으로 놀아주지 마세요!

일단 손으로 놀아주기 시작하면 고양이는 다른 장난감을 거들떠보지도 않게 됩니다. 고양이 입장에서는 따뜻하고 생동감 있게 움직이는 손가락이 밋밋한 장난감보다 훨씬 좋은 장난감이기 때문입니다. 결론은 어릴 때부터 절대 놀이 중이라도 깨무는 행위를 용인해서는 안 되며, 손을 가지고 놀아주어서도 안 됩니다.

놀이 중 고양이가 집사 손을 깨문다면?

고양이가 놀이 중 손을 깨무는 경우에는 즉시 "안 돼"라고 말하고, 손을 치워야 합니다. 권장하는 자세는 팔짱을 껴서 손을 안 보이게 한 후 다른 곳으로 가서 5분 정도 무관심하게 있는 것입니다. 처음에는 고양이가 어리둥절할 수 있지만 몇 번 반복하면 손을 깨무는 것을 보호자가 싫어한다는 것을 배우게 됩니다. 손을 깨무는 행동을 교정하기 위해 손을 이용해서 고양이를 혼내려 하면 계속 놀아주는 꼴이 되어 교육이 잘 되지 않을 수 있으니 지양합니다. 5분 정도 시간이 지난 뒤에는 낚싯대로 놀아준 뒤, 칭찬해줍니다.

🐾 혼자 있을 때도 놀 수 있도록 하는 방법

고양이가 혼자 있는 시간 동안 놀 수 있도록 주는 장난감은 작은 쥐돌이나 공도 가능합니다. 살짝 튕겨서 움직임을 주거나 캣닢을 묻혀서 흥미를 자극할 수도 있습니다. 이런 장난감에 대한 고양이의 선호도는 개체에 따라 크게 상이합니다. 고양이가 얌전해서 움직이지 않는 장난감에 관심이 없다면, 움직이는 장난감을 사줄 수 있습니다. 혹은 사료나 간식을 넣어서 가지고 놀다 보면 나오게 하는 장난감을 이용할 수도 있습니다. 특히 비만한 고양이라면 오랜 시간 적은 양의 사료를 이용해서 만족감을 줄 수 있어 좋습니다. 이런 장난감은 굳이 사지 않더라도 보호자가 직접 제작할 수도 있습니다. 가장 대표적인 것이 박스에 고양이 손이 들어갈 만한 구멍을 여러 개 뚫고 안 쪽에 공이나 간식을 집어 넣는 것입니다.

휴지심에 작은 구멍을 내고 사료나 간식을 넣는 것만으로도 훌륭한 장난감이 됩니다.

고양이와 놀아주는 요령 총 정리!

- 매일 일정한 시간에 15~30분간 놀이시간을 가집니다.
- 낚싯대와 같은 놀이기구로 최대한 사냥과 비슷한 형태로 놀아줍니다.
- 요일별로 다른 장난감을 쓸 수 있습니다.
- 장난감은 놀아준 이후 치웠다가, 놀이 시간에만 다시 꺼냅니다.
- 평소에 노는 장난감은 다른 것으로 준비해줍니다.
- 고양이가 놀이 과정에서 낚아채기에 성공하면 잠시 장난감을 물고 뜯을 수 있도록 해주세요.
- 고양이는 사냥에 성공한 것에 버금가는 성취감을 느낄 수 있답니다.
- 놀이가 끝난 이후에는 소량의 간식으로 포상해줍니다.
- 절대 손으로 놀아주지 마세요.
- 놀이 과정에서 깨무는 행동을 용인해서는 안 됩니다.

우리 고양이, 문제 행동 고치기

한국의 경우 한 마리 고양이를 집 안에서만 기르는 경우가 많아서 평생 말썽부리지 않고 사는 고양이들도 많습니다. 하지만 15년 이상 고양이를 키우다 보면 한 번쯤은 고양이가 집사의 마음과는 다른 행동을 해서 속이 상할 때가 있습니다. 특히 여러 마리의 고양이를 키우거나, 집 안에 여러 사람이 살거나, 환경이 변화하는 등의 경우에 이럴 확률이 높아집니다. 이번 챕터에서는 이런 경우에 어떤 원칙을 적용하면 좋을지 알아 보도록 하겠습니다.

01. 고양이의 나쁜 행동, 이유가 뭘까요?

선생님이 도와줄게요

고양이 문제행동. 사실 고양이 입장에서는 그다지 '나쁜' 행동이 아닐 수 있습니다. 발톱을 갈거나, 배뇨를 하는 것은 고양이 입장에서는 지극히 자연스러운 일이기 때문입니다. 고양이 행동 교정은 고양이가 잘못된 행동을 고친다기보다는 '같이 살기 위해서 고양이를 내가 원하는 대로 행동하게 만드는 일'이란 것을 이해하고, 집사가 사랑과 노력으로 대하는 것이 기본입니다.

🐾 고양이의 불만을 해결하기

고양이가 문제행동을 보인다면 '왜' 이런 행동을 하는지 먼저 생각해 보는 것이 중요합니다. 고양이 입장에서는 풀리지 않는 욕구가 있는 경우에 이를 해소하기 위해 이상 행동을 하는 경우가 많습니다. 이런 불만족이 있다면 이를 해소해주는 것이 행동 교정의 기본입니다.

특히 아무런 문제도 없이 지내던 녀석이 갑작스레 이상 행동을 하는 경우에는 최근의 환경 변화가 없었는지 고려해 보아야 합니다. 화장실 위치가 변했다거나, 사료가 바뀌었다거나, 인테리어가 변화하였다거나, 새로운 고양이가 들어오든지, 새로운 가족이 생기거나 이사하는 것 모두 고양이에게는 준비되지 않은 변화입니다. 고양이는 민감한 동물로 일상의 새로운 변화를 즐겨하지 않는 경우가 많습니다. 이러한 변화에 대해 고양이가 불만을 느끼는 부분이 있다면 문제 행동으로 표출될 수 있습니다.

🐾 불만을 대체할 수 있는 방법 찾기

고양이가 불만을 느끼는 부분을 정확히 이해하고 잘 교정해주기만 하면 여타의 훈련이 없이 문제가 해결되는 경우도 많습니다. 하지만 현실적으로 이를 교정할 수 없는 상황도 많은데, 이런 경우에는 고양이의 욕구 해소를 대체해줄 수 있는 무언가가 필요합니다. 또한 이러한 보호자의 의사를 고양이에게 잘 전달하려는 노력이 필요합니다. 간단한 규칙을 만들고, 고양이가 이를 따라와주면 그에 대해 포상을 시행하는 것도 좋습니다.

　단, 보상과 타협을 혼동해서는 안 됩니다. 잘못된 행동을 하고 있을 때에는 절대 포상해서는 안됩니다. 하지만 이를 혼동하는 집사들(심지어 수의사도)이 많습니다. 예를 들어 고양이가 간식을 달라고 계속 고집을 부리면서 야옹거릴 때에 간식을 주면, 그 행동에 대한 포상을 하게 될 것이고 행동을 강화하게 됩니다. 마트 바닥에서 울면서 떼 쓰는 아이에게 장난감을 사주는 격이죠. 이럴 때에는 고양이가 조용해질 때까지 모르는 체하며 자연스럽게 행동하다가 고양이가 조용해지는 순간 칭찬하고 시간을 두고 포상해주는 편이 좋습니다. 즉, 원인에 대해서는 고려해보되, 바람직하지 않은 요구에 대해서는 모르는 척 참는 것이 좋은 교육 방법입니다.

🐾 행동 문제가 아니라 질병일 가능성

　한편 고양이가 문제 행동을 보일 때 하부 요로기 증후군과 같은 질환이 있거나 통증을 호소하는 경우나 치매와 비슷한 인지 장애 증후군을 앓고 있는 경우도 있기 때문에 의심이 되는 경우에는 동물병원에 상담을 받아 보는 것도 좋습니다. 질환이 없는 경우라도 동물병원에서 행동 문제에 대한 상담 및 약물적 관리에 대한 가이드도 받을 수 있습니다.

02 고양이 공격성에 대해 알아보아요

선생님이 도와줄게요

고양이의 이상 행동 등을 연구하는 학문을 '행동학'이라고 합니다. 행동학에서는 고양이 이상 행동을 크게 '공격성'이 있는 행동인지 아니면 공격성과는 관련 없는 행동인지 분류합니다. 그리고 공격성과 관련된 행동 문제인 경우 다시 아래와 같이(혹은 더 세부적으로) 분류합니다.

🐾 고양이 공격성 종류 알아보기

고양이의 여러 가지 행동 문제 중에서도 특히 공격성은 위험할 수 있을 뿐 아니라 집사가 감내하기 어려운 부분이기 때문에 가장 중요하게 다뤄져야 하는 문제입니다. 본 장에서 위의 항목을 하나하나 분류하여 설명하지는 않겠지만, 공격성의 종류를 알고 있다면 원인을 찾을 때에 도움이 될 수 있습니다.

고양이 공격성의 종류
- 사회화 부족으로 야기되는 공격성
- 놀이 공격성
- 공포 공격성
- 통증 관련 공격성
- 영역 공격성
- 포식 공격성
- 고양이 사이 공격성
- 대상 전환 공격성

🐾 사회화가 안 되었을 때 공격성

사회화 부족으로 야기되는 공격성은 생후 3~9주 결정적 사회화 기간 동안 사람이나 고양이, 다른 동물에 대한 사회화가 이루어지지 않은 고양이가 해당 대상에 대해 공격성을 드러내는 경우입니다. 이를 위해서 9주 이하의 결정적 사회화 시기 혹은 이후의 3~4개월까지 최대한 사회화를 잘하는 것이 중요합니다. 이 기간을 놓친 경우에는 보호자와 고양이 간, 혹은 다른 고양이와의 아주 친밀한 관계를 형성하는 것은 불가능한 경우가 많습니다. 하지만 같은 공간 안에서 영역을 구분해서 어느 정도 함께 살아가

TIP. 고양이 사회화, 502쪽에서 더 자세히 알아볼 수 있어요!

는 것은 가능하므로 노력해 볼 필요가 있습니다.

🐾 놀이 시간에 나타나는 놀이 공격성

놀이 공격성은 말 그대로 놀이를 하던 중 공격을 하는 경우를 말합니다. 사실 고양이에게서 놀이란 어린 시절 사냥의 연습이나 형제간의 서열 정하기의 연장에 있기 때문에 종종 이러한 일이 발생할 수 있습니다.

이를 방지하기 위해서는 놀이의 기본 원칙을 잘 따르는 것이 필요합니다. 즉, 집사가 손으로 놀아주지 않는 상황에서 고양이가 공격적인 행동을 보이는 경우, "안 돼!", "아얏!" 등으로 즉각 의사를 표시한 후 놀이를 중단해야 합니다.

또한 고양이와 놀아주는 도중 고양이의 꼬리 움직임이나 자세를 살펴보면 공격 행동으로 전환을 미리 눈치챌 수 있습니다. 평소 놀이 중 공격을 하는 고양이라면 행동 패턴을 유심히 관찰하다가, 공격 전환 직전에 놀이를 중단하고 포상하는 것도 좋습니다.

🐾 공포로 인한 공격성

마찬가지로 고양이의 표정, 자세 등을 관찰하면 고양이가 공포로 인해 공격하는 것도 미리 눈치챌 수 있습니다. 눈이 산동되고, 귀가 납작하게 뒤로 붙으면서 몸을 웅크리게 됩니다. 대체로 길냥이들이 서로 싸우는 경우나, 낯선 이가 함부로 접근하는 경우, 비슷하게 동물병원에 내원한 경우 등에서 발견될 수 있습니다. 이런 고양이에게는 다가가서 문제를 해결해주기보다는 고양이가 안전하다고 스스로 느낄 수 있는 곳에서 마음을 추스를 수 있도록 해주는 것이 바람직합니다.

🐾 통증에 의한 공격성

공포와 비슷하게 통증에 의해서도 고양이가 갑작스런 공격적 행동을 할 수 있습니다. 집사가 미처 알아차리지 못했지만 통증이 있는 부분(배나 발과 같이 원래 만지면 싫어하는 부위 제외)을 건드려서 고양이가 공격적으로 돌변하거나, 통증으로 인해 짜증스러운 상태가 되어 있을 수도 있습니다. 특정 부위를 건드렸을 때에 공격성이 유발되거나, 공격성의 원인을 도저히 알 수 없는 경우는 동물병원을 찾아 아픈 곳은 없는지 확인하는 것도 좋습니다.

🐾 "내 거야!" 영역 공격성과 포식 공격성

길고양이들을 관찰하면 자기 영역을 침범하는 다른 고양이를 공격하는 영역 공격성이나 사냥 행위와 관련된 포식 공격성을 쉽게 확인할 수 있습니다. 집 안에서 여러 마리의 고양이를 키우는 경우에도 가끔 영역 공격성이 확인되기도 합니다. 이런 경우를 대비해 집 안의 밥그릇, 물그릇, 화장실은 충분한 숫자로 마련되어서 활동 공간을 분리해주는 것이 필요하기도 합니다. 이전까지 누차 강조되어온 '고양이 수+1의 원칙'이 바로 그것입니다.

한편 작은 동물을 기르거나, 어린 아기가 있는 경우, 혹은 창밖의 새나 다른 동물을 향해서 집 안의 고양이가 포식 공격성을 보이는 경우도 발견될 수 있습니다.

🐾 사냥에 실패했을 때 생기는 대상 전환 공격성

대상 전환 공격성은 창밖의 새나 동물을 잡고 싶지만 이를 잡지 못할 때 이에 대한 감정을 다른 곳으로 표출하는 공격성입니다. 창밖을 보고 이를 딱딱거리다가 갑자기 옆에 있는 다른 고양이를 할퀴고 공격하는 경우가 여기에 해당합니다. 이런 공격성의 발견은 일반적인 고양이 간의 공격 행동으로 오인될 수가 있어서, 집사의 면밀한 주의 관찰이 필요합니다.

🐾 싸움과 놀이를 구분하는 방법

여러 마리 고양이를 키우다보면 고양이끼리 싸우는 경우를 심심찮게 볼 수 있습니다. 사실 사람들도 함께 살고 있는 가족들과 더러더러 싸우는 것처럼, 여러 마리 고양이가 함께 살면서 한 번도 싸우지 않으리라 기대하는 건 어려운 일입니다. 싸우더라도 또 회복하고 잘 지낸다면 문제가 없지만, 서로 정말 사이가 좋지 않거나 한 마리가 지속적으로 공격을 당하거나 다치는 식이라면 집사의 개입이 필요합니다.

한편 고양이가 서로 싸우고 있는 것인지 놀고 있는 것인지 구분하기 어려워하는 보호자들이 많습니다. 과연 고양이끼리의 싸움과 놀이는 어떻게 구분해야 하는 것일까요? 기본적으로 싸움과 유사한 형태의 고양이의 놀이는 일종의 사냥 및 서열 싸움의 연습으로, 주로 어릴 때 많이 나타납니다. 일종의 역할극이기 때문에 한 마리가 공격자 역할을 한 뒤에는 수비 역할을 하던 고양이가 공격자 역할로 전환됩니다. 또한 놀이 시에는 발톱을 숨긴 상태로 공격하기 때문에 크게 다치는 경우가 별로 없습니다(집사와 노는 경우에도 놀이를 잘 이해하고 있는 고양이는 발톱을 숨깁니다). 한바탕 놀이가 끝나고 나면 고양이들은 편안하게 휴식을 취하고, 서로 그루밍을 해주거나 사이좋게 잠을 잠니다. 이런 경우에는 싸움이 아니라 놀이이기 때문에 고양이들끼리 재미있는 시간을 보내게 두면 됩니다.

물론 모든 경우에 이렇게 이상적인 모습을 취하지는 않을 수도 있습니다. '현실 남매'라는 말도 있는 것처럼 서로 놀다가, 진짜 싸움으로 번지기도 합니다(놀이 공격성). 사람의 경우에도 부모님이 남매의 싸움을 매번 말리지는 않지만, 심각한 경우에는 개입을 하기도 하지요? 평소 사이좋은 고양이 형제라도 싸움이 크게 번지는 경우에는 집사가 개입하는 것이 좋습니다.

🐾 집사가 고양이 싸움을 해결하는 방법

• 둘을 분리했다가 천천히 소개해요

흥분이 좀처럼 가라앉지 않는 경우에는 고양이를 각각 서로 다른 방이나 공간에 분리하고 흥분이 가라앉도록 기다립니다. 흥분이 가라앉으면 각각 간식을 주거나 가볍게 쓰다듬어줘서 기분을 전환시켜 줍니다. 충분히 시간이 지나고 두 마리가 안정을 취했다고 생각되면 천천히 서로 마주하게 하는데, 대부분은 큰 문제가 없지만 또 다시 공격성을 보이는 경우에는 마치 새로운 고양이를 입양했을 때처럼 둘을 분리했다가 천천히 소개하는 것이 필요할 수 있습니다. 해당 내용은 41쪽을 참고할 수 있습니다.

• 사이가 너무 안 좋으면 완전히 분리시켜요

반면 한 마리가 지속적으로 쫓기고 구석에 숨는 경우에는 진정한 싸움일 가능성이 높습니다. 가해자와 피해자 고양이가 되는 셈이죠. 이 경우 피해자 고양이는 옆구리를 보이면서 도망가려는 자세를 취하거나 방어적인 자세를 취하다가 후다닥 도망을 가고, 공격을 하는 고양이는 마음에 들지 않는 고양이를 발견하면 곧바로 공격을 취합니다.

이렇게 둘 간의 사이가 극도로 좋지 않은 경우는 일단 두 고양이를 완전히 분리하는 것이 좋습니다. 피해자 고양이는 숨을 수 있는 공간이 있는 방에 두고 마치 처음 입양 온 것처럼 해당 공간 주변으로 물그릇, 밥그릇, 화장실을 추가로 설치해줍니다(식사 자리와 화장실은 분리해 줍니다). 피해자 고양이는 잘못한 것이 없기 때문에 은신처 외의 공간을 자유롭게 이용하도록 두고, 공격자 고양이는 방 하나와 같이 약간 작은 공간에 분리합니다. 모든 행동 교육에 있어서 잘못된 행동에 대해 포상하거나 타협해서는 안 됩니다. 꾸중하거나 혼내지는 않되, 이어지는 행동으로 가해자 고양이에게 공격적인 행동을 하는 것을 보호자가 좋아하지 않는다는 것을 보여주어야 합니다.

일단 며칠, 혹은 1~2주 이상은 상대와 분리를 하는 것이 좋습니다. 상대에 대한 인식이 희미해질 때 즈음 '고양이들을 위한 단계적 소개법(41쪽 참고)'으로으로 서로를 아주 천천히 인사시킵니다. 처음에는 서로의 냄새가 묻어 있는 물품만 소개할 수 있고, 펜스를 설치해 살짝만 모습을 보여줍니다. 조금 익숙해지면 펜스를 사이에 두고 각각 밥을 먹을 수도 있습니다. '하악' 하고 경계를 하면 소개를 중단하되, 경계하다가도 보호자가 간식을 주거나 놀아주는 행위에 관심을 전환하면 즉시 '잘했어'라고 칭찬하면서 쓰다듬어주고, 포상해줍니다.

• **공격적인 고양이 목에는 방울을 달아주세요**

간혹 한 마리 고양이가 지나치게 공격적이어서 다른 고양이 모두를 공격하는 경우도 있을 수 있습니다. 이런 경우 공격자 고양이 목에 방울을 달아주는 것을 권장합니다. 다른 고양이들이 공격자 고양이의 위치나 행동을 확인할 수 있도록 하기 위해서입니다. 또한 충분한 수의 물그릇, 밥그릇, 화장실이 있어야 다른 고양이들이 편하게 밥을 먹거나, 화장실을 갈 수 있어야 합니다(고양이 수 +1).

• **캣타워는 고양이 행동 문제에 좋은 해결책**

캣타워가 있다면 공격자 고양이가 맨 윗자리를 차지함으로써 만족감을 얻을 수 있고, 다른 고양이들이 슬금슬금 아랫자리를 차지하면서 서로 간의 유대가 형성될 수도 있습니다. 공격자 고양이는 매일 일정한 시간에 별도로 분리하여 30분가량 격하게 놀아주어서 충족되지 않는 욕구를 최대한 풀어줄 수 있도록 도와줍니다.

서로 간의 친밀한 느낌을 가질 수 있도록 펠리웨이 같은 제품을 적용할 수도 있습니다. 고양이 안면부의 나오는 호르몬과 유사한 합성 제품으로 고양이 간의 친밀감을 증대시켜 줄 수 있습니다. 스프레이, 콘센트에 꼽는 방향제 타입 등 다양한 형태가 있습니다.

상황별로 다양한 놀이법을 활용해요

고양이들이 평소에도 사이가 나쁠 때	• 하나의 낚싯대로 놀아주는 것보다는 서로 다른 장난감으로 동시에 놀아주거나, 아니면 고양이를 차례로 분리된 공간에서 별도로 놀게 해주는 것이 좋습니다.
고양이들이 서로 갑자기 공격할 때	• 고양이가 다른 고양이를 공격할 때에는 아무런 전조 증상 없이 공격하기 보다는 먼저 서로를 노려보고 꼬리를 획획 휘두르다가 자세를 낮춘 뒤 공격하는 경우가 많습니다. • 고양이 사이에 이러한 공격 움직임의 전조, 혹은 한 고양이가 도망가려는 자세를 취할 때에 낚싯대와 같은 장난감을 불쑥 꺼내는 것으로 관심을 전환시키고 긴장감을 완화시킬 수 있습니다.
공격자 고양이, 피해자 고양이가 분명하게 구분될 때	• 주로 공격자 고양이의 관심을 전환시키는 것이 좋습니다. • 낚싯대를 공격자 고양이 앞에서 가볍게 흔들어줍니다. 이때 너무 격렬하게 놀아줄 필요는 없습니다. • 고양이가 공격하려던 고양이에게서 관심을 거두고 낚싯대를 잡으려고 하면 즉시 "잘했어!"라고 말해준 뒤 포상해주는 것도 좋습니다.
서로 사이가 안 좋은 고양이를 화해시킬 때	• 둘이 함께 있을 때에 좋은 경험을 반복하도록 해주어야 합니다. • 함께 있을 때 밥을 먹는다거나, 간식을 먹는다거나, 가벼운 놀이를 하는 식입니다.

03 화장실이 아닌 곳에 오줌, 똥을 쌀 때 어떻게 하나요?

선생님이 도와줄게요

고양이는 깔끔한 동물이지만, 가끔 스트레스를 받거나 세상에 불만이 생겼을 때 '일탈 행위'를 하고는 합니다. 깨끗하고 매너 좋은 줄만 알았던 우리 고양이가 화장실이 아닌 곳에 오줌, 똥을 쌀 때 집사들은 큰 충격에 휩싸이곤 하는데요. 이럴 때 어떻게 훈련을 시켜야 좋을지, 우리 고양이에게 어떤 문제가 있는지 해결책을 알아보도록 합시다.

화장실 습관, 집사가 반드시 확인해야 할 것들

고양이는 육식동물이기 때문에 오줌 냄새가 상당히 지독한 편입니다. 하지만 다행히도 대부분의 고양이는 별다른 교육 없이도 화장실에 가서 오줌, 똥을 싸고, 모래로 친절히 덮어주기도 합니다. 그

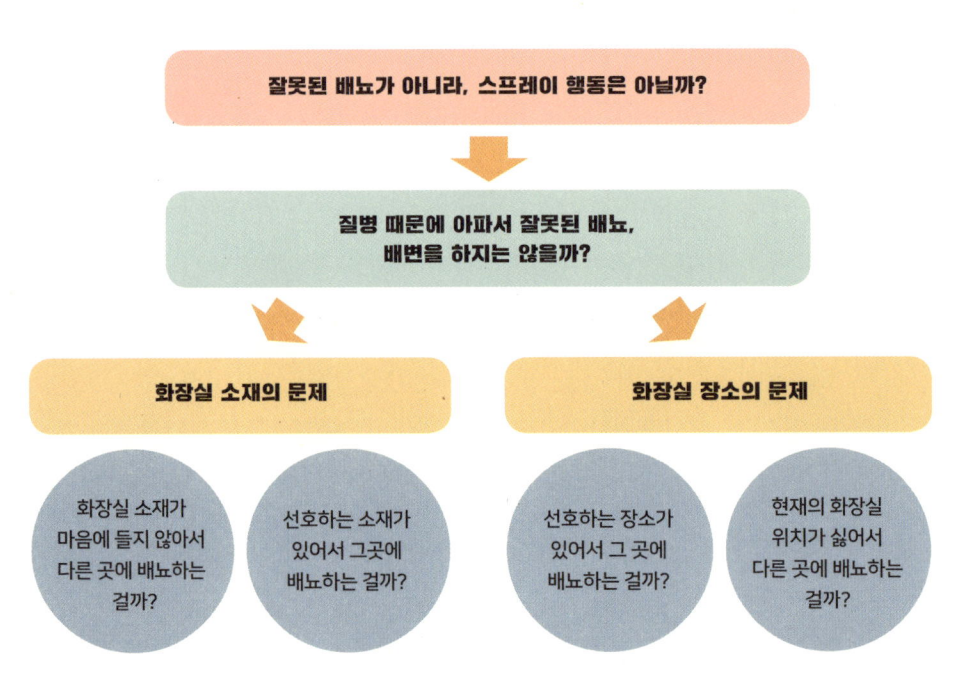

런데 이런 착한 고양이가 갑자기 화장실을 제대로 사용하지 않는다면, 화장실에 어떤 불만이 있는 것은 아닌지 혹은 어디가 아픈 것은 아닌지 확인해보아야 합니다.

배뇨와 스프레이 구분하기

스프레이는 일종의 영역 표시 행동으로 부적절한 배뇨 행동이 아니라, 마킹과 관련된 행동입니다. 스프레이는 대체로 수직의 물체에 대고 소량의 분비물을 분사하는 특징을 가지고 있습니다. 수직의 물체는 나무, 식탁 다리와 같은 기둥, 문 모서리 등이 가능합니다. 고양이는 꼬리를 수직으로 세우고 약간 구부리면서 소량의 분비물을 찍고 분사합니다. 스프레이 행동을 목격하는 경우에는 배뇨와는 완전히 다르기 때문에 쉽게 구분할 수 있습니다.

스프레이 하는 모습을 직접 목격하지 못한 경우에도 분사된 오줌의 형태를 보면 일반 배뇨와는 구분할 수 있습니다. 스프레이는 행동 특성상 보통 수직의 물체에서 흘러내리는 듯한 형태로 관찰되거나, 평지에서는 직선으로 쭉 분사된 형태로 관찰됩니다. 반면 오줌의 경우는 동그란 웅덩이 모양을 띠게 됩니다.

스프레이는 주로 중성화하지 않은 수컷 고양이에게서 두드러지게 나타납니다(일부 암컷 고양이에게서도 나타날 수 있습니다). 때문에 충분히 요도가 발달하되, 스프레이를 하기 직전에 고양이를 중성화시켜주는 것이 이러한 문제를 예방할 수 있습니다.

> **Q. 중성화를 하면 무조건 스프레이를 안 하나요?**
>
> 적절한 시기에 중성화 수술을 하는 것이 가장 좋습니다. 만약 시기를 놓쳐서 늦게 중성화를 한 경우에는 스프레이 행동을 많이 줄여주지만, 완전히 막지는 못할 수 있습니다.

스프레이

잘못된 배뇨 습관

🐾 몸이 아파서 잘못된 배뇨, 배변을 하는 것은 아닐까?

고양이는 비뇨생식기 질환이나 변비가 워낙 다발하는 동물입니다. 고양이가 화장실이 아닌 다른 곳에서 배뇨, 배변하는 경우에는 일차적으로는 질병이 있는 것이 아닌지 감별해야 합니다. 초기에는 이런 질환이 있더라도 배뇨, 배변 실수 외에 특별하게 건강에 이상이 있는 것처럼 보이지는 않을 수 있습니다. 하지만 조금만 더 질환이 진행되면 상당히 심각해지는 경우가 많으므로 초기에 동물병원에 내원하여 질병이 있지는 않은지 배제하는 것이 안전합니다.

질병이 없는 경우에도 병원에서 행동 교정을 위한 상담을 받거나, 필요한 행동학 교정제 등을 처방받을 수도 있습니다. 관련해서 '비뇨 생식기(282쪽 참고)' 편을 참조하면 더욱 자세한 내용을 확인할 수 있습니다.

🐾 화장실 소재가 마음에 안 드는 것은 아닐까?

화장실 소재란 리터박스, 모래, 리터박스를 세정하는 소독제나 탈취제 모두를 포함합니다. 가장 중요한 것은 물론 고양이 화장실 모래입니다. 예를 들어 장모종의 경우 털에 잘 달라붙는(특히 발 사이 털에 달라 붙는) 종류의 모래는 기피할 수 있습니다. 같은 모래를 사용하는 경우에도 리터박스를 세척하고 나서부터 화장실 사용을 기피하는 경우가 있는데, 이는 사용한 세제나 탈취제의 냄새가 마음에 들지 않아서일 수 있습니다. 이렇게 화장실 소재가 마음에 들지 않아서 부적절한 배뇨, 배변하는 고양이의 경우 다음과 같은 증상을 보일 수 있습니다.

화장실 소재가 마음에 안 들 때 보이는 행동

- 화장실을 잘 사용하다가 모래 등을 교체한 이후 갑자기 화장실 사용을 기피합니다.
- 리터박스를 긁거나 리터박스 바로 옆을 긁는 행동을 합니다.
- 리터박스 바로 옆에서 배변 실수를 합니다.
- 리터박스의 특정 부분에 코를 대고 가만히 냄새를 맡습니다.
- 화장실 안에서 까치발을 딛거나 나오자마자 발을 털어냅니다.
- 화장실 밖에 앞발을 두거나 테두리에 걸쳐서 배설합니다.

리터박스에는 불만이 없는데 모래가 마음에 들지 않거나 새로 사용한 탈취제, 소독제가 마음에 들지 않는 경우 리터박스 근처에서 배변을 볼 수 있습니다. 또한 리터박스를 긁는 모습을 보이기도 하죠. 특히 탈취제나 소독제 등의 향이 마음에 들지 않는 경우에는, 해당 부위에 냄새를 킁킁 맡고

는 배뇨는 다른 곳에 하는 행동을 하기도 합니다. 이런 경우 새로운 제품의 사용을 중단하고 바로 이전 제품으로 교체해주는 것이 좋습니다. 화장실은 사람에게도 그렇지만 매우 민감한 곳이므로 고양이의 취향을 전적으로 존중해주는 것이 좋습니다.

한편 고양이가 화장실 사용을 꺼리는 원인의 아주 많은 부분은 화장실이 더러운 데에 있습니다. 더러운 화장실에 들어가야만 하는 일이 얼마나 고역인지는 사람들도 모두 알고 있을 것입니다. 그런 화장실에 가느니 계속 참고 있었던 경험도 많이들 하셨을 겁니다. 고양이 역시 더러운 화장실은 기피하는데 이럴 때에 고양이를 관찰해보면 고양이는 리터박스 안에 들어가서 아주 조심스럽게 더럽지 않은 곳을 피하며 밟는 행동을 하거나, 화장실을 나와서는 바로 발을 터는 듯한 행동을 합니다(물론 단순히 모래를 털기 위해 하는 행동일 수도 있습니다). 더러는 아예 화장실에 들어가지 않고 발만 적당히 걸쳐서 배설하기도 합니다. 이러한 행동은 모두 화장실이 더러워서 하는 행동일 수 있습니다.

깨끗한 화장실 관리는 고양이 기르기의 기본입니다. 앞서 소개되었듯 정해진 시간에 매일 화장실을 청소해주어서 쾌적한 상태를 유지해 주어야 합니다. 특히 화장실을 매일 치워주어야 고양이의 배뇨, 배변 상태를 확인하여 건강에 이상이 없는지 확인하는 데에도 도움이 됩니다. 1주일에 한 번은 화장실 전체의 모래를 버리고 최소 한 달에 1번은 깨끗이 세척해야 합니다. 이때에는 세제 등의 냄새에 고양이가 민감할 수 있기 때문에 잘 헹궈내고, 고양이가 싫어하는 것 같으면 무향 세제 등 다른 세제를 사용합니다.

🐾 자신이 좋아하는 소재에 배설하는 고양이

일부 고양이는 화장실 자체에 대한 불만이 아니라, 자신에게 더 좋다고 생각되는 곳을 화장실로 선택하는 경우가 있습니다. 예를 들어 담요라든가 화분의 흙, 매끈한 타일 같은 재질이 화장실로 사용하기에 더 마음에 드는 것이죠. 이런 고양이들은 특징적으로 비슷한 재질에 계속 배변이나 배뇨 실수를 하는 경향을 보입니다. 또한 배설 후 해당 부위에서 스크래치를 하는 모습도 보입니다.

• 고양이가 좋아하는 소재 스타일을 반영해줍니다

이런 특징이 보이는 경우에는 해당 소재를 준용하여 화장실 모래를 교체해 줍니다. 예를 들어 화분의 흙을 좋아하는 고양이는 더 부드러운 소재의 모래로 교체하여 주는 것입니다. 타일 재질을 선호하는 경우 리터박스를 매끈한 소재로 바꾸어주거나 벽면에 비슷한 소재를 붙여줄 수도 있습니다.

• 추가적인 리터박스를 만들어줍니다

화장실을 한 번에 확 바꿔주는 것이 오히려 고양이에게 부담을 줄 수 있다고 우려되는 경우에는 추가적인 리터박스를 도입할 수도 있습니다. 추가적인 리터박스는 굳이 큰돈을 들여 구입하지 않아도 집 안에 있는 리빙박스와 같은 플라스틱 박스 등을 이용하여 준비해 줄 수도 있습니다. 예를 들어 현재의 화장실 옆에 새로운 모래를 담아서 추가로 1개의 리터박스를 두고, 완전히 떨어진 곳에 새로운 모래를 담은 리터박스를 추가로 1개 더 두는 것이죠.

만약 재질만이 문제인 경우에는 현재 리터박스 옆의 새로운 리터박스를 이용하거나 새로운 2군데 모두를 이용할 수도 있습니다. 이 경우에는 천천히 현재의 리터박스도 새로운 모래로 교체해 주고 이후 바로 옆의 리터박스는 천천히 없앨 수도 있습니다. 한편 아예 동떨어진 곳의 새로운 리터박스만을 사용한다면 재질의 문제와 함께 화장실 위치에 대한 불만도 함께 있을 수 있습니다.

• 소재 교체 후, 예전에 배설하던 장소는 접근 금지

한편 소재 교체와 더불어 이전에 선호하던 담요, 화분의 흙, 타일 등에는 더 이상 배설하지 못하도록 해야 합니다. 예를 들어 베란다 타일에 주로 배뇨하는 경우라면 아예 접근하지 못하도록 막는 것이 좋습니다. 이불 같은 곳은 치워두거나, 이불 위를 고양이가 싫어하는 소재의 것으로 덮어버립니다. 덮을 수 있는 것으로는 지압 매트, 알루미늄 호일, 양면 테이프 등이 있을 수 있습니다. 더러 저런 것들을 섭식하는 고양이들이 있는데, 이는 매우 위험할 수 있기 때문에 초기에는 덮은 이후 혹시나 고양이가 섭식하지는 않는지 잘 관찰해야 합니다.

🐾 고양이가 싫어하는 화장실 위치는 어디일까?

화장실 위치란 굉장히 민감한 것이죠. 고양이에게도 선호하는 위치가 있을 수 있습니다. 보호자가 임의로 설정해준 곳은(집사의 눈으로는 매우 좋은 입지였지만,) 불안감을 주거나 쾌적하지 못할 수 있습니다. 고양이도 화장실에서 볼 일을 보는 동안 집사나 다른 고양이 친구들이 계속 지켜보고 있다면 배설에 집중할 수 없을 것입니다. 한편 모래가 튄다는 이유로 고양이 모래를 완전히 밀폐된 곳에 두는 경우도

고양이가 싫어하는 화장실 위치는?
- 너무 갑갑하고 막혀있다.
- 너무 개방되어 있어서, 보호자나 다른 고양이에게 지나치게 노출된다.
- 시끄러운 위치이다.
- 화장실로 접근하는 과정이 어렵거나, 더럽다.

더러 있는데, 이런 경우에도 고양이는 배설 중 적의 공격에 대비해 도망칠 퇴로가 없기 때문에 두려움을 느낄 수 있습니다. 또한 나이가 든 고양이는 관절염이 있거나 기력이 저하되고, 화장실에는 자주 가야 할 수 있기 때문에 멀리 떨어져 있거나 문턱이 높은 화장실을 기피할 수 있습니다.

🐾 자신이 선호하는 위치에 계속 배설하는 고양이

현재 보호자가 만들어준 위치에는 아예 관심이 없고, 다른 곳에서 지속적으로 배뇨하는 경우에는 현재 리터박스의 위치가 부적절하지 않은지 고민해 보아야 합니다. 만약 고양이가 싫어할 만한 위치에 리터박스가 있다면 위의 사항을 반영하여 리터박스 자리를 옮겨보는 것이 좋습니다. 특히 꾸준히 동일한 다른 장소에 배뇨하는 고양이라면 해당 위치가 선호하는 장소이므로 해당 장소에 화장실을 만들어 주는 것이 좋습니다.

또한 고양이가 선호하는 위치를 모방해서 새로운 화장실을 추가로 만들어주는 것도 좋은 방법입니다. 즉 현재의 화장실은 너무 답답한데, 고양이가 선택한 곳은 개방적인 곳이라면 약간 개방감을 주는 곳으로 새로운 화장실을 추가로 만들어 줍니다.

> **Q.** 고양이가 좋아하는 위치가 도저히 리터박스를 놓을 수 없는 위치라면?
>
> 일단 고양이가 리터박스를 익숙하게 사용하게 될 때까지 해당 위치에 리터박스를 두고 기다린 후 고양이가 눈치 채지 못할 정도로 아주 조금씩 위치를 변경해서 타협 가능한 위치로 옮기는 방법을 사용할 수 있습니다.

🐾 화장실 교육, 꾸중 금지

고양이 배뇨, 배변 문제와 관련한 행동 교육에서 가장 중요한 것은 꾸중을 하지 않는 것입니다. 꾸중을 하거나 겁을 주게 되면 고양이는 보호자의 눈에 띄지 않는 곳에서 배설하게 되고, 되려 행동학적 교정을 어렵게 만들 수 있습니다.

한편 고양이의 부적절한 배설에 대한 원인을 알면 교정이 비교적 쉬운 편인데, 원인을 잘 알지 못하는 경우도 많습니다. 위의 카테고리에 맞추어 생각해보되, 애매한 경우에는 고양이의 배설 행동을 동영상으로 촬영한 뒤 동물병원에서 상담을 하는 것도 좋은 방법입니다. 집사가 눈치 채지 못했던 작은 단서를 확인할 수도 있습니다.

04. 발톱을 아무데서나 갈아요

선생님이 도와줄게요

고양이가 아무 곳에서나 스크래칭을 해서 가구나 벽지를 뜯어 놓는 경우도 흔합니다. 사실 고양이 입장에서는 발톱은 꼭 갈아야 하는 것이기 때문에, 꾸중을 들으면 억울하겠지요? 이번에는 고양이도 집사도 스트레스 받지 않는 발톱 갈기 행동 교정법에 대해 알아봅시다.

고양이가 좋아하는 스크래처 찾기

고양이는 발톱을 꼭 갈아야 하는 동물입니다. 따라서 일단 집에 고양이에게 발톱을 갈 수 있는 스크래처가 반드시 있어야 합니다. 그런데 고양이가 기존의 스크래처를 전혀 사용하지 않는다면, 고양이의 행동을 잘 관찰하여 고양이가 좋아할 만한 스크래처를 마련해주거나 스크래처 사용법을 알려줘야 합니다.

선호하는 소재

고양이가 선호하는 소재의 스크래처는 고양이가 발톱을 가는 모습을 보고 추정할 수 있습니다. 발톱을 가는 소재가 담요와 같은 부드러운 것인지, 가죽과 같은 단단한 것인지에 따라 유사한 소재의 스크래처를 준비합니다.

선호하는 형태

더불어 수직면에 발톱을 가는지 수평면에 발톱을 가는지 지켜보고 비슷한 형태의 스크래처를 구입하거나, 배치해 줍니다. 수평에 발톱을 가는 고양이는 바닥에 누이는 형태의 스크래처를, 수직면에 발톱을 가는 고양이는 세로로 세우거나 기둥에 삼줄을 감는 방식으로 스크래처를 제공합니다. 스크래처는 발톱을 가는 동안 넘어지거나 불안하지 않도록 단단히 고정하거나 무거운 것으로 선택합니다.

수직면에 발톱을 가는 고양이

수평면에 발톱을 가는 고양이

• 선호하는 장소

동시에 원래 선호하던 장소에는 접근하지 못하도록 하거나, 발톱을 갈 수 없도록 덮어둡니다. 오돌토돌하게 돌기가 있는 지압매트로 덮어둘 수도 있고, 박스 테이프나 양면 테이프 같은 것을 붙이거나 알루미늄 호일로 덮어 놓을 수도 있습니다(다만 이러한 것들을 이용할 때는 혹시라도 고양이가 섭식하지는 않는지 잘 지켜보아야 합니다. 섭취할 경우 위험한 이물로 작용할 수 있습니다).

고양이가 접근을 하지 못하게 막은 이후, 바로 옆에는 앞서 제시한 기준에 맞춘, 고양이 마음에 들 만한 스크래처를 놓아둡니다. 캣닢 같은 것을 발라주는 것도 좋은 방법입니다. 고양이가 스크래처를 사용하면 "잘했어."라고 칭찬해주고, 포상도 해줍니다.

🐾 놀이를 통한 스크래처 사용법

일부 고양이는 스크래처의 개념이 없을 수도 있습니다. 한 번 사용해보면 발톱갈이에 이만한 것이 없다는 것을 알게 될 텐데 말입니다. 이럴 때에는 집사가 스크래처 사용하는 법을 교육해서 직접 알려주는 것이 좋습니다. 발톱 가는 것을 아직 잘 모르는 아기 고양이를 대상으로 알려줄 수도 있습니다.

일단 스크래처 주변에서 낚시로 놀아줍니다. 고양이가 즐겁게 놀고 있는 중에 낚시 끝에 달려 있는 작은 사냥감을 스크래처 위로 휙 하고 올려 놓습니다. 고양이가 사냥감을 움켜잡으면 스크래처 위로 사냥감을 조금씩 움직이면서 여러 번 움켜 잡을 수 있도록 합니다. 이 과정에서 발톱갈이와 비슷한 행동을 하면 즉시 포상해 줍니다. 이 과정을 하루에 5분 정도 반복해서 매일 해주면 대체로 쉽게 스크래처 이용법을 배울 수 있습니다.

05 우리 고양이가 우울해 보여요

"우리 집 고양이가 요즘 많이 우울해 보여요. 고양이도 우울증에 걸리나요?"

나이든 고양이를 키우거나 최근에 환경 변화를 겪은 보호자 중 이런 질문을 하시는 분들이 제법 있습니다. 사실 고양이도 사람과 마찬가지로 우울증에 걸릴 수 있습니다. 불안한 환경이나 스트레스 상황이 있는 경우 특히 발생하기 쉬운데, 고양이 입장에서는 입양이나 파양, 이사와 같은 환경 변화, 같이 살던 보호자나 고양이가 없어지는 경험 등이 대표적입니다.

🐾 고양이 우울증 증상

우울증에 걸린 고양이는 오른쪽과 같은 증상을 보일 수 있습니다. 이런 증상들이 1~2주 이상 지속되는 경우, 우울증을 의심해 보아야 합니다. 다만 이전에 질환이 있어서 활력이 저하되거나, 치매와 비슷한 인지장애증후군(525쪽 참고)이 발생한 것일 수도 있으니, 우울증으로 단정 짓기 전에 건강상에 문제가 없는지 반드시 선행하여 체크해 보는 것이 안전합니다.

고양이 우울증 대표적 증상
- 장난감으로 놀기와 같이 이전에 즐겨했던 행동을 즐겨하지 않아요.
- 집사와의 접촉을 싫어해요.
- 집사에게 심하게 집착해요.
- 수면 주기가 변화해서 낮, 밤이 바뀌었어요.
- 식욕이 저하되거나, 예전과는 달리 밤에 밥을 먹어요.

🐾 다양한 환경 자극

집사는 활력도 없고 우울한 고양이를 가만히 내버려두어서는 안 됩니다. 부드럽고 긍정적인 환경 자극을 주는 것이 좋습니다. 이를 '환경 풍부화'라고 합니다. 좋아하는 장난감이나 새로운 장난감을 이용해서 주기적으로 놀아주는 것을 게을리 해서는 안 됩니다. 고양이가 덜 적극적으로 반응하더라도 스토리텔링 형식으로 15분 정도 놀아줍니다.

또 좀 더 부드러운 자극을 위해 마사지나 빗질을 매일 해줍니다. 스트레스를 주는 빗질이 아니라 고무빗 같은 것으로 부드럽게 좋아하는 부위 위주로 쓰다듬어 줍니다.

"좀 더 위! 거기 너무 시원하다옹." 고양이에게 마사지를 해주세요.

일광욕도 좋은 방법입니다. 베란다나 창문, 유모차 등을 이용해서 15분에서 30분 정도 일광욕을 해주는데, 무리하게 시행해서 스트레스를 주어서는 안 됩니다.

🐾 '환경 풍부화' 시 주의할 점

이때 주의해야 하는 점은 고양이를 더 불안하게 하거나, 놀라게 해서는 안 된다는 점입니다. 또한 잘못된 행동을 포상을 강화하는 것도 기피해야 합니다. 낮, 밤이 바뀌어서 밤에 야옹거리는 경우에는 (급박한 신호가 아니라면) 오히려 무시하고, 밤에 간식을 주거나 하는 행동은 하지 않는 것이 좋습니다. 야옹거릴 때마다 일어나서 간식을 주거나 달래주면 고양이의 행동은 강화될 뿐 아니라, 수면이 부족해져서 주간 활동성을 저해하는 등 잘못된 생활패턴이 심화됩니다.

🐾 약물로 우울증을 치료하는 방법

고양이 우울증, 사람의 우울증과 비슷하게 약물적 치료를 시도해볼 수 있습니다. 투약을 통해 상당히 좋은 변화를 이끌어낼 수도 있습니다. 고양이를 아프게 하는 다른 질환이 없는지 확인해 보고,

"집사야, 햇살이 너무 좋다냥."
제 고양이 냥이는 일광욕을 참 좋아했습니다.

없다면 항우울제나 여타의 약물 처방을 받을 수 있습니다.

우울증 고양이를 위해 사용할 수 있는 보조제

항산화제	• 손쉽게 보호자가 시도해 볼 수 있는 처방은 항산화제입니다. • 특히 노령의 고양이에게 항산화제 급여는 인지능력의 저하를 억제한다는 다양한 연구결과들이 보고되어 있습니다.
오메가산	• 오메가산도 도움이 될 수 있습니다. 다만 지방산이기 때문에 초기에 변이 물러질 수 있으니 주의하세요. • 특히 염증성 장 질환이나 만성 췌장염 등을 가진 고양이의 경우, 먹이지 않는 것이 좋습니다. • 고양이는 식물성 오메가 산을 제대로 대사할 수 없기 때문에 생선 기름 유래의 오메가산을 이용해야 합니다.

* 주의사항 : 어린 고양이들도 먹을 수 있는 종합 영양제의 경우 노령의 고양이에게는 적합하지 않은 성분이 다량 있을 수 있기 때문에 나이 등을 고려하여 선택해야 합니다.

우리 고양이, 사회성이 없어서 걱정이에요

• 고양이 사회화란?

사회화란 말 그대로 사람, 다른 고양이, 다른 동물 등 사회적 관계에 대한 고양이의 인식이 결정되는 것을 말합니다. 많은 고양이 보호자들이 알고 있듯 사회화 기간은 고양이 교육에 있어서 굉장히 중요한 요소입니다.

보통 사회화 기간의 시작은 대체로 태어나서 3주 정도부터 시작됩니다. 막 태어난 고양이는 귀와 눈이 모두 닫혀 있는데, 3주령이 지나면서부터 냄새, 모습 등으로 엄마 고양이를 인식하기 시작합니다. 바로 이 시기부터 친밀한 상대에 대한 인식 역시 이루어지게 됩니다.

이 시기부터 하루에 5분 정도씩만 사람이 부드럽게 어루만져 주거나 돌봐주면, 사람에 대한 친밀도가 높아집니다. 역시 이 시기에 엄마 고양이, 형제 고양이와 함께 지내면 다른 고양이에 대한 친밀감도 높아질 수 있습니다.

• 고양이의 결정적 사회화 시기

결정적 사회화 시기는 출생 후 7~9주까지 이루어지는 경우가 많습니다. 아기 고양이를 입양하는 경우 거의 결정적 사회화의 끝 시기이거나, 이 시기가 지나간 경우가 많습니다. 집에서 낳은 고양이라면 엄마 고양이의 보호자가 3주령부터 어미가 스트레스 받지 않는 수준에서 조금씩 사람에 대한 친밀감을 형성해 줄 수 있습니다. 다만 사회화를 위해서 아기 고양이와 접촉할 때에는 전염성 질환 등에 대해 주의해야 합니다. 아무나 돌아가면서 만져 보거나 하는 식은 위험합니다. 손을 잘 씻고, 아기 고양이가 부정적인 인식을 가지지 않도록 안정적으로 보듬어주는 것이 좋습니다.

하지만 이 시기를 지나간 경우라도 이후 12주 정도, 길게는 3~4개월 정도까지 사회화가 지속적으로 이루어지는 경향이 있으므로 포기하지 않고 친밀감 형성을 위해 노력해야 합니다.

• 다른 고양이, 혹은 동물들과 친밀감 형성하기

사회화 시기 동안 비단 사람에 대한 친밀감뿐 아니라 다른 고양이나 다른 종류에 대한 동물에 대한 친밀감 형성도 이루어지게 됩니다. 따라서 이 시기에 형제 자매 고양이와 함께 시간을 보낸다면, 다른 고양이와의 친밀감 형성에 도움이 될 수 있습니다.

개나 다른 종류의 동물도 함께 키워야 하는 집사라면, 이 시기에 해당 동물에 노출시킬 수 있습니다. 하지만 다른 동물이 아기 고양이를 공격하지 않도록 철저히 주의한 상황에서 접촉하도록 해야 합니다. 아기 고양이를 다른 동물에게 노출시키는 것을 엄마 고양이가 싫어할 수도 있으므로, 엄마가 스트레스 받지 않도록 조심하며 짧은 시간 동안 노출시킵니다. 기본적으로 긍정적 관계를 맺도록 해야 하기 때문에 굉장한 주의와 노력이 필요합니다.

• 사람을 너무 싫어하는 까칠한 고양이라면?

한편 사회화 기간을 놓치고 5~6개월이 넘은 경우라면 이후에 지속적으로 사람에 대해 좋은 경험을 쌓더라도 완전히 친밀한 사이가 되기는 어려울 수도 있습니다. 고양이 입장에서는 '음, 밥을 주는 좋은 생명체구나. 하지만 위험할 수도 있으니 다가가지는 말아야겠다.' 정도의 입장이 정리되는 것이죠.

일부에서는 이미 유전적 기질이나 임신 중 엄마의 스트레스 상황, 출산 시점에서의 스트레스 등으로 인해 사회화 기간에 긍정적 접촉을 하였음에도 불구하고 사람과의 친밀함을 쌓기 어려운 경우도 있습니다. 하지만 이런 경우는 드물기 때문에 너무 걱정할 필요는 없습니다.

PART 6

\ 노령묘 돌보기 /

나이 든 고양이를 위한 생활 수칙

항상 작고 어린 줄로만 알았던 우리 고양이, 어느덧 할머니, 할아버지 고양이가 되었습니다. 고양이를 키우다 보면, 시간 가는 게 너무 빠르고 야속하게 느껴질 때가 많아요. 아무래도 사람의 시간과 고양이의 시간은 조금 다르니까요.
사람도 그렇듯, 고양이도 나이가 들면 몸이 많이 허약해집니다. 병원에 찾아오는 집사들의 고민 중, '노령묘 케어법'에 대한 문의도 상당히 많은데요. 이번 챕터에서는 우리 고양이가 나이 들어서도 튼튼하게, 씩씩하게, 행복한 마음으로 살 수 있도록 도와주는 '노령묘 생활 수칙'에 대해 알아보도록 하겠습니다. 집사의 섬세한 관찰과 노력이 꼭 필요하다는 것도 기억하세요.

01 몇 살부터 노령묘일까요?

선생님이 도와줄게요

사람도 1살과 5살의 차이는 매우 크지만, 60살과 65살의 차이는 크지 않은 것과 같이 고양이나 사람이나 1년 단위로 신체 나이가 비례해서 증가하지는 않습니다. 예전에는 고양이 나이에 7을 곱하면 사람 나이라는 공식을 이용하기도 했지만, 대략적인 추정일 뿐 정확한 답을 줄 수는 없습니다.

🐾 노령묘의 기준

대체로 5~6개월 정도까지를 사람의 어린이로 볼 수 있고, 이후 청소년기를 거쳐 대략 1~2살 정도면 성인이 된다고 볼 수 있습니다. 신체적으로 어느 정도 성숙하였으나 아주 파릇한 이 시기를 거쳐 3~4살이 되면 여러 모로 좀 더 성숙한 고양이가 됩니다. 이후 대략 7살 정도가 되면 사람의 40~50대, 즉 장년기에 해당하게 됩니다. 예전에는 수의학 발달이 미흡하고 가정 내에서만 기르는 반려묘의 수가 적었기 때문에 고양이 수명이 10년 남짓이었습니다. 당시에는 7살만 넘어도 노령으로 분류되었지만, 이제는 많은 고양이에서 15년 이상의 수명을 기대할 수 있습니다. 따라서 현재는 10살 이상의 고양이를 노령의 고양이로 분류하는 경우가 일반적입니다. 또한 집 안에서 기르는 고양이는 15살 이상 생존하는 경우가 대부분입니다. 정리하면 다음 표와 같습니다.

구분	실제 고양이의 나이	사람 나이
아깽이	생후 ~ 6개월	0 ~ 12세
청소년(어린 성묘)	6개월 ~ 2년	12 ~ 24세
성묘	2년 ~ 7년	24 ~ 40세
중장년	7년 ~ 10년	40 ~ 60세
노령묘	10년 이상	60세 이상

🐾 나이가 들면 고양이에게 생기는 변화

고양이가 7살이 넘으면 보호자는 고양이가 점차 나이 들고 있다는 점을 인지해야 합니다. 더불어 10살이 넘으면 이제는 나이가 많이 든 할머니, 할아버지 고양이라는 점을 인식하고, 그에 맞추어 관리를 해주는 것이 좋습니다.

> **나이 든 고양이에게 나타나는 변화**
> - 하루 종일 잠을 자고, 활력이 많이 떨어집니다.
> - 귀가 예전만큼 잘 들리지 않습니다.
> - 시력도 저하될 수 있습니다.
> - 모량이 많이 줄고, 털 상태도 푸석푸석해집니다.
> - 식욕이 약간 줄어듭니다.
> - 체중이 점진적으로 줄어들기도 합니다.

🐾 신체 능력 저하

노령 고양이는 기본적으로 활력이 많이 떨어집니다. 이전에 비해서는 잘 놀지 않고, 잠을 자는 시간이 길어집니다. 밥을 먹거나, 주인이 돌아왔을 때, 놀아줄 때를 제외하고는 하루 종일 자는 나이든 고양이들이 태반입니다. 이런 모습은 정상적일 수 있지만 밥을 먹거나, 흥미로운 일이 있을 때는 활력적인 모습을 보여야 합니다.

활력이 떨어지다 보니 못 들은 척하는 경우도 있지만, 청력 역시 예전만 못합니다. 간식 봉지의 바스락거리는 소리도 못 듣고, 심해지면 보호자가 퇴근하고 돌아오는 것도 뒤늦게 알아차리고 깜짝 놀라게 됩니다. 단기간에 청력이 저하되는 경우 더러 귀 안쪽의 염증이 원인이 되는 경우도 있기 때문에 병원에서 체크 받아보는 것이 좋습니다.

청력뿐 아니라 시력 역시 저하됩니다. 시력 저하 초기에는 바닥에 떨어진 간식 조각이나 작은 장난감을 잘 찾지 못할 수 있습니다. 그러다 심화되면 이동 중에 가구나 바닥에 있는 물건에 부딪히기도 합니다. 더러 신경계 증상과 안과 증상을 오인하는 경우도 있는데, 단순히 못 본 것처럼 살짝 치고 가거나 부딪힌 이후 깜짝 놀라는 것이 아니라 방향 감각이 떨어지거나 구석이나 모서리에 처박히는 경우에는 신경계 증상일 수 있습니다. 아예 눈이 보이지 않거나, 백내장이나 녹내장 같은 안과 질환도 나이가 들면 더 쉽게 발생할 수 있습니다.

식욕도 예전만 못해서 먹는 양이 약간 줄어드는 경향이 있습니다. 하지만 여전히 맛있는 것에 대한 흥미가 있고, 식사의 시작을 즐겁게 해야 합니다. 사람도 아주 나이가 들면 근육량이 줄면서 마르는 경우가 많듯, 고양이도 대체로 나이가 많이 들게 되면 점진적으로 체중이 감소하는 경우가 있습니다. 전체적으로 근육량이 약간씩 줄어드는 모습입니다. 몸을 감싸고 있는 털도 예전에 비해서는 줄어들고, 털의 반질반질함도 감소해서 푸석한 느낌이 들거나 결이 고르지 않을 수 있습니다.

🐾 조금만 아파도 조심하기

헌데 노령 고양이가 보이는 모든 증상은 여러 가지 질환에 걸린 아픈 고양이의 증상과 비슷합니

다. 특히 나이 든 고양이는 젊었을 때에 비해 쉽게 아플 수 있습니다. 그저 나이가 들어서 그러려니 무심히 보다가는 치료 시기를 한참 지나칠 수도 있으니 주의해서 관찰해야 합니다. 질병이 의심될 때에는 초기에 병원을 찾아야 합니다. '호미로 막을 것을 가래로 막는다'고 질병을 키워서 내원하는 경우에는 간단히 처치나 식이관리 등으로도 조절할 수 있었던 질환에 대해 입원, 수술 등 훨씬 어려운 치료 방법을 적용해야만 치료할 수 있습니다. 아예 치료할 수 없는 경우도 발생하니, 노령의 경우에서는 젊었을 때와 달리 고양이가 아프지 않은지 늘 주의해야 합니다.

02 노령묘 건강을 체크하세요

선생님이 도와줄게요

나이 든 고양이는 활력이 떨어져 있기 때문에 고양이의 불편하거나 아픈 곳을 보호자가 쉽게 알아차리지 못하는 경우가 많습니다. 따라서 항상 다음과 같은 곳이 아프지는 않은지 자주 체크해주는 것이 좋겠습니다.

🐾 집사가 알아야 할 노령묘 필수 체크리스트

	노령묘 체크 사항	좋음(증가)	보통	나쁨
1	밥 먹는 양			
2	물 마시는 양			
3	오줌양			
4	체중 변화			
5	전체적인 털 상태			
6	항문 주위의 청결도			
7	전체적인 활력 상태			
8	수면 상태(밤에 잠을 잘 자는지)			
9	구토 및 설사			

* 위의 사항을 매일, 최소 1주일에 1번 체크합니다.

🐾 밥 먹는 양 체크하기

　밥 먹는 양은 매일 체크해야 합니다. 자율급식을 하는 경우에도 그릇에 사료가 떨어지면 수북이 더 부어주는 방식으로 관리해서는 절대 안 됩니다. 일정한 시간에 사료 그릇에 남은 사료의 양을 종이컵에 담아 확인한 후 버리고, 그릇을 깨끗이 세정합니다. 고양이는 입을 대고 밥을 먹기 때문에 매일 그릇을 씻지 않으면 세균이 득실댈 수밖에 없습니다. 이후 정해진 양의 새로운 밥을 그릇에 담습니다. 이렇게 해서 매일 어느 정도의 사료를 섭취했는지 보호자가 알고 있어야 합니다. 하루 밥을 적게 먹었다고 바로 병원을 방문해야 하는 것은 아니지만, 잘 먹지 않는 상태가 지속되면 병원을 찾아야 합니다. 특히 밥을 거의 먹지 않는다고 생각되는 경우에는 고양이 상태도 심각할 수 있을 뿐더러, 이차적인 지방간증이 발현될 수 있으니 되도록 빨리 병원에 내원하는 것이 좋습니다.

🐾 물 마시는 양, 소변량 체크하기

　물 마시는 양 역시 비슷하게 매일 체크해 주는 것이 좋습니다. 물그릇 역시 매일 세정해 주는 것은 기본이고, 자주 갈아주어야 합니다. 헌데 물은 마시면서 고양이 털에 묻기도 하고, 주변에 튀기도 하고, 증발되기도 하니, 사료와는 달리 정확한 계측을 하기가 쉽지 않습니다. 이런 경우 소변량을 체크하면 물 마시는 양을 간접적으로 알 수 있을 뿐 아니라 소변량 체크 그 자체로도 의미를 가집니다. 매일 같은 시간에 고양이 화장실을 치워주다 보면 거의 비슷한 위치에 비슷한 크기의 소변을 누는 것을 확인할 수 있습니다. 이러한 패턴에 변화가 있으면 고양이 건강에 문제가 있을 수 있습니다. 소변을 못 누거나, 찔끔거리는 것도 문제지만 소변의 양이 갑자기 늘어나는 것 역시 문제일 수 있습니다. 신부전이나 호르몬 질환 등에서 오줌이 농축되지 못하고 희석된 상태로 배설되는 경우 다량의 수분이 오줌으로 빠져나가면서 고양이 몸 상태를 탈수 상태로 만들 수 있습니다.

🐾 체중 변화 체크하기

　체중 변화는 고양이의 중대한 위험을 확인할 수 있는 가장 좋은 지표이기도 합니다. 적어도 1주일에 한 번은 집 체중계로 고양이 체중을 확인합시다. 사람에게 몇 백 그램의 체중 감소는 아무것도 아니지만, 고양이에게는 체중의 5%, 10%에 해당할 수도 있습니다. 매주 체중을 확인하고 사료 교체 등의 이유 없이 예전에 비해 5% 이상 체중이 감소한다면 반드시 병원을 찾아야 합니다.

🐾 신체 변화, 컨디션 체크하기

물론 가장 중요한 것은 고양이를 전체적으로 잘 관찰하는 것입니다. 눈의 상태, 입 주변, 귀 등을 꼼꼼하게 확인합니다. 털의 전반적인 상태 등을 확인하고 청결도도 확인합니다. 항문이 깨끗한지도 확인하는데 항문이 지저분한 경우에는 만성적인 설사의 가능성도 있고, 이전과는 달리 그루밍을 잘 하지 못하는 경우일 수도 있습니다. 그루밍을 잘 하지 못하는 고양이는 관절염을 앓고 있을 가능성이 있으며, 전반적인 기력저하 수준이 높을 수도 있습니다. 몸은 손바닥으로 부드럽게 쓸어내리면서 혹시 뭔가 잡히는 건 없는지 확인합니다. 다리도 꼼꼼이 만져보아야 하고, 이럴 때 예민하게 구는 부분이 있다면 통증이 있을 수 있으니 주의합시다.

또한 전체적인 활력 상태와 움직임도 관찰합니다. 특히 이전에는 잘 다니던 곳을 오르지 못하거나, 화장실을 넘나드는 것이 힘들어 보이는지 않는지 확인해야 합니다. 수면 패턴 역시 중요합니다. 수면 시간과 밤에 잠을 잘 자지 못하고 돌아다니고 이상한 행동을 하지는 않는지도 체크해야 합니다.

03 노령묘를 위한 편안한 집 안 환경을 만들어요

선생님이 도와줄게요

지하철에 노약자석이 있듯, 고양이도 나이가 들면 힘들지 않도록 여러 가지 배려를 해주는 것이 필요합니다. 어릴 때는 대수롭지 않게 여겼던 환경들이 나이가 들어서는 큰 장애물이 될 수 있기 때문이에요. 노령묘와 함께 살펴주면 좋겠습니다. 어쩌면 집사가 고양이에게 보답을 할 수 있는 시간일지도 모르니까요. 어릴 때 독립적이었던 우리 고양이가 이제는 집사에게 의지를 하게 되었다고 생각하며 보살펴주면 좋겠습니다. 어쩌면 집사가 고양이에게 보답을 할 수 있는 시간일지도 모르니까요.

할머니, 할아버지 고양이를 위한 배려

늘 같은 환경에서 살던 고양이는 늙어가면서 조금씩 신체 기능이 떨어지더라도 대체로 순응하는 경우가 많습니다. 하지만 갑작스런 이사나 집 안의 물건들이 대폭적으로 이동하거나 하는 경우에는 예전만큼 잘 적응하지 못하는 경우가 많습니다. 무엇보다 환경 변화에 따르는 스트레스 자체가 노령 고양이에게는 건강에 위협이 될 수 있습니다. 시력이 떨어져 있는 경우 새로운 구조물에 부딪히거나 긁힐 수 있고, 이후에는 겁이 나서 행동반경을 줄이게 되는 경우도 있습니다.

노령묘에게 스트레스 상황은 무엇일까?

이사와 비슷하게 새로운 식구가 들어오는 것 역시 많은 노령 고양이에게는 스트레스 원인이 될 수 있습니다. 특히 새로운 고양이의 입양은 아주 노령의 고양이에게는 힘든 일일 수 있습니다. 일부에서는 오히려 먹이 경쟁을 하거나, 친구와 살갑게 지내면서 활동력도 좋아지고 식욕도 호전되는 좋은 결과가 있을 수 있습니다. 하지만 더 많은 경우에서 스트레스를 받거나, 활동적인 친구에게 치여서 컨디션이 악화될 수 있으니

> **노령묘, 집사의 세심한 배려가 필요해요**
> - 지나친 변화는 금물! 안정적인 환경을 조성해 줍시다.
> - 밥 먹고, 물 마시고, 화장실 가기 쉽도록 꾸며 줍니다.
> - 예전에 스스로 하던 것을 잘 하지 못하게 된다면 도와줍니다.
> - 늙었다고 내버려두면 안 되고, 함께 놀아주는 등 생활 속 즐거운 자극을 주세요.

주의해야 합니다. 보호자가 처방식과 같은 식이관리를 하거나 활동제한을 하는 데에도 어려움이 발생할 수 있습니다. 현재 건강 상태가 좋지 않고, 움직이는 것을 예전에 비해 많이 꺼려 한다면, 다른 고양이나 동물을 입양하기 전에 우리 집 나이 든 고양이의 입장을 충분히 고려해야 합니다.

🐾 우리 고양이를 위한 집 안 환경 바꾸기

반면 기존의 환경에도 약간의 변화가 필요합니다. 나이 든 고양이는 기력저하가 심하거나, 관절염이 있거나, 여타의 이유로 오줌을 잘 참지 못하게 되거나 자주 화장실에 가야 할 수 있습니다. 하지만 이전에는 생활반경에 전혀 문제가 없었던 밥 먹는 장소, 물 먹는 장소, 화장실 위치 등이 너무 멀게 느껴질 수 있습니다. 고양이가 걷는 것이 힘들어 보이고, 화장실 문턱을 넘는 것이 힘들어 보인다거나 배뇨 실수를 한다면, 모든 생활 반경을 고양이 위주로 재편해줄 수 있습니다.

먼저 기존의 것들은 그대로 두어야 합니다(바꾸면 오히려 스트레스를 받는 아이들도 있습니다). 새로운 밥그릇, 물그릇, 화장실을 새로 고양이가 있는 위치 근처에 배치해 줍니다. 고양이가 애용하는 스크래처나 장난감 등도 여벌로 인근에 위치시킵니다. 다만 이때에도 이전에 소개된 봐와 같이 고양이에게 적절한 배치 구도는 필요합니다. 가장 중요한 것은 밥그릇, 물그릇 바로 옆에 화장실을 나란히 두지 않는 것입니다.

화장실의 경우에는 이전에 쓰던 화장실의 문턱이 넘어 다니기에 높다면 문턱 높이를 낮춘 것을 이용합니다. 구입하기에 적당한 것이 없다면 플라스틱 박스를 이용해 만들 수도 있습니다. 고양이가 새로운 화장실에 쉽게 적응하기 이전에 다양한 화장실을 경험해 보는 것이 좋습니다. 따라서 젊었을 때부터 '고양이 수+1의 원칙'을 준용해서 화장실에는 언제나 스페어가 있다는 것을 알려주는 것이 유리합니다.

물그릇의 경우에는 여러 개가 있더라도 공을 들여 자주 갈아줍시다. 우리 집 고양이가 아직 활력이 좋아 잘 돌아다니지만, 높은 곳에는 예전만큼 잘 올라가지 못한다면 도와주기 위해서 계단을 설치해 줄 수도 있습니다. 창문까지 오르는 공간에는 벽에 붙이는 선반 같은 것을 이용할 수도 있습니다. 이때에는 디자인을 포기하고, 넓고 튼튼하고 미끄러지지 않는 제품을 선택합니다. 고양이가 욕심껏 잘 올라가지만 내려올 때 불안한 모습으로 떨어질 우려가 있는 경우에는, 아예 접근을 하지 못하도록 차단하는 것이 안전합니다.

🐾 고양이에게 집사가 보답을 할 수 있는 시간

독립적이고 거의 모든 일을 혼자서 처리하는 것처럼 보였던 고양이는 나이가 들면서 점점 아기가 되어 거의 모든 일에 집사의 손길이 필요할 수 있습니다. 사람도 마찬가지이니, 불평할 수는 없습니다. 가장 대표적인 것이 눈곱 관리, 빗질, 항문 주위 관리, 발톱 관리 등입니다. 그냥 내버려두면, 특히 털이 아름다운 품종묘들은 금방 털이 엉키고 짓물러서 피부병이 나고 심한 경우 피부 아래 염증이 심각하게 진행할 수도 있습니다. 자주 체크하고, 매일 빗질을 해주어야 합니다.

고양이에게 필요한 자극, 환경 풍부화

고양이가 늙고 힘이 없어 보이면, 그저 가만히 두는 것이 좋겠다고 생각할 수 있습니다. 하지만 아무런 자극도 없이 고양이를 내버려두면, 식욕과 활력도 더 저하되고, 치매와 같은 증상에도 좋지 않습니다. 사람의 경우에도 꾸준히 외부 활동을 하거나, 치매 방지를 위해서 고스톱을 치거나 하는 것과 마찬가지로, 고양이에게도 적정한 수준의 자극이 필요합니다. 이를 앞서 소개된 바와 같이 '환경 풍부화'라고 합니다. 노령 고양이의 수준에 맞춰서 일정 시간 가볍게 놀아주고, 새로운 장난감도 이전과 같은 간격으로 제공합니다. 고양이의 관심이 덜해 보여도, 놀아주는 것을 게을리하면 안 됩니다. 다만 그 수준과 시간은 이전에 비해 고양이 상태에 따라 조절합니다.

노령묘 건강 관리법

할아버지, 할머니 고양이들에게 특히 잘 생기는 질환들이 있습니다. 어릴 때와는 다르게 체력이 많이 약해져서, 질환이 심해졌을 경우에는 어릴 때처럼 수술, 마취 등의 적극적인 치료를 하기 힘들어질 수도 있습니다. 따라서 집사는 노령묘 질환을 미리 숙지하고, 이에 따라 고양이를 관찰하고 미리 검진을 받아두면 좋겠습니다.

01 나이 든 고양이의 질병을 알아보아요

선생님이 도와줄게요

나이가 들면 여러 가지 질환에 취약해질 뿐더러, 기존에 가지고 있던 질환도 심화되는 경향을 보입니다. 나이 든 고양이에서 흔히 보이는 질환들은 다음과 같습니다.

🐾 노령묘 질환

앞에서 고양이의 다양한 질환들을 알아보았는데, 고양이가 나이가 들면 이런 질환들의 발현 비율이 높아지고, 그 심도도 심해질 수 있습니다.

노령묘 대표적인 질환

- 신부전
- 심부전
- 간질환
- 종양
- 관절염
- 치아 질환
- 안과 질환
- 갑상선 기능 항진증
- 인지 장애 증후군

🐾 다양한 질병의 위험성

신부전이 있을 경우, 물 마시는 양이 늘어나거나 소변 보는 양이 늘어날 수 있습니다. 심화되는 경우 요독증으로 인해 만성적인 구토, 설사, 식욕저하, 체중감소 등을 보일 수도 있습니다. 이러한 비특이적인 증상은 비단 신부전 뿐 아니라 간 질환, 내부 장기의 종양에서도 발생할 수 있습니다. 피부나 체표 림프절의 종양은 집사가 꼼꼼이 살펴본다면 일찍 발견되기도 합니다.

🐾 높은 곳에 잘 올라가지 못하는 노령묘

고양이 역시 나이가 들면 퇴행성 관절염을 앓는 경우가 흔합니다. 예전에는 날쌔게 집 안을 뛰어다니던 녀석이 이제는 높은 곳에 오르기를 주저하거나, 높은 곳에서 내려오기를 두려워하는 모습을 볼 수도 있습니다. 이때 무작정 관절 보호제나 관절 통증을 조절해주는 약을 복용해서는 안 됩니다. 일부 관절 보호제는 노령 고양이에는 적합하지 않을 수 있고, 근골격계 통증에 주로 사용하는 소염진통제의 일부 역시 신장에 부담을 줄 수 있습니다. 관절에 대한 평가 뿐 아니라 전신 상태에 따라 가능한 범위에서 통증 관리 약물을 적용해야 합니다. 집에서는 고양이가 밥, 물그릇과 화장실에 어렵지 않게 접근할 수 있도록 추가로 설치해 주어야 합니다. 따뜻한 수건 등을 아픈 관절에 가볍게 적용해 주는 것도 좋습니다.

🐾 입 냄새가 심하고 치아가 안 좋은 노령묘

입 냄새가 심해지고 침을 흘리거나, 식욕은 있으나 치통 때문에 밥 먹기를 어려워 할 수도 있습니다. 이럴 때에는 사진과 같이 입술 옆쪽을 살며시 들어올려 치아 상태를 확인합니다.

앞쪽 치아도 중요하지만 안쪽, 뒤쪽 치아가 중요하니 잘 관찰해야 합니다. 치아 상태가 악화되지 않도록 밥을 먹고 나면(구강 내 찌꺼기가 제거될 수 있도록) 물을 먹이고, 하루에 한 번은 꼭 양치질을 해줍니다. 노령이라고 해서 넘어가면 오히려 더 빨리 잇몸에 심각한 질환을 유발할 수 있습니다. 스트레스를 받지 않도록 어릴 때부터 양치하는 습관을 들이는 것이 중요하지만, 이미 늦은 경우라도 천천히 도입하여 할 수 있는 한 최대한 치아를 관리합니다.

이미 치석이나 염증이 심한 상태라면 치과 치료를 받아야 합니다. 얼마 전 18살 먹은 고양이가 치과 진료를 위해 내원하였는데, 치아 안쪽의 염증이 심해서 입천장에 구멍이 뚫리고 안쪽으로 코 안과 눈까지 염증이 발생한 상태였습니다. 그 고양이는 12살부터 치아가 좋지 않았지만 노령이라는 이유로 치료를 미루다, 오히려 심각한 상태로 악화된 것이지요. 결국 마취 후 치아를 발치하고 비강 내부를 세척하고 구멍을 막고, 치주 치료를 해야만 했습니다. 다행히 그 고양이는 치료 후 좋은 상태로 회복이 되었지만, 굳이 이런 모험을 하지 않도록 고양이 건강 상태가 허락할 때 필요한 치과 치료를 받아두도록 합시다.

🐾 눈 색깔이 탁해지고 시력이 나빠진 노령묘

예전에는 구슬같이 맑고 반짝이던 눈을 가졌던 고양이도 나이가 들면 눈 전체가 혼탁해지고 시력도 예전만 못해집니다. 사실 고양이가 눈을 아파하는 것을 표현하기란 쉽지 않기 때문에 정기적인 검진이 필요합니다. 눈을 게슴츠레 뜨거나, 편측으로 깜빡이거나 눈물을 흘리는 증상이 지속될 때에는 특히나 눈이 아프다는 신호일 수 있습니다. 고양이 눈이 혼탁해 보일 때는 동공 안 쪽의 수정체가 혼탁해지는 백내장, 눈 안에 염증으로 인한 경우 각막 침착 등이 있을 수 있습니다. 또 눈이 커 보이는 경우나, 충혈이 있고 아파하는 경우에 녹내장의 가능성도 있습니다. 또 이러한 질환들은 서로 연결되어 발생하기도 합니다. 예를 들어 백내장이 심한 경우 이로 인해 눈 안에 염증이 발생하고, 염증 산물이 눈 안의 물, 안방수가 배출되는 길을 막으면 안압이 높아지는 녹내장을 유발할 수 있습니다.

몸이 마르고 성격도 까칠해진 노령묘

마르고 까칠해지는 고양이의 경우 이전에 소개되었던 질환인 '갑상선 기능 항진증'(396쪽)을 의심해볼 수 있습니다. 10살이 훌쩍 넘는 고양이에서는 제법 높은 비율로 발생합니다. 특히 밥을 많이 먹지만 살이 빠지는 경우가 많습니다. 성격 변화는 비단 갑상선 질환 외에도 사람의 치매와 비슷한 인지 장애 증후군에 의해서도 발생할 수 있습니다. 본 장에서 설명하는 대부분의 질환은 앞의 질병편에서 소개된 질환이지만, 이 부분은 새로운 내용이므로 다음 장에서 좀 더 자세히 소개하도록 하겠습니다. 다른 질병들은 질병편을 참고하면 좀 더 자세한 내용을 확인할 수 있습니다.

노령묘일수록 관찰하고 또 관찰하기

결국 사람이나 고양이나 나이가 들면 이런저런 질환에 시달리는 경우가 많습니다. 다만 '요즘 소화가 안 되네요', '두통이 좀 있어요.'라는 식으로 고양이가 증상을 조기에 호소하지는 않기 때문에, 보호자가 고양이를 면밀히 관찰하는 것이 무엇보다 중요합니다. '나이 든 고양이 관찰하기'를 참조해서 매일 고양이를 살펴봅니다. 고양이가 병원에 왔을 때는 잔뜩 긴장하기 때문에 증상이 되려 감추어지는 경우가 많으니, 잘 관찰한 증상을 최대한 자세히 설명하거나 휴대전화로 사진이나 동영상 촬영을 해가는 것이 좋습니다. 또한 정기적인 검진 역시 굉장히 중요합니다. 3~4살의 고양이라면 건강할 가능성이 높지만, 10살이 넘은 고양이는 대부분 소소한 질환을 가지고 있습니다. 조금만 일찍 발견하면 식이 변경이나 비교적 간단한 처치나 관리로도 좋은 효과를 기대할 수 있지만, 이상 증상이 발견되는 경우, 즉 합병증 상태에서는 기대되는 예후가 짧을 수도 있습니다.

02 나이 든 고양이를 위한 건강검진을 하세요

선생님이 도와줄게요

- 사람도 나이가 들면 건강검진의 필요성을 더 절실히 느끼지요? 고양이도 마찬가지입니다. 하지만 막상 검진을 받으려고 하면, 어떤 검사를 받아야 하는지, 우리 고양이한테는 어떤 검사가 필요한지 잘 모르겠는 경우가 대부분입니다. 지금부터 우리 고양이에게 딱 맞는 노령묘 건강검진에 대해 차근차근 알아봅시다.

🐾 열 살이 넘는 고양이가 받을 수 있는 건강검진

7살 정도의 고양이는 사람으로 치면 생애 전환기 검사와 같이 건강검진을 시행하는 것이 좋습니다. 10살 이후에는 꼭 1년에 한 번 정도는 검진하는 것을 권장합니다. 다음 검사들이 필요한데, 상태에 가감하여 시행하는 것이 필요합니다.

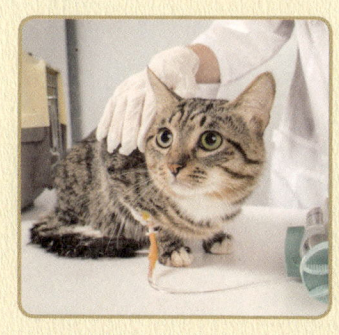

	주요 검사 항목	체크
1	기본적인 혈구 및 혈청화학 검사	
2	복부 초음파	
3	흉부 방사선	
4	요 검사	
5	혈압 측정	
6	갑상선 호르몬 검사	
7	심장 기능 평가	
8	췌장염 검사	
9	안과 검사	

🐾 혈구 및 혈청 화학 검사

혈구 검사를 통해서 빈혈이나 염증 등의 상태를 확인할 수 있고, 간, 신장 등의 수치는 혈청화학 검사를 통해서 확인할 수 있습니다. 다만 이러한 검사는 스크리닝 검사로 수치 상승만으로 해당 장기에 대한 질환을 질환을 단순하게 평가할 수는 없습니다. 예를 들어 신장의 경우는 75% 이상 기능이 손상되어야 수치가 상승하기 때문에 수치가 정상이어도 신장이 정상 기능을 하는 것은 아닙니다. 탈수나 단백 섭취, 근육량과 관련하여 변화가 있을 수 있습니다. 따라서 혈청화학 검사에서 의심이 되는 경우 추가적인 기능 검사, 영상 검사 및 키트 검사 등이 필요할 수 있습니다.

🐾 영상 검사

복부 초음파를 통해 복강 내 신장, 간, 방광, 비장 등 다양한 장기의 형태학적 이상을 평가할 수 있습니다. 더불어 복강 내 종양 등 이상 병소를 확인할 수 있습니다. 흉부 방사선 촬영 시 역시 종양 등 이상병소뿐 아니라 심장의 크기, 혈관 및 기관지의 형태, 폐 실질 상태를 평가할 수 있습니다. 심장 이상이 우려되는 경우에는 심장 초음파나 심장 인자 등을 통한 평가가 필요합니다. 요 검사의 경우 요 중 단백이나 당의 검출, 요비중을 통한 오줌의 농축 능력을 평가할 수 있습니다.

🐾 혈압 체크하기

고양이의 심장이나 신장 질환과 관련하여 혈압은 매우 중요한 요소입니다. 하지만 병원 내원 시점에서 고양이는 흥분하는 경우가 많기 때문에 정확한 혈압 평가를 위해서는 안정을 취한 후 측정하거나, 반복적인 측정이 필요할 수 있습니다.

🐾 호르몬 검사

10살 이후에는 갑상선 호르몬 질환에 걸릴 가능성이 높으므로 검사가 필요합니다.

🐾 눈 건강 확인하기

눈물량 확인을 하거나, 안압 체크, 눈의 상태를 슬릿으로 비추어 확인할 수 있습니다. 시력 이상이 의심되는 경우 등에는 안저를 확인하거나, 안구 초음파 역시 시행하는 것이 좋습니다.

03 고양이도 치매에 걸려요

- 나이가 들어 예전만큼 활달하지는 못하더라도 나름대로 조용하고 평온한 시간을 보낸다면 좋을텐데, 안타깝게도 나이가 들면서 사람의 치매와 같은 증상으로 힘들어하는 고양이들이 있습니다. 이런 증상을 고양이에서는 인지 장애 증후군이라는 용어로 표현하고, 정상적인 인지 기능이 저하된 경우를 통칭합니다.

🐾 고양이 인지 장애 증후군

사실 고양이의 경우는 개에 비해서 증상이 모호한 경우가 많아서 보호자가 초기에 인식하기 어려운 경우가 대부분입니다. 하지만 연구에 따르면 15세 이상 고양이의 50% 정도의 고양이가 인지 기능의 장애를 보일 수 있기 때문에 고양이가 나이가 들면 보호자의 세심한 관찰이 필요합니다.

🐾 치매가 아닌 질병 가능성

헌데 이런 증상을 보이는 경우 모두 인지 장애 증후군이라고 넘겨 짚는 것 역시 위험합니다. 의외로 이러한 증상을 보이는 고양이에 대해 진단 검사를 진행하면 많은 수의 고양이에서 다른 기저 질환이 발견되기도 합니다. 기저 질환이 있는 경우 인지 장애 증후군의 관리만으로는 증상 개선이 되지 않을 뿐더러, 경련이나 사망 등 증상이 악화될 수 있습니다. 뇌 안의 종양, 염증, 경색 등의 뇌 내 질환 외에도 신부전, 간부전이 악화되거나 혈당이나 전해질 등의 불균형이 있는 경우에도 유사한 증상이 유발될 수 있습니다. 때문에 고양이의 인지 장애

고양이 인지 장애 증후군의 대표적인 증상

- 이전과는 달리 화장실 실수가 잦아졌습니다.
- 낮에는 하루 종일 자고, 밤에는 돌아다니면서 이전에는 하지 않는 행동들을 합니다.
- 목적 없이 집 가장자리를 따라 돌아다닙니다.
- 목적 없이 원 운동을 합니다.
  (작은 원 혹은 큰 원을 그리면서 한 방향으로 돕니다.)
- 걸어 다닐 때 여기저기 부딪히고, 방구석이나 물건 틈에 끼여 있기도 합니다.
- 활동성이 줄어들거나, 반대로 목적 없는 행동이 늘어납니다.
- 집사에 대한 애착이 줄어들거나, 집사에게 공격성을 보입니다.

증후군 치료의 첫 번째는 원발 원인에 대한 정확한 확인이 되겠습니다.

🐾 고양이 치매를 개선하는 원칙

치매, 필요에 따라 약물 치료를 받을 수 있어요.

여타의 원인이 없는 것으로 확인된 경우에는 이를 개선하기 위해 여러 가지 노력을 취해야 합니다. 가장 기본적인 원칙은 다음과 같습니다.

노령 고양이라서 활력이 없다고 하더라도 다양한 장난감으로 꾸준히 놀이활동을 해주어야 합니다. 필요하다면 유모차를 이용한 산책도 좋고, 간식을 숨겨 놓고 찾도록 하는 것도 좋습니다. 한편 항산화제가 풍부하게 포함된 노령 고양이를 위한 전용 사료나 영양제 역시 투여 후 인지 기능 개선이 확인된 바 있습니다. 또 사람에서의 치매 치료제와 마찬가지로 인지 장애 증후군의 개선을 위한 몇 가지 약물적 치료가 가능합니다. 고양이 전반의 건강 평가와 여타의 기저 질환이 없는 상태라면 이러한 약물 도입을 통해 증상을 개선하고, 삶의 질을 올려줄 수 있답니다.

사람의 치매에서와 마찬가지로 고양이의 인지 장애 증후군도 조기에 진단하고 관리해주어야 이후에 일상생활 유지에 도움이 됩니다. 말기에서는 치료 효과가 미미하고 개선의 폭이 적기 때문에 조기에 진단 후 관리하는 것이 중요합니다.

인지 장애 증후군을 개선하는 데 도움이 되는 영양제 (항산화제)

고양이 치매 치료 원칙
- 기본 검사를 통해 기저 질환을 진단하고 치료해 주어야 합니다.
- 다양한 행동학적 자극을 주어서 뇌와 신체를 사용하게 해야 합니다.
- 영양학적 관리가 필요합니다.
- 필요에 따라서는 약물을 통하여 증상을 호전시킬 수 있습니다.

찾아보기

ㄱ

가려움증 … 330
가루약 … 238
가정 분양 … 65
각막 … 368, 377
각막 궤양 … 368
각막염 … 368
간식 … 141
간식 캔 … 103, 152
간질환 … 124, 144
간택 … 56
감기 … 260
갑상선 기능 항진증 … 396
갑상선 질환 … 310, 522
개다래 나무 … 199
거대결장 … 315
거대식도 … 307
건강관리표 … 395
건 사료 … 111
검진 … 57, 222
검판선염 … 375
결막 … 367, 376
결석 … 287, 291
결석 재발 … 293
경련 … 404
고무빗 … 84
고양이 싸움 … 37, 48
고지혈증 … 159
고칼슘혈증 … 291
골반 골절 … 314
골절 … 314
곰팡이 감염 … 325
곰팡이성 피부병 … 324
공격성 … 484
과식 … 150
관절염 … 520
광견병 백신 … 225
광견병 백신증명서 … 229
꼬리 모양 … 440

꼬리샘 과증식 … 337
구내염 … 380
구조 … 52
구토 … 305, 308, 422
귀 모양 … 435
귀 세정제 … 85, 174
귀 염증 … 174, 338
귀 진드기 … 339
귀 청소 … 174
귓병 … 173
꾹꾹이 … 446
그로서리 … 109
그루밍 … 167
글리코사민글리칸 … 288
급성 신부전 … 298
급여 간격 … 100
기관지 폐포 세척 … 268
기관지염 … 260
기본 접종 … 37, 223
기생충 감염 … 279, 346
기생충 박멸 … 347
기생충 알 … 347
기생충 치료 … 346
기침 … 265

ㄴ

낚싯대 … 477
난소 자궁 적출술(OHE) … 231
넥 칼라 … 245
노령묘 … 504
노르웨이 숲 고양이 … 75
녹내장 … 373
놀아주기 … 476
누런 콧물 … 270
눈꺼풀 연축 증상 … 368
눈곱 … 172
눈곱빗 … 83

ㄷ

다낭포성 신장 질환 … 300
다뇨다음(PUPD) … 137
다래끼 … 375
다묘 가정 … 37
다이어트 … 159
단두종 … 270
단모종 … 168
당뇨 … 400
당뇨 치료 … 399
대사성 질환 … 100
대증치료 … 264
동공 … 432
동물 구조 단체 … 52
동물자유연대 … 52
둘째 입양 … 37

ㄹ

라이신 … 143
랙돌 … 75
러시안 블루 … 75
리터박스 … 83
린스 … 171
림프구성 형질구성 치은염 … 382
링웜(ringworm) … 325

ㅁ

마따따비 … 197
마비 증상 … 405
마취 … 233
만성 구토 … 308
만성 소화기 질환 … 394
만성 신부전 … 296
맑은 콧물 … 269
멍울 … 340
메인쿤 … 76
면역억제제 … 268

모래 … 83
모체 이행 항체 … 262
목욕 … 168
무뇨 … 286, 296
물그릇 … 82, 90
물약 … 242
면역 결핍 바이러스 … 354
미국사료관리기구(AAFCO) … 110

ㅂ

발리니즈 … 75
발정 … 230
발정 스트레스 … 232
발치 … 387
발톱 깎기 … 185
발톱깎이 … 84
발톱 제거술 … 189
밥그릇 … 90
빠른 호흡 … 273
배뇨 … 287
배뇨 곤란 … 291, 303
배란 … 230
배변 유도 … 63
백신 … 225, 226
백혈병 바이러스 … 353
백혈병 바이러스 백신 … 225
백신 알레르기 … 226
번팅 … 446
벵갈 … 77
범백혈구 감소증 … 350
변비 … 314
병원 찾기 … 217
보조제 … 143
보호시설 … 57
복부 초음파 … 223
복부 팽만 … 403
복수 … 403
봉사활동 … 52, 68

분유 … 63
붉은 병소 … 330
브리티시 숏 헤어 … 73
비뇨생식기 질환 … 283
비대성 심근병증(HCM) … 271
비만 … 317
비말 … 352
빈모 … 327
비염 … 258, 269
빈혈 … 353
빗 … 83
빗질 … 166

ㅅ

사료 … 97
사료 교체 … 114
사회화 … 484
산동 … 432
산책 … 201
삽 … 26
상공막 충혈 … 373
상부 호흡기 증후군 … 260
색전 … 273
생식기 … 284
생식기 질환 … 284
샴 … 74
샴푸 … 171
설사 … 312
섬유육종 … 341
성묘 … 61, 508
세균성 방광염 … 289
세극등 … 369
세미 코비 … 72
세미 포린 … 72
세침흡인검사(FNA) … 319
소독제 … 243
소말리 … 77
소세포성 림프암 … 152

소화기 기생충 … 346
소화기 림프암 … 397
손님 맞이 … 470
숨소리 파악하기 … 254
슈퍼 프리미엄 … 109
스켈링 … 388
스코티시 폴드 … 77
스크래쳐 … 85, 496
스킨십 … 464
스트레스성 탈모(심인성 탈모) … 329
스트루바이트 … 292
스트루바이트 결정 … 292
스프레이 … 303
스핑크스 … 78
슬리커 … 84
습식 사료 … 111
쓰다듬기 … 472
시신경 손상 … 373
식도 이물 … 306
식도 질환 … 307
식도 협착 … 306
식욕 저하 … 298
식욕부진 … 317
식이관리 … 98
신경계 질환 … 404
신부전 … 295
신생기 안염 … 364
신체 충실도 지수(BCS) … 131
심장병 … 271
심장사상충 … 276
심장사상충 예방약 … 279
심장초음파 … 274, 278
심전도 … 274
CT 촬영 … 341

ㅇ

아메리칸 숏헤어 … 73
아메리칸 컬 … 76

아비시니안 … 76
아토피 … 330
안검 … 376
안과 질환 … 364, 376
안락사 … 67
안아주기 … 464
안압 상승 … 373
안약 … 243
알레르기 인자 … 31
알약 보조제 … 241
애견숍 분양 … 69
야콥슨 기관 … 439
약 먹이기 … 238
약용샴푸 … 171
약용 캡슐 … 240
양치하기 … 175
엑죠틱 숏 헤어 … 74
여드름 … 335
여행 가기 … 203
연고 … 243
염좌 … 419
염증성 장 질환 … 310
영상검사 … 223, 524
영양제 … 143
영양학 기초 … 98
옆구리 비비기 … 447
예방접종 … 222
오가닉 … 109
오리엔탈 타입 … 72
오메가3 … 145
외이염 … 338
요 검사 … 289, 292, 296
요도 … 284
요도 배출로 … 291
우울증 … 498
울음소리 … 448
원형탈모 … 325
위염 … 310
위음성 … 223

유기농 … 109
유기동물 … 57
유선염 … 342
유선종양 … 341
유치갈이 … 384
육아종성 … 380
은신처 … 47
음수량 … 136
응고계 질환 … 413
응급처치 … 409
의료비 … 26
이뇨 처방 … 274
이동장 … 212
이동장 익숙해지기 … 214
이상 행동 … 406
이상배뇨 … 184
이식증 … 153
이유 … 64
인공 누액 … 370
인대 손상 … 420
인슐린 주사 … 399
인식표 … 203
인지 장애 증후군 … 525
인터넷 분양 … 70
인터페론 … 353
일자빗 … 84
임신 … 59, 106, 230
입양 … 22
입원 치료 … 245
MRI 촬영 … 407, 420

ㅈ

장폐색 … 346
재관류 증후군 … 273
재채기 … 257, 366
전립선 비대 … 231
전염성 복막염 … 355
전염성 복막염 바이러스 백신 … 225

전해질 불균형 … 315
절뚝거림 … 419
조기 교육 … 460
조직검사 … 342
종양성 질환 … 266
종합백신 … 263
주사기 … 238
중성화 … 230
중성화 수술 … 230
지방간증 … 317
진성 구토 … 308

ㅊ

처방사료 … 122
처방식 … 120
천공 … 370
천식 … 266
천식치료제 … 268
청색증 … 273
체온 … 60, 63
체중 체크하기 … 310
축동 … 432
출혈 … 417
치매 … 525
치석 … 388
치아 흡수성 병변 … 386
치약 … 85, 390
치은염 … 382
칩 … 56
칫솔 … 85
칭찬 노하우 … 472

ㅋ

카르니틴 … 317
칼리시 바이러스 … 225, 227
칼슘 옥살레이트 … 292
캣그라스 … 154, 199

캣닢 … 197
캣워크 … 193
캣타워 … 192
케이지 … 51
코딱지 … 270
코로나 바이러스 … 356
코리안 숏 헤어 … 73
코비 타입 … 72
코숏 … 73
코피 … 413
콜링 … 450
콧물 … 269
클라미디아 감염 … 263
클리커 훈련 … 475
키트 검사 … 347, 351, 353

ㅌ

타우린 … 99, 144
탁묘 … 52
탈모 … 324
탈수 … 137
탈장 … 231
터키시 앙고라 … 77
털 알레르기 … 30
털갈이 … 325
토출 … 306
톡소플라즈마 … 32, 348
투약 … 238
투약기 … 242
트리트먼트 … 171
특발성 방광염 … 288

ㅍ

파보 바이러스 감염증 … 222
파양 … 52
패혈증 … 301, 350
퍼링(purring) … 254

페로몬 … 200
페르시안 … 73
펜스 … 23, 41
편식 … 150
폐렴 … 261, 266
폐색성 하부 요로기 증후군 … 294
폐수종 … 274
포도막염 … 372
포상 강화 … 142
포획 … 61
프룩토사민 … 399
프리미엄 … 109
플레멘 반응 … 200, 439
피부사상균 … 325
필요한 교육 … 455
핍뇨 … 286, 296
PCR 검사 … 262, 347, 352, 367
PRAA … 306

ㅎ

하네스 … 201
하부 요로기 증후군 … 287
항바이러스 제제 안약 … 367
항산화제 … 123, 145
항생제 … 290, 339
항생 점안제 … 365
항체검사 … 278
항체검사증명서 … 228
항히스타민제 … 268
헤어볼 … 194
헤어드라이기 사용하기 … 170
혈구 검사 … 351, 524
혈뇨 … 285, 291
혈당 측정 … 399
혈압 … 272, 397
혈액검사 … 223
혈전 예방약 … 274
혈전 용해제 … 273

혈청 크레아티닌 … 295
호르몬 질환 … 137, 327, 524
호산구 … 265, 333
호산구성 반 … 333
호산구성 육아종 … 333, 382
호흡 관찰하기 … 254, 256
호흡곤란 … 254
호흡소리 … 254, 256
호흡수 … 254
호흡 이상 … 254
홀리스틱 … 109
홍채 … 376
홍채 색깔 … 371
화농성 분비물 … 301
화상 … 426
화장실 … 83, 178
화장실 관리 … 178
화장실 모래 … 83, 180
화장실 소독 … 347
화장실 위치 … 179
화장실 청소 … 181
환경 풍부화 … 498
환묘복 … 247
회충 … 57, 222
후지마비 … 273
휴식기 에너지 요구량(RER) … 127
흉부 방사선 … 223, 524
흉수 … 355
흑각막염 … 370
흡수장애 … 397
흡인제제 … 268
희석뇨 … 398
히말라얀 … 74

질병, 심리, 생활, 입양, 노령묘 케어법까지 모두 알려주는
24시간 고양이 육아 대백과

1판 1쇄 발행 2018년 5월 8일
1판 6쇄 발행 2021년 11월 1일

지은이 김효진
펴낸이 고병욱

기획편집 이세봄 이미현
마케팅 이일권 김윤성 김도연 김재욱 이애주 오정민 **디자인** 공희 진미나 백은주
외서기획 이슬 **제작** 김기창 **관리** 주동은 조재언 **총무** 문준기 노재경 송민진

펴낸곳 청림출판(주)
등록 제1989-000026호

본사 06048 서울시 강남구 도산대로 38길 11 청림출판(주) (논현동 63)
제2사옥 10881 경기도 파주시 회동길 173 청림아트스페이스 (문발동 518-6)
전화 02-546-4341 **팩스** 02-546-8053
홈페이지 www.chungrim.com **이메일** life@chungrim.com
블로그 blog.naver.com/chungrimlife **페이스북** www.facebook.com/chungrimlife

ⓒ 김효진, 2018

ISBN 979-11-88700-12-7 (13490)

- 이 책은 저작권법에 따라 보호를 받는 저작물이므로 무단 전재와 무단 복제를 금합니다.
- 책값은 뒤표지에 있습니다. 잘못된 책은 구입하신 서점에서 바꿔드립니다.
- 청림Life는 청림출판(주)의 논픽션·실용도서 전문 브랜드입니다.
- 이 도서의 국립중앙도서관 출판예정도서목록(CIP)은 서지정보유통지원시스템 홈페이지(http://seoji.nl.go.kr)와
  국가자료공동목록시스템(http://www.nl.go.kr/kolisnet)에서 이용하실 수 있습니다. (CIP제어번호 : CIP2018011508)